KULTURGESCHICHTE IN EINZELDARSTELLUNGEN

Die Straße

HANS HITZER

Die Straße

Vom Trampelpfad zur Autobahn
Lebensadern von der Urzeit bis heute

Verlag Georg D. W. Callwey München

Für Klaus-Peter Heim

ISBN 3 7667 0201 7

Schutzumschlagentwurf Claus Hansmann, München, unter Verwendung
eines Fotos von laenderpress, Düsseldorf
Gestaltung Baur + Belli Design, München
Satz und Druck Kastner & Callwey, München
Bindung Grimm & Bleicher, München
Klischees und Lithos Brend'amour, Simhart & Co., München
Printed in Germany

Inhalt

Einführung

Solange die Menschen als Nomaden von einem Weideplatz oder von einem Jagdgebiet zum anderen zogen, gab es keine Wege und Straßen in unserem Sinn. Die Menschen traten sich Pfade, die den Wechseln des Wildes ähnelten. Wind, Regen, Schnee und der üppige Pflanzenwuchs verwischten sie so rasch, wie sie entstanden. Die Bewegungen und die Art des Geländes bestimmten den Verlauf. Hindernisse wurden umgangen und undurchdringliches Dickicht ausgespart. Die Gerade erschien äußerst selten und mehr zufällig als bewußt. Mensch und Natur lebten noch in gewisser Harmonie.

Dann begannen die Menschen seßhaft zu werden und ihren Wohnsitz nicht mehr so häufig zu wechseln. Die Wege, auf denen diese Menschen ihre Behausungen verließen oder zu ihnen zurückkehrten, waren nunmehr immer die gleichen und es entstand das Bedürfnis, sie zu befestigen und dauerhaft anzulegen. Familiengemeinschaften und größere Gruppierungen von Menschen, die sich nebeneinander oder doch in der Nähe niederließen, wollten miteinander verkehren können, ohne sich immer wieder einen neuen Weg schlagen zu müssen, ohne durch Sumpf und Schlamm zu waten oder bis an die Knöchel im Sand zu versinken. Diese ersten richtigen Wege erstreckten sich immer weiter, je umfangreicher sich die Wechselbeziehungen zwischen den einzelnen Gemeinschaften gestalteten.

Vor allem der Handel war für das Entstehen befestigter Wege von besonderer Bedeutung. Die ungleichmäßige Verteilung natürlicher Güter und Rohstoffe, witterungsbedingte Mehr- und Mindererträge an Getreide und Früchten, Überschuß hier und Mangel dort führten zum Tausch und aus dem Tausch entstand der Handel. Dieser erforderte feste Wege, um sich entfalten zu können. Bei den An- und Randsiedlern an Flüssen spielte das eine untergeordnete Rolle. Sie benutzten schon frühzeitig das Wasser als Straße. Aber auch sie waren an Stichstraßen und -wegen interessiert, die von den Anlegestellen ins Landesinnere führten und den Weitertransport von Gütern ermöglichten.

Die Anlage befestigter Wege ist also schon recht früh aufgekommen. Die Verwirklichung war allerdings stets mit dem Vorhandensein größerer, kraftvoller und selbstbewußter Gemeinschaften verbunden. Aus dem engeren Zusammenschluß solcher Gruppierungen zu Stämmen und Völkern erwuchs dann die Notwendigkeit, den Wege- und Straßenbau in noch intensiverer Weise zu betreiben. In den Staatswesen des Altertums mit durchorganisierten Verwaltungen entstanden befestigte Straßen, die wir heute noch bewundern. Zu den bedeutendsten antiken Straßenbaumeistern gehörten die Römer. Aus ihrer Sprache stammen auch die meisten Begriffsbezeichnungen für befestigte Verkehrswege = »Kunststraßen«, wie sie von den Fachleuten zur Unterscheidung von Wegen genannt werden.

»Via« nannten die Römer den Weg, und die Straße war die »via strata«, d. i. der befestigte, der bestreute Weg. Chaussée, causeway und calcata entstanden aus der »via calceata« oder »via caucida«, dem mit Mörtel gebundenen oder aus Kalksteinen gemauerten Weg. Route, rue und road entstammen der »via rupta«, dem in den Felsen gebrochenen Weg, und der »via ruta«, dem in den Boden gegrabenen Weg. Chemin und cammino leiten sich ab von camminare, d. h. wandeln.

Je größer die Staaten und Reiche wurden, je weiter energische und machtgierige Herrscher

1 (Gegenüber Titel) Weg durch das Val Mingèr an der Ofenpaß-Straße im Schweizer Nationalpark.

über ihre eigenen Grenzen hinausgriffen, umso eifriger befaßten sie sich mit dem Bau von Militär- und Transportstraßen, auf denen ihre Truppen schnell vorrücken konnten und der Nachschub rollte. Aus den Gebieten unterworfener Völker mußten die Tributlieferungen rasch und sicher in das eigene Staatsgebiet gelangen. Man baute Straßendämme und Brücken, überwand Höhenzüge durch Serpentinen und begradigte Kurven und Windungen alter Landwege, ja man trug bereits Felsen ab und wagte sich an große Durchstiche. Die Verkehrswege waren nun nicht mehr Zufallsgebilde nach natürlichen Gegebenheiten, sondern genau geplante und berechnete Trassen, die möglichst geradlinig verliefen. Rücksichtslosigkeit gegenüber der Landschaft, Unterordnung der Natur gegenüber politischen und militärischen Erfordernissen charakterisieren diese Staatsstraßen.

Rücksichtslosigkeit herrschte aber auch gegenüber jenen, die die Straßen zu bauen hatten. Jahrtausende lang waren es Soldaten, Gefangene, Verbrecher, Leibeigene, Sklaven und fronende Anlieger, welche die Hauptarbeit leisteten. Bis zur Aufhebung der Leibeigenschaft entstanden Straßen auf Befehl eines Herren an Untergebene und Besiegte, und auch in neuester Zeit, man denke nur an den Zweiten Weltkrieg, wurden Tausende von Kilometern an Straßen und Rollbahnen in Europa (Rußland, Balkan usw.), in Asien (Burmastraße, Ho-Tschi-Minh-Pfad), in Afrika (Lybien, Cyrenaika) von Kriegsgefangenen oder zwangsverpflichteter Zivilbevölkerung unter oft mörderischen Lebensbedingungen aus dem Boden bzw. Sand gestampft.

Vom Trampelpfad zur befestigten Straße führte in der Geschichte ein unendlich vielgestalter, oft mit Blut und Tränen verbundener Einsatz menschlicher Kraft, aber auch unerhörter geistiger Leistung und Fortschrittswillens. Heute werden Straßen von meist gut entlohnten und geachteten Facharbeitern und Technikern gebaut, denen die Maschine immer mehr auch den letzten Anschein von Fron erspart. Schnelle Fernstraßen treten an die Stelle der gewundenen, dem Bett uralter landschaftsgebundener Wege folgenden Landstraßen. Autobahnen und Highways durchziehen schnurgerade die Staaten. Doch hier zeigt sich, schon verhältnismäßig kurz nach ihrem Aufkommen, wieder ein entscheidender Wandel. Sie, die gewissermaßen als Protest gegen Kurven und Windungen möglichst kurvenfrei angelegt worden waren, nehmen jetzt erneut den natürlichen Schwung der Landschaft auf und gliedern sich dieser harmonisch ein, nachdem man erkennen mußte, wie sehr die schnurgerade Streckenführung Anlaß zu Nachlässigkeit und Ermüdung wurde.

Straßen und Wege sind »Werkzeuge« im Dienste des Menschen, sie sind gewissermaßen die Adern der modernen Verkehrswelt, ohne die kein Gemeinschaftsorganismus existieren könnte. Auf ihnen wurden und werden Handelsgüter transportiert, auf ihnen marschierten Soldaten und zogen Flüchtlinge; über sie schritten Heilige und Apostel, um die Lehre zu verbreiten, aber auf ihnen reisten auch fahrende Sänger, der Thespiskarren und Jahrmarktkünstler. Über die Straßen verbreiteten sich Pest, Cholera und andere Geißeln der Menschheit. Sie bieten aber auch den Ärzten die Möglichkeit, rasch Hilfe zu bringen. Über sie wurden gute und böse Nachrichten weitergeleitet, sie waren die Grundlage für die Einrichtung der Post. Kunst und Kultur nahmen auf ihnen den Weg in die Welt.

In südlichen und östlichen Ländern ist die Straße noch heute ein nicht wegzudenkender Teil des Lebensraumes, ist Bestandteil der Wohnung und Ort der Begegnung. Die Straße widerspiegelt Freude, Leid und Not, sie trägt den Hochzeitszug und führt zum Friedhof, sie erduldet Barrikaden und sah Attentate, Raub und Mord.

Die Vielfalt der Beziehungen zwischen der Straße und dem Menschen, seine Abhängigkeit von ihr und ihr sich ständig wandelndes Gesicht versucht dieses Buch aufzuzeigen.

Altertum

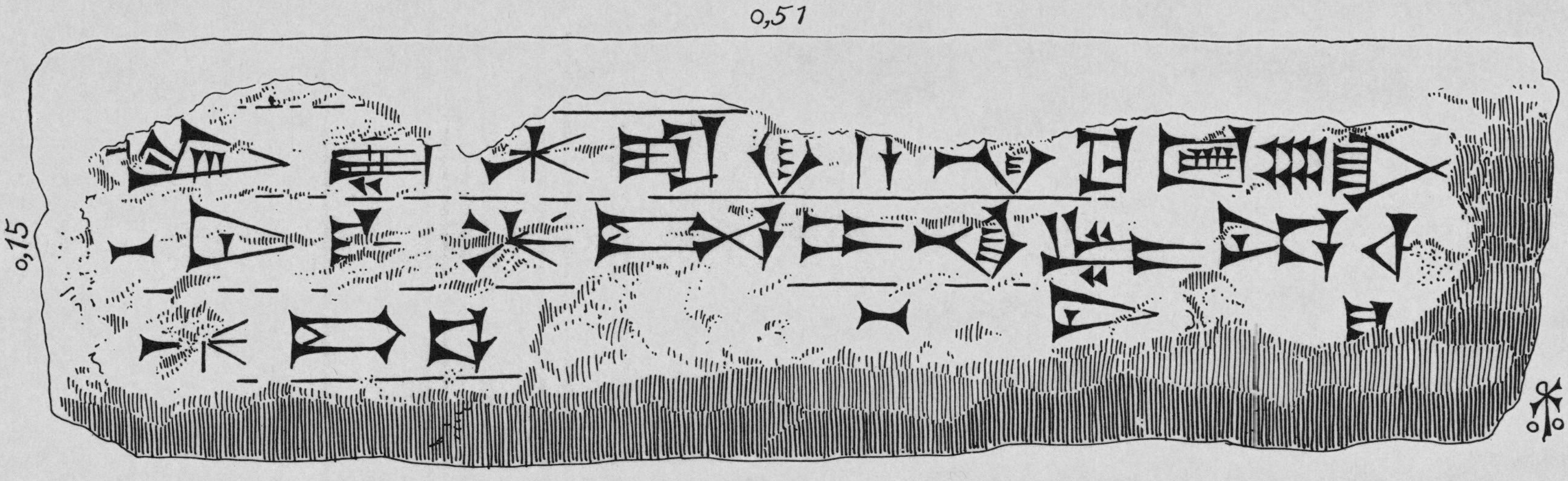

2 »Nebukadnezar, König von Babylon, Sohn Nabopolassars, König von Babylon, bin ich. Die Babelstraße habe ich für die Prozession des großen Herrn Marduk mit Schadi- (=Gebirgs-)Steinplatten gepflastert. Marduk, Herr, schenke ewiges Leben!« Diese Inschrift ließ Nebukadnezar II. (605–562 v. Chr.) in jeden Stein der 1 km langen Prachtstraße »Aibur-schabu« in Babylon meißeln.

3 Das sumerische Keilschriftzeichen für »Straße« (um 2600 v. Chr.). Wahrscheinlich sind die vier sich schneidenden Keilzeichen die symbolische Darstellung einer Straßenkreuzung.

Die Straßen in Assyrien und Babylonien

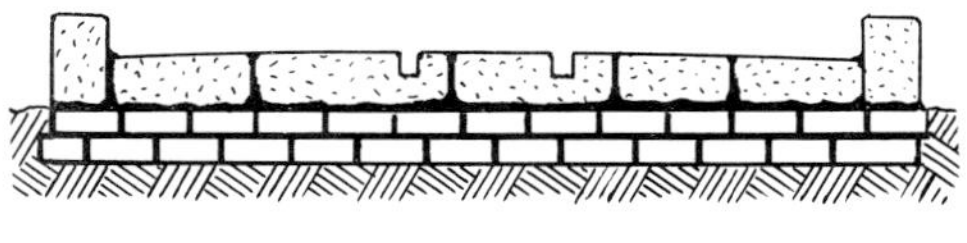

4 Die gepflasterte Prozessionsstraße mit Spurrillen in Assur. Für die Steinfugen wurde Asphaltmörtel verwendet.

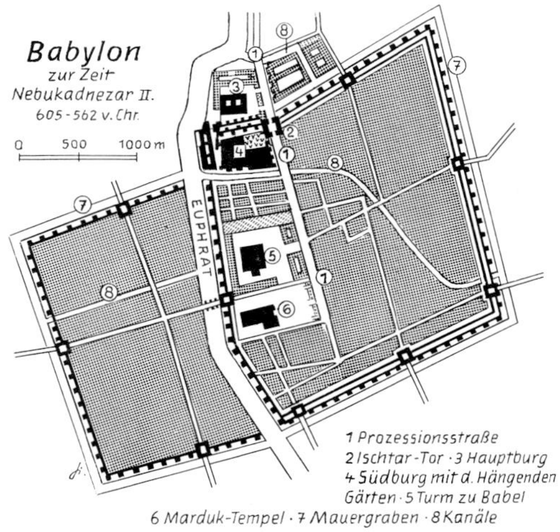

5 Babylon bestand aus zwei ungleichen Hälften, die von einigen sehr breiten und geraden Straßen in Bezirke eingeteilt wurden. Beide Stadtteile waren durch eine große Brücke verbunden, die nach Herodot und Diodor II.8 123 m maß. Ihre Balken bestanden aus Zedernholz, das vom fernen Libanon stammte.

In geheimnisvolles Dunkel gehüllt liegt die altbabylonische, die sumerische, liegt auch die assyrische frühe Zeit und nur verhältnismäßig spärliche Ausgrabungsfunde und inschriftliche Hinweise sind vorhanden, die auf eine außerordentlich hohe Kultur jener Völker schließen lassen. Sicher gab es damals bereits Straßen und ausgebaute Wege, zumindest in den Tempelbezirken, und es ist anzunehmen, daß auch die Kriegsherren durchaus den Wert von befestigten Nachschublinien und Transportwegen zu schätzen wußten. Wie man Tempelbauten und -treppen großartiger Ausmaße zu errichten verstand, wird man wohl auch Verkehrswege anzulegen fähig gewesen sein, denn Wagen und Gespanne gehörten zur Ausstattung der Armee. Gewiß haben die Arbeiter in den Steinbrüchen nicht nur Material für den Palastbau oder für Wohnhäuser gefördert, sondern auch die königlichen Straßenbauer mit Steinen versorgt. Die sumerische Schrift besaß auch bereits ein Zeichen für »Straße«. Aus der Glanzzeit Babylons – Neubabylons – unter Nebukadnezar II. (605–562 v. Chr.) stammt die zum Teil 16 m breite, gepflasterte Prozessionsstraße, die von der Königsburg durch das gewaltige Ischtartor und an den Hängenden Gärten der Semiramis vorbei bis zum Tempelbezirk der Innenstadt führte [2, 5–8]. Überwältigend muß der Eindruck der mit glasierten Ziegeln verkleideten Mauern gewesen sein, die allein am Ischtartor und der Südburg 120 Löwendarstellungen schmückten [17, 18].

Auch zum Ischtartempel in Assur führte eine Feststraße, deren eingemeißelte Spurrillen vor Beginn der Prozessionen mit stoßdämpfendem Material gefüllt wurden, damit die Götterbilder ohne Erschütterungen und ohne zu schwanken transportiert werden konnten. »Wenn ein Pferd am Wagen des Gottes strauchelt«, so verkündete ein altbabylonisches Spruch- und Vorzeichenregister, »so wird das Land seine Vernunft verlieren« [4].

So gepflegt und hervorragend ausgebaut dürften aber tatsächlich nur diese dem Kult vorbehaltenen Straßen gewesen sein, während sonst leicht geschotterte oder reine Erdwege die Regel waren, die zudem wechselnde Breite aufwiesen, eng und winklig verliefen und vielfach als Sackgassen endeten. Nicht einmal an den Prozessionsstraßen war überall die Baulinie konsequent eingehalten worden. In den fruchtbaren Niederungen von Euphrat und Tigris dienten in assysrisch/babylonischer Zeit als Fahrwege häufig die das Ackerland schützenden Dämme. Diese waren zum Teil sehr stabil aus Ziegeln gemauert. Als Mörtel wurde Asphalt verwendet, den man bei Hit am Euphrat gewann. Die wenigen erhaltenen Reste erlauben weder eine Rekonstruktion des Streckenverlaufs noch eine genaue Datierung.

Zwei bedeutende Karawanenwege führten von Babylon nach Syrien und Phönizien, den Ländern Kleinasiens, die zu jener Zeit die ersten Handelsgebiete waren [10]. Eine Route folgte von der Hauptstadt aus dem linken Ufer des Euphrats bis zum Stromübergang bei Thapsacus (beim heutigen Rakka)[1]. Von Hit bis Corsote folgte dieser Weg den zahllosen Windungen des Flusses. Nach Xenophon maß die Strecke von Pylae (einige Meilen unterhalb Hit) bis zur Einmündung des Araxes (heute Khabur) 125 Parasangen = 704 Kilometer. Die Luftlinie beträgt nur 300 Kilometer. Aber trotz dieser Länge und vieler sumpfiger Streckenabschnitte wurde der Weg von den Karawanen wegen der guten Wasserversorgung gerne benutzt. Xenophon berichtet, daß die 10000 Griechen auf ihrem Rückzug entlang dieser

◁ 6 *Rekonstruktion des Ischtartores in Babylon. Im Vordergrund der Beginn der Prozessionsstraße.*

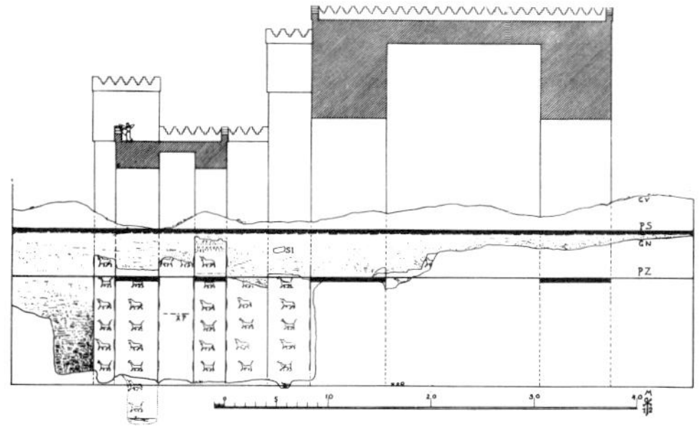

7 *Schnittdarstellung der Ausgrabungen des Ischtartores und der Prozessionsstraße. Die Ausgrabungen begannen im März 1899.*
GV Geländelinie vor der Ausgrabung, PS Prozessionsstraßen-Pflaster aus Quadersteinen, GN Geländelinie nach der Ausgrabung, PZ Prozessionsstraßen-Pflaster aus Ziegeln.

Straße hohe Verluste an Menschen und Gerät hatten. Viele der schwer beladenen Transportfahrzeuge versanken samt den Zugtieren im Schlamm (Anabasis I.5).

In Corsote konnten die Karawanen, die möglichst rasch die Mittelmeerküste erreichen wollten, die Abzweigung über Tadmor (Palmyra) einschlagen und von dort nach Arvad und Thyrus gelangen.

Der andere Karawanenweg zog sich von Babylon aus durch das Tigristal bis Ninive, bog dort nach Westen ab und erreichte über Nisibis und Edessa den Euphratübergang bei Samosata.

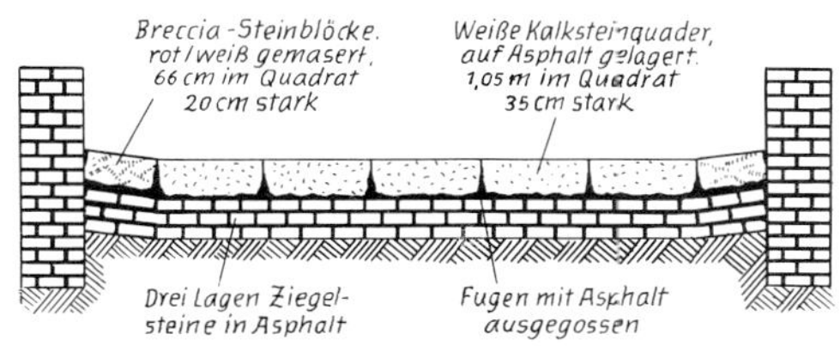

8 *Konstruktion der Prozessionsstraße in Babylon.*

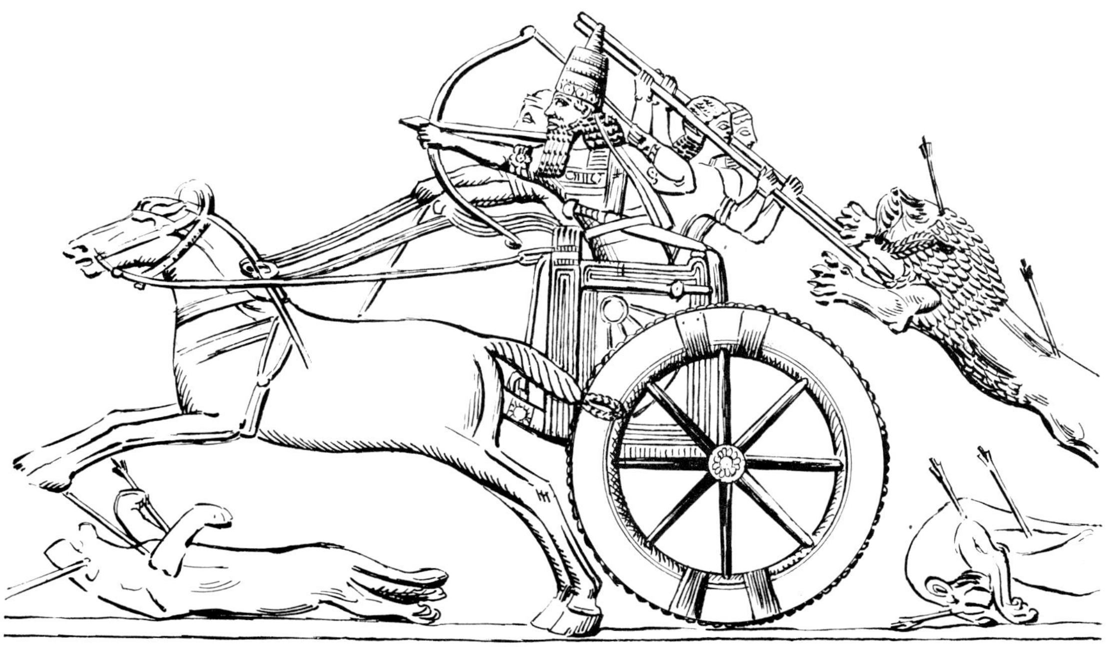

9 *König Assurbanipal auf der Löwenjagd (Ninive, 7. Jh. v. Chr.).*

Die Straßen im Perserreich

Als die Perser ihr gewaltiges Reich errichteten (539–333 v. Chr.), konnten sie im Zweistromland die vorhandenen babylonischen Straßen und Handelswege übernehmen. Um das nach der Eroberung Ägyptens (525) vom Indus bis an den Hellespont und vom Kaukasus bis zum Nil sich erstreckende riesige Gebiet auch verwalten zu können, brauchten sie aber mehr als nur diese genannten Straßen. Mit der ihnen eigenen Zähigkeit und weiträumigen Denkweise gingen die Perserkönige daran, ein ganzes Netz von Schnell- und Staatsstraßen zu entwerfen und bauen zu lassen, durch die alle auch noch so weit abgelegenen Provinzen rasch und sicher vom Herrschersitz aus erreicht werden konnten. Die griechischen Geschichtsschreiber Xenophon und Herodot haben anschauliche Schilderungen dieser »Königsstraßen« übermittelt. Was sie berichten, erfüllt uns noch heute mit Erstaunen und Bewunderung.

Die persischen Staatsstraßen waren reine Militärstraßen. Berittene Boten des Herrschers und seiner Beauftragten in den Provinzen eilten auf ihnen zwischen den Residenzen hin und her und bildeten einen Nachrichtendienst, durch den der König zu jedem Augenblick über alle Geschehnisse im ganzen Reich informiert war. Die Königsstraßen berührten nie Städte und größere Ortschaften, sondern führten stets in einiger Entfernung an diesen vorbei. Auch das war sehr klug bedacht. Im Falle von Aufständen in irgendwelchen Landesteilen konnte der Nachschub an Gerät und an Soldaten ohne Behinderung durch vielleicht aufsässigen Stadtpöbel an die gefährdeten Stellen gelangen. Die Zufahrten zur Schnell- bzw. Königsstraße war mit verhältnismäßig geringen Kräften leicht abzuriegeln. Neben den Königsboten und den Soldaten bewegten sich auf den Staatsstraßen nur die Wagen königlicher Beamter. Der im Perserreich eine untergeordnete Rolle spielende Handel mußte sich mit den örtlichen Verbindungsstraßen und alten Karawanenwegen begnügen. Eine Ausnahme wurde nur bei Tributlieferungen an den Herrscher gemacht, die über die Königsstraßen befördert werden durften. Die größte Ausdehnung dieser Straßen hatte wohl die von Darius I. (521–485 v. Chr.) angelegte Route, die vom Herrschersitz Susa bis nach Sardes in Kleinasien führte und alle wichtigen Provinzen berührte [10]. Sie muß über 2500 Kilometer lang gewesen sein. Leider ist von ihr außer einem kurzen Stück an den Felswänden des Holwantales nordöstlich von Bagdad nichts mehr erhalten. Doch hilft auch hier Herodot wieder weiter, der so genaue Angaben über die einzelnen Teilstrecken macht, daß sich der Streckenverlauf verhältnismäßig genau rekonstruieren läßt. Im Buch 5 »Terpsichore« heißt es z. B. über den ersten Wegabschnitt von Sardes zum Halys: ». . . An allen Orten sind königliche Stationen, sind die herrlichsten Herbergen, und der ganze Weg geht durch dicht bewohntes und sicheres Land[2]. Durch Lydien und Phrygien (von Sardes aus) sind es zwanzig solcher Stationen, eine Strecke von $94\frac{1}{2}$ Parasangen (ca. 515,12 km). Nach Phrygien folgt dann der Fluß Halys (Kisil Irmak), an welchem die Tore stehen, durch die man hindurch muß, um über den Fluß zu kommen, und dabei befindet sich eine starke Wache . . .«

Diese Tore standen wahrscheinlich 30 km östlich von Ankyra (Ankara) am Halys, der hier leicht durch eine Furt zu durchschreiten war. Weiter flußabwärts kann der Übergang kaum gewesen sein, da die Straße nördlich von Ankyra eine Salzwüste hätte durchqueren müssen, und flußaufwärts, also nach Süden, lag die große mittelanatolische Salzwüste als

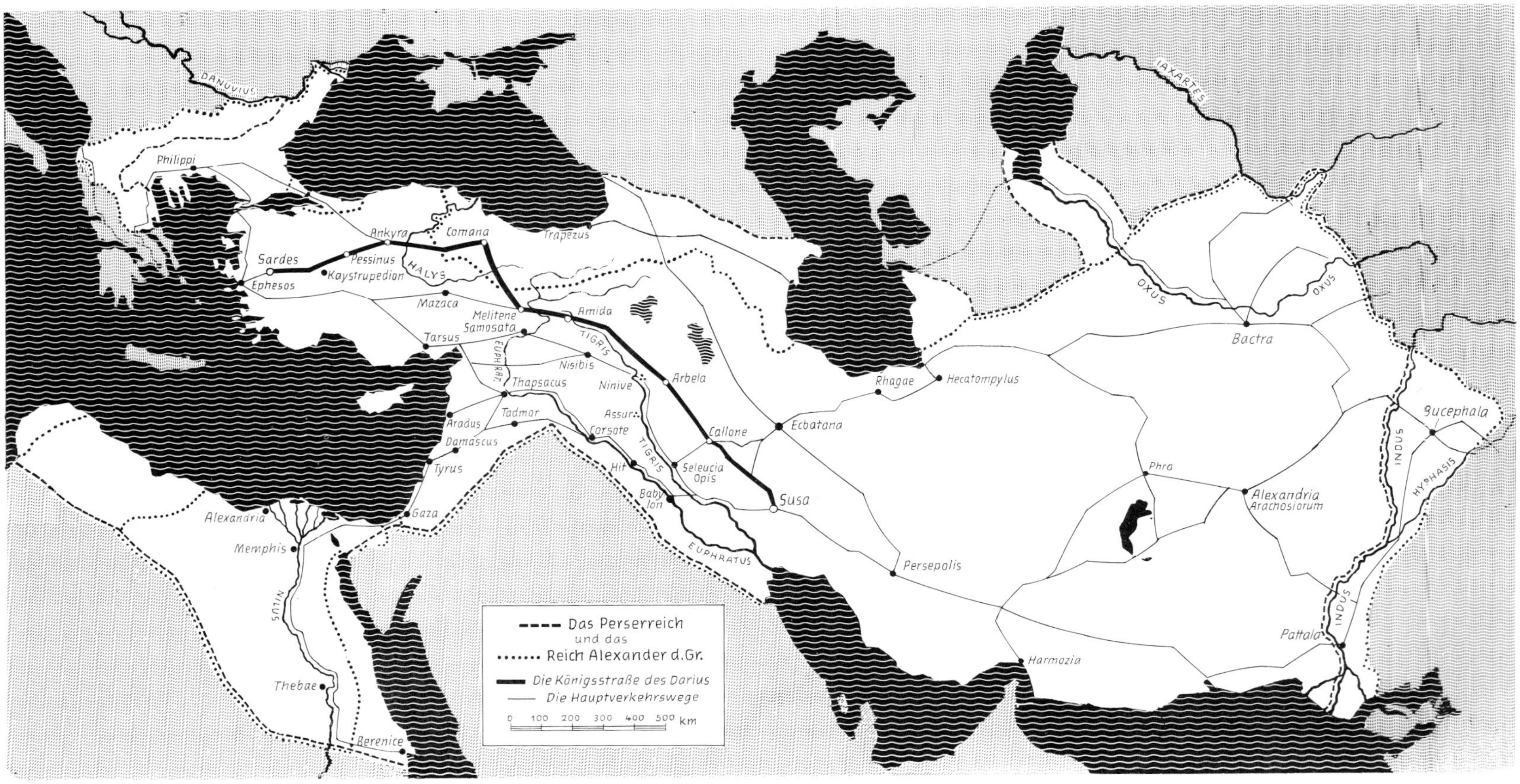

ebensolches Hindernis. Außerdem hat Herodot ausdrücklich betont, daß der ganze Weg durch bewohntes und sicheres Land gehe, was sicher hieß, daß zumindest in der Nähe der Stationen genügend Weiden für die Zugtiere lagen und daß die Herbergen leicht und in ausreichendem Maß mit Nahrungsmitteln für die Reisenden versorgt werden konnten. Daß Herodot bei seiner Schilderung der Streckenführung immer nur Grenzübergänge an den einzelnen Provinzen und Flußübergängen erwähnt, nie jedoch Städte und Ortschaften beschreibt, bestätigt die Annahme, daß die Königsstraßen ganz bewußt Siedlungen vermieden und an diesen vorbeiführten. Über den Abschnitt der Straße bis zum Euphrat heißt es dann weiter: »Ist man über den Fluß (Halys) hinüber in Kappadokien angelangt und reist dort weiter bis an die Grenzen Kilikiens, so sind es 28 Stationen, d. h. 104 Parasangen. An jener Grenze muß man durch doppelte Tore und an einer doppelten Wache vorbeiziehen, dann sind es noch drei Stationen und $15\frac{1}{2}$ Parasangen. Die Grenze Kilikiens und Armeniens bildet ein Fluß, über welchen man mit Schiffen setzt, mit Namen Euphrat.«

Diesen Streckenabschnitt und die anschließende Route bis Susa haben moderne Forscher untersucht und die Entfernungsangaben Herodots mit den landschaftlichen und grenzpolitischen Verhältnissen verglichen[3]. Sie haben auch versucht zu erklären, warum die beiden erwähnten Straßen so weit von der Luftlinie Sardes–Susa abwichen. Der Grund dürfte in der staatspolitischen Notwendigkeit gelegen haben, neben Kilikien auch die sehr wichtige nördliche Provinz Kappadokien in das königliche Nachrichtennetz einzubeziehen.

10 Die Verkehrswege im Persischen Reich und die »Königsstraße« des Darius. – Die bewundernswert geschickte Trassierung der Königsstraße wird deutlich, wenn man einen Luftlinien-Vieleckzug, der die wichtigsten Provinzen verbindet, mit dem tatsächlichen Verlauf der Straße (nach Herodot) vergleicht. Die Luftlinie ergibt 2165 km. Nach den zuverlässigen Angaben Herodots war die Straße 2503 km lang. Der Unterschied von 16% ist sehr gering, wenn man bedenkt, daß zwischen Susa und dem Tigrisübergang viele quer zur Strecke liegende Täler des Zagrosgebirge und in Kilikien die bis auf 2000 m ansteigenden Gebirgsketten des Taurus die Straßenbauer zu Umwegen zwangen.

Jedenfalls verstanden es die persischen Straßenbaumeister hervorragend, trotz außerordentlicher Geländeschwierigkeiten sichere Schnellstraßen anzulegen und zu unterhalten. Das beweist am deutlichsten die Streckenführung von Susa bis zum Oberlauf des Tigris. Hier vermieden sie den durch Überschwemmungen gefährdeten alten Karawanenweg im Flußtal über Seleukia (Bagdad) nach Nisibis und entschieden sich für den zwar längeren, aber sicherern und auch klimatisch günstigeren Höhenweg durch das fruchtbare Hochplateau im Vorgebirge des Zagros, obwohl sie dabei einen 1600 m hohen Paß zu überwinden hatten.

Nach Herodot dauerte eine Reise von Sardes nach Susa 90 Tage. Die gleiche Strecke legte ein Meldereiter des persischen Herrschers auf der Königsstraße in 10 Tagen zurück[4].

Allerdings waren auch die Königsstraßen nur selten mehr als kaum befestigte Erdwege, von den reinen Gebirgsstrecken abgesehen. Ihre durchschnittliche Breite betrug etwa 5 m, so daß zwei Wagen aneinander vorbei konnten. Xenophon erwähnt es als Ausnahme, daß ein von Kappadokien nach Kilikien führender Paßweg nur eine Wagenbreite aufwies (Anabasis I,2). Im wesentlichen unterschieden sich also die Königsstraßen von den regulären Handelsstraßen und Karawanenwegen durch die besondere Trassierung, durch die staatlichen Raststätten und Stationen zum Pferdewechsel und durch die Sicherung der Strecke durch königliche Soldaten. Nur mit Hilfe ihrer Straßen konnten die persischen Könige ihre weitgesteckten politischen und militärischen Ziele verfolgen. Nach dem ersten mißlungenen Angriff des Darius auf Griechenland im Jahre 490 v. Chr. stieß erneut Xerxes gegen den Hellespont vor. Ob sein Heer über die Königsstraße des Darius zum Sammelplatz in Kappadokien zog, ist nicht überliefert und auch unwahrscheinlich, denn die eigentliche Königsstraße wäre wohl für den Marsch einer so riesigen Streitmacht, wie sie sich 480 v. Chr. über Phrygien zum Hellespont in Bewegung setzte, nicht geeignet gewesen[5]. Sicher hatten die königlichen Satrapen in den einzelnen Provinzen ausgesprochene Heerstraßen anlegen müssen, die nun den Truppen des Herrschers bis zum Hellespont zur Verfügung standen.

Über diesen hatte er mit zwei Schiffbrücken einen Übergang geschaffen.

Die 100000-Mann-Armee wurde an der thrakisch-makedonischen Küste entlang von einer Flotte von 207 Schnellruderern und über 700 Küstenfahrzeugen gedeckt. Nach dem Übergang über den Hellespont rückten die Perser in Thrakien und Makedonien auf guten Straßen vor[6]. Erst in Thessalien, das sich auf die Seite der Invasoren stellte, geriet der Vormarsch ins Stocken, da dort geeignete Heerstraßen fehlten. Xerxes lag längere Zeit vor dem Pieros-Gebirge fest und mußte ein Drittel seiner Truppen für den Wegebau einsetzen, ehe er weiter nach Attika und Athen vorstoßen konnte. Trotz der Eroberung der Hauptstadt Griechenlands gelang es ihm bekanntlich nicht, die Griechen endgültig zu besiegen, nachdem die persische Flotte bei Salamis jene entscheidende Niederlage erlitt. Er mußte den Rest seiner Schiffe nach Kleinasien zurücknehmen und ließ nur Mardonios mit einem Landheer in Griechenland. Dieser wurde dann 479 von Pausanias bei Plataiai entscheidend geschlagen.

Mehr Glück hatte Alexander der Große (356–326 v. Chr.), der hundert Jahre später Persien eroberte. Wenn er auch während seines Eroberungsfeldzuges die Königsstraße des Darius nicht benützte, da sie an den für ihn so wichtigen Städten vorbeiführte, so bediente er sich des Staats- und Fernstraßennetzes, um das Land zu beherrschen. Die einzelnen Strecken, die Rasthäuser und Pferdewechselstationen waren zu seiner Zeit noch intakt. Sie verfielen erst nach der Aufteilung des Alexanderreiches in einzelne Diadochenreiche, wodurch die zentrale Bedeutung der Königsstraßen schwand. Nur in Herodots Berichten leben die Perserstraßen fort als Zeugnisse großartigsten menschlichen Organisations- und Schaffensgeistes.

Die Straßen in Griechenland

Die Perser waren in Griechenland nicht zuletzt an den Schwierigkeiten der Versorgung eines so großen Heeres über unzulängliche Nachschubwege gescheitert. Sicher hatte man auch dort Straßen und ausgebaute Wege, aber diese waren in keiner Weise für einen starken Verkehr mit Wagen und für den Lasttransport angelegt. Aus der frühgeschichtlichen Zeit des Landes sind viele Berichte bekannt, in denen von Wagen und Rosselenkern die Rede ist. Man kann also auch auf Straßen und Wege schließen. Erhalten ist hiervon außer einigen Teilstrecken auf Kreta leider nichts, auch nicht in den Resten frühgriechischer Kunstwerke, woraus sich Anhaltspunkte über Streckenführung und technische Details ergeben würden. Fest steht aber, daß ab etwa 1000 v. Chr. die Benutzung von Wagen auffallend zurückging. Im Heer trat an die Stelle der Kampfwagen und der Reiterei das bewaffnete Fußvolk, die Hopliten. Auch in den Städten und Ortschaften dominierte der Fußgänger[7]. Hermes, der Götterbote mit Flügeln am Helm und an den Sandalen, ist Beschützer der Wanderer, der Straßen und Wege, des Handels und Verkehrs.

Selbst entscheidende staatspolitische Nachrichten wurden durch Läufer übermittelt. Einer von ihnen war jener berühmte Bote, der den Athenern den Sieg bei Marathon meldete und nach Erledigung seines Auftrages erschöpft auf dem Marktplatz zusammenbrach. Der Marathonlauf über eine Strecke von rd. 42 km war geboren. Auch als 479 nach dem schon erwähnten Sieg über die Perser bei Plataiai neue Flammen auf allen griechischen Herden entzündet werden sollten, holte Euchides das Feuer im Eillauf von dem nicht entweihten heiligen Altarfeuer zu Delphi.

Selbst den Gütertransport bewältigten zu jener Zeit in Griechenland Menschen und Maultiere, soweit er nicht entlang der Küsten von Schiffen besorgt wurde. All dies trug neben den natürlichen Erschwernissen durch Gebirge und Karst dazu bei, daß der Straßenbau zweitrangig behandelt wurde. In den einzelnen Bergtälern kam es zur Bildung von in sich abgeschlossenen kleinen Staaten und Gemeinden, die kaum Wert auf Verbindungsstraßen zu anderen Gemeinschaften legten, sondern sich mit örtlichen, für ihre Zwecke ausreichenden Verkehrswegen begnügten, ja, die darüber hinausgehende Fernstraßen geradezu als gefährlich für ihre Selbständigkeit ansahen. Als einer engst mit der See verbundenen Nation war die Schiffahrt das Element der Griechen, sie sahen im Meer ihre Straße. Die Verbindungen ins Hinterland waren nur mehr oder weniger dauerhaft angelegte primitive Wege, die für den Bedarf der Händler und Bauern ausreichten, um mit ihren Karren und Maultieren zur Küste zu gelangen. Trotzdem gab es einige Fernstraßen, wenngleich auch sie nur teilweise befahrbar und keineswegs fest ausgebaut waren [11]. Eine führte von Athen über Theben, Delphi und Naupaktos an die illyrische Grenze und schuf so eine Landverbindung zur Adria. Neben der Überwindung der hohen Berge war hier für die Straßenbauer die Durchquerung der Kopais-Niederung ein Problem, das sie aber durch die Errichtung beachtlicher Steindämme bewältigen konnten[8/9]. Die zweite Straße führte von der Hauptstadt zum Peloponnes. Hier behinderten die wilden Berge Arkadiens die Streckenführung. Man half sich, indem man eine Route über Korinth entlang des Golfufers bei Patrai (Patras) und von da südwärts nach Elis und Olympia legte. Eine weitere führte bis Argos und von dort an den

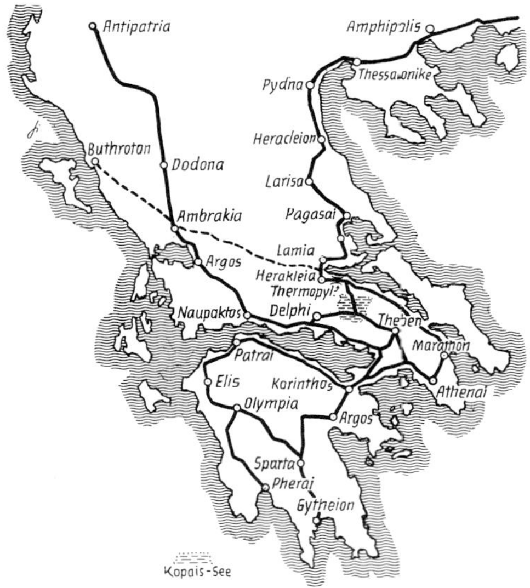

11 Die wichtigsten Verkehrsverbindungen im alten Griechenland.

Hängen der Flußtäler durch das Parnongebirge bis nach Sparta, von wo aus längere Zeit eine Heerstraße bis Gyntium am Meer existierte.

Eine alte Handels- und Heerstraße verlief von Athen über Marathon nach Norden. Sie überquerte den Thermopylen-Paß, das einzige Tor von Attika nach Thessalien. Als Leonidas den Paß gegen die Perser verteidigte (480 v. Chr.) war die Paßstraße nur ein wagenbreiter Fahrweg zwischen den steilen Felsen der Oeta und der sumpfigen Küste[10]. Nach den Thermopylen zog sich die Straße wieder am Meer entlang, schwang sich erneut ins Landesinnere, um abermals zur Küste zurückzukehren und über Herakleion nach Makedonien zu gelangen. Ihr Ziel war Thessalonike.

Die heute noch in Griechenland nachzuweisenden Kunststraßen waren im wesentlichen zu Kultzwecken angelegte »Heilige Straßen«. Sie führten zu den Tempeln und Weihestätten des Landes und folgten den Wegen, auf denen einst die Götter ins Land gekommen sein sollten. Apoll und Artemis waren, so erzählt die Sage, in Sykion am Golf von Korinth gelandet, ». . . an der Pallas schilfumkränztem Ufer«, um den Athenern das Heil zu verkünden. Nur Götter und Heroen konnten nach Meinung des Volkes imstande sein, sich durch Urwald, Dickicht und Sümpfe einen Weg zu bahnen und die Mächte der Finsternis niederzukämpfen, die sich einer neuen sittlichen Ordnung entgegenstellten. Wenn daher die Athener in späterer Zeit bei ihren Wallfahrten nach Delphi ihrem Zug Männer mit Äxten vorausschreiten ließen, so sollte das an die Hephaistossöhne erinnern, die einst den Göttern den Weg schlugen. Zahlreiche geweihte Stätten entlang der delphischen Straße galten dem Gedenken an jene erste Götterfahrt und an die Heroen, die sie schützten[11/12]. Die meisten »Heiligen Straßen« endeten in mächtigen Freitreppen oder befahrbaren Rampen vor den Toren der Heiligtümer. Sie gingen in den Städten vom Tor des Tempels aus, der dem gleichen Gott geweiht war. Bei Prozessionen wurde der Tempelplatz festlich mit Altären geschmückt und mit Purpurteppichen ausgelegt[13]. In Flußniederungen und Sumpfgebieten verliefen die Prozessionsstraßen vielfach auf Dämmen, so z. B. bei Erithrai zwischen Eleusis, Theben und Delphi[14]. In felsigem Gelände waren sie wie Geleise mit der überraschend einheitlichen Spurbreite von 160 cm in das Gestein gehauen. Die Fahrrillen waren sorgfältig geglättet und alle Unebenheiten beseitigt, damit die hohen Prozessionswagen mit den Priesterinnen, den heiligen Geräten und den aufrecht stehenden Götterbildern ohne Störung in feierlichem Zug zum Heiligtum gelangen konnten[15 u. 19]. Da diese Straßen nur »eingleisig« waren, kam es nach den Prozessionen, wenn die Benützung für den allgemeinen Verkehr freigegeben wurde, häufig zu Streit um das Recht der Vorfahrt, und bei einer solchen Gelegenheit soll Ödipus seinen Vater Laios erschlagen haben. Gelegentlich gab es auch Ausweichstellen, an denen die Wagen aufeinander warteten[16]. In zu unwegsamem Gelände verzichtete man überhaupt auf eine Straße. Dort schlug man statt der Geleise Stufenwege in den Felsen, auf denen die Pilger das Heiligtum zu Fuß erreichen konnten. Eine berühmte Stiege von mehr als tausend Stufen führte von Delphi an steilen Hängen entlang bis auf die Höhe des Parnaß[17]. An den Heiligen Straßen scheint es auch Brücken gegeben zu haben. In einem Epigramm auf die 320 v. Chr. erbaute Brücke über den Kephissos in Böothien heißt es: »Oh gehet hin zur Götterwohnung der Demeter, oh gehet, Priesterinnen, und fürchtet nicht die winterlichen Ergüsse des Wassers, denn Xenokles, der Lydier hat euch eine feste Brücke über den so breiten Fluß geschlagen . . .«

Infolge der politischen Zerrissenheit und Uneinigkeit Griechenlands ist es nie zu einer zentralen Straßenbauverwaltung gekommen. Nur im Militärstaat Sparta scheint einige Zeit eine befehlsstarke Straßenaufsichtsbehörde amtiert zu haben (Herodot VI/57). In der Hauptstadt Athen selbst bildete das »Kollegium für die Straßen« einen Teil der öffentlichen Verwaltung (Plato, Gesetze 761). In zahlreichen Komödien ist diese Behörde in reichem Maße mit Spott und Kritik bedacht worden[18]. In Theben übertrug man das als schimpflich geltende Amt der Straßenaufsicht dem Feldherrn Epaminondas. Er verwaltete die Straßen im Lande aber so gut, daß sich nach ihm zahlreiche Thebaner um diesen Posten bewarben, den sie nunmehr als hohe Auszeichnung ansahen.

Die Heiligen Straßen waren Gemeineigentum und die Wege nach Delphi, dem Hauptheiligtum, standen nach dem Amphiktyonischen Gesetz (Ol. 100, 1, C. I. 1688) unter der gemeinsamen Garantie aller Hauptstämme Griechenlands. Aus einer attischen Inschrift geht hervor, daß zwischen Athen und Sparta ein Staatsvertrag bestand, der den freien Verkehr auf der Eleusischen Feststraße für bestimmte Zeiten garantierte (Plutarch, Alkibiades, 34). Alle Anwohner waren verpflichtet, die Heiligkeit der Straße zu wahren und sie vor dem Verfall zu bewahren. Auch die Tempelbehörden sorgten für die Instandhaltung und Erweiterung ihrer Feststraßen, denn sie hatten alles Interesse, mit möglichst vielen hellenischen Städten verbunden zu sein.

Staatliche Rasthäuser wie im Persischen Reich gab es in Griechenland nicht, da hierzu, wie schon ausgeführt, die zentrale Organisation und vielleicht auch der Bedarf fehlte. Genauso existierte keine allgemeine Wegevermessung und es standen an den Straßen keine Meilensteine, die Orts- und Entfernungsangaben hätten zeigen können. Gelegentlich hatten fromme Privatleute Hermensteine gestiftet, die dann an manchen Orten den Weg wiesen, oder auch dem Wanderer die Hilfe der Natur und der Götter kündeten: »Ich, Hermes, stehe hier auf luftiger Höhe am Dreiweg unweit des Meeresstrandes. Dem müden Wanderer biete ich Wegerast und unter meinem Fuß quillt frischer Trank empor.« Ein anderer vermeldete: »Ich, Hermes, melde: Bis zur Ziegenquelle sind es sieben Stadien.« (Anth. Pat. II, p. 109. 702.)

Quellen am Wege sind im alten Griechenland vielfach mit schattigen Ruheplätzen versehen worden, eine Labsal in dem sonnigen Land. Ihre Schönheit haben zahlreiche griechische Dichter besungen[20].

Einen bedeutungsvollen Schmuck der Straßen Griechenlands bildeten die Grabstätten. Da es nicht gestattet war, die Toten in den Städten zu bestatten, man aber enge Beziehungen zu den Verstorbenen aufrecht zu halten suchte, begrub man sie an den Stätten des dichtesten Verkehrs, an den Straßen. Je näher an der Stadt, umso begehrter war ein Grabplatz. An den Toren, wo die Brunnen lagen und mehrere Straßen zusammentrafen, setzte man die Bürger bei, die sich um das Gemeinwohl verdient gemacht hatten. Nach altem Glauben schützten ihre Seelen die Tore ihrer Heimatstadt. Plutarch berichtet, daß Sulla, nachdem ihm Athen alle Tore geöffnet hatte, noch ein langes Mauerstück neben dem Doppeltor einreißen ließ, um in breiter Front in die Stadt einrücken zu können. Fürchtete er doch die dämonischen Mächte der Verstorbenen, die die Schwellen der Stadttore hüteten? Wo es ging, wurden die Gräber mit Gartenanlagen reich geschmückt. Plato verlangte einen Hain von Zypressen um die Feierlichkeiten und Heiligkeit der Grabstätten zu betonen (Plato, Gesetze 947).

Es haben also die Griechen – und später auch die Römer – keine »Gräberstraßen« angelegt, sondern ihre Toten an den Straßen beigesetzt, die sie selbst tagtäglich beschritten, um so mit ihnen durch die Inschriften auf den Grabsteinen und durch die persönliche Anwesenheit Zwiesprache und Verbindung zu halten[21].

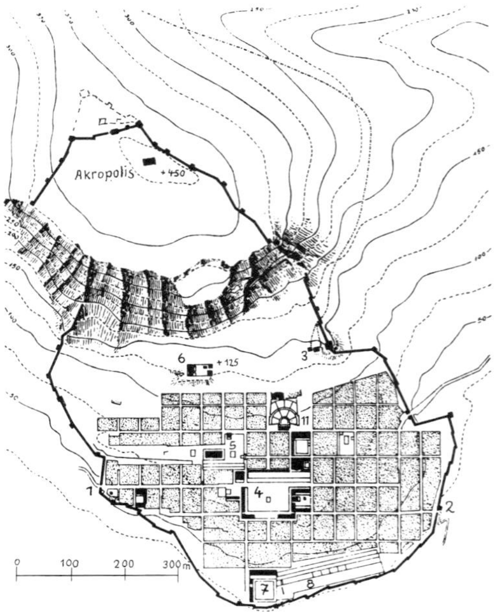

12 Der Stadtplan von Priene (an der Westküste Kleinasiens) zeigt die klare Disposition der hellenistischen Stadtgründungen, die sich meist in Stufen am Hang eines Burghügels aufbauten und durch kluge Verteilung der öffentlichen Gebäude die klassische Harmonie einer Stadtanlage erreichten.
1 Westtor, 2 Osttor, 3 Nordtor mit Wehrtürmen, 4 Markt mit Heiliger Halle, 5 Athena-Tempel, 6 Demeter-Tempel am Hang, 7 Gymnasion, 8 Stadion.

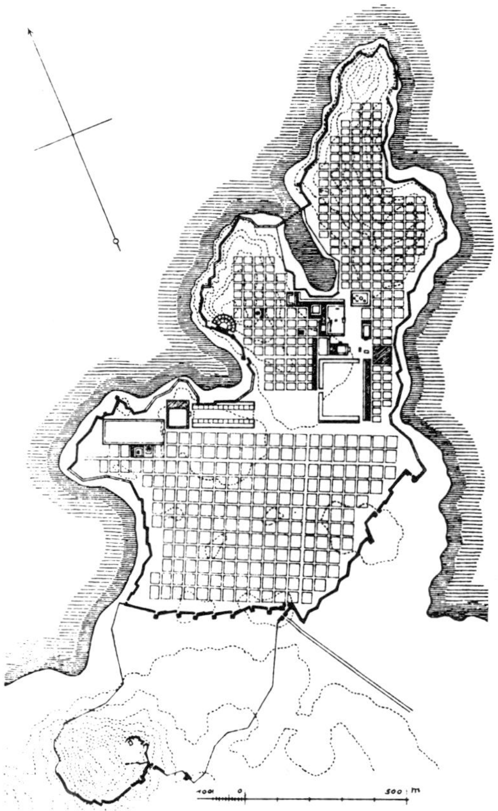

13 Grundriß der Stadt Milet an der Westküste Kleinasiens. Die Straßen nahmen wenig Rücksicht auf die Geländebewegungen (punktierte Linien). Dem Erbauer der Stadt, Hippodamos von Milet, war es wichtiger, klar gegliederte Stadtteile zu schaffen. Für die Nord–Süd verlaufenden Hauptstraßen wurden Abtragungen und Aufschüttungen vorgenommen. Die rechtwinklig zu ihnen liegenden Querverbindungen waren zum größten Teil Treppenstraßen. Auf der Westseite der Halbinsel zwei geschützte Häfen.

Die griechischen Stadtstraßen

Die griechischen Städte waren einst aus Ansiedlungen unterhalb von Herrenburgen entstanden. Nach und nach wurden sie nicht nur wirtschaftlicher Anziehungspunkt der Landschaft, sondern entwickelten sich bald zum Zentrum auch des geistigen Lebens, zur *πολις*[22]: »Des Menschen körperliches und animalisches Dasein mag durch das Land zu befriedigen sein, seine geistigen Bedürfnisse können nur durch die Stadt befriedigt werden« (Aristoteles). In der Polis wurden der Markt und der Tempelplatz, die Agorá, zum architektonisch gestalteten Raum! Die Straßen dagegen entsprachen noch lange, auch als sich die Städte vergrößerten, den ersten, dem Gelände angepaßten Fußwegen. Sie stellten somit innerhalb der Stadt keinen Ordnungsfaktor dar, und selbst Städte wie Athen, Theben oder Korinth bestanden außerhalb ihrer vollendet gestalteten Tempel-, Burg- und Marktbezirke aus einem Gewirr unübersichtlich durcheinander laufender Wege und Straßen.

Anders die neuangelegten Kolonialstädte [12] der hellenischen Zeit (etwa 600–300 v. Chr.). Diese entstanden nach genauen und durchdachten Plänen, an deren Ausarbeitung sich Staatsmänner, Wirtschaftler und Gelehrte leidenschaftlich beteiligten. Vor allem die landschaftliche Lage eines Stadtgebietes war Anlaß zu lebhaften Diskussionen. »Der Standort wirkt auf die Seelen der Bewohner« (Plato). Man sah die Stadt als Teil der sie umgebenden Landschaft. Fast immer wurden die Städte im ansteigenden Gelände unterhalb einer Burg angelegt[23]. Das hatte neben den guten Verteidigungsmöglichkeiten den wesentlichen Vorteil, daß man Wasser vom Berg herab durch die Stadt leiten konnte. Das Trinkwasser wurde schon früh in Rohren zu den öffentlichen Brunnen und in die Häuser geführt. Die Bäche, die zur Abfallbeseitigung dienten, flossen offen durch die Straßen und wurden meist erst in späterer Zeit zusammen mit einer Straßenpflasterung durch Steinplatten abgedeckt[24].

Vorbild aller hellenischen Stadtanlagen wurde Milet, das 494 von den Persern zerstört worden war. 479, d. h. also ein Jahr nach der Schlacht und dem Sieg bei Salamis, begann man mit dem Wiederaufbau. Nach Aristoteles war es Hippodamos, der den Plan der neuen Stadt entwarf. Er gab dem neuen Stadtraum ein Skelett aus schnurgeraden, sich rechtwinklig schneidenden Straßen, die im einzelnen keine Rücksicht auf die Geländebewegungen nahmen [13]. Man hat in dieser schematischen Anordnung die Übernahme asiatischer, »dynastischer« Stadtanlagen gesehen. Das ist jedoch nur bedingt so richtig. Assyrisch/babylonische und auch die großen persischen Städte zeigen dieses Netz sich rechtwinklig kreuzender, schnurgerader Straßen immer nur in einzelnen Stadtteilen, während die Griechen mit ihrem praktischen, ordnenden Sinn das Schachbrettsystem für die ganze Stadteinteilung bei ihren kolonialen Neugründungen verwendeten. Die geometrische Aufgliederung des Stadtraumes erbrachte einfache, übersichtliche Bezirke und schuf klare Besitzverhältnisse. Nachdem man die Städte meist im Windschatten von Hügeln anlegte und die Hauptstraßen parallel zur Kammlinie des Hanges verlaufen ließ, war es möglich, durch Abtragungen und Aufschüttungen ein gleichmäßiges Straßenniveau zu erzielen. Diese Straßen waren oft 9–11 m breit, während die hangabwärts ziehenden Querstraßen, die häufig recht steil abfielen bzw. anstiegen und dann als Treppen ausgebaut wurden, nur eine Breite von 3,5–6 m aufwiesen. Hier wohnten die Menschen, hier lebten sie ungestört vom Wagenverkehr und vom sonstigen Getriebe der großen Straßen[25] [32, 33].

Die Gemeinschaftsbauten und -anlagen wie Tempel, Gymnasion, Theater, Sitzungssaal des Rates, dazu der Markt, das Hafenviertel usw. waren, wie auch die Wohnbezirke, im Plan genau festgelegt und nach ihrer Bedeutung ein- bzw. zugeordnet. Hierbei spielten auch optische Gesichtspunkte eine sehr wichtige Rolle. Vor allem sollten die Tempel so angeordnet sein, daß sich die einzelnen Tempelgruppen und die Akropolis den Ankommenden ohne Überschneidungen mit landschaftlichen Ausblicken darboten (Doxiadis).

Diese »hippodamische« oder »miletische« Bauweise wurde, da sie sich als überaus praktisch erwies, von Kleinasien bis nach Süditalien angewandt. Einige Zeit trugen sich sogar die Athener mit dem Gedanken, ihre Stadt von Hippodamos umbauen zu lassen. Es blieb jedoch beim Ausbau des Hafens Piräus, dessen Plan (nach Aristoteles) auf ihn zurückgeht.

Die größte Leistung griechischer Städtebaukunst wurde Antiochia (323–281 v. Chr.). Steile Berghänge und tiefliegende, ungesunde Sumpfgebiete verschwanden bzw. wurden eingeebnet, begradigt, abgetragen, aufgefüllt, trockengelegt, um diese Stadt zu schaffen. Breite Fahrstraßen durchzogen das ganze Stadtgebiet, führten über aufgefüllte Felsspalten hinweg und verbanden die mächtigen Tore der Stadtmauer, die angeblich von 450 Türmen gekrönt war (Egli S. 236). Das Bergwasser wurde in zum Teil tiefliegenden Röhren durch die ganze Stadt geführt. Alle Hauptstraßen besaßen Säulengänge zum Schutz gegen Sonne und Regen. Noch zur Zeit der Eroberung durch die Kreuzritter (21.10.1097) war Antiochia eine der schönsten Städte am östlichen Mittelmeer. Heute ist von dem Glanz und der Pracht der hellenischen Stadt nichts mehr erhalten.

Die Römer haben die griechischen Städte bewundert und sie, soweit sie nicht während der Kämpfe zerstört wurden, weiter ausgebaut. Sie ließen die Straßen pflastern und vermehrten die Theater, Tempel und Bäder [34].

Nur Schutt und Trümmer kennzeichnen heute die Stellen, wo einst blühende Gemeinwesen standen. Aber selbst die wenigen Bruchstücke, die bei den Ausgrabungen von Priene und Ephesos zutage traten, lassen noch viel von jener zweckvollen und zugleich künstlerisch vollendeten städtebaulichen Kunst der hellenischen Welt ahnen.

Die Straßen in Ägypten

Es wäre höchst verwunderlich, wenn ein so großer, mächtiger und durchorganisierter Staat wie das Reich der Pharaonen nicht auch über entsprechende Straßen verfügt hätte. Die frühen Hieroglyphen besitzen schon ein Zeichen für »Straße« [14]. Allein schon die Verbindung zum Zweistromland, zu Arabien und das weite, tief nach Afrika hineinreichende Hinterland müssen Straßen, Wege und Karawanenrouten geradezu erzwungen haben. Auch hier sind allerdings Reste und Inschriftenbelege so selten wie in den anderen Ländern der antiken Welt.

Eine Fest- oder Prozessionsstraße gehörte in Ägypten schon 2000 Jahre vor Christus zu jeder Tempelanlage und stets war sie mit Säulen, Sphinxen oder anderen bildhauerischen Darstellungen geschmückt.

Die erste speziell für den Transport von Waren bestimmte Straße in Ägypten, von der wir wissen, ließ die Königin Hatschepsut vom Roten Meer an den Nil bauen, damit Güter,

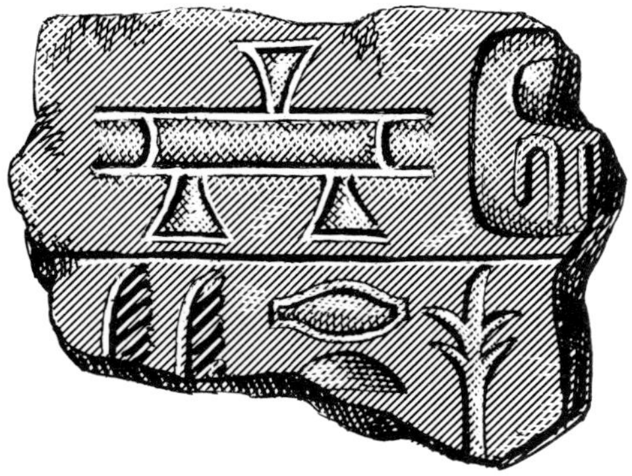

14 Die ägyptische Hieroglyphe für »Straße«. Es ist anzunehmen, daß es sich bei diesem Schriftzeichen um eine Art kartographischer Darstellung einer geraden Straße mit Bäumen auf beiden Seiten handelt.

15 Der überaus leicht gebaute Wagen des Königs Tut-ench-Amun läßt darauf schließen, daß es um 1350 v. Chr. in Ägypten bereits Straßen mit sehr glatten Fahrbahnen gegeben hat.

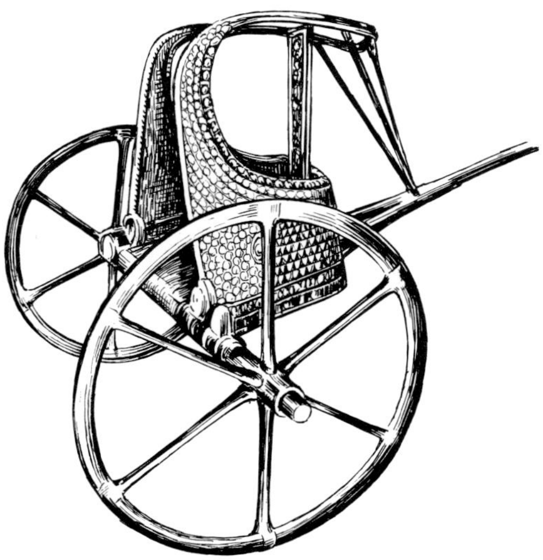

die sie auf Booten aus dem Süden heranschaffen hatte lassen, in die Hauptstadt weitergeleitet werden konnten. Die Entfernung zwischen dem Fluß und der Hafenstadt Kosseir beträgt nicht ganz 200 Kilometer. Es war nur naturgemäß, daß von der Hauptstrecke auch Seitenarme in verschiedene Täler und Wadis angelegt wurden, als man dort abbaufähige wertvolle Mineralien und Gesteine entdeckte. Auch weiter im Süden gab es einige Straßen, auf denen Gold von den Minen des Berglandes nach dem Norden transportiert wurde, doch endeten diese an den Bergwerken bzw. vor den Stolleneingängen. Sie waren also keine Durchgangs- oder echte Verkehrsstraßen.

Von erheblich größerer Bedeutung war jener uralte Horusweg, den die Pharaonen hatten anlegen lassen, um ihre Truppen rasch und ungehindert gegen Norden in Marsch setzen zu können. Schon daß man diese Straße nach dem heiligen Falken benannte unterstreicht, wie wichtig sie war. Der Horusweg zog sich von Sile (ca. 3 km ostwärts von dem neuzeitlichen El-Kantara) gegen Palästina. Er diente viel später noch den römischen Legionären beim Einmarsch in das Pharaonenreich. Sile hatte zu jener Zeit seinen Rang als Ausgangspunkt dieser Heerstraße zwar behalten, war aber gegenüber Pelusium abgesunken, da dieser stark befestigte Platz den Verteidigern Ägyptens wie auch den Invasoren wichtiger erschien. Neben den beiden genannten Straßen existierte eine ganze Anzahl von Karawanenwegen, die als Verbindungen zu den und zwischen den einzelnen Oasen dienten, und auf denen Gold, Wein, Elfenbein und Sklaven transportiert wurden. Sie sind aber wohl nie als feste Straßen angelegt oder ausgebaut worden, sie wiesen keine planmäßige Streckenführung auf und befriedigten zudem häufig nur lokale Bedürfnisse, konnten also nicht eigentlich als Handels- oder Verkehrsstraßen gelten. Und doch gab es unter ihnen einen Weg, der schon seit uralten Zeiten berühmt war, der Geschichte gemacht hatte und sie zeitweise sogar noch heute macht – die sogenannte Gewürzstraße, auch Weihrauchstraße genannt, die von Arabien nach Ägypten führte [107]. Was immer Arabien an Schätzen zu bieten hatte und liefern konnte, wurde auf ihr von ungezählten Kamelkarawanen nach Ägypten und Syrien gebracht, um dort den Großen des Landes zum Wohlleben und Luxus zu dienen. In den Häfen am Mittelmeer warteten die Schiffe – leichte Segler und schwerfällige Frachter –, um die weitherkommenden Güter zu übernehmen und sie dann in Griechenland und später in römischen Häfen zu löschen. Leider liegt die genaue Linienführung der Weihrauchstraße nicht mehr vor uns und wir können nur an Hand von Städtenamen, Wasserstellen, Pässen usw. den ungefähren Verlauf ahnen [25].

Darüber hinaus wurde Arabien von einer ganzen Reihe weiterer Karawanenwege durchzogen, zu denen sich nach dem Siege Mohammeds einige inzwischen geschichtlich gewordene Pilgerstraßen fügten. Alle haben gemeinsam, daß sie ihr Dasein mehr oder weniger dem Kamel verdanken. Erst als dieses genügsame und ausdauernde Reit- und Lasttier dem Menschen zur Verfügung stand, konnte er es wagen, auch größere Strecken der wasser- und deckungslosen Wüsten zu durchmessen. Und nun entwickelten sich nicht nur Karawanenstraßen und Pilgerwege. In ihrem Gefolge entstanden Karawansereien, Handwerker siedelten sich an, Wasserträger und Melonenverkäufer machten ihre Geschäfte, dann kam das erste Kaffeehaus und die Barbierstuben. Aber nicht nur ehrbare Handesleute und fromme Pilger zogen diese Straßen, um ihrem Gewerbe nachzugehen oder Mekka und Medina ihre Verehrung abzustatten. Überall wuchsen mit der Zunahme des Verkehrs auch die Chancen derjenigen, die »nicht säten, aber ernten« wollten, der Straßenräuber, der Wahrsager und Gaukler, der Dirnen und Kurpfuscher.

An vielen Knotenpunkten, Rastplätzen, an Wasserstellen und Brunnen entstanden kleinere oder größere Ansiedlungen, die bald den Charakter der Zufälligkeit verloren und zu richtigen Gemeinwesen wurden mit Recht und Obrigkeit. Solange der Strom der Pilger und der Kaufleute nicht abriß, ging diese Entwicklung stetig voran. Hörte aber dieser Impuls auf, dann wanderten die Menschen wieder ab, erst die Jungen, dann die Älteren, erst langsam, dann immer rascher, und der Sand und die Trostlosigkeit herrschten wieder, wo einst reges Leben pulsierte.

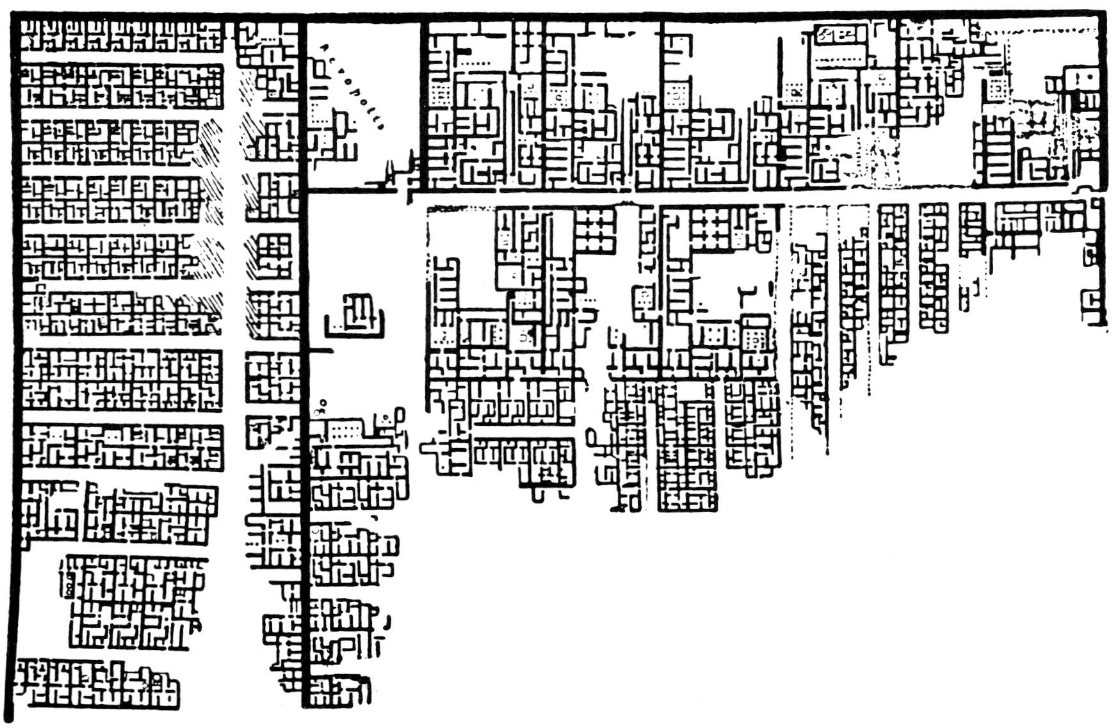

16 Grundriß der Stadt Kahun, die um 2000 v. Chr. angelegt wurde. Sie diente den Menschen als Aufenthalt, die bei der Errichtung der Pyramide bei Fayum beschäftigt waren. Die Stadt war durch eine Mauer in zwei ungleich große Teile getrennt. Der kleinere Teil, mit schlechter Winddurchlüftung und völlig gleichen Häusern, war das Quartier der Fronarbeiter. Im anderen, größeren Stadtteil lagen an der Stadtmauer, geöffnet zu den kühlenden Nordwinden, die Häuser der Beamten und an den winddurchlüfteten Nord-/Süd-Straßen die Häuser der Handwerker, Kaufleute und der Markt.
Die großartige Disposition und Raumgliederung aller ägyptischen Städte zeigt den ausgeprägten Sinn der Ägypter für Geometrie. Sie entspricht der plastischen Formklarheit der Kunst und Architektur. Sie zeigt aber auch die strenge Klasseneinteilung, die von den Priestern und Königen als Ordnungsgrundlage des Staates geschaffen und erhalten wurde.

17 Das Ischtartor in Babylon. Es lag im Nordosten der Stadt bei der Königsburg. Von ihm führte die Prozessionsstraße zur Stadtmitte, zum heiligen Bezirk mit dem Marduktempel und dem Turm zu Babel.

18 Die Ischtartorstraße in Babylon. In einem Ziegelsteinstempel aus dem Jahre 590 v. Chr. hat sich Nebukadnezar II. als Erbauer dieser Prachtstraße gerühmt: »Die Straßen von Babylon, die Prozessionsstraßen Nabus und Marduks, meiner Herren, die Nabopolassar ... mein Erzeuger mit Asphalt und gebrannten Ziegeln gemacht hatte als Weg: Ich füllte über den Asphalt und die gebrannten Ziegel eine mächtige Anfüllung ... wie eine hochgelegene Straße ...« Diese neue Straße pflasterte er dann mit Steinplatten (Abb. 6–8).

19 Die großen Handelsstraßen und die örtlichen Verbindungswege außerhalb der Städte werden in Babylonien und auch später im Perserreich nicht anders ausgesehen haben, als viele vorderasiatische Wege heute. Verwehte Pisten durch Sand- und Salzwüsten oder steinige Pfade in den Gebirgen. Sie haben den Menschen und Mauleseln seit Jahrtausenden für den Warentransport genügt.

20 Blick auf die Ruinen der Stadt Assur. Im Vordergrund das trockene Bett eines Tigris-Seitenarmes.

21 Flußübergang im Feldzug des assyrischen Königs Salmanassar III. (858–824 v. Chr.) gegen Armenien.

22 Ausschnitt aus der »Standarte von Ur« (2500 v. Chr.). Das farbige Mosaik wurde in den Trümmern der sumerischen Stadt Ur gefunden. Es ist die älteste bekannte Darstellung von Rädern an Fahrzeugen.

23 Dreiachsiger Kampfwagen im Feldzug des assyrischen Königs Salmanassar III. (858–824 v. Chr.) gegen Syrien.

24 Prozessionsstraße zum Ammon-Tempel in Theben aus der Zeit Ramses II. (1290–1223 v. Chr.).

25 Kamelkarawane in Arabien. Sie erreicht ihr Ziel ohne gebaute Straßen.

26 Südteil des Pyramidenfeldes von Gizeh, links der Taltempel des Königs Chephren (um 2500 v. Chr.) mit dem Aufweg zum Totentempel seiner Pyramide. Im Vordergrund die Große Sphinx.

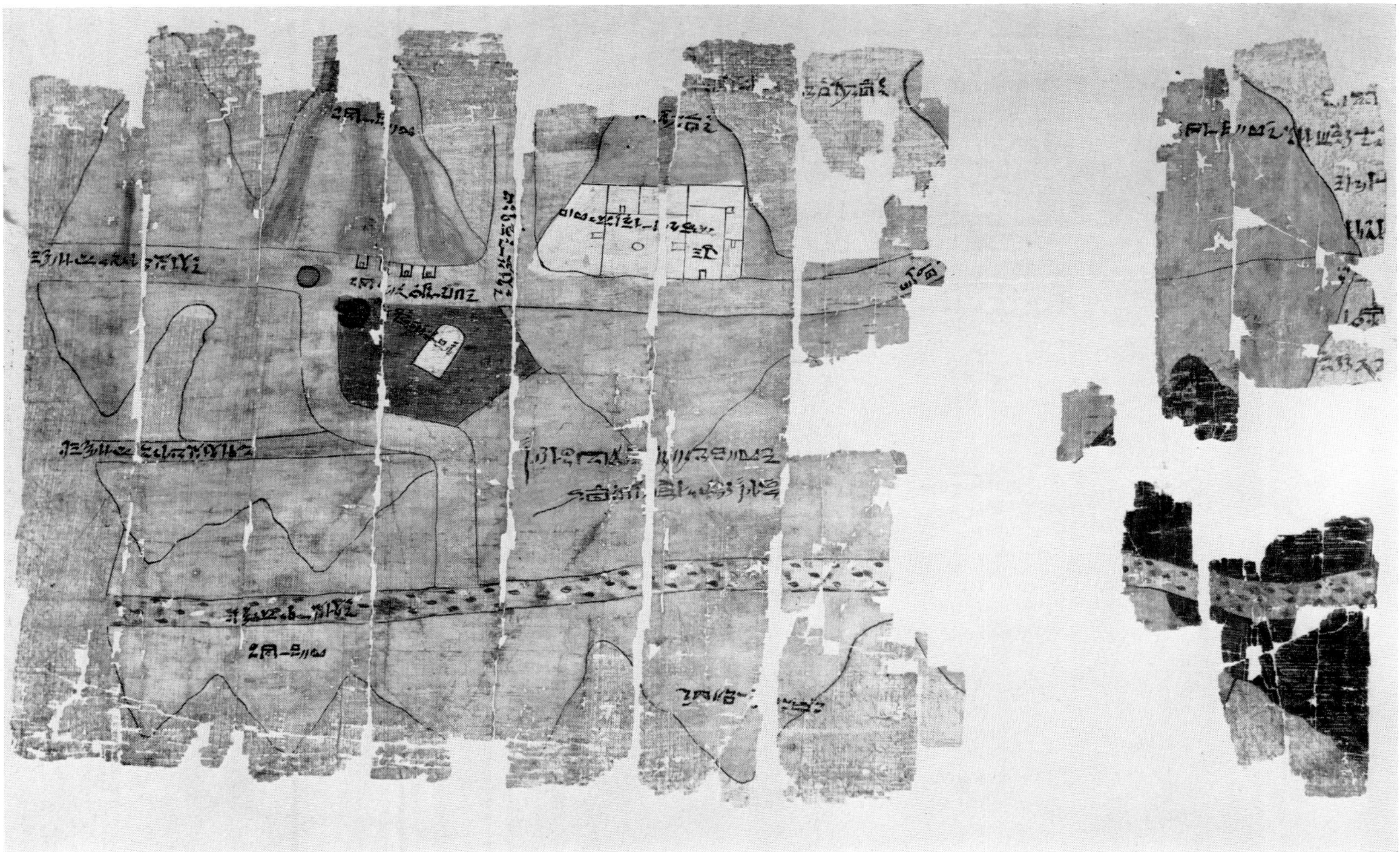

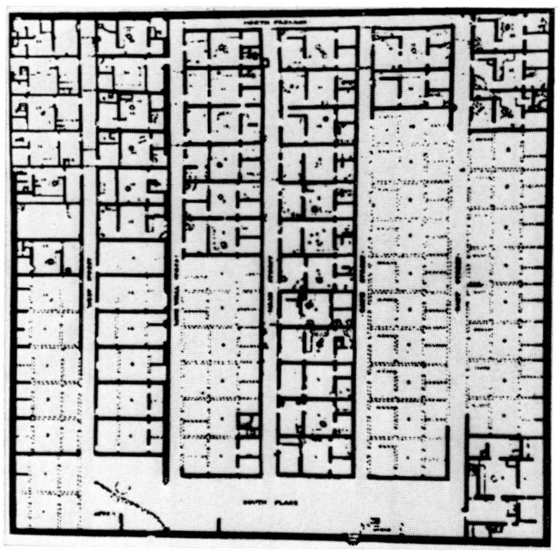

27 Zu den ältesten Straßenkarten, die uns erhalten blieben, gehört dieses ägyptische Papyrusblatt aus der 20. Dynastie (um 1100 v. Chr.). Es zeigt die Arbeitersiedlung einer nubischen Goldmine. Zu erkennen sind die Unterkünfte der Arbeiter, die Minenberge, eine Stele und ein Straßenbrunnen. Diese sind durch ein Straßennetz verbunden, das je nach der Bodenbeschaffenheit farbig unterschieden ist. Zwei Wege, die nach der Begleitschrift »zu einem Gewässer juma« führen, zeigen die wahrscheinlich Lehm andeutende Grundfarbe des Papyrus, die übrigen vier Wege sind mit blassem Rosa ausgemalt.

28 Arbeiterstadt im Osten der von Amenophis IV. um 1370 v. Chr. angelegten neuen Residenz beim heutigen El-Amarna am Nil. Ganz im Gegensatz zu der gelockerten und beschwingten Anlage der Residenz zeigt dieses Wohnquartier eine rein schematische Aufteilung durch gerade Straßen mit völlig gleichen Häusern.

29 Paßweg zwischen Deir el Medine und dem Königsgräbertal bei Theben. ▷

30 Die Prozessionsstraße zum Heiligen See auf der Kykladeninsel Delos. An der Terrasse neun Löwen aus Marmor von Naxos (7. Jh. v. Chr.).

31 Die Heilige Straße und die Schautreppen für die Kulthandlungen am Palast von Knossos auf Kreta.

32 Treppenstraße in Priene (siehe Abb. 12, S. 18).

33 Aufweg in den Ruinen der Stadt Gurnia auf Kreta aus spätminoischer Zeit (1500–1000 v. Chr.).

34 Ephesos. Blick vom Theater auf die Arkadiana, eine der berühmtesten Prachtstraßen der Antike. 600 m lang führten gedeckte Säulengänge zu beiden Seiten der gepflasterten Straße an den Läden der Händler entlang zum Hafen. Das Meer reichte zur Zeit der Gründung um 300 v. Chr. bis an die Stadt. (unten)

35 Die hundert Säulen an der Hauptstraße von Jerash. Die Stadt war einst ein bedeutender Handelsplatz am Karawanenweg von Südarabien über Petra nach Damaskus. Der Kreuzritterkönig Balduin II. von Jerusalem zerstörte sie zwischen 1118 und 1131 so gründlich, daß die Araber noch heute für eine besonders große Zerstörung den Ausdruck gebrauchen: »Zerstört wie die Ruinen von Jerash«. ▷

36 Delphi, das Ziel vieler heiliger Straßen im alten Hellas. Blick vom Apollon-Tempel in das Pleistostal. Links die Steilwände der Vorgebirge des Parnaß. *(Seite 34)*

Rom

Ad nouas . xuiii
Nomento
fidenis
via tyburtina
via lauicana
via latina
via appia
via hostensis
Ro ma
Ad pontem
via clodia
Lorio . xii
via aurelia

Die Staatsstraßen der Römer

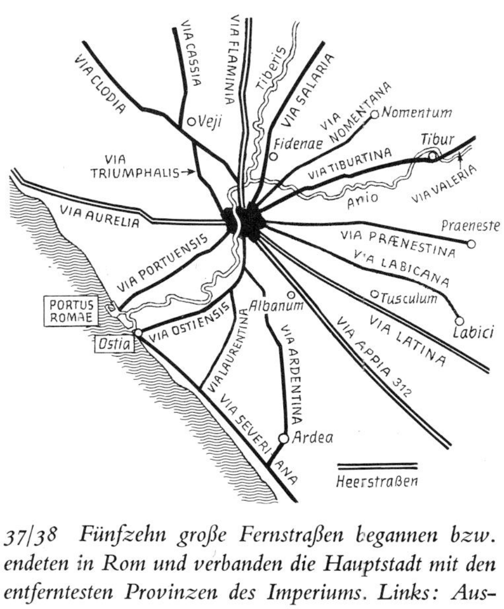

37/38 Fünfzehn große Fernstraßen begannen bzw. endeten in Rom und verbanden die Hauptstadt mit den entferntesten Provinzen des Imperiums. Links: Ausschnitt aus der römischen Straßenkarte, der Tabula Peutingeriana, mit den von Rom ausgehenden Fernstraßen. In der Mitte Rom mit dem thronenden Kaiser, darunter Ostia und der Hafen Roms.

Alle Wege führen nach Rom [37]! Dieser Ausspruch ist noch heute mit einem fast magischen Klang verbunden, wenngleich nur wenige, die ihn zitieren, an seinen Ursprung denken.

Es war ein hartes, nüchternes und auf Eroberung und Besitz eingestelltes Volk, das die Nachfolge jener Staaten des Altertums antrat. Ausgehend von einem verhältnismäßig kleinen und schmalen Landstreifen, gelang es den Römern, sich zu Herren eines großen Teils der damaligen Welt zu machen.

Daß sie sich dabei auch aller Kenntnisse und Erfahrungen der von ihnen besiegten und unterjochten Völker bedienten, spricht für ihren praktischen Sinn. Was sie sahen und lernten, erweiterten sie durch ihr eigenes Können und Wissen, verbesserten und »modernisierten« es, bis es ihren Anforderungen und Zwecken genau entsprach. Das gilt insbesondere auch für den Straßenbau, der dadurch nicht nur spezifisch römische bzw. italienische Züge aufweist, sondern immer wieder persische, keltische und andere Merkmale zeigt. Nicht zuletzt durch diese hervorragende Fähigkeit, von anderen zu lernen und fremde Erkenntnisse aufzunehmen und zu verwerten, erreichte der römische Straßenbau – abgesehen von seinen Dimensionen – jene Perfektion, die uns heute noch staunen läßt. Kein Volk der Erde hat je wieder ein derart ausgedehntes Straßennetz planvoller angelegt und über Jahrhunderte instandgehalten [52].

Natürlich waren es vor allem militärische, strategische Straßen und ihr Hauptzweck bestand in der möglichst lückenlosen Verbindung der einzelnen römischen Provinzen untereinander mit dem Mutterland. Sie hatten der römischen Macht zu dienen und wer immer auf diesen Straßen reiste, kannte die Kraft und Stärke der Nation, die sie gebaut hatte, unterhielt und sicherte. Jeder Wagen, der auf ihnen rollte, demonstrierte den Reichtum des Imperiums, sei es, daß Korn aus Britannien zu den Legionen an den Niederrhein[1], Gemüse, Obst oder Wein von den staatlichen Gütern in die Provinzstädte, Käse und Honigwein aus den Alpen und Illyrien nach Italien gelangten, kostbare Tierfelle aus den Karpaten, Seidenstoffe aus Antiochia, Sklaven aus Afrika oder die 14332 Pfund schwere Silberbeute Scipios aus Spanien in die Hauptstadt befördert wurden. Von den staatlichen Minen kamen die Lastfahrzeuge beladen mit Gold, Silber, Blei, Zinn und Kupfer über befestigte Stichstraßen auf die größeren Verkehrswege und erreichten dann ungehindert und rasch die Verarbeitungsstätten. Der rasche Nachschub von Waffen, Gerät, Ausrüstungsgegenständen und Handwerkserzeugnissen ermöglichte es, selbst entfernteste Kastelle und vorgeschobene Postenanlagen im Zustand ununterbrochener Verteidigungsbereitschaft zu halten.

Aber auch dem Personen-Reiseverkehr standen die Straßen zur Verfügung, wenn es die militärische und politische Lage gestattete. Kuriere, Staffetten, hohe Beamte, die zu neuen Bestimmungsorten mußten, Händler, Redner, Philosophen, Geschichtsschreiber, Gelehrte und Dichter, Schauspieltruppen und Jahrmarktkünstler und viele andere »Verkehrsteilnehmer« benützten diese Schlagadern des Imperiums, ohne die weder die Sicherung noch die Verwaltung des Reiches möglich gewesen wäre.

Reiche Römer reisten mit ihrer ganzen Dienerschaft ins Bad oder zu ihren Landhäusern. Unterwegs nächtigten sie in prächtig eingerichteten Wohnwagen, um nicht mit der »gemischten Gesellschaft« der amtlichen Raststationen Bekanntschaft machen zu müssen. Kaiser

Hadrian besuchte während 12 Jahren sämtliche Provinzen des Reiches und Kaiser Severus starb im Jahre 211 n. Chr. auf einer Inspektionsreise, die ihn bis Britannien geführt hatte. Auch Cäsar gehörte zu den eifrigsten Straßenbenutzern, wenn er seine Legionen in Spanien, Gallien und Illyrien aufsuchte. Dabei legte er mit seinem leichten Reisewagen, der »birota« [39], täglich im Durchschnitt 180 km zurück, so daß er z. B. nach Lyon nur eine Woche brauchte und in 27 Tagen in Südspanien eintraf. Nach Plutarch (46–120 n. Chr.) schlief er meist im Wagen und in Sänften, »um auch die Ruhe zur Tätigkeit auszunutzen«. Noch mehr aber waren Cäsars Boten und Melder unterwegs. Cicero schrieb einmal an den Lehrer der Rhetorik M. Fabius Quintilianus in Gallien: »Komme ich nach Rom, so lasse ich keinen Briefboten Cäsars hinaus, ohne ihm einen Brief an Dich mitzugeben.« Auch die Briefe des Apostels Paulus gingen über die römischen Straßen schnell und sicher von Gemeinde zu Gemeinde (im Kolosserbrief erwähnt er die Boten Tychius und Onesimus, die seine Botschaften in einem Rundkurs beförderten), und er selbst ist in Kleinasien und in Griechenland wahrscheinlich auf römischen Straßen gereist. Zur Zeit seiner größten Ausdehnung reichte das römische Straßennetz vom hohen Norden Schottlands bis tief in die Sahara und von der iberischen Atlantikküste bis weit nach Kleinasien hinein. Über 250000 Kilometer Straßen, von denen mehr als 80000 gut ausgebaute, befestigte Fernstraßen waren, durchzogen den ganzen Kontinent und gaben den römischen Legionären und Verwaltungsbeamten, die an irgendeinem neuralgischen Punkt des Imperiums, Tausende von Kilometern von der Hauptstadt entfernt, für ihr Land Dienst taten, das Gefühl, mit der Heimat verbunden zu sein.

39 Leichter römischer Reisewagen. Mosaik aus den Bädern Ostias (3. Jh. n. Chr.).

Verwaltung

Den Bau und die Verwaltung der Straßen leitete zentral die »Centuria accessorum velatorum« in Rom, also die Heeresbauabteilung, die ursprünglich den Censoren unterstand. Diese besaßen nach den Konsuln die größten Befugnisse. Später übernahmen die Konsuln selbst die oberste Aufsicht über die lebenswichtigen Verkehrswege. Sie wurden abgelöst von den fünf »Curatores viarum« und im Jahre 20 v. Chr. ließ sich Kaiser Augustus durch Senatsbeschluß die Oberaufsicht übertragen, ein Beweis dafür, welche ungeheure Bedeutung man der Instandhaltung und Organisation der Straßen beimaß. Aus diesem Grund nahmen auch die Cäsaren den Titel »Pontifex Maximus« an, der gleichzeitig den höchsten Priester wie den »Brückenbauer« bezeichnete.

In den Provinzen lag die Verantwortung bei den Statthaltern, die auf Anweisung der kaiserlichen Zentralverwaltung handelten. Ihnen standen die Bauabteilungen der Legionen zur Verfügung und sie hatten das Recht, die anwohnende Zivilbevölkerung zu Straßenarbeiten heranzuziehen. Grund und Boden waren Eigentum des Staates. Dieser brachte auch den größten Teil der Kosten für den Bau der Straßen auf, wenn nicht – wie z. B. Augustus – die Kaiser selbst aus eigenen Mitteln bedeutende Summen zur Verfügung stellten und zu ihrer und Roms Ehre Straßen anlegen ließen. Augustus veranlaßte im ersten Jahre seiner Regierung den Bau der Via Flaminia und forderte außerdem mehrere Feldherrn auf, ein gleiches zu tun. Als Trajan 109–110 n. Chr. die Via Appia ausbaute, erhielten die Meilensteine den Zusatz: »Imp. Caesar silice sua pecunia«, und von Caracallas privaten Geldzuwendungen berichtet eine Inschrift, daß er 216 n. Chr. eine Straße: »... per milia passum sua pecunia fecit.« In einem Lobgesang des Dichters Albius Tibullus (ca. 54 v. Chr. – 19 n. Chr.) auf den Konsul Valerius Messalia heißt es, daß dieser eine Straße von Tusculum über die Albaner Berge finanzierte: »... Denn durch Deine Geschenke wird Kies auf die Straße gehäuft und mit Kunst Quader an Quader gefügt[2].«

Der Unterhalt der Straßen in den Provinzen war – unter Aufsicht der Beamten des Statthalters – Aufgabe der Anlieger und Gemeinden. Während der Republik ist der Bau kleiner Nebenstraßen eine Zeitlang an private Unternehmer vergeben worden, die dafür Mautgebühren und Brückenzölle erheben durften. Als sich aber die Proteste nach Rom wegen überhöhter Abgaben, die von den Straßenbenutzern verlangt wurden, häuften, ging man hiervon wieder ab und legte durch das Gesetz der »cura viarum« im Jahre 22 v. Chr. die »Sorge für die Straßen« ohne Unterschied der Person als Fronpflicht aller Anlieger fest. Allerdings konnte sich, wer genügend Geld hatte, davon freikaufen.

Der gleichzeitig in Angriff genommene Ausbau so zahlreicher Straßen in allen Provinzen verursachte zeitweise einen Mangel an Straßenbauingenieuren, so daß man die Ausbildung geeigneter junger Leute für diesen Beruf zu fördern versuchte. Steuererleichterungen und »ein ausreichendes Gehalt zum Leben in der Hauptstadt«, wie Constantin d. Gr. verfügte, sollten ein Anreiz sein, den Straßenbau zu erlernen[3].

Der »cursus publicus«

Schon während der republikanischen Zeit sorgte eine staatliche Einrichtung für den reibungslosen Ablauf der Reisen hoher Beamter in öffentlichem Auftrag und für die ungehinderte und rasche Beförderung und Zustellung von Nachrichten durch reitende Boten. Dieser erste Postverkehr ist anscheinend recht umfangreich gewesen und ging auch über beachtliche Entfernungen.

Um ihn zu sichern und zu beschleunigen schuf später Augustus den »cursus publicus«. Nunmehr wurden an allen Hauptstrecken im Abstand von jeweils einer Tagesreise (etwa 23–28 km) Unterkünfte (mansiones) errichtet, in denen die Reisenden Nachtquartier, Verpflegung und Proviant für den nächsten Tag vorfanden. In größeren Abständen schoben sich zwischen diese mansiones die sog. »mutationes« ein. Das waren Pferdewechselstationen, in deren Ställen durchschnittlich vierzig Reittiere gehalten wurden, die man jährlich auswechselte (Lex Nr. 7 im Codex Justiniani, XII; 51). In gebirgigen Gegenden traten an die Stelle der Pferde berggewohnte Maultiere. Übrigens war jeder offizielle Kurier nicht nur selbst sehr gut beritten, er hatte auch ein Beipferd (parhippus) für die Post und Furage, das gleichfalls an der Station gewechselt wurde. An wichtigen Stationen standen ein Tierarzt, ein Schmied, Wagenbauer und ein Schirrmeister zur Verfügung.

Der »cursus publicus« unterstand dem »praefectus praetorio« in der kaiserlichen Verwaltung; die Aufsichtsbeamten hießen »praefecti vehiculorum«[4]. Sie mußten regelmäßig die ihnen unterstehenden Strecken bereisen, die Unterkünfte der »mansiones« und die Stalleinrichtun-

40 Römisches Wagenrad mit Eisenbereifung aus mehreren Teilen. Diese Konstruktion wurde von den »Fernfahrern« bevorzugt, weil sie daran unterwegs selbst Reparaturen vornehmen konnten. Zum Aufschrumpfen eines vollen Eisenreifs war ein geübter Schmied nötig.

gen der »mutationes« inspizieren, den Zustand der Straßen und Brücken kontrollieren und an Ort und Stelle Maßnahmen zur Behebung von Mißständen und Schäden veranlassen, bzw. solche bei der Straßenbauhauptverwaltung in Rom beantragen (Lex 4, Cod. Theod. VIII; 5)[5].

In erster Linie war der »cursus« für die Reisen des Kaisers, seines Hofstaates, seiner Boten (der »veredarii«), hoher Offiziere, Staatsbeamter, der Vertreter fremder Staaten und für die in besonderem amtlichem Auftrag reisenden Personen bestimmt. Depeschen, Akten, Staatsgelder, Baumaterialien, Kunstwerke, aber auch Delikatessen, Spezereien und Luxusgüter für den kaiserlichen Hof wurden durch ihn befördert. In dringenden Fällen mußte er auch militärischen Zwecken, dem Transport von Waffen, Heeresgerät und besonders benötigten Ausrüstungsteilen an weit abliegende Bestimmungsorte, dienen. Mit seiner Hilfe wurde zur Zeit Christi die ganze 22. Legion von Jerusalem über Mainz nach Großbritannien verlegt.

Die Erlaubnis zur Benutzung des »cursus« war nur über die kaiserliche Verwaltung zu erhalten, bzw. in den Provinzen durch die Konsuln, »correctores« (Statthalter) und Militärbefehlshaber. Der Erlaubnisschein (»diploma«) nannte die ermächtigte Person, ihr Gefolge, die zu stellenden Fahrzeuge und die zu gewährende Verpflegung. Mit diesen Genehmigungen scheint bisweilen ein einträglicher Handel betrieben worden zu sein, denn Kaiser Constantin mußte im Jahre 326 n. Chr. einen Erlaß herausgeben, daß »Personen, welche den für sich und ihre Familie erbetenen diploma verkaufen . . .«, aber auch die Käufer solcher Zertifikate, die Strafe des Exils zu gewärtigen hatten. Nach der Einführung des Christentums als Staatsreligion wurde auch den Bischöfen die Benutzung des »cursus publicus« gestattet.

Die Benutzung des »cursus publicus« war kostenlos, ebenso die Bereitstellung der Fahrzeuge und Reittiere, sowie Unterkunft und Verpflegung. Es ist verständlich, daß der »cursus« bei der Bevölkerung der Landstriche, durch die er lief, außerordentlich unbeliebt, ja verhaßt war, denn sie hatten die gesamten Kosten des Unterhalts nicht nur der Straße sondern auch der technischen Einrichtungen zu tragen. Willkür, Gewalt und persönliche Bereicherung verantwortungsloser Beamter und Kontrollorgane führten gelegentlich zur Verarmung ganzer Landstriche[6]. Kaiser Constantin sah sich z. B. veranlaßt ein Gesetz zu erlassen, durch das den Vorstehern der »mutationes« untersagt wurde, den Bauern die Stiere vom Pflügen wegzunehmen, um sie bei Ausbesserungsarbeiten an der Straße zu verwenden.

Eine Reise mit dem »cursus« von Rom nach Köln dauerte nur $10\frac{1}{2}$ Tage, ein reitender Bote legte die gleiche Strecke in 5 Tagen zurück. Von Byzanz nach Antiochia benötigte ein Wagen 6–7 Tage, ein Bote nur die Hälfte dieser Zeit. Auch Rekordzeiten wurden damals schon erreicht: Tiberius reiste im Auftrage des Augustus in 27 Stunden von Pavia an das Sterbelager seines Bruders Drusus im Limeskastell Seligenstadt am Main. Das entsprach einem Stundendurchschnitt von etwa 37 Kilometern – eine höchst beachtliche Leistung, wenn man bedenkt, daß er hierbei die Alpen überqueren mußte – und nur möglich, dank der glatten Fahrbahn der Römerstraßen und dem reibungslos funktionierenden Pferdewechsel an den »mutationes« des »cursus publicus«.

41 Flachrelief am Grabstein eines römischen Speculatos. Diese hohen Staatsbeamten führten die Rechtssprechung in den Provinzen durch. Bei ihren Reisen hatten sie gleichzeitig die Aufgabe, den Zustand der Straßen und Brücken zu kontrollieren. Der Diener hält einen Speer mit eigentümlicher Spitze, das Insignum der Speculatores.

42 Ein Abschnitt der um 200 v. Chr. angelegten Via Latina in Süditalien. Die Gründung und der Aufbau des Straßenkörpers ist mit so viel Erfahrung und Sorgfalt gemacht worden, daß sich die Steinplatten des Pflasters bis heute weder gehoben noch gesenkt oder verschoben haben. ▷

◁ *43 Die Via Appia (322 v. Chr.). Ihre strategische Bedeutung für die Sicherung der Provinz Latium und die technische Vollkommenheit ihrer Bauweise machten diese erste römische Fernstraße zum Vorbild für alle weiteren Straßenbauten.*

44 Noch heute sind die römischen Straßen in der Syrischen Wüste kilometerweit vom Flugzeug aus zu verfolgen. Sie verbanden einst die zahllosen Kastelle, die das Imperium gegen das Partherreich und Mesopotamien absicherten (oben links).

45/46 Abschnitte der Verbindungsstraße vom Kastell Sura am Syrischen Grenzwall über Aleppo nach Antiochia oder zum Golf von Akkaba (oben und unten rechts).

47 Colosseum, Kaiserforum und Palatin in Rom zur Zeit Constantins d. Gr. (römischer Kaiser von 306 bis 337 n. Chr.)[31].

Das römische Streckennetz

Die Entwicklung des römischen imperialen Straßennetzes bis zur Perfektion des »cursus publicus« war natürlich nicht von heute auf morgen, sondern Zug um Zug und im Gefolge der militärischen und politischen Ausdehnung des Staates erfolgt. Im wesentlichen zeichnen sich 6 Straßengruppen ab, die untereinander und innerhalb der einzelnen Streckenführungen [52] wieder durch Querstraßen, Nebenlinien und Stichstraßen verbunden waren:

1. *Von Rom über Sizilien nach Nordafrika und Ägypten*
2. *Von Rom bis an die Alpen*
3. *Von der Poebene bis zum Atlantik (Spanien, Gallien, Britannien)*
4. *Zum Limes Rhein/Donau und die Alpenübergänge*
5. *Durch den Balkan nach Byzanz*
6. *Vom Schwarzen Meer durch Kleinasien, Syrien und Arabien nach Ägypten.*

Von Rom über Sizilien nach Nordafrika und Ägypten

Die erste große römische Staatsstraße, die nach dem Sieg über den latinischen Städtebund entstand, war die Via Appia, die Konsul Appius Claudius 322 v. Chr. bauen ließ. Sie, der man später den Namen »Königin der Straßen« beilegte, wurde nach ihrer ganzen Anlage und Streckenführung vorbildlich für das römische Streckennetz [43]. Gepflastert mit sauber aneinandergefügten Quadersteinen, führte sie 50 Jahre später fast 500 km schnurgerade durch die Landschaft, überquerte in steilem Anstieg die Albaner Berge, zog sich durch die Pontinischen Sümpfe, obwohl diese hätten umgangen werden können, und verband Rom mit Tarent und Brindisi, zwei äußerst wichtigen Hafenstädten. Zur Abkürzung der Strecke entstand um 200 v. Chr. die Via Latina von Rom bis Beneventum [42].

Nach der Besiegung Karthagos (146 v. Chr.) begann 132 v. Chr. der Bau der Via Popilia von Beneventum nach Rhegium (Reggio d. C.). In Sizilien wurde die bereits 210 v. Chr. begonnene Via Valeria über Panormus (Palermo) zum Hafen Lilybaeum (bei Marsala) fertiggestellt. Von dort setzte man nach Karthago über.

In Nordafrika fanden die Römer gute Straßen der Karthager vor. Diese wurden, wo es nötig war, ausgebessert und befestigt. Sehr schnell entstand ein besonders engmaschiges Straßennetz, das sich nach Osten, Süden und Westen bis zu den äußersten von Legionen besetzten Plätzen erstreckte. Mit dem Straßenbau Hand in Hand ging die Nutzbarmachung und Kultivierung der anbaufähigen Landstriche. Hier waren die Römer so aktiv, daß die Kolonie Africa Proconsularis rasch zur Kornkammer Italiens wurde. Wo heute nur Trümmer von Kastellen, Städten und Straßenbauten zu finden sind, erstreckten sich einst kilometerweit reiche Kornfelder.

Unter Tiberius wurde eine 300 km lange gepflasterte Straße von Theveste (Thebessa) nach Tacapsae (Gabès) an der kleinen Syrte angelegt, 75 n. Chr. die Verbindung nach Hippo

48 Bei Aricia führte die Via Appia 11 m hoch über dem Fluß am Hang der Albaner Berge entlang. Die teils eingeschnittene, teils aufgeschüttete Fahrbahn stützte eine Steinmauer von 200 m Länge, in die drei Wasserdurchlässe eingebaut waren.

Regius (Bône) hergestellt und 100 n. Chr. eine Straße über Timgad nach Cirta (Constantine) gebaut. Kaiser Hadrian ließ dann von 121–123 n. Chr. die ganze Nord-Süd-Strecke von Karthago bis an die Grenze Numidiens pflastern.

Nach Westen führte eine Militärstraße bis nach Russadir (Melilla) zur Überfahrt nach Spanien.

Im Osten wurde über Kyrene (Bengasi) der Straßenanschluß nach Alexandria geschaffen. Von dort erreichte eine Trasse, die dem linken Nilufer folgte, im Süden die äthiopische Grenze. Sie erhielt um 110 n. Chr. durch Kaiser Trajan zwei wichtige Abzweigungen zu den Häfen Myus Hormos und Berenice am Roten Meer, welche immer häufiger von Schiffen angelaufen wurden, die aus Arabien, Indien und China begehrte Waren für die römischen Handelsleute brachten (siehe »Seidenstraßen«, S. 102).

Von Rom bis an die Alpen

Als Rom 295 v. Chr. nach langen Kämpfen die Etrusker besiegt hatte, wurden die neuen Provinzen Etrurien und Umbrien durch zwei berühmt gewordene Straßen mit Rom verbunden: Die Via Aurelia erreichte 240 v. Chr. über das heutige Pisa hinaus die etrurische Grenzfeste Luna, und die 307 km lange Via Flaminia führte 221 v. Chr. quer durch Umbrien über den Apennin hinweg an die Adria nach Rimini.

Mit der Besiegung der Kelten und Ligurier in Norditalien um 200 v. Chr. erweiterten die Römer ihren Machtbereich bis an den Südrand der Alpen. Schon 187 v. Chr. begann der Konsul Aemilius Lepidus zur Sicherung dieses Gebietes von Rimini aus die Via Aemilia in gerader Richtung über 265 km an den Po nach Placentia (Piacenza) zu bauen. 176 v. Chr. entstand eine Abzweigung zu dem 181 v. Chr. gegründeten Aquileia, der Grenzfeste im Osten Venetiens. Mit der Via Postumia wurde 148 v. Chr. eine große Querverbindung durch die Poebene von Genua nach Aquileia geschaffen, die 101 v. Chr. Anschluß an die Via Aurelia von Genua nach Luna erhielt[7]. Von 132–148 wurde dann abschließend eine der längsten Fernstraßen an der Adria entlang von Brindisi nach Aquileia gebaut.

49 Die Via Julia Augusta von Genua nach Fréjus verlief nicht wie der alte Keltenweg an der Küste der Riviera entlang. Kaiser Augustus ließ sie von Nizza aus in die Berge hinauf zur »Pforte des Herkules«, dem »Portus Herculis Moneci«, bauen. Die Überwindung dieses Berges galt der Sage nach zu den Taten des Herkules. Augustus ließ daher zu seinem Ruhm ein Denkmal errichten, dessen Ruine noch heute hoch über Monaco steht.

Von der Poebene bis zum Atlantik (Spanien, Gallien, Britannien)

Als 121 v. Chr. die Stadt Massilia (Marseille) Rom um Hilfe gegen gallische Stämme bat, setzten sich die Römer in Südfrankreich fest und gründeten die Kolonie Narbonensis. Die erste Straßenverbindung von der Poebene dorthin war ein keltischer Handelsweg an der Riviera entlang über Massilia nach Nemausus (Nîmes). Wahrscheinlich haben keltische Säumer den Römern die zweite Verbindung nach Norditalien gezeigt, den Saumweg über

50 Der Pons Salarius über den Anio bei Rom im Zuge der Via Salaria, nach einem Stich von Piranesi (1720–1778). Die Brücke gehört zu den ältesten römischen Steinwölbbrücken. Totila zerstörte sie im Jahre 520 n. Chr. 559 wurde sie in der alten Form wiederhergestellt. Der Turm im Scheitel der steil ansteigenden Fahrbahn stammt aus dem Mittelalter.
Neben Piranesi hat auch Ludwig Richter die Brücke dargestellt (1830). Wahrscheinlich als Erinnerung, denn bis zum Pons Salarius geleiteten zu seiner Zeit die in Rom lebenden Künstler einen Freund, der nach Deutschland zurückkehrte.

den Mont Genèvre[8]. Im Jahre 88 v. Chr. ist Pompejus diesen Weg zum ersten Mal mit einem römischen Heeresverband gezogen. Ammianus Marcellinus hat berichtet, wie sehr die Legionäre dabei von Abgründen und Naturgewalten bedroht waren und daß es ihnen nur mit äußerster Anstrengung gelang, nach Gallien zu kommen. 77 v. Chr. ließ Pompejus den Pfad als fahrbare Straße bis nach Arles ausbauen. Diese Paßstraße blieb lange Zeit die wichtigste Verbindung von Norditalien nach Südfrankreich und vor allem *die* Hauptstraße nach Spanien, denn sie fand in Arles Anschluß an die schon 119 v. Chr. von Ahenobarbus angelegte Via Domitia, die von Fréjus über Narbonne bis an die Pyrenäen führte[9].

Spanien

201 v. Chr. hatte Karthago Spanien an Rom abtreten müssen. 133 v. Chr. wurde es nach der Schlacht bei Numantia römische Provinz und Rom ließ sofort die neuen Gebiete durch einen großzügigen Straßenbau sichern. Schon 120 v. Chr. reichte die Via Augusta von Narbonne bis nach Nova Carthago (Cartagena). 46 v. Chr. begann Cäsar die Strecke von Valencia aus landeinwärts über Corduba (Córdoba) nach Gades (Cádiz) am Atlantik zu verlängern. Im Jahre 1 v. Chr. vollendete Augustus dieses Werk (daher Via Augusta). Er baute auch die Via Julia Augusta, die den Straßenanschluß von Fréjus nach Genua herstellte [49]. Mit diesem letzten Teilabschnitt war eine durchgehend gepflasterte Straße von rund 2500 km

Länge von Rom nach Cádiz am Atlantik geschaffen. Allein auf spanischem Gebiet lagen an ihr 82 »mutationes« zum Pferdewechsel. Im Jahre 8 v. Chr. schuf Augustus in Spanien noch eine weitere großartige Straßenverbindung von Tarraco (Tarragona) über Toletum (Toledo) nach Olisipo (Lissabon), von der in Saragossa eine Strecke über Asturica Augusta (Astorga) zum Legionslager Bracara Augusta (Braga) und zum Atlantikhafen Brigantium abbog. Mit vielen bequemen Serpentinen führte die letztere durch das Kantabrische Gebirge. Noch im Mittelalter war sie Teil des viel begangenen Pilgerweges, des »Jakobsweges« [63], nach Santiago de Compostela und wurde »Camina da Geira« = Zickzackstraße genannt[10].

Rom wußte sehr gut, weshalb es die Provinz Spanien mit so vielen guten Fernstraßen und verbindenden Nebenstraßen ausstattete. Es ging hier um die Ausbeutung der reichsten Gold-, Silber-, Zinn- und Bleivorkommen des Imperiums. Ihr reibungsloser Abtransport mußte unbedingt gesichert werden.

Gallien

Das Hauptstraßennetz in Gallien, das auf Befehl des Feldherrn Agrippa, des Schwiegersohns des Kaisers Augustus, angelegt wurde, spannte sich strahlenförmig von Lugdunum (Lyon) aus[11]. Die erste Strecke führte über Augusta Treverorum (Trier), Colonia Claudia Ara Agrippinensis (Köln) und Noviomagus (Nimwegen) nach Lugdunum Batavorum (Leiden) zur Nordsee. Von ihr zweigte in Andematunum (Langres) eine Straße ab, die über Durocortorum (Reims) den Hafen Gesoriacum (Boulogne) erreichte, von wo aus Cäsar nach Britannien übergesetzt war. Nach Süden wurde von Lyon aus die Rhône abwärts eine Straße nach Arelate (Arles) gebaut, um den Anschluß an die schon erwähnte große Verbindungsstraße von Italien nach Spanien zu schaffen. Eine andere von Agrippa angelegte Fernstrecke führte von Lyon quer durch die Provinz Aquitania nach Burdigala (Bordeaux). Ergänzt wurden diese vier Fernstraßen Agrippas durch drei weitere große Hauptstrecken: Eine von Lyon zur Bretagne, eine zweite über Lutetia (Paris) durch die Normandie nach Le Havre und eine dritte zum Rhein nördlich von Basel. Dort teilte sie sich in eine Route, die nordwärts am Rhein entlang über Straßburg und Mainz nach Köln verlief, während die zweite Strecke rheinaufwärts zum Legionslager Vindonissa führte, das die Römer nach der Eroberung der nördlichen Schweiz an der Aare bei dem heutigen Windisch als Operationsbasis für das Gebiet nördlich der Alpen angelegt hatten.

Im Laufe der über vier Jahrhunderte dauernden römischen Herrschaft in Gallien sind die Hauptstraßen mit vielen gut ausgebauten Nebenstraßen verbunden worden[12]. In den Kämpfen der Völkerwanderungszeit und nach dem Abzug der Römer verfiel das großartige und klug geplante Streckennetz mit Lyon als Mittelpunkt. In der Merowingerzeit wurde Paris Hauptstadt des Landes, und nach und nach erfolgte die Ausrichtung aller Straßen auf diesen Sitz der Könige, wie wir das im heutigen Straßensystem Frankreichs vorfinden.

Britannien

42 v. Chr. wurde Britannien römische Kolonie. Londinium (London) wurde Straßenausgangspunkt, obwohl das 40 km nördlich gelegene Verulamium (St. Albans) im ersten Jahrhundert nach der Eroberung die bedeutsamere Stadt war. Ziel der römischen Straßenanlagen waren die Legionskastelle. Viele Städtenamen in Großbritannien erinnern noch heute mit ihrer Endsilbe *chester* oder *caster* an die römischen castrae (Kastelle), aus denen sie sich entwickelt haben.

51 Diese Darstellung zweier römischer Brücken über den Rhein in Köln wurde 1735 veröffentlicht. Von der abgebildeten »Brücke Julii Caesaris« ist nichts Genaues überliefert. Dagegen ist die von Kaiser »Constantino M. steinen« um 310 n. Chr. erbaute Brücke zum Deutzer Kastell von dem römischen Rhetor in einer Lobeshymne auf den Kaiser erwähnt worden. Im vorigen Jahrhundert hat man von dieser Brücke Hunderte von 3 bis 7,5 m langen Eichenpfählen aus dem Flußbett gezogen, die bei Niedrigwasser die Schiffahrt gefährdeten. Sie dienten einst zur Schaffung von wahrscheinlich 20 Pfahlrosten als Grundlage für die Brückenpfeiler aus Quadersteinen. Die Entfernungen der Pfeilerfundamente voneinander schwanken zwischen 15,2 und 30 m. Es ist daher ziemlich sicher, daß die Brücke kein Steinwölbbau war, sondern eine Holzkonstruktion. – Es sind auch niemals Wölbsteine im Flußbett gefunden worden. – Die Türme auf den Brücken entstammen wahrscheinlich der Phantasie des Zeichners von 1735.
Wann die Constantin-Brücke zerstört wurde, ist nicht überliefert. Zur Zeit des fränkischen Geschichtsschreibers Gregor von Tour um 869 existierte sie jedenfalls nicht mehr. – Erst 1823, also eineinhalb Jahrtausende nach der Römerbrücke, ist wieder eine feste Rheinbrücke von Köln nach Deutz gebaut worden.

52 Straßen des römischen Imperiums.
Diese Karte kann keinen Anspruch auf Vollständigkeit erheben. Viele Römerstraßen sind nach der Völkerwanderung nicht mehr gebraucht worden und überwachsen. Durch Erdbewegungen, vor allem bei Straßenbauarbeiten, werden heute noch manches Mal römische Straßenabschnitte entdeckt, die im Laufe der fast 2000 Jahre immer wieder von neuen Straßen überbaut worden sind. *(Seiten 50 und 51)*

Im Süden des Landes entstanden Ost-West-Straßenverbindungen von London nach Exeter und von Exeter nach Lincoln. Von Süden nach Norden durchzogen zwei große Militärstraßen die ganze Insel. An der Westseite von Exeter über Gloucester, Lancaster nach Carlisle, und an der Ostseite von London über Lincoln und York nach Corbridge. Beide Straßen endeten an dem 128 km langen Hadrianswall, der 117–138 n. Chr. als Sicherung gegen Norden quer durch die Insel angelegt worden war[13]. Unter Antoninus entstand weiter nördlich bei Edinburgh ein zweiter Grenzwall und die beiden Hauptstraßen wurden in gestreckter Linienführung bis dorthin verlängert.

Beide Nord-Süd-Achsen verbanden gute Querstraßen, so daß ein zum größten Teil gepflastertes Straßennetz entstand, das die Beherrschung und wirtschaftliche Erschließung des Landes sicherte. Im Gegensatz zu Frankreich ist von den Römerstraßen in England viel erhalten geblieben, und auf Luftaufnahmen [58, 59] ist häufig der einstige, meist schnurgerade Verlauf der Strecken noch heute zu erkennen[14]. Überraschend ist, wie die Linienführung der heutigen Autobahnen Großbritanniens dem Streckensystem der Römerzeit in vieler Hinsicht entspricht.

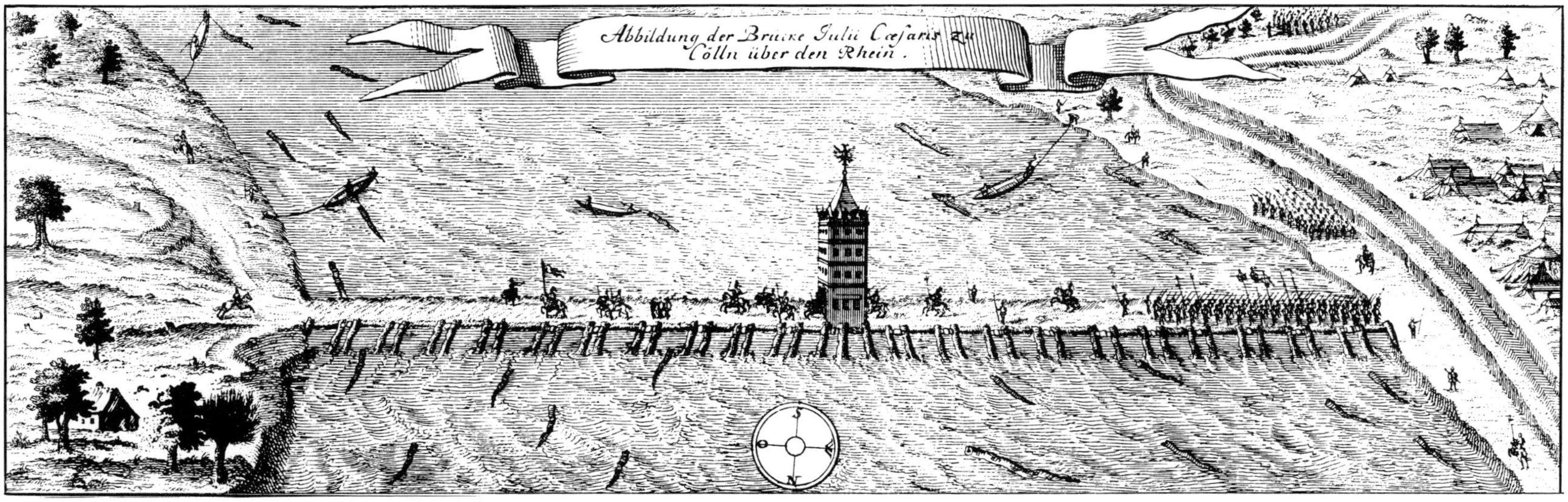

Antoninus-Wall
Edinburgh
Glasgow
Berwick u.T.
Hadrians-Wall
Carlisle
Corbridge
Bridlington
York
Manchester
Lincoln
Chester
Norwich
Leicester
Wroxeter
WATLING STREET
FOSSEWAY
ERMINE STR.
Penna
Colchester
Gloucester
St. Albans
London
Neath
Richborough
Dover
Bath
Exeter
Dorchester
Brighton
Haithabu
Lübeck
Wismar
WEICHSEL
Bremen
WESER
EMS
ALLER
Magdeburg
Minden
ODER
Rheine
ELBE
Leyden
Nimwegen
Xanten
Erfurt
Duisburg
Köln
Bonn
Saalburg
Arnsbg.
Maastricht
MAAS
Eger
Tournai
Stockstadt
Boulogne
Bavay
MOSEL
Bamberg
Arras
MAIN
Ur-spring
Regensburg
Trier
Mainz
Passau
Amiens
Wien
Carnuntum
Speyer
Heidelbg.
Linz
Melk
DONAU
Cherbourg
Le Havre
Rouen
Soisson
Reims
Metz
Wels
INN
Rottenbg.
Ulm
Augsburg
Leoben
SEINE
Paris
Toul
Straßbg.
Salzburg
Chartres
Rottweil
Brest
Sens
Troyes
Innsbruck
Brenner
Katsch-berg
Klagenfurt
Rennes
Orléans
Auxerre
Langres
Bregenz
Ptuj (Pettau)
Le Mans
Basel
Windisch
Plöcken
Loibl
Cilli
Besançon
Chur
Reschen
Bozen
DRAU
LOIRE
Zagreb
Nantes
Tours
Bourges
Autun
Chalon-s-S.
Luzern
Ljubljana
Sisak
Vevey
Trento
Feltre
Aquileia
Trieste
Genf
Gr. St. Bernhard
Como
Bergamo
Verona
Poitiers
Aosta
Kl. St. Bernhard
Ivrea
Milano
Padua
Lyon
Limoges
Clermont
Mantua
Saintes
Vienne
Susa
Torino
Piacenza
Bologna
Ravenna
Knin
Rimini
Asti
Modena
Perigueux
RHÔNE
Valance
Mont Genèvre
Šibenik
Split
DORDOGNE
Fano
Bordeaux
Savona
Luna
Firenze
Ancona
Arezzo
Perug.
Cahors
Genova
Rodez
Pisa
Siena
Monaco
Tronto
Dubro
Agen
Nîmes
Riez
Bayonne
Toulouse
Arles
Aix
Fréjus
Rieti
Pescara
S. Seb.
Dax
Gijón
Santander
Pau
Marseille
GARONNE
Bastia
La Coruña
Corfino
Siponto
Lugo
Oviedo
Narbonne
Aleria
Santiago de C.
EBRO
León
Pamplona
Jaca
Perpignan
Roma
Beneventο
Astorga
Burgos
Porto Vecchio
Tuy
Palencia
Tarracino
Capua
Napoli
Lérida
Olbia
Braga
Zamora
Numantia
Zaragoza
Torres
Salerno
Barcelona
Pôrto
Salamanca
DUERO
Coca
Segovia
Tarragona
Tortosa
Cosenza
Oristano
Coimbra
Madrid
Titulcia
Toledo
Teruel
Iglésias
Cagliari
Messina
TAJO
Sagunto
Palermo
Santarém
Cáceres
Trujillo
Valencia
GUADIANA
JACAR
Marsala
Enna
Lissabon
Évora
Mérida
Laminium
Lezuza
Agrigento
Beja
Elche
Karthago
GUADALQUIVIR
Lorca
Bône
Córdoba
Philippeville
Castro Marim
Guadix
Cartagena
Bougie
Sevilla
Anteguera
Algier
Constantine
Zama
Sousse
Ténès
Cherchel
Cádiz
Málaga
Almeria
Sétif
Boghari
Orléansv.
Lambèse
Timgad
Tebessa
Tarifa
Tanger
Oran
Belizane
Sfax
Tiaret
Melilla
Bades
Negrine
Gafsa
Taoughz.
Djelfa
Gemellae
Gabès
Zenina
Tripolis
Volubilis
Rabat
Fes
Messad
Meknes
Laghouat
El Qued
Bustana
Casablanca
Geryville
Touggourt
Giado
Nalut
LIMES TRIPOLITANUS
HITZER 1970

Cluj (Klausenburg)
Alba Iulia Karlsburg
Brasov (Kronstadt)
Sibiu (Hermannstadt)
Konstanta
DONAU
Eisernes Tor
Orşova
Turnu-Severin
ALT
Svištov
Ruse
Tirnowo
Warna
Burgas
Corabia
Sliven
Stara Zagora
Niš
Sofia
Plovdiv
Edirne
Istanbul
Priština
Skopje
Gallipoli
Thessaloniki
Edessa
Lárisa
Trikala
Farsala
Lamia
Delphi
Theben
Athenai
Pátrai
Korinthos
Olympia
Argos
Spárta
Gytion
Chania
Iraklion Knossos
Jerápetra Hierápytna
Paliochóra
Lâpseki
Pergamon
Ak Hisar
Hierapolis
Sardes
Izmir
Ephesus
Milet
Halikarnassus
Denizli
Fethiye
Antalya
Iznik (Nicaea)
Eskişehir
Konya
Ereğli
Tarsus
Silitke
Amasra
Ereğli
Çankiri
Ankara
Amasya
Yozgat
Siwas
Kayseri
Sinop
Samsun
Ordu
Purkh
Trapzon (Trapezunt)
Batum
Satala
EUPHRAT
ÖSTL. EUPHRAT
TIGRIS
Van
Malatya Melitene
Samsat Samosata
Urfa (Edessa)
Zeugma
Nisibis
Mossul
Ninive
Membij Hierapolis
Rakka
Sura
Corsote
Seidenstraßen
Bagdad Seleucia
Halep Aleppo
Antakya Antiochia
SYRISCHER LIMES
Palmyra
Latakia Laodicea
Kerýneia Cerinia
Salamis
Lévka
Páfos
Limassol
Straße des Diocletian
Baalbek
Beirut
Damaskus
LIMES ARABIAE Trajan 111 n.Chr.
Sur Tyrus
Akka
Haifa
Bostra
Philadelphia Amman
Caesarea
Madaba
Jerusalem
Gaza
Er Rabba
Petra
WEIHRAUCHSTRASSE
Suez
Akaba Aelana
Alexandria
Kairo
Memphis
Sabhat
Bengasi
Cyrene
Tobruk
Oase Siwa
Syrte
Myus Hormos
Copto
Theben Luksor
Assuan
Berenike

Zum Limes Rhein/Donau und den Alpenübergängen

Um die lange Rhein/Donau-Grenze von Regensburg über Basel nach Köln zu verkürzen, eroberten die Römer 74–83 n. Chr. die rechtsrheinischen germanischen Gebiete und sicherten diese Zehntlande (»Agri decumates«) durch den Limes von Andernach bis Regensburg. Zu seinen Kastellen haben die Römer vom Rhein und von der Donau her wahrscheinlich alte keltische Handelswege benutzt. Ihr Verlauf läßt sich heute nicht mehr nachweisen. Nur die Strecke vom Legionslager Vindonissa über Rottweil am Neckar zum Limeskastell »Ad lunam« scheint eine große ausgebaute Militärstraße gewesen zu sein[15]. Sehr wahrscheinlich hat auch eine größere rechtsrheinische Straße von Kehl über Heidelberg nach Mainz existiert. Kaiser Caracalla hat zwischen 197 und 218 n. Chr. mehrfach die Heilquellen von Baden-Baden aufgesucht.

Die Alpenübergänge

Für ihre Feldzüge gegen Germanien brauchten die Römer eine direkte Straße über die Alpen von der Poebene an den Rhein. Die schon erwähnte Mont-Genèvre-Straße (Seite 47) nach Gallien war ein zu großer Umweg, ebenso die Paßstraße über den Kleinen St. Bernhard, die Augustus zur schnelleren Verbindung mit Lyon angelegt hatte. Augustus hat daher vom Kastell Aosta aus den alten keltischen Saumweg über den Großen St. Bernhard als Fahrstraße ausbauen lassen [66], nachdem er vorher in blutigen Kämpfen die aufsässigen Völker in diesem Alpengebiet niedergezwungen hatte, die ständig die Reisenden überfielen[16]. Schon Cäsar hatte 50 v. Chr. den Legaten Galba mit Teilen der XII. Legion nach Martigny schicken müssen, um die Händler, die über den Großen St. Bernhard kamen, zu schützen[17]. Augustus hat auf der Paßhöhe am Großen St. Bernhard einen Jupitertempel, den höchsten des Imperiums[18], und ausgedehnte Baulichkeiten zur Unterbringung der Reisenden errichten lassen.

Ob die Paßstraße von Anfang an in allen Teilen befahrbar gewesen ist, läßt sich nicht mehr nachweisen. Wagengeleise hinter dem Hospiz sind vorhanden, aber nicht sicher zu datieren. Die Inschrift des Meilensteines von Saphorin besagt aber, daß die vom Großen St. Bernhard kommende Straße am Genfer See im Jahre 43 n. Chr. von Kaiser Tiberius Claudius verbreitert und verbessert worden ist. Er zog um diese Zeit in Gallien vier Legionen zur Eroberung Britanniens zusammen. Der Anmarsch solcher Heeresverbände kann nur über eine gut ausgebaute Paßstraße erfolgt sein. Außerdem: Wenn erst Claudius die Straße über den Großen St. Bernhard fahrbar gemacht hätte, so wäre das sicher in der Inschrift erwähnt worden.

Der Verlauf der Paßstraße und ihre Anschlüsse nach Norden und Westen lassen sich mit ziemlicher Sicherheit nachweisen: Augusta Praetoria (Aosta) – Summus Poenius (Paßhöhe) – Octodurus (Martigny) – Vibiscus (Vevey am Genfer See) – Salodurum (Solothurn) und, nach Überquerung des Juras am Oberen Hauenstein, linksrheinisch weiter über Straßburg und Mainz nach Köln. In Vevey am Genfer See bog von dieser wahrhaft großartigen Fernstrecke eine Linie ab, die über Besançon die Straße Lyon–Boulogne erreichte.

Ob die Römer außer der Straße über den Großen St. Bernhard noch andere Übergänge in den Westalpen ausgebaut haben, läßt sich nicht mit Sicherheit feststellen. Für eine Straße über den Simplon – zumindest für eine Zufahrtstraße in das Gebiet – sprechen ein Meilenstein und eine im Val d'Ossola bei Vogagna in den Felsen gemeißelte Inschrift. Beide besagen, daß unter der Regierung des Kaisers Septimius Severus im Jahre 196 n. Chr. eine Straße in dieser Gegend angelegt wurde (Mommsen Inscript. p. 64).

Eine römische Paßstraße über den St. Gotthard ist sehr unwahrscheinlich, denn die wilde Schöllenen-Schlucht und das Urner Loch an dieser Strecke sind nachweislich erst im Mittelalter passierbar gemacht worden. Im Ort Splügen sollen im vorigen Jahrhundert noch Reste einer »Römerstraße« zu sehen gewesen sein[19]. Aber der Abstieg von dort führte durch die unwegsamen Schluchten der Roffla und der Via Mala, die von Händlern bis in das Mittelalter auf einem Saumpfad umgangen worden sind, der höher als der Splügenpaß selbst lag[20]. Es ist also kaum anzunehmen, daß eine durchgehende Römerstraße über den Splügenpaß bestanden hat. Dagegen scheinen Straßen über den Maloja, Septimer und Julier geführt zu haben. Leider fehlen hier alle Meilensteine. Nur die Trümmer einer römischen Säule an der Julierpaßhöhe beweisen, daß diese Route von den Römern benutzt worden ist. Die Säule trägt zwar keine Inschrift, aber an ihrem Fuß wurde eine große Anzahl römischer Münzen aus der Zeit des Kaisers Augustus bis zu Kaiser Constantinus (361 n. Chr.) gefunden. Einige Reste von Wagengeleisen sprechen dafür, daß die Strecke vielleicht sogar befahrbar gewesen ist. An- und Abstieg waren sehr bequem und lawinensicher, aber um über den Julier den Rhein zu erreichen, mußte man erst über den Maloja. Funde haben gezeigt, daß es eine Maloja-Paßstraße gegeben hat, die allerdings sehr steil und daher für Legionärsverbände mit ihrem Troß kaum brauchbar gewesen sein dürfte. Die steile Malojastraße ließ sich allerdings durch den Septimerweg vermeiden [162]. Er zweigte von der Malojastraße in Casaccia nach Norden ab, stieg im Tal des Septimerbaches mit vielen bequemen Serpentinen zur Paßhöhe hinauf und führte von dort abwärts nach Bivio an der Julierstraße. Der Name Bivio = Doppelweg erinnert noch heute daran, daß sich hier zwei Straßen trafen. Über den Septimer und den Julier hat also wahrscheinlich zur Römerzeit ein Handelsverkehr zwischen Italien und den Gebieten nördlich der Alpen stattgefunden. Die große strategische Bedeutung der Paßstraße über den Großen St. Bernhard hatten diese Übergänge aber ebenso wie die anderen mutmaßlichen Übergänge in den Westalpen zur Römerzeit nicht.

Die Überquerung der Alpen im Brennergebiet haben die Römer schon unter Augustus begonnen. In harten Kämpfen, die Horaz in der XIV. Ode besungen hat, eroberte Drusus, der Stiefsohn des Augustus, den Brennerpaß, den die Breunen (daher der Name Brenner) wütend verteidigten[21]. Drusus baute nach diesem Sieg den Saumweg zum Brenner nur etwas aus und legte statt dessen eine große Straße, die Via Claudia Augusta an, die von Bozen durch den Vintschgau über den Reschenpaß nach Augsburg führte (Mommsen, Röm. Gesch. V. 19). Strategisch wichtig ist diese berühmte Straße allerdings nie geworden, denn nach Besiegung der Breunen blieb es in Raetien (Schweiz) und Noricum (Österreich) lange Zeit ruhig und die Reschenpaßstraße und der Saumweg über den Brenner wurden viel benutzte Handelsrouten.

Um 165 n. Chr. änderte sich allerdings die politische Lage im Brennergebiet. Raetien und Noricum wurden von den Markomannen bedroht, und auch nach deren Besiegung blieb die Nordgrenze des Imperiums gefährdet. Unter dem Soldatenkaiser Septimius Severus (193–211 n. Chr.) wurde daher mit aller Energie der Weg über den Brenner als Militärstraße ausgebaut. (Nach Mommsen, I. L. V. S. 947, stammt die erste inschriftliche Erwähnung dieses Straßenbaues aus dem Jahre 195 n. Chr.) Im schwierigsten Streckenabschnitt

53 Verlauf der »Hochstraße«, die von den Römern zur Umgehung des engen Tales des Eisack zwischen Bozen und Klausen über das Rittenplateau angelegt wurde.

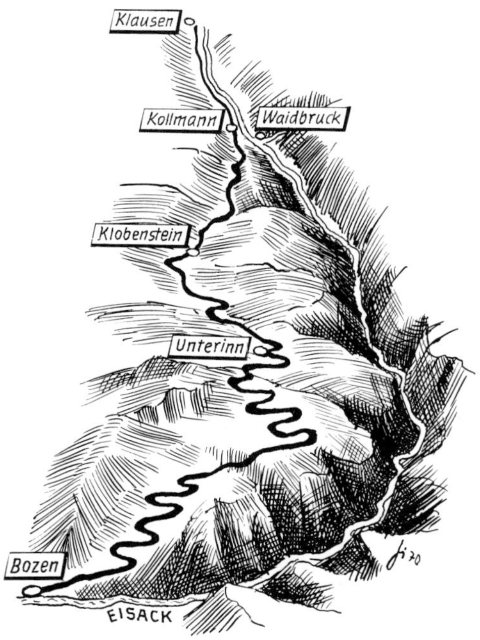

zwischen Bozen und Klausen wurde die Straße 700 m über der Talsohle des Eisack im Gebiet des Ritten angelegt [53]. Von der Brennerpaßhöhe führte die Trasse ohne besondere Gefällestrecken über Innsbruck, Mittenwald und Garmisch-Partenkirchen nach Augsburg.

Sämtliche Alpenstraßen östlich des Brenners begannen in Aquileia. Die »Norische Straße« führte über den Predil-Paß nach Villach und Klagenfurt. Westlich von Aquileia bog von der Via Postumia eine Straße ab, die über den Plöcken-Paß und Gailberg-Sattel ins Drautal gelangte, und nach Westen weiterführend Anschluß an die Brennerstrecke bei Brixen fand; nach Osten verlief sie über Spittal und Villach nach Klagenfurt. In Klagenfurt begannen wichtige Straßenverbindungen nach Norden an die Donau. Eine Strecke über die Radstätter Tauern nach Salzburg und von dort weiter nach Regensburg oder über Wels nach Linz[22]. Beide Straßen waren reine Militärstraßen, die erst unter Kaiser Septimius Severus (193–211 n. Chr.) gebaut wurden, als die ständig zunehmenden Abwehrkämpfe an der Nordgrenze von Regensburg bis Carnuntum eine schnelle und direkte Militärstraße von Italien her nötig machten.

Von Aquileia ging auch die älteste der Ostalpenstraßen aus, die ihren Namen »Birnbaumer Straße« nach der Wegestation »Ad pirum« erhalten haben soll. Sie führte über Aemona (Laibach) nach Carnuntum, dem großen römischen Verwaltungszentrum an der Donau in der Nähe des heutigen Preßburg.

Durch den Balkan nach Byzanz

Die erste und längste der drei großen römischen Balkanstraßen begann beim Legionslager Vindonissa an der Aare und folgte dann der Donau über Regensburg, Carnuntum (östlich von Wien) bis zum Schwarzen Meer und erreichte an ihm entlang Byzantium. Das »Eiserne Tor«, durch das sich die Donau vor Turnu Severin zwängt, wurde landeinwärts umgangen. Erst als Trajan 103–105 n. Chr. seine Vorbereitung für die Eroberung der Provinz Dacia (Karpatengebiet) traf, ließ er Platz für eine Straße in die Felsen der Flußenge schlagen [54].

Die Donaustrecke war mit ihren 2400 km Länge nicht nur stets von höchster strategischer Bedeutung, sondern sie bildete Jahrhunderte hindurch auch die Nordgrenze des Imperiums. Um die an ihr liegenden Kastelle zu sichern, wurden ständig 8 Legionen aufgeboten. Man kann sich vorstellen, welch ein reger Nachschubverkehr an Menschen, Gütern, Geräten und Verpflegung über diese Straße gerollt und marschiert ist.

Die zweite große Heerstraße durch den Balkan nach Byzanz begann in Aquileia und verlief von Laibach im Tal der Save nach Singidunum (Belgrad), wo sie mit der Donaustrecke zusammentraf. Von ihr bog sie vor dem Eisernen Tor nach Süden ab und erreichte über Naissus (Nîs) Serdica (Sofia). Nach Überquerung der Ausläufer des Balkangebirges durch das »Tor des Trajan«, hinter dem für die Römer der Orient begann, verlief die Straße am Hebrus (Maritza) entlang in sehr gerader Richtung nach Philippopolis und Byzantium. Die Entfernung von Aquileia betrug rund 1750 km.

Die dritte Römerstraße durch den Balkan war die Via Egnatia. Sie war eine Fortführung der Via Appia auf der Ostseite der Adria. Ihre Anlage wurde nötig, als die Römer 148–133 v. Chr. Mazedonien und Griechenland eroberten und von dort nach Kleinasien vordrangen. Die Wege, auf denen die Legionen bei diesen Eroberungen vorrückten, waren meist steile Pfade durch Wälder und wüste Berggebiete, in denen die Legionäre nie vor Überfällen aus

54 *In den Jahren 28–34 n. Chr. ließ Kaiser Tiberius am »Eisernen Tor« bei Orsova die senkrecht aufsteigenden Felsen an der Donau ausschlagen und mit hölzernen Kragträgern eine 2 m breite Fahrstraße schaffen.*

dem Hinterhalt sicher waren[23]. Die Straßenbauverwaltung in Rom befahl daher schon gleich nach Beendigung der ersten Kampfhandlungen im Jahre 145 v. Chr. den Bau dieser großen gesicherten Militärstraße. Sie begann in Dyrrhachium (Durazzo), berührte den Ochridasee und führte über Edessa, die alte Königsstadt der Mazedonier, nach Thessalonike (Saloniki) und von dort nach Gallipolis am Hellespont zur Überfahrt nach Kleinasien. – Den Küstenweg nach Byzantium hat erst 450 Jahre später Constantin der Große ausgebaut.

Zwei Abzweigungen unterstützten den strategischen Wert der Via Egnatia: Eine Straße verließ sie schon kurz hinter Durazzo und führte an der Küste von Epirus zum Golf von Korinth und weiter über Delphi nach Athen, von wo eine Straße über den Isthmus von Korinth zum Peloponnes nach Sparta ausgebaut wurde. Eine weitere Abzweigung von der Via Egnatia erfolgte in Edessa über Pharsalus nach Athen.

Die Via Egnatia durchquerte mit über 1100 km Länge ein Gebiet, in dem es bis heute keine durchgehende Straße wieder gibt. Auf ihr sind viele römische Legionen nach Kleinasien gezogen, auf ihr ging Cicero in die Verbannung, und Cäsar ermöglichte sie den schnellen Anmarsch von Italien mit den ihm verschworenen Legionen, um an der Abzweigung nach Athen bei Pharsalus seinen Kampf mit Pompejus zu entscheiden.

Vom Schwarzen Meer durch Kleinasien, Syrien und Arabien nach Ägypten

Nachdem den Römern der Sprung über den Golf von Korinth gelungen war und sie die kleinasiatische Küste und das Schwarze Meer erreicht hatten, dauerte es nicht lange, bis sich ihre Legionen unaufhaltsam durch ganz Kleinasien hindurchkämpften und ihre Adler sowohl im Osten als auch im Süden über Lagern und Kastellen aufpflanzten, die Tausende von Kilometern vom Mutterland entfernt waren.

Bereits 85 v. Chr. hatte Pompejus den Partherkönig Mithridates aus Kleinasien verjagt und 64 v. Chr. wurde Syrien zur römischen Provinz erklärt. Trajan (98–117 n. Chr.) stieß noch bis Mesopotamien vor und errichtete den syrisch/arabischen Limes vom Schwarzen bis zum Roten Meer. Während der Kaiserzeit stand dann der ganze Vordere Orient von Byzanz bis nach Alexandria unter römischer Herrschaft.

55 *Das Mausoleum in Garama, einem Handelsplatz im Lande der Garamanten, einem Vasallenstaat Roms in Nordafrika, 700 km südlich von Tripolis.*

Das Straßennetz in Kleinasien entstand rasch und war vergleichsweise dichter als in anderen Provinzen, weil die Römer hier noch guterhaltene Abschnitte der persischen Heerstraßen und der von Alexander dem Großen und seinen Nachfolgern angelegte Trassen vorfanden. Wo diese für ihre Zwecke brauchbar erschienen, haben die Römer sie benützt, wieder instandgesetzt und ausgebaut. Lange Strecken dieser Straßen, auf denen die Nachschubkolonnen der Legionen rollten, sind dort heute noch erhalten; sie ruhen größtenteils unter dem Wüstensand. Was der Wind freiweht, zeigt, wie großartig diese Heerwege [44–46] einst angelegt worden sind, die von Kastell zu Kastell, von Militärposten zu Militärposten führten. So begann die Via Diocletiana, deren Bau einst Trajan veranlaßt, die Diocletian (284–305 n. Chr.) vollendet und der er seinen Namen gegeben hatte, am Lager der XV. Legion in Trapezunt am Schwarzen Meer. Die nächste Station war Satala, das Lager der XII. Legion. Von dort ließ sie Trajan den Limes entlang weit nach Mesopotamien hinein zum Tigris bis Nisibis führen und dann zurück über Hatra nach Sura an der syrischen Grenze. Hadrian gab diesen vorgeschobenen Limes auf und verlegte die Reichsgrenze zurück an den oberen

Euphrat. Nunmehr bildete die Via Diocletiana die Grenze des Imperiums gegen Arabien von Sura über Palmyra, Bostra und Petra bis nach Aelana, der Hafenstadt am heute so umstrittenen Golf von Akkaba [52].

Zum Mittelmeer besaß die Via Diocletiana mehrere gut ausgebaute Verbindungen. Im Norden führte die Küstenstraße am Schwarzen Meer entlang, die Trapezunt und Byzanz verband. Von Satala ging eine Strecke nach Ankyra (Ankara) zur Hauptheerstraße, die von Byzanz quer durch Kleinasien nach Malatya verlief. Von ihr bog hinter Kayseri eine Straße nach Antiochia ab[24], die ihre Fortsetzung in einer Küstenstraße über Tyrus nach Alexandria fand. Eine weitere Hauptverbindung in Kleinasien begann in Gallipolis und verband mit einer Küstenstrecke die griechischen Städte Pergamon, Ephesus, Milet und Tarsus mit Antiochia.

Mit der 2400 km langen Strecke von Byzanz nach Alexandria schloß sich der riesige Straßenring [52], der nunmehr alle Provinzen des Imperiums durchzog. 250 Jahre reiste man auf verhältnismäßig sicheren, zum größten Teil gepflasterten Fahrbahnen von Alexandria über Karthago nach Algier und Marokko; von Cádiz durch Spanien, Frankreich und England bis an den Nordwall; von dort zurück an den Rhein und weiter über Basel, Augsburg, Wien, Belgrad, Sofia nach Istanbul; anschließend quer durch Kleinasien nach Antiochia und über Jerusalem wieder nach Alexandria. Entlang dieser ganzen Route lagen Rasthäuser, Pferdewechselstationen, Nachschublager, Verpflegungsdepots, Wachposten, Kontrollstellen und andere Dienste. Nirgends wurde Wegegeld erhoben, kein Brückenzoll war zu entrichten, überall galt eine – die gleiche – Währung und wurde, zumindest in den amtlichen Stationen, Lateinisch gesprochen.

Nach den Forschungen Nicolas Bergiers[25] hatten die römischen Hauptstraßen eine Ausdehnung von rund 75000, die Nebenstrecken etwa von 200000 Kilometern, so daß das Gesamtstraßennetz, das die Römer gebaut und durch viele Jahrhunderte unterhalten haben, mit annähernd 275000 Kilometern anzusetzen ist. (Zum Vergleich: Die Länge aller Autobahnen in Europa beträgt rund 14600 km, Stand 1970.)

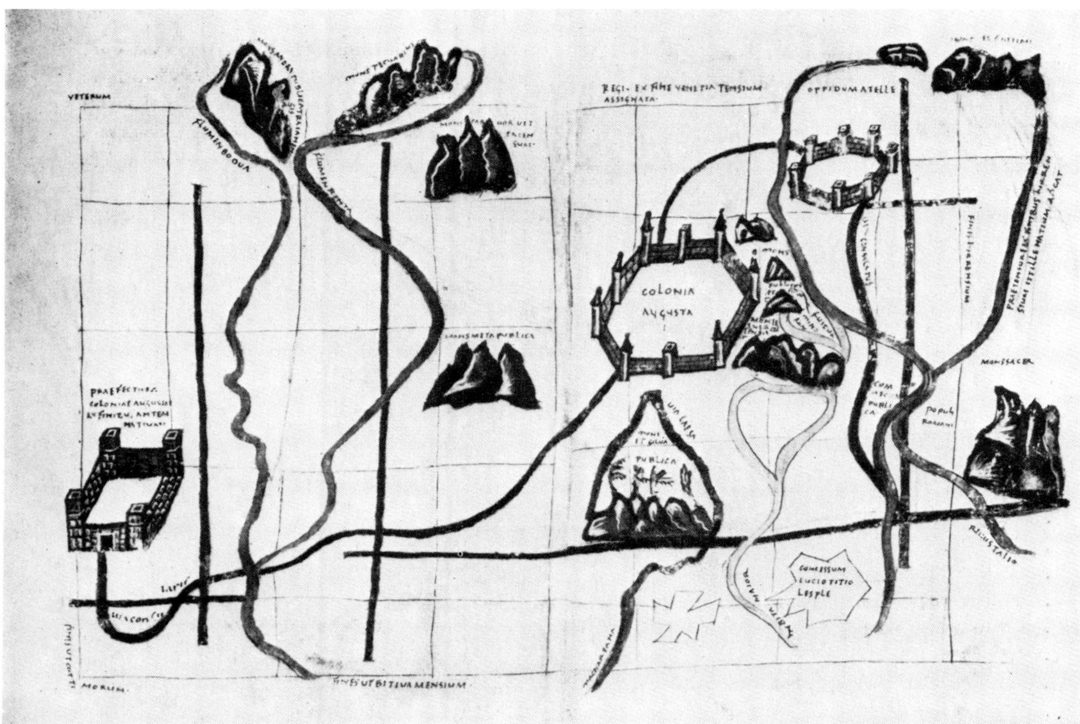

56 Straßenkarte eines römischen Landmessers – vermutlich aus dem 6. Jh. n. Chr. Welche Stadt und Umgebung dargestellt sind, ist nicht mit Sicherheit zu bestimmen.

57 Straße am Palatin in Rom, gebaut um 100 v. Chr. ▷

58/59 Die Fundamentierung römischer Straßen war durch die Vermörtelung der einzelnen Gesteinsschichten so fest, daß noch heute kein Grundwasser aufsteigen kann. Das Gras auf den Feldern verdorrt und die alte Straße zeichnet sich als heller Streifen kilometerweit durch die Landschaft ab. Die Luftbilder von J. K. S. St. Joseph zeigen Abschnitte der Ermine Street bei Castor und Stamford in England [52].

60 Pflaster einer römischen Straße in England zwischen dem heutigen Manchester und Ilkley.

61 Römerstraße bei Euskirchen, nördlich des Ahrgebirges. Über diese Straße sind 350 Jahre die Legionen von Trier nach Bonn und Köln marschiert. Im Mittelalter wurde die Strecke weiterhin benutzt. Zwar haben die Bauern und Burgherren den Plattenbelag als Baumaterial weggeschleppt, aber noch heute zeichnet sich die Trasse als gerade Spur in der Landschaft ab.

62 Vorrömische Straße auf dem Hochplateau der Claparèdes (Frankreich). Links neben dem steingeschichteten, nicht ganz 2 m breiten Bett ist der erhöhte Rand der Straße erhalten.

64

63 *Römische Heerstraße in Nordspanien.*

64 *Römische Sandalen.*

65 *Abschnitt der »Norischen Straße« über die Ostalpen von Aquileia nach Villach. Die Geleise wurden in den Felsen gemeißelt, um ein seitliches Abrutschen der Wagen zu verhindern.* ▷

66 *Die alte Paßstraße am Großen St. Bernhard.*

67 *(unten links) Römischer Meilenstein aus Köln. Er ist den beiden 293 n. Chr. von Diocletian zu »Cäsaren« (Unterkaisern) ernannten Fl. Constantius Chlorus und Galerius Maximianus gewidmet. Die Entfernungsbezeichnung besagt: »Von Köln 1 Leuge (gallisches Meilenmaß = 2,2 km).*

68 *(unten rechts) Der römische Meilenstein von Vöcklamarkt (Oberösterreich). Zwei Kaiser und ein kaiserlicher Prinz rühmen sich auf ihm, die durch das Alter verfallenen Meilensteine durch neue ersetzt zu haben: Kaiser Lucius Septimius Severus, sein Sohn und Mitkaiser Marcus Aurelius, genannt Caracalla, und dessen Bruder Geta. Demnach ist die Säule im Jahre 201 n. Chr. aufgestellt worden. Als Marc Aurel 211 Kaiser wurde, ließ er seinen Bruder Geta ermorden und dessen Namen auf allen öffentlichen Denkmälern tilgen. Daher die ausgemeißelten Stellen auf dem Meilenstein.*

69 *Römische Meilensteine in der syrischen Wüste. Sie zeigen, wie die straffe Verwaltung auch 1000 km von Rom entfernt wirksam war.* ▷

70 Sofort nach den Kampfhandlungen begannen die Legionäre mit dem Straßenbau. Schneisen wurden durch die Wälder geschlagen, das Straßenbett wurde ausgehoben und Schotter in Körben eingeschüttet. Wie zeitlich nahe diese Arbeiten dem Krieg lagen, zeigen die abgeschlagenen Köpfe der Besiegten an der Wand des Militärlagers (Relief an der Trajanssäule in Rom).

Straßenkarten

71 *Der Silberbecher von Vicarello, in Form einer Meilensäule mit 106 Straßenstationen von Gades durch Spanien, über den Mont-Genèvre, Piacenza und Rimini nach Rom. (Museo Preistorico Etnografico L. Pigorini, früher Museo Kircheriano, Rom)*

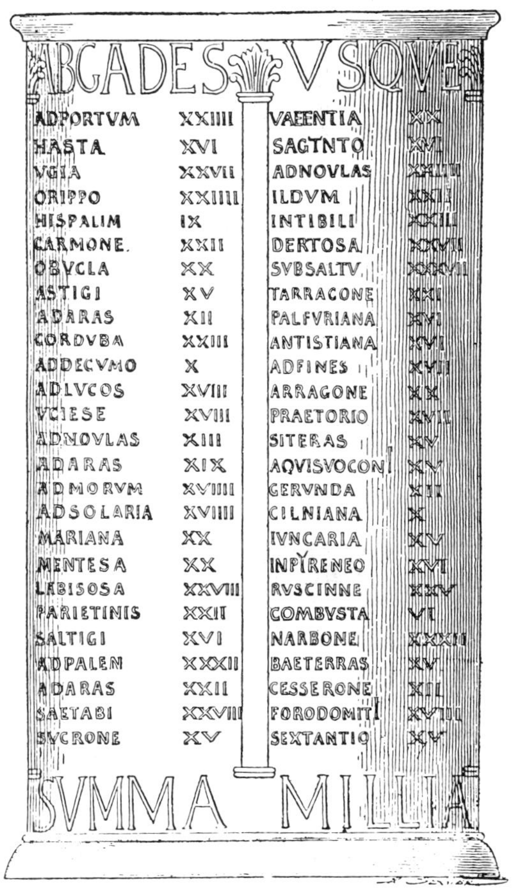

Bei der Ausdehnung des römischen Straßennetzes war es nicht nur unbedingt erforderlich, die technischen, organisatorischen und verwaltungsmäßigen Voraussetzungen in einer Zentralstelle in der Hauptstadt Rom zusammenzufassen, sondern es bedurfte auch entsprechend ausgefeilter, bis in die Einzelheiten durchdachter und gezielter Anweisungen, Anleitungen und Unterlagen für den Bau, den Unterhalt und die Ordnung der Straßen. Hierzu gehörten vor allem Straßenpläne und Karten, in denen alle Details wie Städte, Ortschaften, Rasthäuser, Stationen, Legionslager, Militärposten, Brücken, Furten und auch wichtige Entfernungsangaben eingetragen waren und die regelmäßig überprüft und auf dem neuesten Stand gehalten werden mußten. Wir wissen, daß z. B. den Generälen und höheren Beamten, wenn sie in die Provinz gesandt wurden, zur Orientierung und besseren Kenntnis der Gegend sowohl geschriebene wie auch gezeichnete Wegeverzeichnisse (itineraria) mitgegeben wurden[26]. Leider sind keine derartigen Originaldokumente erhalten geblieben. Wir besitzen nur zwei Karten, die Abschriften nach amtlichen Unterlagen zu sein scheinen und die das Straßennetz des Imperiums zeigen. Die erste, das »itinerarium Antonini«, ist eine Liste von Strecken, Stationen und Entfernungsangaben, also etwa wie ein heutiges Kursbuch. Über seine Herkunft sind sich die Gelehrten nicht einig. Die Mehrzahl schreibt es dem Straßenamt des Kaisers M. Aurelius Antoninus (Caracalla) zu und datiert es um 215 n. Chr. Noch wesentlich eindrucksvoller ist das zweite Dokument, die sog. »Tabula Peutingeriana«, eine farbige Karte [73, 96], über deren Herkunft und Verfasser gleichfalls nichts bekannt ist[27]. Sie könnte die Nachzeichnung eines Originals aus einer kaiserlichen Postzentrale aber auch das Eigentum eines Fuhrunternehmers für Fracht- und Personenverkehr gewesen sein. Die auffallende Hervorhebung der drei bedeutendsten Städte Rom, Konstantinopel und Antiochia, gestattet eine einigermaßen sichere Datierung auf die Zeit um 350 n. Chr. Aber auch hier stehen sich verschiedene Meinungen gegenüber[28].

Die Karte ist nicht leicht zu lesen, da die schematische Darstellung des gesamten römischen Imperiums von Nordengland bis an die indische Grenze auf der 6,82 m langen Rolle zu einer ungewöhnlichen geographischen Projektion zwang. Zwischen wichtigen Gebirgszügen, Seen und Meeren sind etwa 300 Straßen mit einer Gesamtlänge von 105000 km aufgezeichnet und rund 3300 Stationen und 600 andere Ortsnamen angegeben. Über 500 Städtebilder werden durch die unterschiedliche Anzahl ihrer Türme, Zinnen und Umfassungsmauern klassifiziert, Badeorte als quadratische Bauten mit eingeschlossenem Wasserbecken dargestellt und Tempelanlagen, Residenzen der Statthalter und Heeresmagazine durch besondere Symbole gekennzeichnet. Bei einfachen Stationen findet sich häufig ein Zusatz, der auf militärische Besatzung (praesidium) oder auf eine Postkutschenstelle (capus) hinweist. Selbst Wirtshäuser werden des öfteren mit Namen genannt:

»Ad sorores« (Zu den Schwestern), »Ad palmas« (Zu den Palmen) oder »Ad pirum tortum« (Zum krummen Birnbaum).

Beim Vergleich der Peutingerschen Tafel mit dem Itinerar des Antoninus entdeckte man Widersprüche und Abweichungen[29]. Im großen und ganzen aber haben sich die Entfernungsangaben als richtig erwiesen, so daß die Differenzen und Fehler wohl auf Irrtümer oder Nachlässigkeit beim mehrfachen Kopieren zurückzuführen sind. Auf jeden Fall aber vermitteln das Itinerar und die Karte ein hervorragendes Bild von der ungeheuren Ausdehnung und glänzenden Organisation des römischen Straßennetzes, und ohne sie wären wir um bedeutende Erkenntnisse ärmer.

Vermessung

Mit der Streckenkennzeichnung und Markierung der Entfernungen hatten die Römer schon früh, etwa 120 v. Chr., unter den Gracchen begonnen. Sie ließen hierzu Meilensteine aufstellen[30], die mit ihren Inschriften auch angaben, wann die Straße angelegt, ausgebaut oder ausgebessert wurde. Außerdem trugen sie den Namen des Erbauers, d. h. desjenigen, der den Bau veranlaßt und befohlen hatte [67–69]. So begleiteten, nachdem Cäsar und Augustus das gesamte Straßennetz des Imperiums hatten vermessen lassen (eine Arbeit, die allein im Norden 28 Jahre in Anspruch nahm) und nachdem auch alle späteren Kaiser sich sehr um die Markierungen annahmen, schon um ihren eigenen Ruhm festzuhalten, zur Blütezeit des römischen Imperiums viele tausende sorgfältig behauener Meilensteine die Straßen. In Italien zählte man meist von Rom aus, in den Provinzen vom Sitz der Verwaltung. Berühmt wurde jene vergoldete Säule, das »miliarium aureum«, die Augustus auf dem Forum in Rom hatte errichten lassen und auf der die Entfernungen zu den großen Straßenzielen im Reich verzeichnet waren [72].

Im Laufe der Jahrhunderte nach der römischen Zeit sind diese Meilensteine bis auf wenige tausend in Kirchen, Burgen und Häusern verbaut worden, man hat sie als Ackerwalzen, Taufbeckenständer und Säulen verwendet und an ihnen vor allem, da man sie als Zeugnis der Herrschsucht heidnischer Kaiser ansah, häufig die Namensinschriften herausgemeißelt. In der Schweiz fand man bisher nur 50 vollständig erhaltene Steine, die noch eine leserliche Inschrift tragen. Das bedeutet, daß rund 95% aller dort errichteten Meilensteine verloren gegangen sind, denn bei einem Straßennetz von etwa 900 km dürften an die tausend Steine vorhanden gewesen sein[30].

Anhand der gefundenen Steine lassen sich die einzelnen Bauabschnitte, aber auch andere interessante geschichtliche Vorgänge mit ziemlicher Genauigkeit datieren und zuordnen. Leider existiert bislang noch keine Gesamtgeschichte des römischen Straßenbaus. Schon der Historiker Mommsen hat dies außerordentlich bedauert und angeregt, eine solche zu schreiben. Nunmehr nahm sich das Seminar für alte Geschichte an der Universität Bern dieses Themas an und beabsichtigt, alle noch erhaltenen Meilensteininschriften zu sammeln und zentral auszuwerten, um dadurch die bisher erfolgten, oft sehr eingehenden regionalen Forschungen der Geschichtswissenschaft insgesamt zugänglich und nutzbar zu machen. Wenn hierzu noch die bereits vorhandenen umfangreichen Ergebnisse der Erforschung römischer Stadt- und Ortssiedlungen kommen, so dürfte aus der Kombination ein noch viel reicheres Bild römischer Kultur vor uns entstehen, als das schon jetzt zur Bewunderung und Anerkennung zwingende historische Material es bisher bietet.

72 Die vergoldete Säule, das »miliarium aureum« vor dem Tempel des Saturn auf dem Forum in Rom mit den Meilenentfernungen zu den großen Städten des Imperiums.

Die Stadtstraßen

Wie wir wissen, entstand die Mehrzahl der römischen Städte aus einem aus strategischen Gründen angelegten »castrum«, einem Militärlager, das von Wällen, Gräben und Wachtürmen umgeben war [75, 81, 85]. In diesem gab es ein Forum, ohne das die Legionäre auch in den entferntesten Regionen sich keine Gemeinschaft vorstellen konnten, und ein Prätorialgebäude im Schnittpunkt der Hauptstraßen. Alle Straßen waren schachbrettartig nach einem rechtwinkligen System angeordnet, wie aus den Resten unzähliger militärischer Stützpunkte in Italien, Gallien, Britannien, Ägypten, Nordafrika und Spanien deutlich erkennbar ist. Wurde einmal eine bereits bestehende Siedlung zum »castrum« umgebaut, so legte man auch die Straßen neu nach diesem bewährten Ordnungsschema an. Nach Abschluß der militärischen Aktionen und Befriedung der einzelnen Landstriche wurden die Legionen weiterverlegt; sie rückten in Grenzkastelle oder marschierten auf andere Kriegsschauplätze, die vielleicht tausend Kilometer von ihrem bisherigen Standort entfernt lagen. In die »castra« zogen nunmehr Beamte, erst der Militärverwaltung, später auch der zivilen Behörden, und benützten die freigewordenen Gebäude und Anlagen. Mit ihnen kamen ihre Familien, die in neuen Häusern untergebracht werden mußten, Händler siedelten sich an und Handwerker, um den Bedarf der jetzt rasch zunehmenden Bürger zu decken und ihnen ihre Dienste anzubieten. Schenken wurden eröffnet, Bäder aufgemacht, Warenlager angelegt, Thermen, Tempel und Theater entstanden. Durch Flüchtlinge, vom raschen Geldverdienen angelockte Landleute, entlassene Soldaten und anderen Zuzug wuchs die Bevölkerung in der Siedlung jetzt rasch.

Aber immer richtete sich das Entstehen neuer Häuserzeilen und Wohnanlagen und ihre Organisation nach der straffen Gliederung und Straßeneinteilung des alten castrum. Erst als die Vergrößerung zu rasch erfolgte, als auch Grundstücksspekulation und rein privates Geschäftsdenken bei den sich Ansiedelnden wie bei den das Land Verkaufenden bzw. Zuteilenden sich breitmachten, wichen die neuen Wohnquartiere mehr und mehr von der gewohnten »militärischen« Ordnung ab. Staat und Stadtverwaltungen haben immer wieder versucht, dieses undisziplinierte Wachstum einzudämmen und in geregelte Bahnen zu lenken. Das ging manchmal so weit, daß ganze Häuserzeilen rücksichtslos niedergerissen und planiert wurden, um Platz für repräsentative Bauten zu machen, um neue, breite Straßen und großartige Plätze entstehen zu lassen, durch die die Würde und Macht des Imperiums zur Geltung kamen.

Die Grundlage für öffentliche und private Unterhaltungspflicht der Straßen innerhalb der Städte und größeren Gemeinden war schon um 450 v. Chr. im »Zwölftafelgesetz« enthalten. Cäsar schuf dann 45 v. Chr. mit seiner »lex Iulia municipalis« die durchgreifende römische Stadtordnung, die alle Rechte und Pflichten der Einwohner und Behörden regelte. Kein Grundbesitzer durfte näher als 80 cm an die Grenze seines Eigentums bauen. Der dadurch entstehende »ambitus« ergab die 1,60 m breiten Nebenstraßen in den Wohnquartieren, eigentlich bessere Wege, die Privatbesitz der Hauseigentümer blieben und von ihnen unterhalten werden mußten. Die uns gering erscheinende Breite genügte seinerzeit durchaus, da es zur Straße hin weder Fenster noch Balkone gab. Licht und Luft erhielten die in der Atriumbauweise errichteten Häuser durch den Hof im Zentrum des Gebäudekomplexes.

73 (Seite 68/69) Segment 6 der »Tabula Peutingeriana«. Die 34 cm hohe und 6,82 m lange Straßenkarte aus spätrömischer Zeit enthält das römische Straßennetz von Schottland bis nach Indien. Das hier abgebildete Segment 6 zeigt links den unteren Teil Italiens mit Sizilien, rechts Dalmatien, Mazedonien und Griechenland, unten einen Teil Nordafrikas. Die Winkel der roten Straßenlinien markieren die Orte und die eingetragenen Meilenentfernungen.

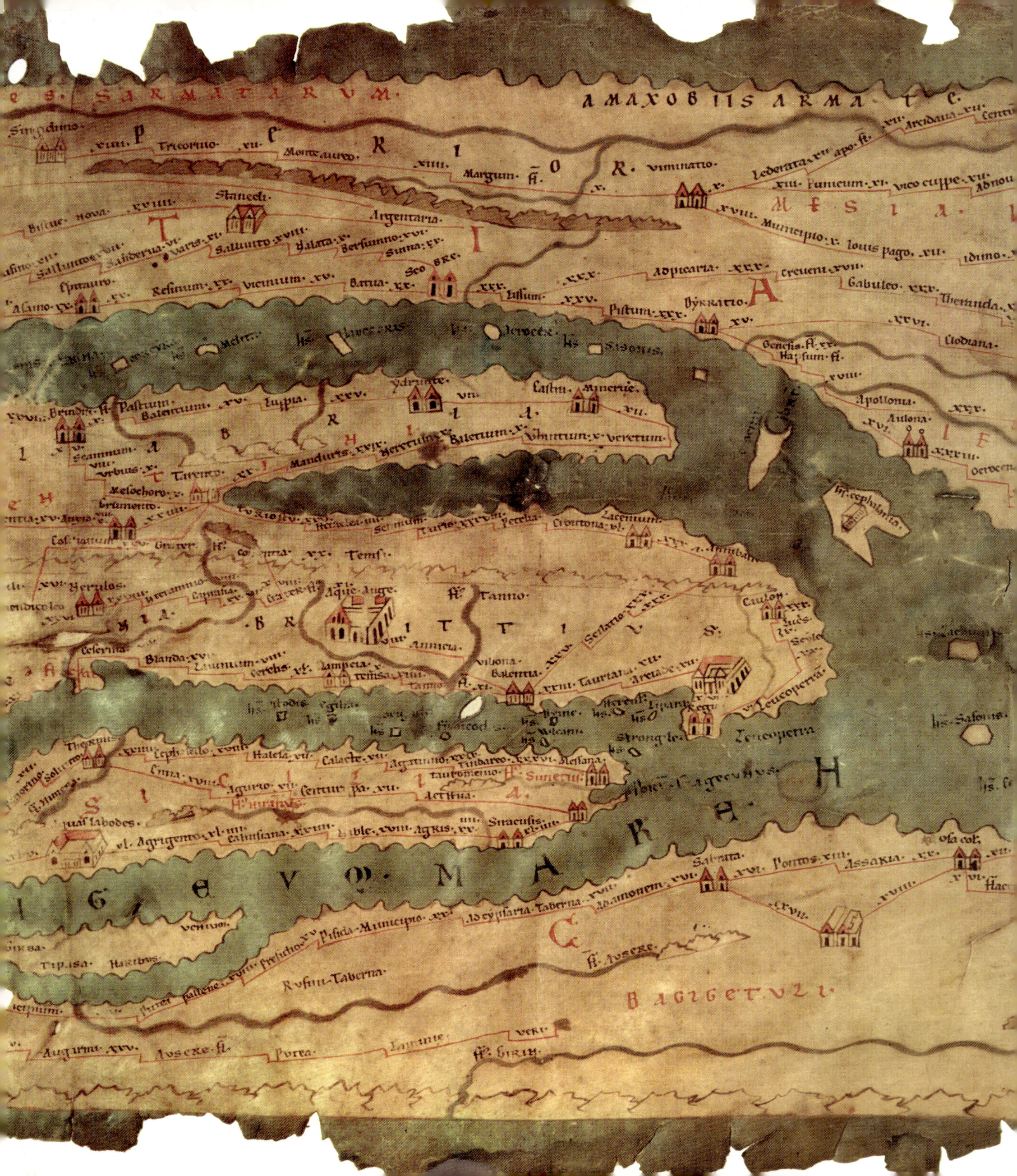
SARMATARUM
AMAXOBIIS ARMATE
Singiduno
Tricornio
Monte aureo
Margum
Viminatio
Argentaria
Idimo
Lederata
Municipio
Adpicaria
Creueni
Gabuleo
Bytratio
Pistum
Resinum
Stanecli
Epitauro
Clodiana
Apollonia
Aulona
Brindisi
Pastum
Lupia
Ydrunte
Castra Minerve
Tarento
Manduris
Baletium
Veretum
Metaponto
Heraclea
Turis
Petelia
Crontona
Lacenium
Scyllatio
Aque Ange
Tanno
Annicia
Vibona Balentia
Tauriana
Blanda
Cerelis
Lampeia
Temsa
Caulon
Leucopetra
Lipara
Strongile
Thermis
Cephaledo
Halesa
Calacte
Agrinnio
Tyndareo
Messana
Tauromenio
Agrigento
Syracusis
SICILIA
MARE
Sabrata
Pontos
Assakia
Pisida Municipio
Rusiu Taberna
Tipasa
Ausere
BAGIGETULI
Augurimi
Putea
Veri

Caput bubali
Tuisco
Adaqvas
Ponte augusti
Pelendova
Romula
Presidio pompei
Ad aquas
Bortico
Ad Malum
Ratiaris
Gramrianis
Naisso
Rome siana
Turribus
Meldys
Adheitulem
Hammeo
Ad fines
Sevinis
Stopis
M A C E O
Hadrianopoli
Adrianam
Larissa
Lignido
olympu
Megara
Eleusina
Paths
Corintho
Argos
Calidon
Naupactos
Evenos
Patras
Olympia
Achaia
Pylos
Mothone
Messene
Leptimagna
Ad palmam
Subututtu
Sugolin
Salinae inmense que cu luna crescunt et decrescunt
Garamantes
Mufula
Aqua amara
Pretorium
Nasamones

Die Hauptstraßen der römischen Städte unterstanden der öffentlichen Verwaltung, sie waren breit, mit Gehsteigen versehen und schon früh gepflastert. Zu ihnen öffneten sich die Häuser, und die zur Straße liegenden Räume wurden als »tabernae« an Händler, Handwerker, Geschäftsleute und Gastwirte vermietet. Hier spielte sich ein Großteil des Lebens der Bürger und der Gemeinde ab, wie wir es noch heute in italienischen Orten, besonders im Süden, sehen. Bereits damals trafen sich die Männer auf der Straße, flanierten oder standen auf Plätzen und an Straßenecken zusammen, unterhielten sich, sprachen über Geschäfte, Aufträge und persönliche und politische Affären, während die Frauen das Haus bzw. die Wohnung hüteten, die Kinder versorgten und sich um die Mahlzeiten zu kümmern hatten. Auf den öffentlichen Plätzen wurden Gesetze verkündet und erklärt, Bekanntmachungen ausgerufen, ja, Dichter lasen aus ihren Werken vor. Ungestört von Fahrzeuglärm und Verkehr konnte sich die ganze Vielfalt südlicher Lebensgewohnheiten ausbreiten, denn es durfte

74 Römische Stadt. Durch geradlinige Straßen in acht Regionen eingeteilt. In der Mitte der Hauptstraße liegen nach beiden Seiten der Markt und das Forum.

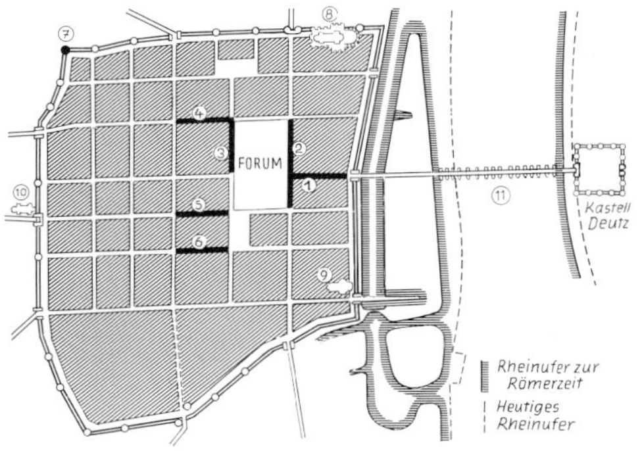

75 Das römische Köln, Colonia Agrippinensis, war als Castrum angelegt. Es zeigte ein dem Quadrat angenähertes Viereck. Nur die Südfront war einem Bachlauf und dem natürlichen Geländeabfall angepaßt. Im Nordwesten und Südwesten reichte die römische Stadt bis zum heutigen Dom (8) und St. Maria im Capitol (9), im Westen bis St. Aposteln (10). – Ein Teil der heutigen Straßen entspricht noch der alten römischen Stadteinteilung: 1 Obenmarspforten, 2 Hohe-Straße, 3 Herzog-Straße 4 Breite-Straße, 5 Schildergasse, 6 Cäcilienstraße. Von den Türmen der Stadtmauer ist nur noch der »Römerturm« an der Nordwestecke erhalten (7).

sich am Tage innerhalb der Städte kein Fahrzeug auf den Straßen zeigen. Selbst die Benutzung von Sänften gestattete Cäsars Gesetz nur werdenden Müttern und älteren Frauen.

Leider ist die Straßeneinteilung römischer Orte nur noch an wenigen Stellen und Beispielen sichtbar. Aosta gehört dazu und Timgad [81, 85], die beide nie über ihre Mauern hinausgewachsen sind. Auch in den inzwischen zu großen Städten angewachsenen ehemaligen Militärstützpunkten Verona und Turin hat sich der alte Kastellkern erhalten. In Provinzstädten wie Trier oder Köln, die während der Zeit der Völkerwanderung niedergebrannt und zerstört wurden, ist dagegen das Schachbrettsystem der Römerstadt nur noch von Fachleuten mühsam zu rekonstruieren [220]. Die über den Trümmern erbauten neuen Stadtanlagen entstanden nach ganz anderen Gesichtspunkten und unter anderen Voraussetzungen, denen sich auch die Straßen unterzuordnen hatten bzw. nach denen sie sich ausrichteten. Zu den hervorragendsten Zeugnissen echter, alter Stadtanlagen aus der römischen Zeit gehört natürlich Pompeji, das unter dem Aschenregen des Vesuvs gleichsam konserviert wurde [76, 78–80]. Die Ausgrabungen brachten eine Altstadt aus etruskisch-griechischer Zeit mit einem Forum ans Licht, mit einem Apollo-Tempel, Kapitol, Markthalle und »curia«, die bis etwa 250 v. Chr. zurückdatiert werden. Alle Bauanlagen sind wunderbar gegliedert und auf ein großes Straßenkreuz hin orientiert. Doch wurde immer – wir erinnern an Griechenland – auch die Landschaft in die Planung miteinbezogen. Die römische Stadt, die sich nach Norden und Westen entwickelte, setzte die alte Straßenausrichtung unverändert fort, unterwarf sie aber jenem geometrischen System, das dem natürlichen, stets militärisch geordneten Sinn Roms entsprach. Auflösungserscheinungen, wie sie schon angesprochen wurden, zeigen sich in Pompeji noch nicht, denn ehe es hierzu kommen konnte, versank im Jahre 79 n. Chr. die ganze Stadt unter glühender Asche.

Die Hauptstadt selbst, Rom, hat eine so strenge Straßenordnung nie gekannt und praktiziert. Es war im Laufe von Jahrhunderten zur Stadt, zum prunkvollen Mittelpunkt des Imperiums geworden, mit einer Vielzahl von engen und breiten Straßen, Siegestoren und -säulen, Kaiserforen, riesigen Thermen, Theatern und Tempeln hunderter verschiedener Gottheiten. Die Situierung der Baulichkeiten erfolgte durchaus nicht nach den sonst so streng eingehaltenen Regeln; man ließ hier eine Art Wildwuchs zu und fast jede persönliche Initiative und Neigung gewähren, wenn nur entsprechend mächtige, eindrucksvolle und der Stellung der Capitale in der damaligen Welt zum Ansehen gereichende Bauten entstanden. Auch Augustus rühmte sich einmal, aus einer Ziegelstadt eine Marmorstadt gemacht zu haben, und Ovid berichtet: »Die zentralen Quartiere der Stadt sind unter Augustus und seinen nächsten Nachfolgern größtenteils durch Monumentalbauten dem Privatbau entzogen worden, die zehnte Region durch Kaiserpaläste, die elfte durch die Vergrößerung des Zirkus, die vierte durch Anlage der Kaiserforen.« Wie der moderne Beschauer beim Blick über die Heilige Stadt von einem erhöhten Punkt aus ergriffen wird von der Ausdehnung, der Vielfalt von Kuppeln, Türmen, alten und neuen Bauten, so erschauerte erst recht damals der von auswärts kommende Besucher angesichts der Größe und Majestät der Metropole. Ammianus Marcellinus schilderte 357 n. Chr. den Eindruck, den die Stadt auf Kaiser Constantius II. ausübte: »Als der Kaiser auf das Forum kam, die berühmte Stätte der alten Macht, war er stumm vor Bewunderung. Wohin auch seine Augen sich wandten, sah er sich von dem dichten Gedränge der Wunderwerke geblendet. Indem er sodann allmählich die einzelnen Teile der Stadt musterte, auf den Höhen der sieben Hügel, auf den Abhängen und in der Ebene, meinte er, das, was er soeben gesehen, müsse unter allem übrigen das Größte sein[31]« [47].

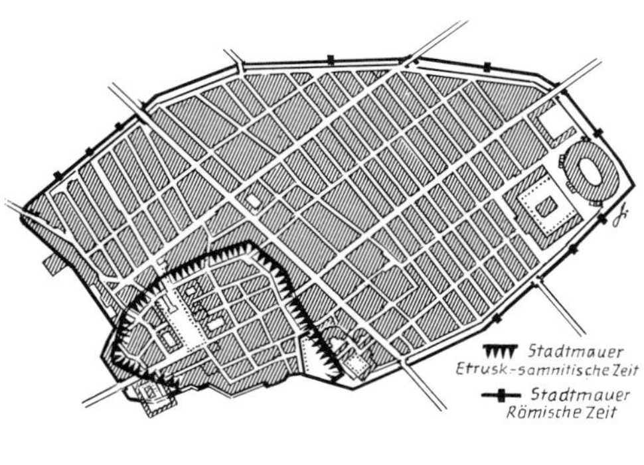

76 Pompeji 79 n. Chr. Hier ist uns unverändert die Anlage einer römischen Stadt erhalten.

Rom hatte schon damals zeitweilig, wie angenommen wird, eine Million Einwohner. Viele Straßen waren durch hölzerne Vorbauten an den Häusern, durch Buden, Läden, Werkstätten und Schankstuben verengt, so daß die Stadt manchmal »einer großen taberna glich, und alle Straßen von Händlern, Krämern, Fleischern, Schankwirten und Barbieren so in Beschlag genommen waren, daß die Hausschwellen nicht mehr zu sehen waren« (Martial, 92 v. Chr.). Schließlich sah sich Kaiser Domitian (81–96 n. Chr.) gezwungen, die »tabernae« energisch einzuschränken, damit die inzwischen zu Pfaden gewordenen Straßen wieder für den Verkehr frei wurden.

Nachts sollen die Straßen Roms von großem Lärm erfüllt gewesen sein, da dann der den ganzen Tag über ruhende Fahrzeugverkehr aufgenommen wurde. Es ist einleuchtend, daß die über die harten Steinstraßen rollenden Lastkarren und Transportwagen weit zu hören waren. Für sie war eines der größten Probleme, rechtzeitig Ausweichstellen zu erreichen, denn nur selten konnten zwei Fahrzeuge zu gleicher Zeit aneinander vorbeikommen. Nur die Hauptstraßen waren erheblich breiter und gestatteten einen reibungslosen Verkehr.

77 Römische Gebirgsstraße. ▷

Straßenbreiten

Die römischen Überlandstraßen hatten eine durchschnittliche Breite von 4–5 Metern, die Nebenstrecken von 3–3,5 Metern. In den Alpen maß sie dagegen nur 1,35–2,35 m, während es auch Straßen mit erheblich größerer Breite gab, so z. B. die stark frequentierte Verbindung von Mogontiacum (Mainz) nach Colonia Agrippinensis (Köln), die 6 Meter aufwies. In Italien waren die Straßen im allgemeinen breiter als in den Provinzen, insbesondere, wie schon angedeutet, die Ausfallstraßen aus der Hauptstadt. So hatte die Via Appia von Rom bis Terracina eine Fahrbahnbreite von 10–12 Metern und verengte sich von dort an auf 6,10–4,50 Meter. Sie war übrigens bis Brindisi mit sauber aneinandergefügten polygonalen Basaltplatten belegt. Die Fugen hatte man mit Mörtelsand ausgegossen. Karrenwege (via, von vehere = fahren) waren 2,70 m breit, Viehwege (actus, von agere = treiben) 1,35 m, und die Fußwege (iter) maßen 0,60 m.

In sumpfigen Talböden und auf Bergstrecken, wo die Gefahr des Ausgewaschenwerdens durch Regen und Schneeschmelze bestand, legte man Bohlenwege an. Diese waren erheblich stärker und tragfähiger als die in Norddeutschland gefundenen Moorwege vorgeschichtlicher Zeit: 30 cm starke Stämme, der Länge nach verlegt, darauf quer ein Bohlenbelag und über diesem eine Schotterschicht. Die Breite dieser Wege schwankte zwischen 1,20 und 5 Metern. Im Gebirge haben die römischen Straßenbauer vielfach Geleise in den Felsen gehauen, um ein seitliches Abrutschen der Fahrzeuge zu verhindern. Auf der Paßhöhe des Großen St. Bernhard, auf dem Julier, am Kräheggberg oberhalb Yverdon im Schweizer Jura, wo die große Heerstraße von Vevey nach Köln den Jura überquerte, und bei Villach in Kärnten [65] sind noch guterhaltene Teilstücke solcher Straßen zu finden. Noch zahlreicher sind Geleisestraßen in Illyrien, dem heutigen Jugoslawien, angelegt worden. Hier sind auf den Karsthöhen manchmal drei und vier Geleise nebeneinander für den Fachmann noch zu erkennen.

78 und 80 Ladenstraßen in Pompeji, gepflastert mit 6eckigen Lavablöcken. Auf beiden Seiten ein Fußsteig mit Wasserleitungsrohren und Wasserbassins, die von einem Wasserturm gespeist wurden. An den Kreuzungen hohe Trittsteine für die Fußgänger. Laden reiht sich an Laden in dieser Straße, in der das Menschengewühl einst so groß war, daß der Wagenverkehr am Tage verboten wurde.

79 Helle Marmorstückchen im Pflaster Pompejis zur Markierung der Straßen bei Nacht. ▽

81 (Seite 76/77) Der 100 n. Chr. in Nordafrika angelegte Außenposten Thamugadi (Timgad), etwa 350 km südwestlich von Carthago, war besetzt mit ausgedienten Legionären, die hier die Grenze gegen Überfälle aus Numidien zu schützen hatten. Gepflasterte Straßen, Thermen, Tempel und ein Amphitheater zeigen die hohen Lebensansprüche römischer Besatzungstruppen. Eine bezeichnende Inschrift im Spielsaal lautet: »Jagen, baden, spielen, lachen, das ist das Leben«.

◁ *82 Der allgemeine römische Reisewagen, die »raeda«. Er war bequem, mit Kissen ausgelegt, hatte ausreichenden Gepäckraum und man konnte darin schlafen.*

83 Osteria an der Via Appia. ▷

84 Römischer Sesterz mit einer Darstellung des leichten Reisewagens »cisium«. ▽

85 Timgad, die Legionärsstadt in der Provinz Africa Proconsularis, die bis zu ihrer Zerstörung durch die Araber (Ende des 7. Jahrhunderts) die klare Einteilung eines römischen Castrums behielt.

86 (rechts) »Pons Milvius« über den Tiber bei Rom. Erstmals erbaut 104 v. Chr. Wiederhergestellt im 2. Jahrhundert n. Chr. Sieben Bögen mit Spannweiten von 15,6–23,7 m. Die vier mittleren Bögen sind noch vollkommen antik. Der Brückenkopf mit dem Wehrturm wurde im Mittelalter gebaut. Die Baumeister haben mit Wasserdurchläufen in den Pfeilern gegen das Hochwasser vorgesorgt.

87 *Die mächtige römische Steinbrücke über den Rio Tormes bei Salamanca an der Straße von Mérida zu den nordspanischen Legionskastellen Astorga und Leon.*

88 *Relief an der Trajanssäule in Rom. Kaiser Trajan bei der Opfergabe zur Einweihung der etwa 500 m langen Brücke, die er 103–105 n. Chr. über die Donau bei Turnu Severin bauen ließ. Im Hintergrund ist sehr klar die Konstruktion der Brücke zu sehen. Auf hohen Steinpfeilern ruht ein Balkensprengwerk und doppeltes Gitterwerk. Das obere Gitter ist wohl kein Tragwerk, sondern das Geländer. Rechts ein mächtiger Turm aus Quadern, der wahrscheinlich schon zum Kastell am Nordufer der Donau gehört.*

Bauart

Gelernt hatten die Römer den Straßenbau vor allem von den Etruskern. Diese besaßen Straßen, deren Körper im allgemeinen aus mehreren nicht vermörtelten aber festgestampften Schotterlagen bestand. Wo sie die Straßen pflasterten, geschah das mit großen, rechteckigen Steinplatten, die meist ein Format von 1,00×0,80×0,30 m aufwiesen.

Aus der Zeit von etwa 800–500 v. Chr. sind noch Teile etruskischer Kunststraßen erhalten, so auf der Strecke von Veji über Caere zum Meer nordwestlich von Rom. Auch unter der römischen Via Cassia zwischen Clusium (Chiusi), Arretium (Arezzo), Florenz und Fiesole hat man Reste einer etruskischen Kunststraße gefunden mit tief ausgehobenem Straßenbett und Entwässerungsgräben.

Wie die ersten von den Römern nach der Unterwerfung der Etrusker (501 v. Chr.) angelegten Straßen beschaffen waren, ist nicht mehr festzustellen. Zu oft sind sie im Laufe der Jahrhunderte aus- und neugebaut worden. Als 312 v. Chr. die Via Appia entstand war aber zweifelsohne die Straßenbautechnik der Römer jener der Etrusker bereits überlegen.

Vitruvius Pollio hat in seinem Werk »De architectura« ein Schema der römischen Straßenkonstruktion [89, 90] überliefert:

1. das »statumen«, die Standschicht oder Packlage, 30 cm stark aus hochgestellten Bruchsteinen, darüber eine Lage platter Steine
2. die »ruderatio« aus faustgroßen Kieseln oder Grobschlag, 25 cm stark
3. der »nucleus«, 25 cm stark, aus Steinschlag von Nußgröße oder Kieseln mit Ziegelbrocken. Alle drei Schichten waren meist mit Mörtel verbunden
4. die »summacrusta« oder »summumdorsum«, die oberste Schicht, also die Fahrbahndecke, entweder aus Sand oder Kies, 30 cm stark, oder in bevorzugter Verkehrslage ein vieleckiges Steinpflaster.

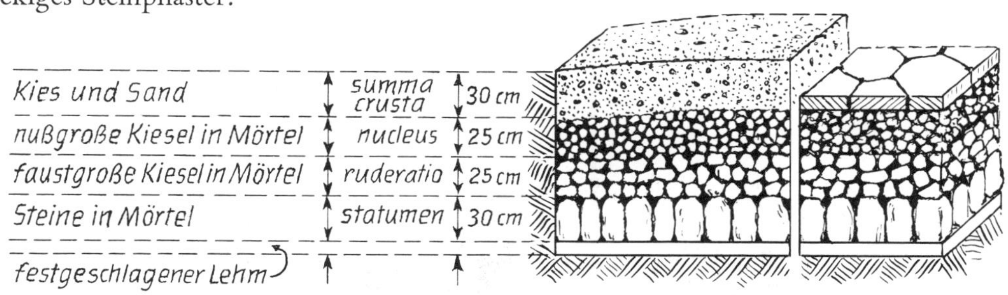

89/90 Querschnitte römischer Straßen.

Der gesamte Straßenkörper hatte also eine Stärke von durchschnittlich 1 m, was etwa der Konstruktion einer heutigen Autobahn entspricht[32]. Wie schon erwähnt, war eine so starke Befestigung nur bei viel befahrenen Haupt- und Heerstraßen üblich. Das angeführte Bauschema galt überdies nie als starre Vorschrift, es wurde immer wieder in anderen Varianten angewendet, die hauptsächlich von der Art des Materials abhingen, das die Bautrupps der Legionen vorfanden[33].

Als Bindemittel verwendeten die Römer zuerst Kalkmörtel, der zwar luftbeständig, aber nicht wasserfest war. Als sie Süditalien eroberten, lernten sie dort einen von den Griechen entwickelten, nicht wasserlöslichen Mörtel kennen, den sie »caementum« nannten[34]. Bindemittel dieses Mörtels war gemahlenes Vulkangestein aus der Gegend um Neapel, besonders aus Puteoli (heute Pozzuoli). Vitruvius schreibt in seinem Werk »De architectura« ausführlich über die Eigenschaften des caementum[35], mit dem die Römer Sand und Steine verbanden, um Gußmauerwerk (»opus caementitium«/Beton) für Kaimauern, Zisternen und viele andere Bauten herzustellen, deren Verbund sich bis heute nicht gelockert hat. – Auch die Kuppel des Pantheons in Rom besteht aus solchem Gußbeton. – Das römische caementum aus Pozzulanerde stand an Härte unserem heutigen Zement in nichts nach und ist bis zur Erfindung des Portland-Zementes im 19. Jahrhundert ein begehrtes Baumaterial gewesen. Allerdings ist er außerhalb Italiens infolge der hohen Transportkosten wenig benutzt worden. Auch den Straßenbauern der römischen Legionen stand Pozzulan nur selten zur Verfügung. Sie stellten selbst unter Zusatz von Ziegelmehl einen gleichfalls sehr fest werdenden Kalkmörtel her bzw. nahmen sie statt Ziegelmehl gemahlenen vulkanischen Tuffstein, wenn dieser, wie z. B. am Rhein und in Österreich, zur Verfügung stand.

Auch Brückenpfeiler waren gelegentlich bereits aus Gußbeton. So ruhte die auf der Trajanssäule in Rom dargestellte größte römische Holzbrücke auf 16 hohen Pfeilern, die nach dieser Methode hergestellt und mit Quadersteinen umhüllt waren. Die Pfeilerfundamente maßen 20–22 m, waren 13–19 m breit und in Abständen von durchschnittlich 38 m gesetzt. Die Brücke überspannte die Donau bei Turnu-Severin [88, 91]. Die Landpfeiler bestanden aus Ziegelmauerwerk, die »ein zur Felsmasse erstarrter Mörtel verband«. Noch im vorigen Jahrhundert sah man die Stümpfe einiger Pfeiler bei Niedrigwasser im Strom. Inzwischen wurden sie zur Sicherung der Schiffahrt beseitigt. Benötigt hatte man die Brücke zur Vorbereitung der im Jahre 107 n. Chr. beginnenden Eroberung der Provinz Dacia (Karpaten, Siebenbürgen). Wann sie zerstört wurde, ist nicht überliefert.

91 Konstruktion der Donaubrücke im »Eisernen Tor« bei Severin nach dem Relief auf der Trajanssäule in Rom. Die Brücke wurde 103–105 n. Chr. von Trajan erbaut.

Brücken

Wahrscheinlich haben die Römer zuerst stets Holzbrücken gebaut. Ihre Pioniere waren offensichtlich äußerst tüchtige Konstrukteure, denn sonst wäre es ihnen z. B. nicht möglich gewesen, bei Neuwied in 10 Tagen, einschließlich der Materialbeschaffung, eine 350 m lange Brücke über den Rhein zu schlagen, die Cäsar angeordnet hatte [92]. Er wollte die Germanen mit einer ortsfesten Brücke beeindrucken und ihnen die Leistungsfähigkeit des Imperiums vor Augen führen. Deshalb hatte er das Angebot der Ubier, ihm genügend Kähne zum Übersetzen zur Verfügung zu stellen, nicht angenommen (De bello Gallico IV. 17–19).

Tacitus berichtet von einer Brücke, die der Neffe des Kaisers Tiberius, Germanicus, im Jahr 14 n. Chr. errichten ließ, und Aubin erwähnt drei Kriegsbrücken bei Colonia Agrippinensis (Köln) [51], Vetera (Birten b. Xanten) und Segorisiensium (Worringen). Er hält außerdem vier Behelfsbrücken am Oberrhein bei Stein, Zurzach, Augst und Argentorate für wahrscheinlich[36]. Die bedeutendste Brücke über den Rhein dürfte die bei Mainz errichtete lange Holzbrücke gewesen sein, die auf 26 Steinpfeilern ruhte. Ihre Fundamente standen bis zum Ende des vorigen Jahrhunderts und waren bei Niedrigwasser deutlich zu sehen. 1886 hat man die letzten beseitigt, da sie die Schiffahrt gefährdeten [93].

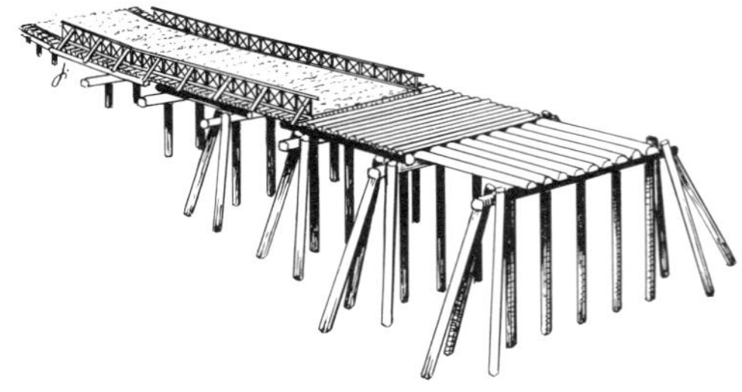

92 Konstruktion der Brücke, die Cäsar 55 v. Chr. bei Neuwied über den Rhein schlagen ließ.

Die Historiker glauben, daß die Mainzer Brücke zweimal zerstört und wiederaufgebaut wurde. Wahrscheinlich vernichteten sie die einfallenden Germanen im 3. Jahrhundert. Jedenfalls benutzten die Kaiser Severus und Maximinus Thrax um 235/236 n. Chr. Schiffsbrücken, als sie bei Mainz nach Germanien vorstießen. Etwa 50 Jahre später, zur Zeit Kaiser Diocletians, ist die Holzbrücke anscheinend von dessen Mitregenten im Westen Maximianus Herculius wiederhergestellt worden[37].

Auch Kaiser Julian mußte vermutlich auf den alten vorhandenen Steinpfeilern eine neue Brücke errichten[38], ehe er zu seiner Abschreckungsaktion gegen die Alemannen über den Rhein setzte. Auch diese war nicht von Bestand, wie überhaupt anzunehmen ist, daß bei dem endgültigen Einbruch der Germanen nirgends mehr eine römische Brücke über den Rhein vorhanden war. Der Einfall der Vandalen bei Mogontiacum (Mainz) am letzten Tage des Jahres 406 erfolgte wohl über den zugefrorenen Strom. Die Kölner Rheinbrücke, welche die Stadt mit dem Kastell Deutz verband, dürfte etwa um 350 zerstört worden sein [52]. Es dauerte dann über 1½ Jahrtausende, bis in der alten Rheinstadt wieder eine Brücke über den Strom geschlagen wurde.

Insgesamt sind die erhalten gebliebenen Zeugnisse über den römischen Holzbrücken leider äußerst gering: Cäsars ungenaue Konstruktionsbeschreibung, die ausgezeichnete Darstellung auf der Trajanssäule in Rom [88] und einige Münzen. Im Münzkabinett der Bibliothèque Nationale in Paris existiert noch der Bleiabguß einer Medaille, die 1862 bei Lyon gefunden wurde. Sie zeigt allerdings eine steinerne Wölbbrücke. Doch kann dies sehr wohl die freie Darstellung des Münzbildners gewesen sein, der vielleicht zur größeren Ehre seines Kaisers

93 Ein Pfahlrost der 18 Strompfeiler der römischen Rheinbrücke in Mainz. 70 Eichenstämme mit mächtigen eisernen Pfahlschuhen, die von der XIV. Legion um 80 n. Chr. in das Flußbett eingerammt wurden. Sie waren mit dicken Schwellen verstrebt und eingefaßt. Die Füllung bestand aus Felsbrocken und Stampfbeton. Auf diesen stabilen Grundlagen wurden die Brückenpfeiler aus Hausteinen errichtet. 1882 wurden die Reste geborgen und im Hof des Kurfürstlichen Schlosses aufgestellt.

94 Mit einer großartigen Brücke führten die Römer ihre Heerstraße von Mérida zum wichtigen Legionärslager Braga in Nordspanien. Erbaut von Trajan im 2. Jh. n. Chr.

eine Steinbrücke abbildete. Ebenso zeigt eine gleichfalls vorhandene Münze die Römerbrücke über die Donau bei Turnu-Severin als Steinbrücke, während diese nachweislich als Holzbrücke ausgeführt war[39].

Auch den echten Steinwölbbau – bei dem nicht nur die Pfeiler, sondern die ganze Brücke aus Stein war – haben die Römer von den Etruskern gelernt. Die heute noch bestehende Brücke an der Via Clodia in der Nähe von Blena ist um 500 v. Chr. entstanden und eindeutig etruskischen Ursprungs. An ihr sind bereits alle Konstruktionsmerkmale erkennbar, die für die römische Steinbrücke typisch wurden: Halbkreisbogen und Durchbruch der Pfeiler, um bei Hochwasser zusätzlichen Wasserdurchlaß zu gewinnen. Der Halbkreis leitet den Druck senkrecht auf die Fundamente ab und diese können sich nicht verschieben, da das Halbkreisgewölbe unter Wasser zum vollen Kreis weitergeführt wurde [95]. Derartige, mehr als tausend Jahre alte Brücken sind selbst heute noch starken Belastungen gewachsen.

Die erste große steinerne Straßenbrücke außerhalb Roms, der Pons Milvius, wurde 104 v. Chr. vollendet [86], und 550 Jahre später machte Kaiser Constantin der Große die Verlängerung der Via Egnatia von Thessalonike nach Konstantinopel zu einer Schnellstraße, indem er mehrere tief einschneidende Arme des Marmara-Meeres überbrücken ließ.

Wahrhaft großartige Brücken haben die Römer in Spanien gebaut [87, 94]. Dort waren, um das Prinzip der möglichst geradlinig verlaufenden Trassen beibehalten zu können, weit

95 Konstruktion der Fabricius-Brücke in Rom, erbaut im Jahre 62 n. Chr. Stich von Piranesi (1720 bis 1778).

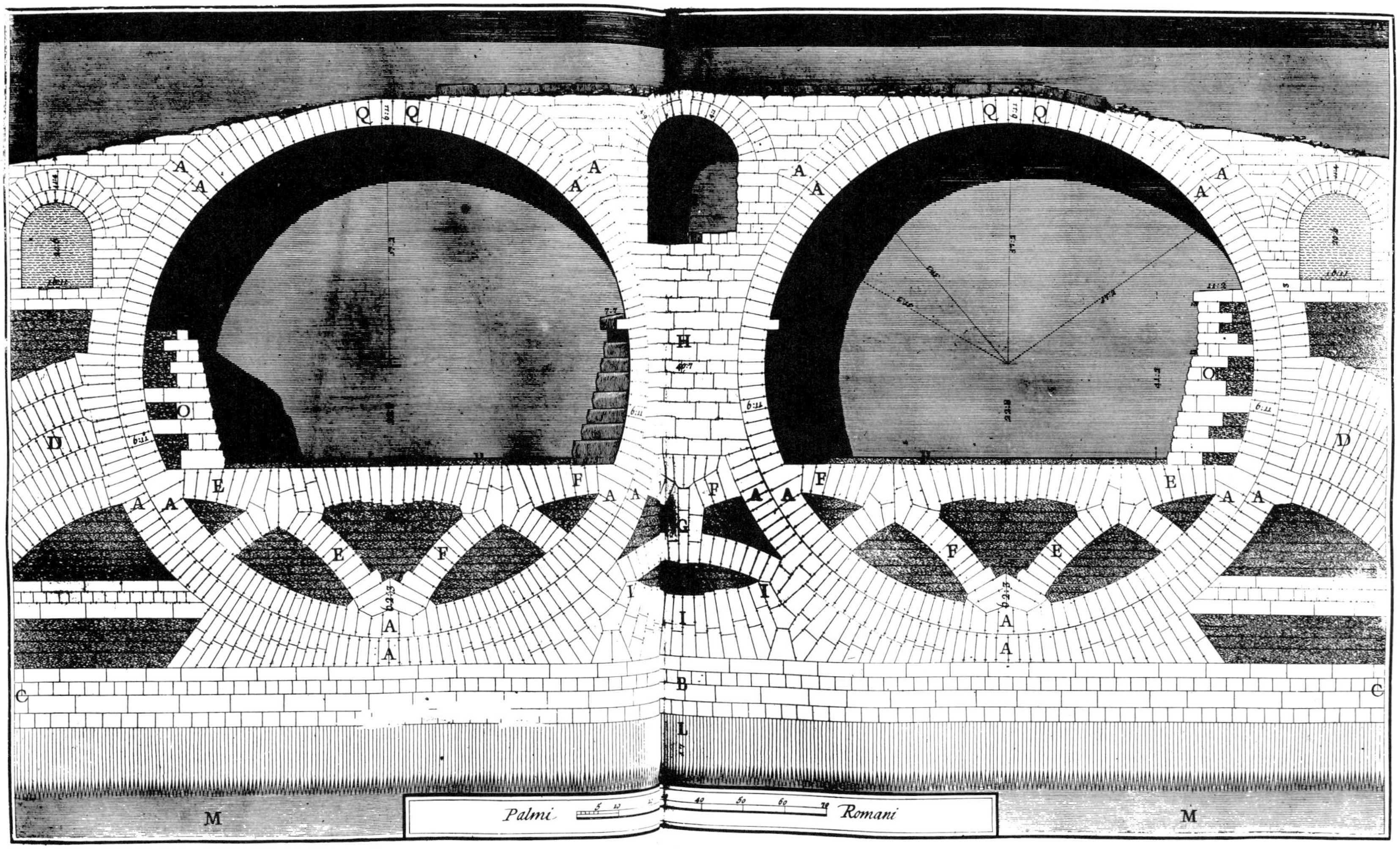

mehr Brücken nötig, als in weniger gebirgigem Gelände. Die Brücke bei Mérida über den Anas an der Straße von Toledo nach Lissabon wies allein 81 Bogen auf, von denen eine Anzahl heute noch steht. Ebenso eindrucksvoll sind die erhalten gebliebenen 16 gestelzten Halbkreisbögen der Brücke über den Guadalquivir an der Via Augusta bei Córdoba.

Trassierung

Wie schon erwähnt, versuchten die römischen Straßenbauer, wo es nur ging, ihre Trassen schnurgerade zu ziehen. Schwierigkeiten, die sich aus der unterschiedlichen Gestalt der Landschaft ergaben, konnten sie nur ganz selten hiervon abhalten. Felsnasen wurden abgetragen, ganze Berge bewegt oder durch Einschnitte passierbar gemacht, Tunnels angelegt, Dämme aufgeschüttet und Mauern zur Abstützung von Hängen errichtet. Noch erhalten ist der unter Trajan erfolgte Einschnitt in den Felsen an der Donau bei Orsova, wo der Strom im »Eisernen Tor« die Bergkette zwischen den Karpaten und dem Balkangebirge durchbricht [54]. Am Bieler See in der Schweiz fand man 1875 bei Hagneck Reste eines römischen Tunnels. Am Furlopaß hatte Kaiser Vespasian (69–79 n. Chr.) einen 300 m langen Straßentunnel anlegen lassen, um den steilen Abstieg der Via Flaminia nach Fanum am Adriatischen Meer zu vermindern. Unter Kaiser Claudius soll ein Tunnel nach Puteoli (Pozzuoli) bei Neapel, dem vor Ostia wichtigsten Hafen der Römer, gebaut worden sein, dessen Ausmaße bei 707 m Länge 3×5 m betrugen.

Im Gebirge achtete man auf lawinensichere Führung der Trassen. Die Straßen wurden oft hoch über der Talsohle an schneegeschützten Sonnenhängen entlanggeführt, Bäche überbrückt und Dämme errichtet, die man wiederum durch Mauern abstützte[40]. Leider sind die meisten derartigen Dämme und die Gräben zur Entwässerung, die vor allem in den österreichischen Ebenen, in der Westschweiz und am Niederrhein die Straßen begleiteten, im Laufe der Jahrhunderte von den Bauern eingeebnet oder zugeschüttet worden, so daß der Verlauf der alten Römerstraßen heute oft nur durch das Luftbild oder an Hand von regelmäßig und gleichförmig durch die Landschaft sich hinziehenden flachen Mulden zu erkennen ist.

Der so beharrlich eingehaltenen Methode, geradlinig und auf dem kürzesten Weg die Verbindung zwischen den einzelnen von ihnen besetzten Punkten, Kastellen usw. herzustellen, entsprach auch die Abneigung der Römer, bestehende Orte und Ansiedlungen mit ihren Straßen zu berühren. Selbst wenn nur kleine Umwege nötig gewesen wären, um solche Ortschaften mit in das eigene Verkehrsnetz einzubeziehen, verzichtete man häufig darauf im Interesse der Linienführung; bestenfalls schuf man noch eine geringwertigere Verbindung mittels einer Stichstraße. Die um 240 v. Chr. angelegte Via Aurelia ging zum Beispiel im Abstand von 10 km an der Etruskerstadt Tarquinia vorbei, nur um möglichst direkt ihr Ziel, die Grenzfeste Luna gegen Ligurien, zu erreichen. Möglich war eine so strikte und konsequente Beachtung dieser Grundregel der römischen Straßenbauer nur, weil die Bautrupps der Legionen sich nicht um Landbesitzverhältnisse zu kümmern brauchten, und auch nur so lange, als Krieg oder mehr oder weniger kriegsähnliche Verhältnisse herrschten. Sobald ein Gebiet einmal befriedet war, sich die Besitzverhältnisse wieder stabilisiert hatten und auch Römer Landeigner waren, konnte nicht mehr so rigoros verfahren werden. Dann wurde das Straßennetz automatisch dichter und bezog auch die bis dahin – weil als strategisch unwichtig angesehen – nicht im Verlauf der Trasse der Staatsstraße bzw. Heerstraße benützten vorhandenen Straßen und Wege ein.

Wir sprachen schon davon, wie rasch dies geschah, wie schnell neue Ansiedlungen, ja Städte förmlich aus dem Boden wuchsen, wie Verwaltungen und Behörden sich ausbreiteten und innerhalb kurzer Zeit aus einem feindlichen, besetzten Land eine römische Provinz wurde, deren Bewohner sich, teils gerne, teils widerwillig, als Untertanen des großen römischen Imperiums betrachteten und für die sehr bald die Bezeichnung »civis Romanus« – Römischer Bürger – einen geradezu magischen Klang hatte, ein Titel, den verliehen zu bekommen, sich viele bemühten.

Mit diesem Wachstum breitete sich die Sprache der neuen Herren der Welt aus. Das Lateinische beherrschte das öffentliche, das amtliche Leben, es drang aber auch immer mehr in private Bereiche ein. Das römische Recht wurde allgemeingültig, Handel und Gewerbe organisierten sich nach römischen Vorbildern, Wissenschaft, Dichtkunst und Prosa profitierten von der Disziplin und Präzision der lateinischen Sprache.

Basis und Ausgangspunkt für diese unerhörte Entwicklung waren und blieben die römischen Straßen – Ganglien, die vom Hirn und Nervenzentrum Rom aus das Imperium durchzogen, es mit Impulsen versorgten, aber auch seine rücksichtslose Beherrschung und Ausnützung sicherstellten.

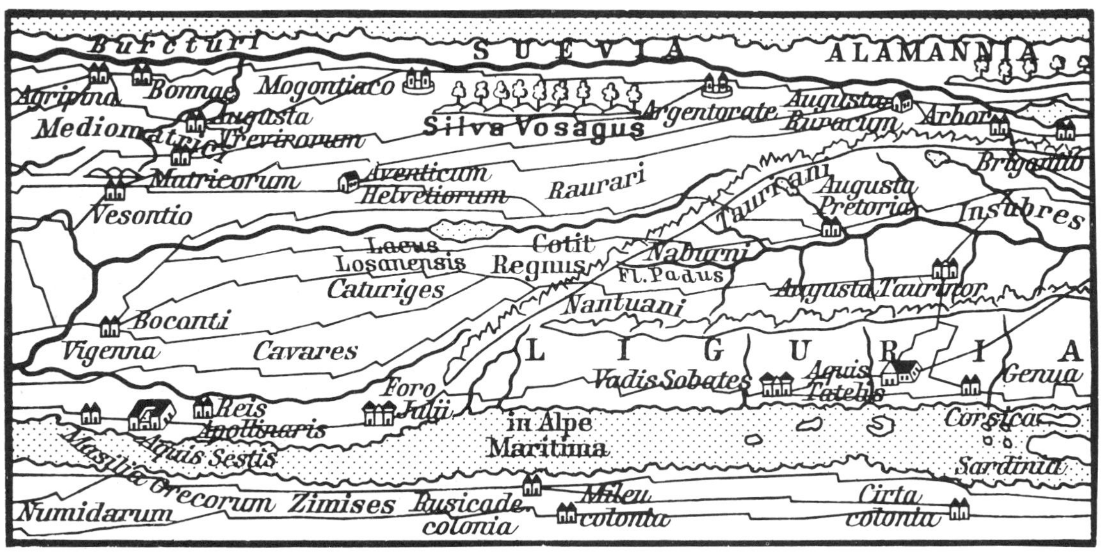

96 Segment III der »Peutingerschen Tafel«. Oben der Rhein mit Köln (Agripina), Bonn, die Mosel mit Trier (Augusta Trevirorum), Mainz (Mogontiaco), Straßburg (Argentorate), Basel (Augusta Ruracum) und Bregenz (Brigantio) mit dem Bodensee. In der Mitte links die Rhone und der Genfer See (Lacus Losanensis). Rechts der Po (Fl. Padus). Unter dem Po der Appenin. Dann das Mittelmeer von Marseille (Masilia Grecorum) bis Genua. Der untere Landstreifen zeigt Nordafrika (Numidarum) etwa von Algier bis Constantine (Cirta colonia).

97 »Pons Julius«. Römische Brücke westlich von Apt (Apta Iulia) über den Calavon (Vaucluse). Die besterhaltene römische Straßenbrücke in Gallien, über die bis heute der Verkehr nach Bonnieux rollt. Auf vier Pfeilern führen drei weitgespannte Bogen über den Fluß. Die mittleren Pfeiler sind im oberen Teil von einem gewölbten Gang durchbrochen, um bei Hochwasser einen druckentlastenden Durchlaß zu gewähren. 1. Jh. n. Chr. Höhe 14 m (Mitte), Länge 70 m, Breite 4,25 m.

98 Gepflasterte römische Hauptstraße und geschotterte Nebenstraßen vor einer Stadt. Charakteristisch sind die Grabmäler zu beiden Seiten der großen Straße und die kleinen Steintreppen, die den Reitern zum Auf- und Absitzen dienten. Das Haus im Vordergrund entspricht in seiner Form den Zeichnungen, mit denen die römische Straßenkarte, die »Peutingersche Tafel«, ein Bad oder ein Rasthaus mit Bad darstellte [73].

Seidenstraßen

Die Seidenstraßen

Der Ring der römischen Staatsstraßen hatte sich geschlossen, das Cäsarenreich war mit Tausenden von Kilometern ausgebauter Heerstraßen, mit weniger befestigten Landstraßen, mit Fahrwegen und Saumpässen, mit Karawanenwegen und durch Schiffahrtslinien mit der Welt, d. h. mit Afrika, Spanien, Gallien, Britannien, Germanien, mit dem Balkan, Kleinasien, Arabien und Ägypten verbunden. Von überall her kamen Kunstschätze, Waren, Spezereien, Gewürze und edle Stoffe in den mächtigsten Staat der westlichen Sphäre und in alle Provinzen, in die verbündeten Länder und weit abliegenden Gebiete, über deren Herrschaftsformen man nichts Genaues wußte, von denen man keine feste Vorstellung hatte, mit denen aber Händler, geschäftstüchtige Kaufleute, Handelsbeziehungen pflogen, gingen im Austausch Lederwaren, Waffen, Gerätschaften und andere im Inland gefertigte Produkte. Bis weit in den Sudan reichten diese Beziehungen, bis an die Südspitze Arabiens und, gewissermaßen alle Grenzen sprengend, bis nach Indien und China.

Zu Schiff und auf Kamelrücken wurden schon verhältnismäßig früh (eineinhalb Jahrhunderte vor Christus) Stoffe aus einem eigenartigen, glänzenden und weichen Material aus China importiert, die die Neugier nach dem Entstehungsland weckten. Umgekehrt interessierte sich auch ein Herrscher des chinesischen Reiches außerordentlich dafür, wohin diese Seide exportiert werden könnte. Es war Kaiser Wu-ti (140–87 v. Chr.), der einen Eunuchen namens Tschang-tien aussandte, um Erkundigungen über die Völker des Westens einzuholen. Dieser kehrte nach mehr als 15 Jahren in das Land der Mitte zurück und erstattete Bericht über das, was er auf seiner langen Reise, die ihn bis in das Gebiet des Kaspischen Meeres führte, erlebt und gesehen hatte[41]. Er machte genaue Angaben über Völkerstämme, Gebirge, Flüsse, Städte, Entfernungen, Märkte und über die Waren, die dort gehandelt wurden. Ihm war es gelungen, gute Absatzmöglichkeiten für die chinesische Seide zu erkunden. Jetzt begann Kaiser Wu-ti, den Weg, den die Seidenkarawanen ziehen mußten, zu sichern.

Sie zogen auf denselben Strecken und Routen, die schon tausend Jahre früher andere Karawanen benützt hatten. Damals wurde aber nicht Seide transportiert, sondern der leuchtend grüne Schmuckstein »Yü«, die Jade, die von ihrem Fundort im Karakasch-Fluß bei Khotan am Südwestende des Tarimbeckens nach China geholt wurde. So sehr beliebt und geschätzt war dieser Stein, daß die Stadt, durch deren Tore die Karawanen das chinesische Reich betraten, den Namen »Yü-men« erhielt.

Somit ist die Bezeichnung »Seidenstraßen« [107] eigentlich aus zwei Gründen nicht ganz gerechtfertigt: Einmal handelt es sich nicht um Straßen, sondern um Karawanenwege; und dann fing es nicht mit Seide an, sondern mit Jade. Aber der viel poetischere Name »Seidenstraßen«, den der deutsche Forscher Freiherr von Richthofen erstmals gebrauchte und der eigentlich nur die verschiedenen Wege, auf denen die Seide durch das von ihm erforschte Tarimbecken gelangte, kennzeichnen sollte, hat sich inzwischen überall eingebürgert. Straßen, ein organisiertes Verkehrsnetz, hat es nur in China, innerhalb des Reiches selbst, gegeben. Darüber hinaus führten nur sehr wenige Wege, da lange Zeit auch die Herrscher des Landes jeden Zugang zu ihrem Reich verhindern wollten. Gegen die Raub- und Nomadenvölker des Nordens und Westens errichteten sie die »Große Mauer«, und im Südwesten und

99 Weg im Lößgebiet des nordchinesischen Berglandes. Dort ist in der Eiszeit der fruchtbare Löß vom Wind bis zu Mächtigkeiten von 350 m angetragen worden. Der Regen und die Flüsse haben im Ablagerungsgebiet ein Labyrinth tiefer Täler und Schluchten geschaffen. In den eingewaschenen und eingefahrenen Hohlwegen sind Öffnungen angebracht, um das Wasser abzuleiten. Durch diese »Fenster« blickt man hinaus in eine Wildnis, wo tausend senkrechte Vorsprünge von gelbem Löß ebenso viele unzugängliche Schluchten trennen.

Süden schirmte die höchste Bergkette der Welt das Land ab gegen alle Eindringlinge. Mehr oder weniger gab es nur einen Ausweg nach dem Westen – die Wüste Gobi und das Tarimbecken. Von hier aus begann auch der erste Vorstoß der Chinesen.

Diese sich über rund 1000 km erstreckende Sand- und Salzwüste durchzogen die Karawanen, die den Jadestein und später die begehrte Seide transportierten[42]. Der deutsche Geograph Hermann, der englische Archäologe Aurel Stein und der Schwede Sven Hedin, die besonders dieses Gebiet erforschten, stellten fest, daß die Wege dieser Karawanen keineswegs unverändert durch Jahrhunderte hindurch benutzt wurden, sondern daß Sandstürme, Flußlaufveränderungen und die Überfälle räuberischer Stämme oft zu Änderungen der Route zwangen. Im wesentlichen waren es drei Strecken, die eingehalten wurden: Eine südliche, die von Yü-men aus am Kuenlun-Gebirge entlang ging und über Oasenplätze, die erst von Sven Hedin wieder unter dem Sand der Wüste gefunden wurden, Tscharchlik erreichte. Von dort aus waren dann, allerdings unter erheblichen Strapazen, die Städte Chothan, Jarkand und Kaschgar in einem Marsch von annähernd 4 Wochen zu erreichen[43]. Hier sahen die »Reisenden« zum ersten Mal nach langer Zeit wieder fruchtbare Felder, auf denen Weizen, Reis und Melonen angebaut wurden. Auch frisches Wasser stand zur Verfügung, das der Jarkand-Fluß in reichem Maße aus dem Karakorum-Gebirge heranführte.

100 In den Bergen am oberen Jang-Tse-Kiang. Transportroute der chinesischen Seide zur Verschiffung von Sabara (Rangun) nach Persien und Ägypten [107/3].

101 Kaschmir. Karawane auf dem Wege nach Indien durch die Täler des Karakorum- und Himalaja-Gebirges. ▷

102 und 102a Paßweg, der in 4000 m Höhe im Hunza-Tal über das Karakorumgebirge führt. Hier zogen einst die Träger und Maultiere der chinesischen Händler mit ihren Seidenballen, um vom Tarimbecken den Indus zu erreichen, in dessen Tal sie am Abhang des Nanga Parbat entlang nach Peschawar gelangten.

103 Von Peschawar, das einst Umschlagplatz für Perlen, Öle und Edelsteine aus Indien und für Seide aus China war, führte – wie auch heute noch – die Khaiberpaß-Straße über das Hindukuschgebirge nach Westen [107/7]. – Blick von den ersten Kehren der heutigen Paßstraße in die Ebene von Peschawar.

104 Nach Überwindung des Hindukuschgebirges (im Hintergrund) über den Khaiberpaß, gelangten die Handelskarawanen auf ihrer Reise nach Mesopotamien in das Tal von Kabul.

Karawanen, die im Herbst in Chotan oder Jarkand eintrafen, überwinterten dort, denn der Übergang über die 4000–5000 m hohen Pässe des Pamir oder des Karakorum-Gebirges war nur in der warmen Jahreszeit möglich.

Die Nordroute durch das Tarimbecken führte zuerst von Yü-men aus in nordwestlicher Richtung über Chami am Südhang der Tien-schan-Gebirgskette entlang in die Tiefebene von Turfan, bog dann nach Südwesten ab und erreichte über Kutscha und Aksu Kaschgar das Nordwestende des Tarimbeckens. Vor Kutscha mündete eine zeitweise viel begangene Mittelstrecke ein, die eine Einsparung von 8 Tagereisen erbrachte. Sie führte am Nordufer des großen Salzsumpfes, des Lob-nor, entlang und berührte die Stadt Lou-lan, die zur Zeit Tschang-tiens noch in der Gewalt der Hunnen war. Erst 120 v. Chr. eroberte sie Wu-ti, um die gefährliche Südstrecke über Tscharchlik vermeiden zu können [107].

Auf der nördlichen Route hatten die Karawanen fast nie unter Wassermangel zu leiden, denn aus dem Tien-schan-Gebirge kamen zahlreiche Bäche und Flüsse, die den Weg kreuzten bzw. an denen entlang sich der Karawanenweg zog. Auch Sandstürme waren äußerst selten. Dafür aber drohten ständig Überfälle räuberischer Nomaden, bis Kaiser Wu-ti feste Militärstützpunkte und Garnisonen einrichten ließ (91 v. Chr.), die einem kaiserlichen Generalprotektor der Westländer in der Oase Tschadir bei Kutscha unterstanden. Mit den Soldaten kamen deren Frauen und Kinder, und bald wuchsen die ersten chinesischen Ansiedlungen. Diese ortsansässig gewordenen Chinesen stellten schon bald ortskundige Führer, sie versorgten die Karawanen mit Nahrungsmitteln und Gerätschaften und verrichteten handwerkliche Dienstleistungen. Das mächtige und gefährliche Halbnomadenvolk der Wu-sun, dessen Wohngebiet zwischen Kutscha und Kaschgar lag, wurde auf den Rat Tschang-tiens hin dadurch »befriedet«, daß Kaiser Wu-ti einem Stammesfürsten eine chinesische Prinzessin zur Frau gab[44].

Der große Aufschwung, den Handel und Leben durch all diese Maßnahmen Wu-tis entlang der Nordroute nahmen, dauerte jedoch nur verhältnismäßig kurze Zeit, denn schon in den Jahren 23–73 n. Chr. herrschten die Hunnen wieder über das ganze Gebiet, und die Karawanen sahen sich abermals auf die fürchterliche Südstrecke verbannt. Von 76–90 n. Chr. eroberte China das Tarimbecken zurück und dehnte seinen Machtbereich über das Pamirgebirge hinweg bis an den Oxos (Amu) in Westturkestan aus. In dieser Zeit erreichte auch der chinesische Handel mit dem Westen, vor allem mit Rom über Syrien, seinen größten Umfang. Von Kaschgar führte damals – wie auch heute noch – ein Paßweg über den Pamir am Terek-daiwan (3990 m) in das Tal von Fergana. Von dort wurden die Seidenballen über Taschkent und Marakanda (Samarkand) an den Jaxartes, an den Aralsee und ans Kaspische Meer transportiert. Von Baktra (Balch) im Oxostal zog ein Teil der Karawanen durch das Bergland des Iran über Rhagai (nördlich von Teheran) nach Seleukia, dem heutigen Bagdad, ins Zweistromland und von dort auf den alten persischen Karawanenwegen ans Mittelmeer. Andere Handelswege gingen von Baktra südwärts über den Hindukusch nach Kabura (Kabul) und über den Khaiberpaß nach Peschawar, das der Hauptumschlagplatz für die Waren von und nach Indien war [103, 104]. Indische Handelsleute und auch chinesische Karawanen nahmen übrigens häufig den beschwerlicheren Weg über den Karakorumpaß (5200 m), um ins Tarimbecken zu gelangen bzw. um ihre Güter an die Geschäftsfreunde in Indien zu liefern, da diese Route viel kürzer war [103, 104, 107 (7)].

Nur zwei Jahrhunderte hindurch ist auf dem langen Landweg der Transport von Waren von und nach China in größerem Umfang erfolgt, dann hatte das Reich der Mitte, durch

105 Karawane im Himalaja-Hochland.

106 Hohlweg im Lößgebiet Nordchinas.

innere Auseinandersetzungen geschwächt, nicht mehr die Macht, die »Seidenstraßen« durch das Tarimbecken zu schützen, und die Seide wurde im Westen, besonders in Rom, oft Mangelware. Jetzt wichen geschäftstüchtige chinesische Handelsleute auf den Seeweg aus. Ihre Schiffe fuhren von Tongking und von Sabara (Rangun) entlang der indischen Küste bis zur Mündung des Euphrat am Persischen Golf. Hier konnten die Güter umgeschlagen und auf dem Landweg weitertransportiert werden. Auch die Inder hatten diese Handelsverbindung schon lange genützt, um Gewürze, Perlen, Edelsteine, wohlriechende Öle und andere begehrte Waren ihren arabischen, phönizischen, levantinischen und römischen Geschäftsfreunden möglichst rasch und ungehindert liefern zu können [107].

Die indischen Kauffahrteischiffe wagten sich sogar unter Ausnutzung der nordöstlichen Monsunwinde durch das Arabische und das Rote Meer, wo bei Trogodytice (Berenice am Kap Ras Benas) und in Myus Hormus schon die ägyptischen Schauerleute auf sie warteten, um die Waren zu löschen, die dann auf dem Landweg nach Alexandria und von dort mit Schiffen oder auf Straßen in alle Provinzen des römischen Imperiums gelangten.

Adane = Aden; Aksu = Aksu; Antiochia = westl. Haleb (Aleppo); Apologos = Basra; Arbela = Erbil, westl. von Mossul; Baktra = Wasirabad (Balch); Barbaricon = Karatschi; Berenice = bei Ras Benas; Byzantium = Istanbul; Chotan = Khotan; Damaskus = Damaskus; Gerrha = Dharan; Jarkand = Jarkand; Jathrip = Medina; Kabura = Kabul; Kaschgar = Kaschgar; Kutscha = Kutscha; Lung-hsi = Lantschou; Lou-lan = Ruinen; Macroraba = Mekka; Marakanda = Samarkand; Mathura = Mathura (südl. von Delhi); Moscha = Marbat; Myus-Hormus = Safaga; Oxus = Amu; Palmyra = Palmyra; Palura = Puri; Patna = Patna; Petra (nördl. Akaba, Ruinen); Purusapura = Peschawar – Rhagai bei Teheran; Saba = Marib; Sabara = Rangun; Seleucia = Bagdad; Symilla = Bombay; Trapezus = Trabzon; Tschang-an = Hsian; Tschang-scha = Tschangscha; Tschiaio-tschih = Hanoi; Tschiang-tu = südöstl. von Nanking; Turfan = Turfan; Tyrus = Tyrus; Wu = Wuhsi; Yen = Peking; Yü-men-kuan (Alte Tore der Mauer) = Yümen.

107 Land- und Seeverbindungen zwischen Rom, Arabien, Indien und China um 100 n. Chr.
1 Lob-nor-Salzsee, 2 Tarimbecken (heute chinesisches Atomversuchsgebiet), 3 Birma-Straße, 4 Terekdaiwan-Paß (3990 m), 5 Pamirgebirge, 6 Karakorum-Paß (5575 m), 7 Khaiber-Paß, 8 Große Salzwüste, 9 Hamun-See, 10 Kirman-Paß.

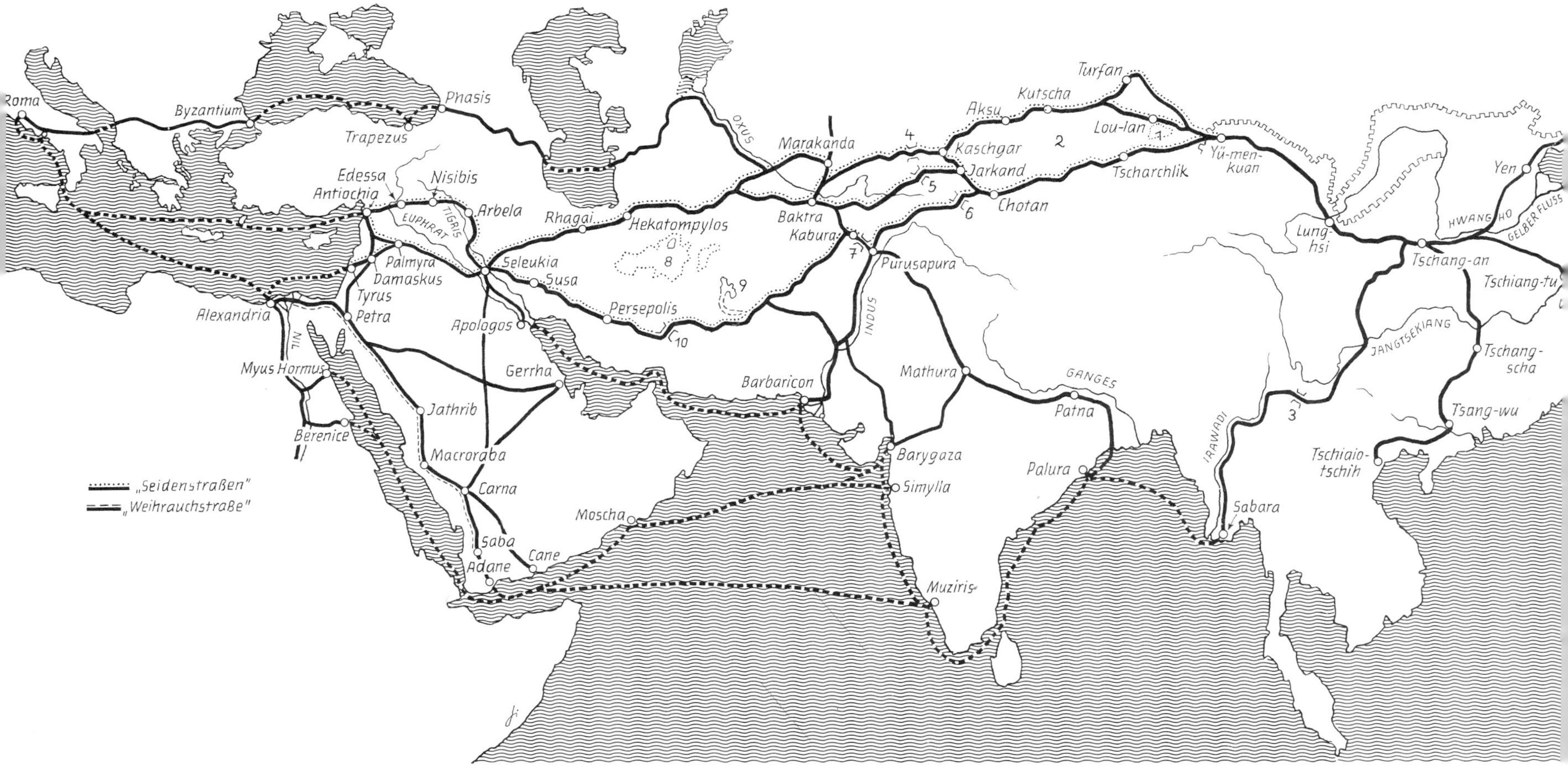

Mittelalter

Die Straßen vom Mittelalter bis zum Absolutismus

108 Landstraße im 17. Jahrhundert mit den typischen Wagen und Karren jener Zeit. Der kleine vierrädrige Wagen ist mit drei Pferden bespannt. Wahrscheinlich war das nötig, um bei regnerischem Wetter heil durch die Morastlöcher der Landwege zu kommen.

109 Im Mittelalter kam es zu einer Neukonstruktion des Speichenrades. Die Speichen wurden schräggestellt und die Nabe seitlich versetzt. Diese Kegelform machte die Räder gegen Seitenstöße unempfindlicher.

Mit dem Sturz Westroms und dem Eindringen germanischer Stämme in die römischen Provinzen und schließlich in das Stammland Italien zerbrach auch jenes unvergleichliche Macht- und Herrschaftsinstrument, das zentral geplante, finanziell und rechtlich gesicherte Straßennetz der Römer, das spinnwebartig über dem gesamten Imperium gelegen hatte. Zwar bestanden einzelne Straßen infolge ihrer unübertrefflich soliden Bauart noch lange fort, sie dienten auch den neuen Herren gleich zuverlässig und wirkungsvoll bei ihren Eroberungszügen und für friedliche Zwecke, aber mit dem Ende der Metropole am Tiber hatte doch eine neue Weltstunde geschlagen und ein neues Zeitalter im Abendland begonnen. Jetzt wurden auch die Wasserwege von größerer politischer und wirtschaftlicher Bedeutung. Die Römer waren bis zuletzt trotz aller Expansion über das Mittelmeer und den Ärmelkanal hinweg ein territorial denkendes Volk geblieben, sie sind nie eine wirklich seefahrende Nation geworden. Nunmehr traten Völker und vor allem Stadtstaaten und -mächte auf, die in den Wasserstraßen und Meeren ihre Hauptverbindungslinien zu anderen Nationen und Ländern sahen. Je mehr Rom zur Ohnmacht herabsank, desto einflußreicher und mächtiger wurden am Mittelmeer gelegene Provinzstädte, die – dank ihrer maritimen Fähigkeiten – in der Politik und im Warenhandel die ehemalige Weltstadt rasch überflügelten, der Konstantin der Große in erstaunlicher Voraussicht eine neue Hauptstadt am Bosporus, Byzanz, entgegengesetzt hatte. Jenes Byzanz, später Konstantinopel bzw. Istanbul, wurde so stark, daß es noch beinahe ein Jahrtausend dem Ansturm des Islam widerstehen konnte, obwohl dieser die wichtigste Versorgungsbasis Ostroms, die einst blühenden Provinzen und Städte in Nordafrika, schon im 8. Jahrhundert an sich gerissen hatte. Nirgends aber zeichnete sich der Anbruch einer neuen Zeit deutlicher ab als am Aufstieg Venedigs, der seit dem Ende der römischen Kontinentalmacht immer dichter besiedelten, meergeschützten Stadt. In engen Beziehungen zu Byzanz hatten es die Venezianer verstanden, durch ihre Kaufleute nicht nur Handelsgüter, sondern auch politische Rechte überall dort zu erwerben, wo aussichtsreiche Gewinne zu erwarten waren. Sie waren die größten Nutznießer der Pilger- und Kreuzzüge in das Heilige Land. – Aber auch andere kleine Völker wie die seetüchtigen Normannen, traten jetzt auf der weltgeschichtlichen Bühne auf. Die Niederländer an den Mündungen der großen Flüsse in den Kanal und die Nordsee, die Engländer, die ersten Weltumsegler, die Portugiesen, und nicht zuletzt die Hanse erschienen und spielten ihren Part im Seeverkehr vom Beginn bis zum Ende des Mittelalters, ja darüber hinaus.

Im zentralen Bereich Europas aber herrschte jahrhundertelang gewissermaßen Stille, was die Weiterentwicklung von Verkehrs- und Handelswegen betraf, denn selbst die großartige Schöpfung Karls des Großen blieb auf den Besitz von Ländern und Landstrichen begrenzt. Auch die nominellen Nachfolger der Cäsaren, die Herrscher über das Heilige Römische Reich Deutscher Nation, verfügten nie über eine handlungsfähige Flotte und sahen selten im Ausbau eines zentralen Straßen- und Verkehrsnetzes nach römischem Muster eine Staats- oder Herrscheraufgabe. Nur Einzelleistungen traten auf, die teilweise hervorragende Planung und Arbeit erkennen lassen, aber es fehlte die Steuerung von der Spitze, der Leitgedanke und der Einsatz spezieller, zweckgebundener Mittel. Es fehlte vor allem die zentrale Organisation.

Man könnte die Zeit vom Untergang des weströmischen Reiches bis zum Absolutismus, also etwa bis 1600, als das »Mittelalter« der Straßengeschichte bezeichnen, denn auch die Renaissance hat trotz unbestreitbarer umwälzender Leistungen auf zahlreichen Gebieten des Wissens und der Kultur keine Veränderungen, keine »Neugeburt« im Straßenwesen hervorgebracht. Erst als autoritär regierte Staaten sich aus Macht- und militärischen Gründen des Ausbaus und der Anlage von Straßen annahmen, begann praktisch die Neuzeit der Straßengeschichte. Unter diesem Gesichtspunkt ist auch die gelegentlich weiter reichende Anwendung des Begriffes »Mittelalter« im folgenden zu verstehen.

Das »mittelalterliche« Straßennetz ist ein Fortbestehen und eine Erweiterung des römischen Straßennetzes. Neu war, daß Straßen im germanischen und slawischen Raum entstanden. Neu war auch, daß die Straßen im allgemeinen nicht mehr aus militärischen Gründen angelegt wurden, sondern daß sie sich nach und nach durch den Handel entwickelten.

110 Frachtwagenzug in Böhmen.

Der osteuropäische Raum

Ostrom hatte das Erbe des weströmischen Imperiums angetreten, und ihm gelang es, wir sagten das schon, sich noch fast tausend Jahre gegen den übermächtigen Anprall der Krieger Mohammeds zu halten. Mit politischen und wirtschaftlichen Praktiken hatte man von Rom auch das Wissen um die Bedeutung eines wohlausgebauten Straßennetzes übernommen und bemühte sich, die vorhandenen Heer- und Handelsstraßen in gutem Zustand zu erhalten.

Kaiser Justinian (527–565) und seine Nachfolger haben stets ausreichende Mittel aus dem Staatshaushalt hierfür zur Verfügung gestellt[1]. Die Hauptstadt Byzanz wurde zum größten Handelszentrum jener Zeit und behauptete sich auch dann noch, als die Araber in den Jahren 632–656 zwei Drittel des byzantinischen Reiches eroberten und in Bagdad eine zweite Handelsmetropole gründeten, die mit dem fernen Orient und mit dem Mittelmeer durch alte Römerstraßen und Karawanenwege verbunden war. Die Handelswege vom Bosporus nach dem Westen wurden allerdings durch die Ausdehnung des Kalifenreiches bis nach Spanien (756) im Mittelalter erheblich gestört. Zuletzt verblieben Byzanz nur die römischen Balkan- und Donaustraßen, auf denen der Verkehr ungehindert rollen konnte. Doch waren die Handelsbeziehungen mit den Ländern des ehemaligen weströmischen Reiches sehr zurückgegangen. Die Städte dort waren zerstört oder zu Provinznestern herabgesunken, die Völkerwanderung hatte bedeutende kulturelle Zentren veröden lassen oder ganz hinweggefegt. Wer sollte jetzt noch in größerem Umfang Waren aus dem Orient erwerben? Der Handel der Byzantiner und Araber suchte daher nach anderen Absatzmöglichkeiten, bemühte sich um neue Märkte. Er verlagerte sich nach Rußland und an die Ostsee. Dort gab es Pelze, dort wurde Bernstein gefunden, und beide waren von jeher im Orient sehr gesucht und versprachen hohe Gewinne[2]. Haupthandelsplatz für Rauchwaren war vom 9.–14. Jahrhundert Bulgar an der Wolga in der Nähe des heutigen Kasan[3]. Dorthin gelangten die arabischen Händler auf dem Wasserweg durch das Kaspische Meer und auf der Wolga. Vierzig Tagereisen nördlich von Bulgar lag im Gebiet des jetzigen Archangelsk das »Land der Finsternis«, Wisû. Arabische Geographen des 14. Jahrhunderts, Albutfeda[4] und Ibn Batuta, haben die Reise nach dort sehr anschaulich geschildert. ». . . In diese Wüste reisen nur reiche Handelsleute, von denen jeder etwa hundert Wagen hat, die mit Mundvorrat, Getränken und Holz beladen, von großen Hunden gezogen werden . . .« Funde beweisen, daß es in jener Zeit aber auch schon Wege über Nowgorod und Smolensk an die Ostsee gegeben hat[5]. Ob diese allerdings gepflegt oder gar befestigt waren, ist nicht bekannt. Es dürften Wege gewesen sein, die sich nach Flußfurten, günstigen Höhenübergängen und begeh- bzw. befahrbaren Pfaden durch Moore und anderes ungünstiges Gelände richteten und am bequemsten zum Ziel führten.

111 Kriegs- und Handelszüge der Waräger von der Ostsee zum Schwarzen Meer und nach Persien im 9. und 10. Jh. n. Chr. ▪ ▪ ▪ - Überland-Schleppstrecken.

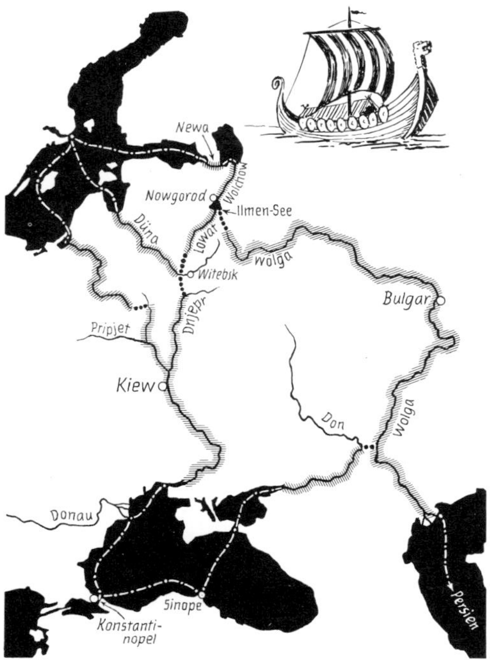

Ein vielbenützter Handelsweg entstand, als die skandinavischen Normannen, die Waräger, um 860 n. Chr. das Gebiet um Nowgorod eroberten und das Großfürstentum Kiew gründeten. Auf ihren Raub- und Handelszügen gelangten sie im 9. und 10. Jahrhundert auch nach Byzanz und drangen sogar bis nach Damaskus und Bagdad vor, wo sie auf die Handelskarawanen des Orients stießen. Im allgemeinen benützten die Waräger zwei Land-Wasser-Wege [111]. Sie fuhren mit ihren Schiffen vom Rigaischen Meerbusen die Düna aufwärts. In der Gegend von Witebsk schleppten sie ihre Boote 75 Kilometer über Land zum Dnjepr, auf dem sie dann über Kiew zum Schwarzen Meer gelangten. Der andere Wasser-Land-Weg verlief vom Finnischen Meerbusen auf der Newa zum Ladoga-See und von dort auf dem Wolchow bis Nowgorod. Dann wurde der Ilmensee durchfahren und die Reise auf der Lowat bis etwa 60 Kilometer nördlich von Witebsk fortgesetzt. Von hier schleppte man die Schiffe – wie bei der vorerwähnten Route – über Witebsk zum Dnjepr. Zeuge für diese ungewöhnlichen Handelswege ist der im 12. Jahrhundert lebende russische Chronist Nestor von Kiew[6]. Er schreibt, daß man von Kiew, das zu seiner Zeit in regem Handelsverkehr mit Byzanz stand, auf der Düna und Lowat zu den Warägern kommen könne: »Vom Dnjepr geht ein Schleppweg zur Lowat; auf dieser kommt man in den großen Ilmensee, aus dem der Wolchow strömt, der sich in einen großen See, Newa genannt, ergießt; dieser See fließt in das Warägermeer (Ostsee) aus.« Adam von Bremen hat uns überliefert, daß eine Reise von Dänemark nach Nowgorod damals 14 Tage dauerte. Wie lange man dann noch mit dem Überlandtransport bei Witebsk bis Kiew brauchte, ist leider nicht bekannt[7].

Die Ausfuhr von Pelzen und Bernstein von der Ostsee durch Rußland ist damals erheblicher gewesen als die Einfuhr von Waren aus dem Orient[8]. Die arabischen Händler scheinen in der Hauptsache mit Goldmünzen bezahlt zu haben, denn sonst wäre kaum erklärlich, woher die nordischen Völker die großen Mengen an Gold erhalten haben, die sie für die Anfertigung ihrer zahlreichen, kunstvollen Goldschmiedearbeiten gebraucht haben[9]. Bis 1915 sind allein auf Gotland etwa 13000 arabische Münzen gefunden worden. Ein in Nowgorod entdeckter Schatz aus dem 10. Jahrhundert enthielt 7000 Goldzechinen. Die Prägungsorte der Münzen reichen von Bagdad bis nach Samarkand und Taschkent. Sie stammen alle aus den Jahren 702–1013. Nirgends fand man ein Goldstück aus späterer Zeit. Vielleicht hatte der um 1000 doch schon bestehende Fortschritt gegenüber dem vorwiegend agrarisch bestimmten frühen Mittelalter bereits höhere kulturelle Ansprüche und damit auch eine Gütererzeugung entstehen lassen, die den Kauf oder Eintausch von Orientwaren erlaubte, so daß die »Handelsbilanz« ausgeglichener wurde.

In der älteren Edda (9.–12. Jahrhundert) ist von seidenen Windeln die Rede, und am fränkischen und burgundischen Hof kannte man Seidenbänder. Bischof Ulrich von Augsburg besaß Paramente aus kostbaren Stoffen arabischer Herkunft, die zum Teil wahrscheinlich aus den hochentwickelten Werkstätten des byzantinischen Hofes stammten. Unter Otto II., der mit der Nichte des byzantinischen Kaisers Johannes I. Tsimiskes vermählt war, sind natürlich besonders lebhafte Handelsbeziehungen mit Byzanz gepflegt worden, wie überhaupt unter den Ottonen der Warenverkehr nach dem Osten und Südosten eine erhebliche Ausdehnung erfuhr. Dabei nahm der Handel zwischen Westeuropa und dem Orient weit stärker durch Rußland und über die Ostsee zu als über die Mittelmeerverbindungen. Von Nowgorod kamen die Handelsgüter im wesentlichen auf dem Seeweg nach dem Westen, während von Kiew aus Handelsleute auf Landwegen bis in die Räume zwischen Weichsel und Oder, nach Böhmen und sogar bis zur oberen Donau zogen. Kiew wurde ein zweites Byzanz. Es zählte um das Jahr 1100 zweihunderttausend Einwohner, hatte 400 Kirchen, und jährlich fanden hier acht Handelsmessen statt. Nachweislich erschienen um 900 russische (warägische?) Kaufleute aus Kiew in Bayern, um dort Pferde und Sklaven zu erstehen, und um 1068 stellten Wechsler in Kiew Zahlungsanweisungen für Kaufleute in Regensburg aus[10]. Der arabische Geograph Ja'qûb schildert Prag, das er auf einer Reise nach Wismar im Jahre 965 kennenlernte: »Diese Stadt ist von Stein und Kalk gebaut; sie ist der größte Handelsplatz des slawischen Landes. Russen (gemeint sind wohl Waräger) und Slawen bringen ihre Waren von der Stadt Krakau dorthin, und Muselmänner, Juden und Türken kommen mit ihren byzantinischen Handelsgütern aus dem türkischen Gebiet und nehmen dafür Sklaven, Biberfelle und anderes Pelzwerk in Empfang . . .[11]«

Diese Türken sind wohl kaum durch Rußland, sondern durch den Balkan auf der alten Römerstraße an der Donau entlang nach Böhmen gereist.

Zweifellos sind weite Gebiete Osteuropas von den Handelszentren Nowgorod, Kiew und Krakau aus im frühen Mittelalter durch neu entstandene Handelswege erschlossen worden. Ein großer Teil wird den Urwegen gefolgt sein, die schon in vorgeschichtlicher Zeit die wichtigsten Siedlungen in diesen Räumen miteinander verbanden.

112 Mehrteiliges Scheibenrad, gefunden im Moor des Federsees (Württemberg). Es stammt wahrscheinlich aus der Zeit um 1200 v. Chr.

113 Zweirädrige Ochsenkarren und vierrädrige offene Kastenwagen waren die Fahrzeuge des frühen Mittelalters. Sie waren stabil, wie es die schlechten Erdwege erforderten, und trugen etwa 30–35 Zentner Last. Karl der Große ließ (nach Einhard) auf seinen Gütern besondere Kastenwagen so mit Leder überziehen, daß Kriegsgerät, Waffen und Nahrungsmittel nicht naß wurden.

Westeuropa

In vielen Teilen Westeuropas bestanden bis in das Mittelalter hinein brauchbare Reste römischer Meer- und Handelsstraßen. Man hatte vorerst keine Veranlassung, neue Straßen anzulegen, denn nach dem Zusammenbruch des römischen Reiches waren weite Gebiete wieder auf die Stufe primitiver Naturalwirtschaft gesunken, und der Fernhandel ruhte. So waren die Verkehrswege ihrer Hauptfunktion, den politischen und wirtschaftlichen Zusammenhalt eines großen Reiches zu sichern und den gesteigerten Ansprüchen seiner Bewohner zu dienen, entkleidet. Sie wurden zwar noch von Herrschern, Heeren und Pilgern benützt, aber nicht sehr sorgfältig gepflegt und instand gehalten. Es hätte auch niemand gewußt, wer für die Kosten des Unterhalts aufkommen sollte, da es keine zentrale Straßenverwaltung mehr gab.

Erst im Frankenreich erwachte mit zunehmender staatlicher Organisation und mit dem Wiederaufleben von Handel, Handwerk und Kultur wieder das Verständnis für den Wert und die Bedeutung eines funktionierenden Straßennetzes. Die Merowinger-Könige – vor allem Pippin (751/2–768) – besannen sich auf die römischen Fernstraßen und suchten sie zu erhalten. In einer Verordnung dieses Königs heißt es: »Wir haben dafür befunden, daß überall in unserem Reich die Steinstraßen und Brücken an Stellen hergestellt werden sollen, wo

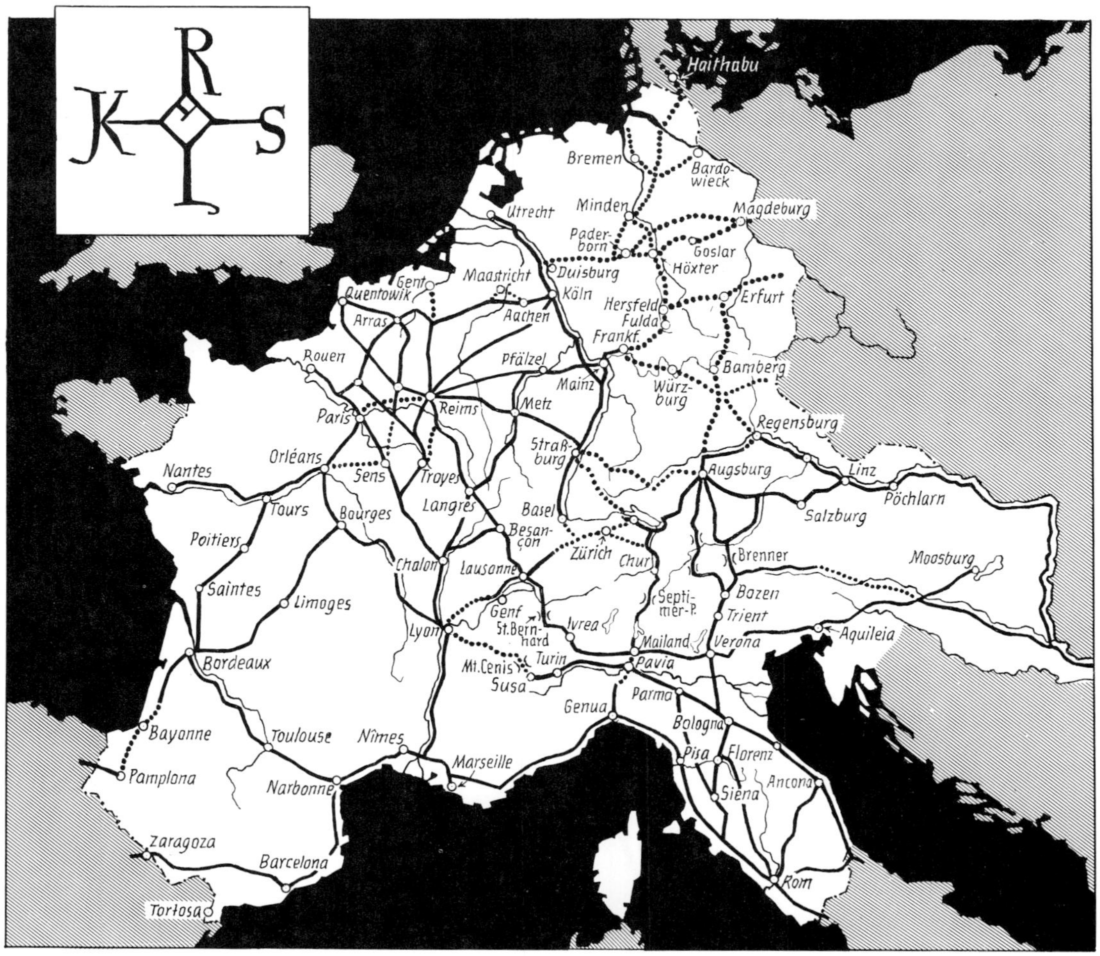

114 Heer- und Handelswege im Reich Karls des Großen.

——— *Straßen und Wege, die bereits zur Römerzeit bestanden.*

•••••••• *Neue Strecken, die im allgemeinen durch Verbesserung der vorhandenen Urwege und Saumpfade entstanden.*

solche ständig vorhanden waren.« Auch Karl der Große griff auf die alten Straßen der Legionen zurück, um bei den Kämpfen zur Sicherung seiner Hausmacht im Inneren und bei der Schaffung der Marken zum Schutz seines Reiches nach außen rasch und unbehindert Truppenverschiebungen vornehmen zu können. Nach der Konsolidierung seines Staates befaßte er sich mit vorwiegend kulturellen und wirtschaftlichen Aufgaben und war dabei ständig bemüht, ein Verkehrsnetz zu entwickeln, in das er die ererbten römischen Straßen einbezog [114].

Der Handel, den die Friesen im 8. Jahrhundert im Rheindeltagebiet begannen, hatte noch keinen sichtbaren Einfluß auf die Erhaltung oder den Ausbau der Verkehrswege. Die seefahrenden Friesen transportierten ihre Güter auf den Flüssen, auf denen sie nach Paris, Köln, Mainz und Basel vordrangen. Überall an diesen Plätzen errichteten sie Warenniederlagen, die dann als Ausgangspunkt für den Weitertransport über Land dienten. Ihre Kaufleute kamen auch bis nach Rom, indem sie auf den Römerstraßen die Alpen überquerten. Neue Straßen entstanden in dieser Zeit kaum.

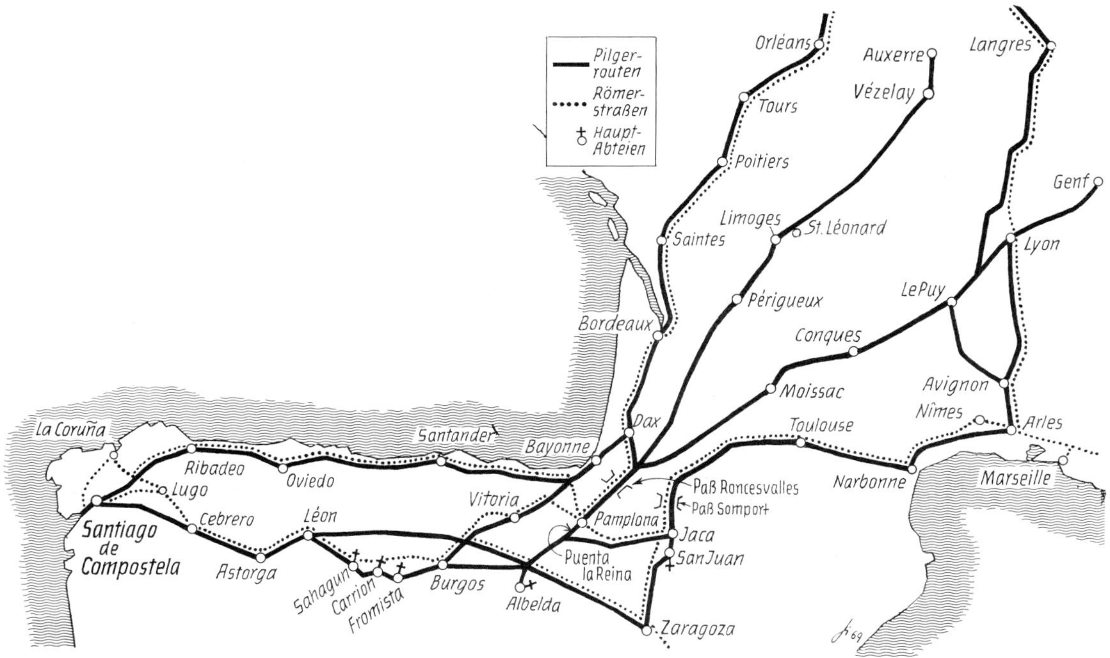

115 Die Routen der Pilger nach Santiago de Compostela in Nordwestspanien verliefen noch bis in das 12. Jahrhundert zum großen Teil auf alten römischen Straßen.

Aus dem Handel der Friesen mit Tuchen entwickelte sich in Flandern das erste nordwesteuropäische Handels- und Handwerkszentrum.

Die Wolle zur Tuchproduktion importierten die Friesen aus England. Die Fertigware wurde hauptsächlich von Brügge aus in alle Länder Europas geliefert. Brügge wurde Ausgangspunkt eines sich sternförmig in alle Himmelsrichtungen ausbreitenden mittelalterlichen Straßennetzes [154][12].

Zur Zeit Karls des Großen gab es diese Konzentration von Straßen im flandrischen Raum noch nicht. Wir erwähnten bereits, daß das Verkehrsnetz in seinem Reich zum großen Teil aus alten Römerstraßen bestand.

Aber bereits um diese Zeit erlangte ein Wallfahrtsort und die Straßen zu ihm Welt- d. h. europäischen Ruhm: Santiago de Compostela. Der Besuch des Grabes vom Heiligen Jakobus in dem kleinen Städtchen in Nordwestspanien war mehr als tausend Jahre lang das Ziel von

116 Zwei Jakobspilger. Sie sind auf der Rückreise von Santiago de Compostela. Das bezeugen die Plakette mit dem Kopf des Heiligen und die Muscheln an ihrem Hut, die jeder Pilger vor der Kathedrale als Zeichen dafür erwarb, daß er die meist ein Jahr dauernde Reise zu dem Heiligtum in Nordwestspanien unternommen hatte.

Millionen Menschen aus dem ganzen Abendland [116]. Man sagt, nicht einmal Jerusalem oder Rom hätten zeitweilig mehr Pilger in ihren Mauern gesehen als dieser Provinzort, den man bezeichnenderweise auch das »Jerusalem des Westens« nannte.

Von bestimmten Pilgerstraßen nach Santiago de Compostela kann man allerdings außerhalb Spaniens nicht sprechen. Die Routen der Pilger richteten sich nach dem Ausgangspunkt ihrer Reise und nach den Orten, die Gotteshäuser besaßen, in denen der Heilige Jakobus verehrt wurde. An möglichst vielen dieser Stätten ein Gebet verrichtet zu haben, war Wunsch und Auflage der Pilger. Nur in Spanien gab es drei feststehende »Pilgerstraßen«, die gleichbleibend bis in das späte Mittelalter hinein benutzt wurden. Zwei von ihnen folgten fast ausschließlich den schon von Augustus angelegten römischen Heerstraßen [115, 139].

An der Erhaltung der Pilgerwege nach Santiago de Compostela waren – besonders in Spanien – Fürsten, Städte und vor allem die Klöster und große Kirchengemeinden interessiert und beteiligt. Besonders hat sich hierbei die gewaltige Benediktinerabtei Cluny hervorgetan – das »zweite Rom« –, die auch durch zahlreiche Neugründungen entscheidenden Anteil an der Ausbreitung des römischen Stils und romanischer Kunstdenkmäler hatte. Im übrigen ging von der monumentalen Kathedralplastik Santiago de Compostelas ein Strom von Anregungen über die Pilgerwege zurück durch ganz Europa und verwirklichte sich im Portalschmuck zahlloser westeuropäischer Sakralbauten.

Neue Straßen speziell für Wallfahrtszwecke wurden jedoch nicht angelegt. Auch die im 11. und 12. Jahrhundert zu großem Reichtum und zu einer weit über die Landesgrenzen hinausgehenden Bedeutung aufsteigenden Messeorte Provins, Troyes und Bar-sur-Aube in der Champagne südlich von Paris wickelten ihre Handelsgeschäfte noch über alte Römerstraßen ab, und wenn ihre Kaufleute und Fuhrwerke zum Rhein nach Straßburg wollten, folgten sie der Straße, die die Legionen über den Zabernpaß gebaut hatten[13].

Neu entstand in fränkischer Zeit eine Straßenverbindung zum Rhein über Aachen, das zur Römerzeit als Militärbad gedient hatte und nur von einer Nebenstraße berührt worden war. An dieser neuen Straße blühte Maastricht zu einem wohlhabenden Handelsplatz auf.

Erst gegen Ende des 11. Jahrhunderts zeichnete sich in Frankreich der Beginn eines grundsätzlichen Abgehens von der römischen Straßenlinienführung ab. Paris wurde staatlicher Mittelpunkt des Landes und zog wie ein Magnet Straßen und Verbindungen aus der Provinz an, so daß schon gegen Ende des Mittelalters fast alle größeren Straßen sternförmig auf die Stadt an der Seine zustrebten. Die Île de France wurde zum Kernland der schließlich über das ganze christliche Abendland ausstrahlenden Gotik[14].

Das Land zwischen Rhein und Weichsel

Zu Beginn des Mittelalters deckten hier dichte Wälder und ausgedehnte Moore weite Strecken des Raumes, der für einen Verkehr noch kaum zugänglich bzw. erschlossen war. Auch die Römerstraßen endeten schon an den äußeren Begrenzungslinien dieses Gebietes. Und doch wurde es von einigen wenigen bedeutenden Handelswegen durchzogen, deren Existenz und Verlauf man an Hand von Scherben- und Münzfunden feststellen konnte. Es müssen schon sehr früh Händler aus den Mittelmeergebieten auf solchen Urwegen nach dem Norden und Nordosten gezogen sein, um in den Ostseerandgebieten Pelze und Bernstein einzutauschen bzw. einzuhandeln. Einer dieser »Bernsteinstraßen« [117] genannten Handelswege folgte nach der Durchquerung der Norddeutschen Tiefebene dem Rhein, der Mosel und der Rhône und endete in Marseille, dem alten Handelsplatz der Phöniker und Kelten.

Ein zweiter strebte dem gleichen Endziel zu, führte aber bis zum Rhein durch das Mittelgebirge in den Senken zwischen Weserbergland und Harz sowie zwischen Vogelsberg und Taunus. Eine andere Route teilte sich, von Norden kommend, in der Gegend von Magdeburg in zwei Äste, deren einer saaleaufwärts und zwischen Fichtelgebirge, Erzgebirge und am Böhmerwald entlang zum Naab- und Donautal führte, wo er bei Passau mit der anderen Strecke zusammenstieß, die der Elbe und ihrem Durchbruch im Elbsandsteingebirge bis in das Böhmische Becken folgte und von dort durch den Böhmerwald die Donau erreichte. Innaufwärts und über den Brennerpaß wurde dann die Verbindung zum Mittelmeerraum hergestellt.

Ebenso frequentiert scheint ein weiterer Handelsweg gewesen zu sein, der den wichtigsten natürlichen Eingang zwischen Nordost- und Südosteuropa, die »Mährische Pforte«, benützte, um nach Süden bzw. Südosten zu gelangen.

Diese »Bernsteinstraßen« sind Landschaftswege und Urpfade gewesen, die nicht als echte Straßen oder Trassen ausgebaut waren, wenngleich sie in einigen Abschnitten befestigt gewesen sein mögen. Sicher profitierten die Siedlungen, an denen sie vorüberzogen, vom durchgehenden Handel, und so werden sie daran interessiert gewesen sein, zumindest in ihrem nächsten Bereich die Wege befahrbar zu halten, indem Hindernisse, wie umgestürzte Bäume beseitigt, ausgefahrene Rinnen und Schlaglöcher aufgefüllt und Furten instand gehalten wurden.

In den Sumpfgebieten Nord- und Osteuropas hatte man schon in vorgeschichtlicher Zeit Holzwege und Knüppeldämme durch die großen Moore gelegt. Ob diese allerdings mit den eben besprochenen Fernhandelswegen wie auch mit den »Bernsteinstraßen« in Verbindung zu bringen sind, läßt sich heute noch nicht nachweisen. Diese befestigten Wege reichen bis in die jüngere Steinzeit zurück und zeigen als einfachste Bauart eine 40–60 Zentimeter hohe Schichtung von Strauchwerk und ungespaltenen Knüppeln, die seitlich von eingeschlagenen Pflöcken zusammengehalten wurden. Im Ipweger Moor nördlich von Oldenburg wurden Teilabschnitte solcher »Pfahl- und Knüppelstege« freigelegt [121]. Sie haben eine Breite von 0,70–1,40 Meter und stammen nach der Pollenanalyse aus der älteren Bronzezeit (1800 bis 1200 v. Chr.).

Wesentlich tragfähiger und technisch vollkommener waren die »Bohlenwege« aus gespaltenen Eichen- oder Kiefernstämmen [119. 120]. Die im Ipweger Moor ausgegrabene Teilstrecke eines Bohlenweges zeigt zwei Reihen längs gelegter Bohlen als Unterbau. Darauf ruhen, sorgfältig aneinandergefügt, quergelegte Dreikantbohlen aus Eichenholz. Bei einer Breite von 2,3–3,5 Meter muß dieser Weg auch für schwer beladene Karren gut befahrbar gewesen sein.

Eine technisch besondere Leistung ist der 1200 Meter lange Bohlenweg durch das Moor im Tal der Sorge bei Elbing (Ostpreußen). Er stammt aus der Zeit um 500 v. Chr. und hat vier Lagen längs- und quergelegter Eichenbohlen, die mit Pflöcken kunstvoll verdübelt sind. Technisch ebenso interessant ist der Bohlenweg [118], der das Ipweger Moor in einer Länge von 6–7 Kilometern durchquerte. Auch hier sind die Bohlen durch Dübel zu einer besonders tragfähigen Fläche verbunden. Eine Überschlagsrechnung ergibt, daß für die Strecke mindestens 12000 astfreie Stammabschnitte gerade gewachsener Eichen erforderlich waren[15]. Sicher sind später römische Händler und ebenso die Heerführer des Augustus und Domitian jenen germanischen Handelswegen gefolgt und haben sich nicht den Weg durch Urwald und Unterholz gebahnt, als sie zur Elbe vorstießen[16]. Die Urwege, die Drusus mit seinen Le-

117 Der vermutliche Verlauf der »Bernsteinstraßen«.

118 Die zimmermannstechnisch hochstehende Bauweise des Bohlenweges XII (Ip), der mit 6400 m Länge das Randmoor westlich der Unterweser überbrückte.

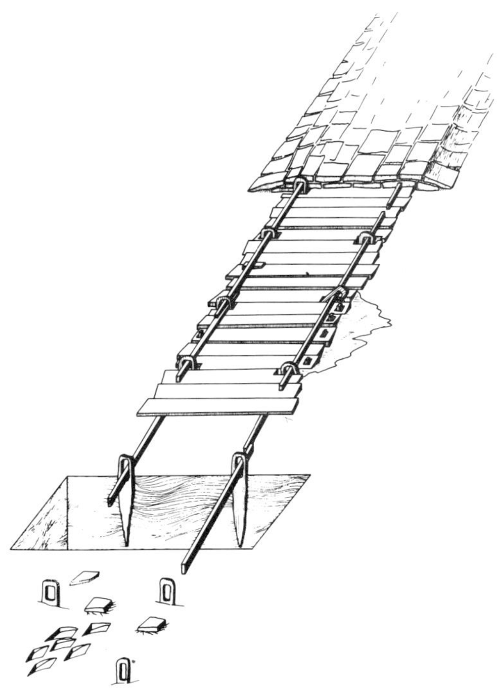

119–121 Schon in vorgeschichtlicher Zeit sind große Moore im norddeutschen Raum mit befahrbaren Holzwegen überbrückt worden. Allein im »Großen Moor« zwischen Lohne und Diep an der unteren Weser hat man bis heute 71 Moorwegebauten mit verschiedenen technischen Bauweisen festgestellt.

119 Moorbohlenweg aus der Zeit zwischen 200 und 400 v. Chr. im Kreise Leer, Ostfriesland.

120 Ausgrabungen eines Bohlenweges im »Großen Moor« bei Lohne, Bez. Oldenburg.

121 Pfahlsteg im Ipweger Moor bei Oldenburg aus der älteren Bronzezeit (1800–1200 v. Chr.).

122 Alte Landstraße am Hohenstaufen im Hegau, die sich sicher schon im frühen Mittelalter ohne besonderen straßenbautechnischem Aufwand in die Landschaft einfügte. (Freigegeben vom Innenministerium Baden-Württemberg Nr. 2/546.)

123 Fürsteneinzug in Soissons im Sommer 1680. Bei Regenwetter war dieser unbefestigte Weg sicher immer ein Schlammbach und für die Frachtwagen der Handelsleute nur mit großem Vorspann passierbar.

124 Unten: »Einzug Ludwigs XIV. in Arras« von Adam Frans van der Meulen. Der Einzug erfolgte auf einem breit ausgefahrenen mittelalterlichen Erdweg. Es gab noch keine prunkvolle französische Königsstraße, denn Arras lag 1664 noch außerhalb des von Colbert eingerichteten französischen Zollgebietes.

125 Gerhard Ter Borg (1617–1681): Einzug des niederländischen Gesandten in Münster im September 1647. Er fuhr in einer »ungarischen Kutsche«, deren Wagenkasten zur Abfederung in Gurten hing.

126–130 Ohne Beschönigung zeigen die Bilder von Jan Brueghel d. Ä. (1568–1625) den trostlosen, ungepflegten Zustand der Landstraßen jener Zeit. Unten: »Waldausgang«; rechts oben: »Dorfstraße«, »Überschwemmte Straße« und »Landstraße«. Rechts unten: »Belebte Waldstraße«.

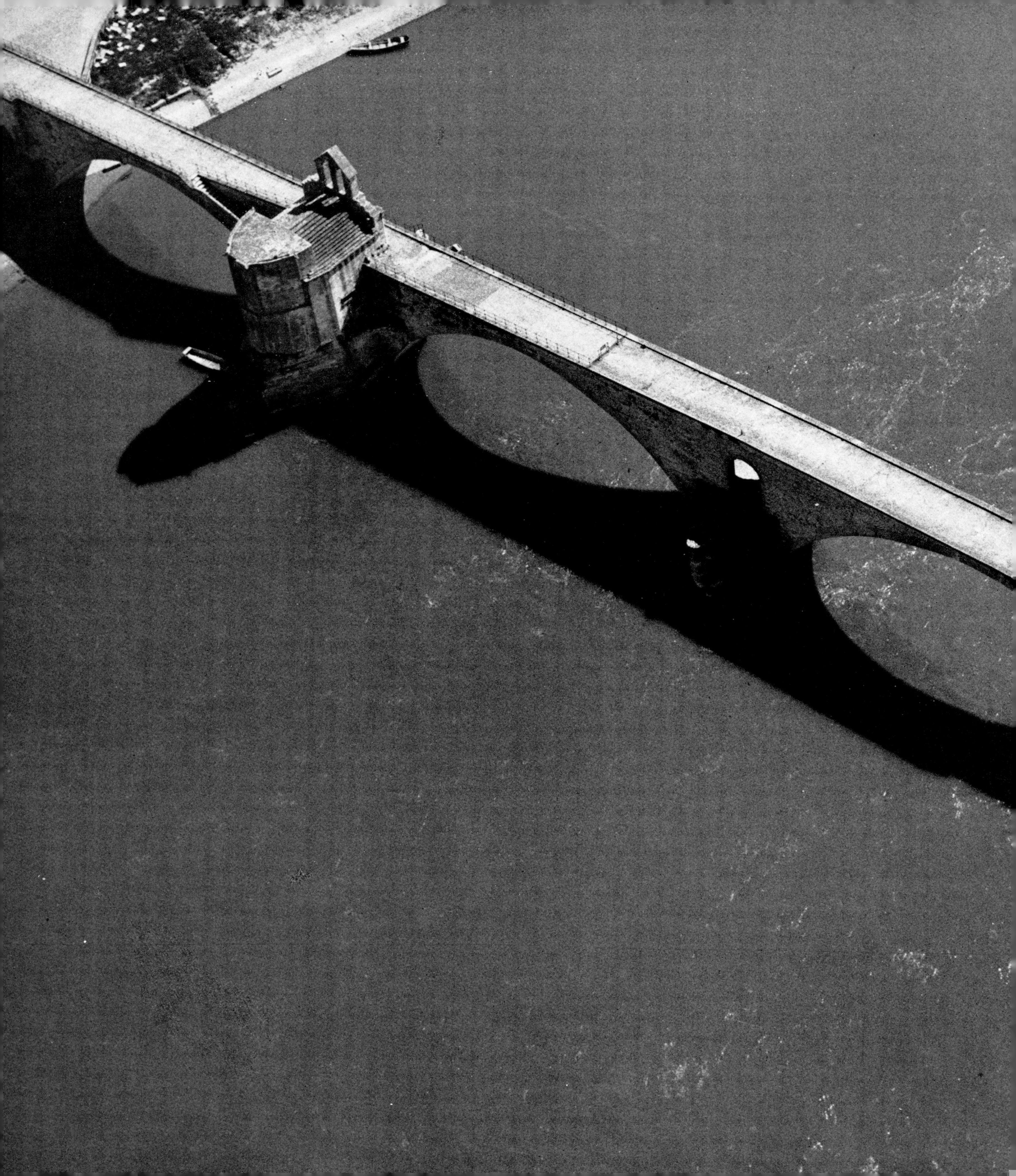

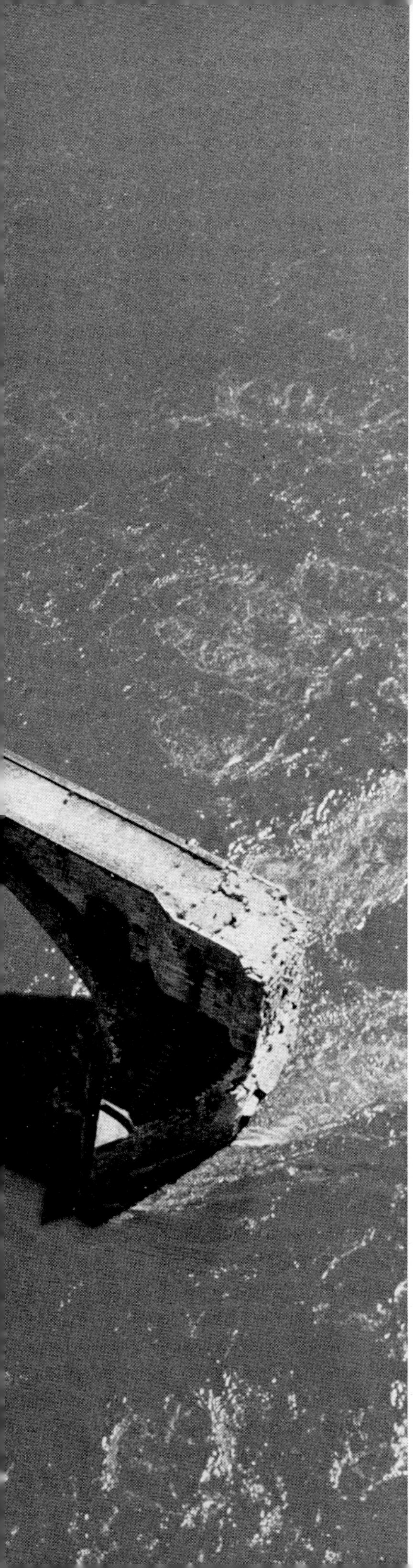

131 Nur diese einmalig schönen Bögen sind von dem großartigen Bauwerk des Pont d'Avignon noch erhalten, der 1188 mit 22 Wölbungen über die Rhone führte. – Das Lied »Sur le pont d'Avignon« sollte eigentlich heißen: »Sous le pont d'Avignon«, denn nicht auf, sondern unter den Bögen der Brücke, auf der Insel im Strom, wurden einst die Feste mit ausgelassenen, fröhlichen Tänzen gefeiert.

132 Die alte »Teufelsbrücke« an der Straße zum St.-Gotthard-Paß. ▷

133 So ließ das Mittelalter den großartigen, römischen Pons Milvius vor Rom verfallen (vergleiche Abb. 86).

134 Unten: Die »Bucklige Brücke«, die Ponte Gobbo, bei Bobbio südlich von Piacenza. Eine Brücke mit großer Vergangenheit an der alten »Via Francigena«. Über ihre schwungvollen romanischen Bögen zogen in vielen Jahrhunderten die Heere deutscher Kaiser, Rompilger und Handelszüge.

135 In der »Flußlandschaft mit rheinischen Motiven« herrschen noch mittelalterliche Straßenzustände, und man spürt nichts von den schnurgeraden »Rues Royales«, die um 1760, als Chr. G. Schütz d. Ä. dieses Bild malte, schon in Frankreich gebaut wurden.

136 Schiffszug bei Wien. Im frühen Mittelalter war in manchen Gegenden der Transport auf den Flüssen ebenso umfangreich wie auf den Landwegen.

137 Die Lußheimer Fähre bei Speyer. Vermutlich kam sie bereits 946 als Lehen in den Besitz des Bischofs, der hier Fährgeld und Zoll erhob. Mit der politischen Machtausweitung des fränkischen Reiches erhielten die Fähren in Speyer große Bedeutung, da die Lehnsgüter des Bistums bald weit über den Rhein nach Osten reichten. In der Salierzeit ging eine »Königsstraße« von Speyer über Ulm, Augsburg nach Venedig. Im 14. Jahrhundert benützten die Wagen, die auf dem Fernhandelsweg von Paris kamen, die Fähren von Speyer, um über den Rhein zu gelangen, und von 1505 an setzten hier die Reitenden Boten der kaiserlichen Thurn und Taxisschen Post über.

138 Der Landtransport zur Umgehung des Rheinfalles von Schaffhausen.

139 Der Pilgerweg nach Santiago de Compostela in Nordwestspanien folgte oft, wie hier bei Cirauqui, gepflasterten Straßen aus römischer Zeit.

140 Innenansicht der alten Holzbrücke über die Emme in Hasle-Rüegsam (Kanton Bern).

141 *Schwer beladener Wagen auf einer Holzbrücke.*

142 *Die Neubrücke über die Aare bei Bern aus dem Jahre 1535. Es ist die älteste noch erhaltene Holzbrücke in der Schweiz.*

143/144 An der Septimerpaß-Straße, Felstreppen unterhalb Alp Maroz und Pflaster zwischen Vicosoprano und Nesarina. Im Mittelalter, besonders vor dem Aufblühen des Gotthardverkehrs im 13. Jahrhundert, war der Septimerpaß einer der wichtigsten Verkehrsverbindungen über die Alpen nach Deutschland. Heute ist die einst soviel benutzte Paßstraße ein stiller Wanderweg [162].

145 Silbergräber um 1875 auf einem Knüppelpfad bei Leadville (Colorado/USA). ▷

146 So etwa mögen die ersten »Stiebenden Brücken« im Tal der wilden Reuß am St. Gotthard ausgesehen haben. Die Stege wurden oft vom Hochwasser fortgerissen, bis sie im Jahre 1595 durch die steinerne »Teufelsbrücke« ersetzt wurden. Von den ersten »Stiebenden Brücken« gibt es keine zeitgenössischen Darstellungen.

147 Säumerzug in den Alpen um 1640. Die Führer eines Zuges haben die Fässer mit Veltliner Wein an andere Säumer übergeben. – Die Tragtiere- und Karrenbesitzer einer Talschaft waren im Mittelalter zu Genossenschaften mit strengen Regeln zusammengeschlossen. Sie bestimmten die Teilstrecken. An den Stationen wurden die Waren abgeladen, – vielfach noch einmal verzollt – und auf die Karren, Wagen oder Tragtiere der nächsten Teilstrecke umgeladen. Von dieser »Niederlage« waren nur die Wagen befreit, die einem Kaufmann selbst gehörten, die sogenannten »Adritura-Wagen«. Solche Transitfahrzeuge verkehrten in der Regel nur auf den großen Fernstrecken. Sie waren meist mit besonders wertvoller Ware beladen. Nach dem Zollweisbuch von Bruneck passierten dort in den Jahren 1378–1386 2066 mit Gewürzen beladene Adritura-Wagen. Das waren durchschnittlich 5 Wagen in der Woche. Jeder mußte 1 Pfund Pfeffer als Zoll entrichten.

148 Rechts: Steiniger Bergpfad in den Walliser Alpen.

gionen benutzte, lassen sich nach Funden und an den Resten vorübergehend eingerichteter Legionskastelle einigermaßen genau feststellen. Sie sind im Mittelalter zum Teil wichtige Verbindungsstraßen zwischen West- und Osteuropa geworden.

Der Ausbau und die Entwicklung der West-Ost-Straßen auf deutschem Boden ist als die entscheidende Leistung des »Mittelalters« im Straßenbau anzusehen. Dahinter stand das Deutsche Kaiserreich und sein Wille, den Raum zwischen Rhein und Weichsel zu kultivieren, die erste große Ostbesiedelung. Von Bedeutung ist bei der Beurteilung dieser Straßenbaumaßnahmen, daß sie nicht aufgrund einer Anweisung zentralgeleiteter Bauverwaltungen entstanden wie im Römerreich, sondern daß sich die Entwicklung schwerpunktartig aus der Verbindung politischer Stützpunkte und der bei diesen entstehenden Marktstädte ergab. Eine wichtige Rolle spielten hierbei die Pfalzen des Herrschers, die Reichshöfe und die Klöster, die zu Konzentrationspunkten erhöhter politischer, militärischer und kultureller Aktivität wurden. Im wesentlichen entstanden Handelswege und Kauffahrerstraßen. Zwangsläufig wurden die Straßendichte, der Verlauf, die Frequenz und damit auch der Erhaltungszustand bzw. die Erhaltungsbemühungen sehr stark beeinflußt durch zu- und abnehmende Handelstendenzen, wachsende oder sinkende Anziehungskraft dieser oder jener Stadt, zunehmende oder zurückgehende Güterproduktion, Überfluß an Grundnahrungsmitteln oder aufkommende Not und den Wechsel politischer und privater Besitzverhältnisse. Bei näherer Untersuchung läßt sich aber doch eine Anzahl weitreichender Fernstrecken feststellen, die eine gewisse Gliederung aufweisen und die sich in ihrem Bestand und in ihrer Anlage durch die Jahrhunderte kaum verändert haben. Man kann sie in Gruppen zusammnfassen:

Die Hauptstrecken West-Ost [154]

Rheinmündungsgebiet – Ostsee

Zwischen dem Unterlauf des Rheins und der Ostsee bestand seit dem frühen Mittelalter ein Fernweg durch die niedersächsische Tiefebene, der von Nimwegen über Bremen, Bardowick oder Hamburg nach Lübeck und Schleswig (Haithabu) führte. Bereits 787 war der fränkische Königssitz Bremen ein Bischofssitz mit starker Domburg, um die sich im 10. Jahrhundert eine Marktsiedlung bildete. Bardowick wurde schon von Karl dem Großen zum Grenzmarkt für den Austausch von Waren mit den »Nordleuten« bestimmt[17].

Später schufen dann die Hanse und der Deutsche Orden die Voraussetzungen für die rasch wachsende Bedeutung des Weges und seine Verlängerung nach Osten bis zur Weichsel. Wie an einer Schnur aufgereiht lagen so blühende Städte wie Wismar, Rostock, Stralsund, Stettin, Danzig, Riga und Nowgorod an diesem nördlichsten Handelsweg zwischen West- und Osteuropa.

Köln–Danzig

Die zweite große Verbindung vom Rhein zur Weichsel zog sich von Köln herauf über Magdeburg nach Danzig. Hier entwickelte sich der mittelalterliche Fernhandelsweg auf dem alten germanischen »Hellweg« von Duisburg über Dortmund, Paderborn, Hildesheim, Braunschweig und Magdeburg, auf dem schon Drusus mit seinen Legionen an die Elbe vor-

149 Brücke von Champhorent über den Vénéon (Haut Dauphiné, Vallée du Vénéon).

150 »Großer Sand«, Lüneburg. Der Salzhandel nach Lübeck und Lüneburgs Lage an der großen Handelsstraße Lübeck–Hamburg–Erfurt–Augsburg–Venedig haben diese große Marktstraße mit ihren prachtvollen Häusern entstehen lassen.

gerückt war. An den genannten Orten entstanden berühmte Pfalzen oder Bischofssitze. Magdeburg entwickelte sich rasch zu einem wichtigen Platz für den Handel mit den Slawen.

Nach der Eroberung des unteren Weichselraumes durch den Deutschen Orden wurde diese West-Ost-Straße von hier aus über Frankfurt/Oder, Gnesen und Thorn verlängert. Die Beziehungen, die zwischen den Städten an ihr entstanden, waren so eng, daß Thorn 1231 und Gnesen 1262 nicht das Lübische, sondern das Magdeburger Stadtrecht übernahmen.

Paris–Kiew

Die wohl bedeutendsten Straßenverbindungen zwischen Westeuropa und dem sowohl politisch wie wirtschaftlich immer wichtiger werdenden Ostraum gingen von Köln und Mainz aus und trafen sich in Erfurt. Die eine zog sich von Köln durch die Senke zwischen Westerwald und Rothaargebirge und an den Nordausläufern von Vogelsberg und Thüringer Wald entlang über Eisenach, während die andere, die von Paris und Reims herkam, über Mainz, Fulda, also durch die waldreichen Gebiete zwischen Vogelsberg und Rhön verlief.

Je lebhafter der Handel sich auf und über diese Straßen zu entwickeln begann, um so reicher und mächtiger wurden auch die genannten Städte. Das Erzbistum Mainz gehörte bald zu den reichsten geistlichen Fürstentümern, und Frankfurt begann seinen Siegeszug als größte deutsche Handelsmesse [153].

In Erfurt läßt die Großartigkeit der Domanlage die einstige Bedeutung dieser Stadt als Handels- und Geisteszentrum an einer Fernstraße, die Kiew und Krakau mit Frankfurt, Köln, Paris und Brügge verband, ahnen.

Brügge–Byzanz

Im Süden Deutschlands hatten die Römer trotz ihres Limes keine Landverbindung zwischen Main und Donau herstellen können. Ostroms Handel erreichte von Byzanz aus, den Heerstraßen der Legionen folgend, das alte Römerlager Regensburg an der Donau und stieß dann am Bodensee auf den Rhein und die dortigen Fernstraßen. Der Anschluß zwischen Donau und Main wurde erst von Siedlern während der großen Kultivierungsaktionen des Frankenreiches hergestellt. Karl der Große hat im Jahre 793 sogar versucht, den wichtigen Verkehrsstrom vom Main zur Donau durch den Bau eines Kanals (»fossa Carolina«) zu fördern. Zur Vollendung kam dieses Projekt aber erst im 19. Jahrhundert, als der nach dem

151 Das Burgtor zu Lübeck. Eigentlich sollte man meinen, daß eine Handelsstadt von solcher Bedeutung wie Lübeck etwas bessere und gepflegtere Anfahrtswege vor ihren Toren besessen hätte, als es dieser in allen Einzelheiten sehr zuverlässige Holzschnitt von 1560 zeigt.

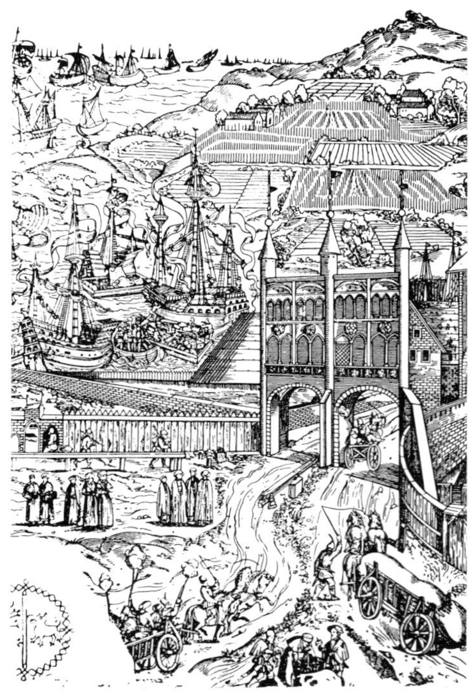

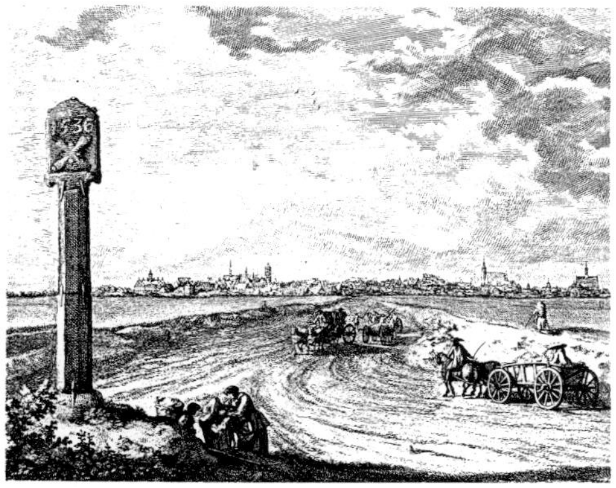

152 Die Einfahrt zur Weltmessestadt Leipzig war wie ein Flußbett, ausgefahren bis unter das Niveau der Felder. Bis zum Ende des 17. Jahrhunderts hat sich daran nichts geändert.

153 »Warhaffter und Eigentlicher Schau-Platz der weitberühmten Frankfurter Meß« (gedruckt im Jahre 1696).

bayerischen König Ludwig I. benannte Schiffahrtsweg Ludwig-Donau-Main-Kanal (von Bamberg nach Kelheim) entstand (1836–1846).

Bereits um das Jahr 1100 führte jedoch eine Straße von Würzburg an die Donau, die später als einer der wichtigsten Handelswege galt, die Flandern, Frankreich und die deutschen Handelsplätze Köln, Frankfurt und Nürnberg mit dem Orient verbanden. Über sie zog auch 1096 Gottfried von Bouillon mit dem ersten Kreuzzugsheer ins Heilige Land[18]. Bedeutendster Warenumschlagsplatz an dieser Straße wurde Regensburg an der Donau. Erst als die Türken 1453 Konstantinopel eroberten, kam der ausgedehnte Fernhandel durch den Balkan auf der Donaustraße zum Erliegen, und damit war auch die Blütezeit der alten Bischofs- und Reichsstadt Regensburg zu Ende. Augsburg trat an ihre Stelle, denn von nun an ging der Handelsweg von Brügge in den Orient und umgekehrt über die Lagunenstadt Venedig.

Die Hauptstrecken Nord-Süd [154]

Auf vier großen, für den Güter- und Kulturaustausch äußerst wichtigen und folgenreichen Fernrouten spielte sich bis weit in das 17. Jahrhundert hinein der Verkehr zwischen dem nördlichen Europa, also im wesentlichen Deutschland, Frankreich, Flandern, Schweden und Ostseegebiete und Südeuropa einschließlich dem Vorderen Orient, ab.

Kurz skizziert waren es folgende Strecken:

1 Brügge–Pavia–Rom über den Mont Cenis oder den Großen St. Bernhard
2 Bremen/Köln–Basel–Mailand–Rom über den Großen St. Bernhard
3 Hamburg/Lübeck–Nürnberg/Augsburg–Mailand/Verona/Venedig–Bologna–Rom über den Septimer und Brenner
4 Riga–Danzig–Wien–Venedig

In Italien folgten die mittelalterlichen Verbindungswege meistens den alten Römerstraßen, und zwar nicht nur den Hauptheerstraßen der Legionen, sondern jetzt auch den bis dahin wenig beachteten und frequentierten Nebenstraßen. So wurde der in der Römerzeit unbedeutende Weg über Piacenza, Lucca, Siena und Bolsena, über den die Langobarden nach Rom vorgestoßen waren, von den Franken übernommen und erlangte, besonders im frühen Mittelalter, als Via Francigena (Frankenweg) große Bedeutung, da er mit den westlichen Alpenpässen eine sehr kurze Verbindung zwischen Rom und dem Merowinger- und Frankenreich darstellte. Später bevorzugten vor allem die Staufer diese Strecke und sicherten sie auch dadurch, daß sie Minitiano im Arnotal unmittelbar der Reichsgewalt unterstellten.

An den Schnittpunkten dieser Nord-Süd-Fernlinien mit den westöstlichen Handelsstraßen bildeten sich neue Warenumschlagplätze bzw. wuchsen schon bestehende Städte und Plätze rasch zu wirtschaftlichen Machtzentren heran. Köln, Frankfurt am Main, Straßburg, Braunschweig, Erfurt, Würzburg, Nürnberg, Breslau und Leipzig, um nur die bedeutendsten zu nennen, gewannen damals bereits europäischen Ruf. Hand in Hand mit dem Warenverkehr entwickelten sich beinahe zwangsläufig sehr lebhafte geistige und kulturelle Kontakte.

Etwas außerhalb dieses Handelsstroms von Nord nach Süd lag der slawische Raum. Die Slawen haben sich immer wieder bemüht, auch ihrerseits in den Genuß der vielen Vorteile zu kommen, die sich aus den vorerwähnten reichen Handelsbeziehungen ergaben, indem sie den Verkehr über Prag zu leiten versuchten. Aber alle großen West-Ost- und Nord-Süd-Strecken umgingen immer das von unwegsamen Gebirgen eingeschlossene Böhmen. Von

HITZER 1970
Preston
York
Manchester
Chester
Doncaster
Nottingham
Wroxeter
Leicester
Boston
Norwich
Northampton
Cambridge
Gloucester
Oxford
Ipswich
St. Albans
Bristol
London
Exeter
Southampton
Portsmouth
Dover
Hastings
Calais
Brügge
Boulogne
Gent
Antwerpen
Lille
Brüssel
Mons
Arras
Cambrai
Namur
Lüttich
Maastricht
Aachen
Amiens
Honfleur
Rouen
Caen
Beau-vais
Soissons
Evreux
St. Malo
Rennes
Paris
Reims
Chartres
Le Mans
Angers
Nantes
Orléans
Tours
Provins
Châlons-s.-M.
Verdun
Metz
Nancy
Sens
Troyes
Bar-s.-Aube
Auxerre
Langres
Bourges
Nevers
Dijon
Besançon
Poitiers
La Rochelle
Chalon-s.-S.
Saintes
Limoges
Clermont-Ferrand
Lyon
Bordeaux
Périgueux
Cahors
Rodez
Toulouse
Nîmes
Montpellier
Avignon
Arles
Aix
Marseille
Narbonne
Perpignan
Gerona
Barcelona
Llanes
Santander
Laredo
Bilbao
San Sebastian
Bayonne
Vitoria
Roncesvalles
Santiago
Burgos
Pamplona
Logroño
Aranda
Numantia
Soria
Zaragoza
Calatayut
Lerida
Mon-serrat
Guadalajara
Madrid
Alcañiz
Tortosa
Tarragona
Toledo
Cuenca
Teruel
DUERO
TAJO
EBRO
GARONNE
LOIRE
SEINE
MARNE
MAAS
MOSEL
SAAR
RHÔNE
RHEIN
Amsterdam
Utrecht
Arnh.
Nim-wegen
Groningen
Zwolle
Lingen
Bremen
Osnabr.
Münster
Wesel
„Hellweg"
Dortmund
Köln
Kobl.
Trier
Mainz
Gießen
Limbg.
Marburg
Frank-furt
Fulda
Paderborn
Kassel
Eisenach
Erfurt
Minden
Hameln
Goslar
Braunschw.
Halberstadt
Celle
Lüneburg (Bardowick)
Ham-burg
Stade
Lübeck
Neu-münster
Schleswig (Haithabu)
Flensbg.
Havelbg.
ELBE
WESER
WERRA
SAALE
MAIN
Coburg
Würz-burg
Bamberg
Heidel-berg
Heil-bronn
Rothen-burg
Nürn-berg
Speyer
Zaberner Steige
Strasbourg
Nördling.
Cannstatt
Horb
Ulm
Augsbg.
DONAU
Ravens-bg.
Konst.
Zürich
Basel
Luzern
Bern
Lausanne
Genf
Lukmanier
Splügen
Chur
St. Gotthard
Sitten
Simplon
Bellinzona
Septimer
Chiavenna
Gr. St. Bernhard
Aosta
Ivrea
Como
Bergamo
Milano
Brescia
Cham-béry
Mt. Cenis
Montgenèvre
Susa
Torino
Pavia
Piacenza
PO
Parma
Génova
„VIA FRANCIGENA"
Bologna
Nice (Nizza)
Verona
Pádova
Trento
Landeck
Reschen-Scheideck
INN
Inns
Pisa
Firenze
Siena
Viterbo

Kaunas
(Kowno)
Tilsit
Wilna
Moskau →
(Königsberg)
Kaliningrad
Minsk
Koszalin
(Kolberg)
Slupsk
(Stolp)
(Danzig)
Gdańsk
Marienburg
Chojnice
(Konitz)
Grudziądz
(Graudenz)
Bialystok
Stettin
(Thorn)
Toruń
Gorzów
(Landsberg)
Gniezno
(Gnesen)
ODER
WEICHSEL
BUG
PRIPJET
Berlin
Kölln
WARTHE
(Posen)
Poznań
Warszawa
(Warschau)
Briest
(Brest)
Frankfurt
Łódź
Cottbus
Glogów
(Glogau)
Lublin
Radom
Kiew
Strehla
Görlitz
Liegnitz
Schitomir
„HOHE STRASSE"
(Breslau) Wrocław
(Oppeln)
Opole
Königgrätz
(Neisse)
Nysa
Krakow
(Krakau)
„HOHE STRASSE"
(Lemberg)
Lwón
Prag
Pilsen
Mährische Pforte
Iglau
(Olmütz)
Olomouc
Zakopane
BUG
Prachatitz
MOLDAU
Budějovica
(Budweis)
Brno (Brünn)
Kaschau
DNJESTR
Passau
Krems
zur Krim →
Linz
DONAU
Wien
Bratislava
(Preßbg.)
Etzels Burg
Pöchlarn
Melk
Radstadt
Semmering
Ödenburg
Buda (Ofen)
Pest
Cluj
(Klausenburg)
Bistrita
(Bistritz)
Odessa
Radstätter Tauern-P.
Bruck
Oradéa
(Großwardein)
MUR
Graz
Katschberg
Villach
Klagenfurt
Celje
(Cilli)
Maribor
(Marburg)
Sibiu
(Hermannstadt)
Brasov
(Kronstadt)
SAWE
THEISS
Ljubljana
(Laibach)
Zagreb
(Agram)
DRAU
Trieste
Novisad
(Neusatz)
Beograd
DONAU
SAWE
DONAU
Niš
Tirnowo
Ancona
Sofija
Dubrovnik
(Ragusa)
Plovdiv
(Philippopel)
Edirne
(Adrianopel)
Istanbul
(Konstantinopel)
Pescara
Skopje
Durrës
(Durazzo)
Cápua
Thessaloniki

Norden her hatte zwar schon Vratislav II. (1061–1092) den alten »Sorbenweg« von Leipzig über Dresden und Aussig nach Prag zur Landstraße ausbauen lassen. Aber von und nach Südwesten und Süden weiter führten durch den Böhmerwald mit seinen Sümpfen, Waldbächen, Felsen und engen Tälern nur Saumpfade. Der bekannteste war der »Goldene Steig« von Passau nach Prachatitz, auf dem das so geschätzte Salz in das salzarme Böhmen befördert wurde [215]. Erste Urkunde 1086. Im 14. Jahrhundert erhielt Prachatitz Stapelrecht.

Obwohl also dieser Saumweg recht beschwerlich war, konnte ihn doch das kostbare Salz, das zum Konservieren von Lebensmitteln unentbehrlich war, als teures und gesuchtes Transportgut »vergolden« und zum »Goldenen Steig« werden lassen. »Salzstraßen« gab es übrigens in vielen anderen Teilen des europäischen Raumes, denn das »Weiße Gold« wurde in Lübeck ebenso gebraucht wie in Straßburg oder Regensburg.

Zur Blüte gelangte das Böhmische Becken dann unter Karl IV. (1346–1378), der diese seine Erblande zu einem wichtigen Handelspartner der anderen Reichsländer machte. Er entwickelte die Gold- und Silberförderung, rief Handwerker wie Tuchmacher, Färber, Waffen- und Goldschmiede ins Land und baute den beschwerlichen, ständig von Raubrittern und Strauchdieben bedrohten Weg von Nürnberg durch den Böhmerwald über Pilsen nach Prag zur Reichsstraße aus. Sie trug beiden Städten Reichtum und Wohlstand ein und wurde sehr bald »Die Goldene Strazze« genannt.

Nürnberg profitierte hierbei ganz besonders, denn es war nun der Schnittpunkt der großen Nord-Süd-Route Lübeck–Venedig und der nach Westen verlängerten »Goldenen Strazze«. Als weiter südlich gelegene Rivalin begann jetzt auch Augsburg immer mehr an Bedeutung zu gewinnen, das schon von der Römerzeit her über ausgezeichnete Verkehrsverbindungen nach allen Himmelsrichtungen verfügte: Nach Osten zog sich der uralte Handelsweg zum Salz in Hallein, nach Westen entstanden verschiedene Straßen durch den Schwarzwald mit Anschluß an die Straßen in Frankreich und nach Flandern; im Süden waren über die wichtigsten Alpenpässe des Mittelalters, den Septimerweg und die Brennerstraße, verhältnismäßig leicht und rasch die oberitalienischen Handelsmetropolen Pavia, Mailand, Genua und Venedig zu erreichen. Nur wenige Städte konnten sich einer so günstigen verkehrstechnischen Lage rühmen wie die Stadt am Lech. Von ihr aus zogen seit den Merowingern die meisten Könige, Kaiser, Kaufleute, Heere, Handelszüge und Pilgerscharen nach Italien oder ins Heilige Land. Nur Venedig übertraf Augsburg noch an Reichtum und Macht.

Die Lagunenstadt war nach dem Zusammenbruch Ostroms an die Stelle von Byzanz getreten und hatte die Führung im Handel mit den Ländern des Orients übernommen. Dadurch gewann jetzt auch die östlichste der Nord-Süd-Strecken, die durch die Mährische Pforte führte und die schon Plinius erwähnt, wieder an Bedeutung. Seit dem 9. Jahrhundert waren über diese Route die Handelsgeschäfte zwischen Nowgorod, Kiew und Krakau mit den Balkanländern und Italien abgewickelt worden. Nunmehr wurde Wien zum Warensammelplatz der Venezianer für ihren Handel mit dem Nordosten Europas. Der Weg war von Aquileia aus schon von den Römern vorbereitet worden.

154 (Zu der Karte auf den vorhergehenden Doppelseiten 132/133) Wichtige Handelswege in Europa bis zum 17. Jahrhundert. Diese Karte kann keinen Anspruch auf Vollständigkeit erheben, denn der Verlauf und die Bedeutung vieler Strecken hat sich im Laufe der Jahrhunderte infolge politischer und wirtschaftlicher Verhältnisse oft geändert. Ein beständiges Staatsstraßennetz, wie es die Römer unterhielten, hat es nach dem Untergang des Römischen Reiches nicht wieder gegeben.

155 Bis zum Ende des 16. Jahrhunderts waren die Reisewagen im allgemeinen ungefedert. Man saß auf Kissen, um die unvermeidlichen Stöße etwas zu mildern.

Die Paßstraßen in den Alpen

Im wesentlichen waren die im Mittelalter benutzten Alpenpässe schon von den Römern begangen worden, die die wichtigsten zu befahrbaren Paßstraßen ausgebaut hatten, während die übrigen als Saumpfade nur Maultierkolonnen und Fußgängern dienten. Im Mittelalter und der folgenden Zeit nahm die Bedeutung der gut beschreit- und befahrbaren Alpenübergänge im Zusammenhang mit politischen Machtkämpfen und durch die Verlagerung der Handelszentren in Mitteleuropa erheblich zu, wechselte aber häufig, je nach der Stoßrichtung kriegerischer Aktionen bzw. mit den verschiedenen Tendenzen der wirtschaftlichen Aktivität und territorialen Herrschaftsgebiete.

156 Die mittelalterlichen Paßstraßen in den Westalpen.

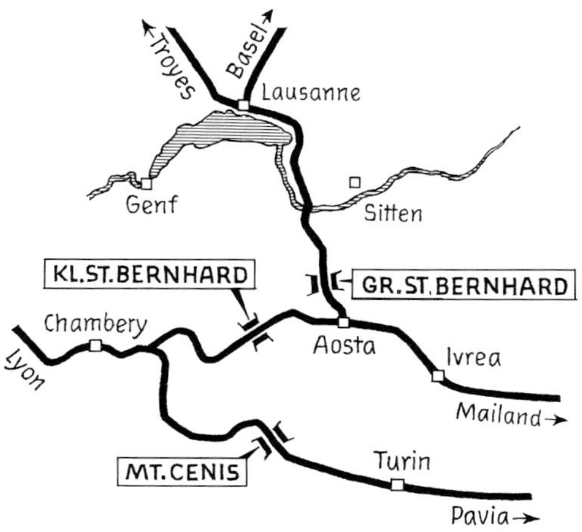

Westalpen [156]

Nachdem die Römer abgezogen waren und es an starken und tatkräftigen örtlichen Gewalten fehlte, um Sicherheit und Ordnung aufrechtzuerhalten, war lange Zeit jede Benützung der alten Paßstraßen in den Westalpen mehr oder weniger ein Wagnis mit unvorhersehbaren Risiken. Besonders die Überfälle durch die räuberischen Sarazenen verleideten den Handelsleuten jene Routen[19]. Erst unter der machtvollen Regierung Ottos I. und mit der Festigung des französischen Königreiches kehrte in diesen Gebieten wieder Ruhe ein. Doch hatten die ehemaligen römischen Übergänge, die zur unteren Rhône führen, dann schon sehr viel an Bedeutung verloren[20].

Wichtiger Übergang war der Saumpfad über den Mont Cenis geworden. Er führte als kürzester Weg von den norditalienischen, ehedem römischen Provinzstädten Turin und Pavia, die nach dem Zerfall des Cäsarenreiches im frühen Mittelalter zu wirtschaftlichen Handelszentren emporgestiegen waren, nach dem Merowingerreich im Nordwesten. Über ihn zog auch Pippin auf seinen Feldzügen gegen die Langobarden, und Heinrich IV. ging über ihn seinen schicksalhaften Bußgang nach Canossa. Über die Einzelheiten dieses Ereignisses im Dezember 1077 hat Lambert von Hersfeld ausführlich und höchst anschaulich berichtet[21]. Gattin und Kind des Herrschers mußten über schwer passierbare Stellen auf Ochsenhäuten gezogen und die Pferde abgeseilt werden. Wie wertvoll der Besitz eines solchen Alpenpasses war, geht daraus hervor, daß der König erst dann von Besançon weiterreisen durfte, als er seiner Schwiegermutter, der Markgräfin von Susa, einen hohen Betrag als Paßzoll bezahlt hatte. Die Herrscher über Paßstraßen ließen dann auch an den Ausgängen die natürlichen Engen (Klausen) zusätzlich durch Burgen und Kastelle sichern, die niemand ungeschröpft passieren konnte. Wer heute von Italien aus über den Großen St. Bernhard nach Norden fährt, kommt an dem mächtigen Fort Bard [196] vorbei, das schon als Burg im Mittelalter den Weg zum und vom Paß beherrscht hat[22].

Dieser verband Norditalien direkt mit Nordfrankreich und den Rheinlanden. Wie weit seine Bedeutung reichte, geht daraus hervor, daß das Hospital auf dem Markt in Troyes dem Kloster am Großen St. Bernhard unterstand, das der später heilig gesprochene Bernhard von Menthon an der Paßhöhe auf den Ruinen des von Augustus erbauten Jupitertempels um das Jahr 1000 gegründet hatte. Die Erinnerung an die Römerzeit war allerdings so nachhaltig, daß der Berg noch bis in das 12. Jahrhundert häufig »Mons Jovis« genannt wurde[23].

Eine Urkunde des Bischofs von Aosta über die Zollsätze aus dem Jahre 960 führt nur wenige Warengattungen auf, die samt und sonders für den Bedarf der herrschenden Klasse bestimmt waren: Waffen, Ausrüstungsgegenstände, Metalle, Pferde, Falken und Affen. Dreihundert Jahre später (um 1290), zur Blütezeit der Messen in Troyes, Bar-sur-Aube und Sens, ist dagegen der Umfang des Warenverzeichnisses groß und reichhaltig. Jetzt passieren den Zoll in Villeneuve am Genfer See flandrische Tuche, Wolle, Felle, Kramwaren, Waffen, Pferde und Gewürze aller Art. Eine politische Rolle spielte der Paß über den Großen St. Bernhard nur zur Zeit der Karolinger. Für die späteren Züge der deutschen Kaiser nach Italien lag er zu weit westlich[24].

Mittelalpen [157]

Zwischen dem Großen St. Bernhard und dem Septimer hat es im Mittelalter – ebenso wie in der Römerzeit – keinen Alpenübergang gegeben, der über eine lokale Bedeutung hinaus bekannt geworden wäre. Der *Simplonweg* wurde wegen der gefährlichen Gondoschlucht möglichst gemieden, und selbst im 13. Jahrhundert spielte sich der Warentransport von dem aufstrebenden Mailand aus nach Norden über den Simplon nur auf dem Rücken von Saumtieren ab. Die Gefahren der Gondoschlucht bestanden weiter und wurden erst durch die großartige Straßenanlage Napoleons beseitigt. Auch der *St.-Gotthard-Paß* wurde erst im 13. Jahrhundert für Handelszüge erschlossen. Von Basel führten zwei Wege zu ihm. Der eine ging über Bern und den Sustenpaß nach Wassen, während der andere über Luzern den Vierwaldstätter See erreichte. Hier mußte der Landtransport unterbrochen werden, denn an den jäh abfallenden Felswänden des Urner Sees gab es noch keine Straße. (Die »Axenstraße« wurde erst 1863 gebaut.) Man lud die Handelsgüter in Luzern auf Ruderkähne mit Segeln, die »Urinauen«, um und schaffte sie nach Flüelen. Von dort führte ein Landweg im Tal der Reuß weiter nach Göschenen, zum Einmündungspunkt der Straße aus Bern. Der Zugang zum Gotthardaufstieg war jedoch noch durch die Schöllenenschlucht und die wilden Wasser der Reuß versperrt, die sich durch steile und zerklüftete Felswände ihren Weg bahnten und ein ausgesprochen straßenfeindliches Hindernis darstellten[25]. Einzig ein – wahrscheinlich schon zur Römerzeit bestehender – in den Fels gehauener Stufenweg stand als Einstieg in die Schlucht zur Verfügung. Aber dieser konnte nicht einmal von Saumtieren begangen werden. Erst als die Reuß um 1225 mit der »Stiebenden Brücke«, der die staubenden Wasser des Flusses den Namen gaben, überbrückt wurde, war es möglich, den Verkehr mit Maultieren aufzunehmen [146]. Doch galt es zuvor, auch noch die glatte Felswand des Kirchberges zu überwinden, die in der Schlucht den Weg plötzlich unterbrach. Wer hier die »Twärrenbrücke« um den Felsen herum an Ketten aufhängte, ist nicht bekannt [158]. Die Sage schreibt diese kühne Tat dem Schmied von Göschenen zu. Erst 1707 wurde diese Brücke durch das sogenannte »Urner Loch« ersetzt, das die Urner durch den Kirchbergfelsen schlagen ließen. Der weitere, eigentliche Aufstieg zur St.-Gotthard-Paßhöhe[26] vom heutigen Andermatt aus war dann zwar beschwerlich, aber nicht gefährlicher als andere Alpenwege, wogegen der Abstieg auf der Südseite im Tremola-Tal (Tal des Zitterns) nach Airolo erhebliche Schwierigkeiten bot. Mit zahllosen Serpentinen mußten auf einer Länge von 12 Kilometern 930 Meter Höhenunterschied überwunden werden [296]. Das war selbst 1967 noch ähnlich.

Trotz aller geschilderter Beschwernisse ist der Gotthardweg im Mittelalter ein vielbenutzter Alpenübergang gewesen, wenngleich er immer nur ein Saumweg blieb. Der samländische Bischof Dietrich von Cuba schrieb in seinem Rechnungsbuch unter dem 16. März 1473 über ihn: »... Ueber den Gothart schentlichen bosen wegk, als ich en alle myn leptage (nicht) gewandelt byn[27].«

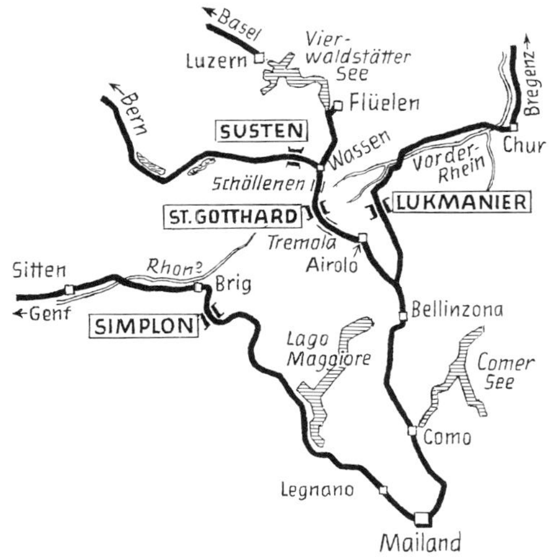

157 *Die mittelalterlichen Paßstraßen in den Mittelalpen.*

159 *Die Fahrt der später heiliggesprochenen Elisabeth von Ungarn zur Wartburg. Eine solche lange Reise muß in den ungefederten Kastenwagen eine entsetzliche Strapaze gewesen sein.* ▷

158 *Ein an Ketten aufgehängter Holzsteg, die »Twärrenbrücke«, ermöglichte es im 13. Jahrhundert, mit Saumtieren durch die Schöllenenschlucht zur St.-Gotthard-Paß-Straße zu kommen.*

160 Die Miniatur »Jacobs Reise nach Äg ten« aus der Weltchronik des Rudolf von E um 1335/1340 zeigt eine frühe Art »Kutsche« mit eingehängtem, stoßmildern Wagenkorb aus Weidengeflecht.

161 In der Hauptsache ritten die Menschen im Mittelalter oder sie benutzten Sänften, vor allem die reichen Städter. Kaiser Maximilian schenkte 1518 dem Kurfürsten und Erzkanzler in Mainz »eine königlich geschmückte Sänfte«.

Bevor das Zentralmassiv der Schweiz bezwungen wurde, mußte man sich mit vier anderen Übergängen behelfen: dem Lukmanier, Bernardino, Splügen und Septimer. Zu ihnen war von Norden her das Rheintal der natürliche Zugang [162]. *Der Lukmanier* hatte zwei Vorteile, obwohl der Anmarsch im Rheintal viel Zeit beanspruchte [157]. Einmal war die Paßhöhe (1119 m) ziemlich leicht zu erreichen, zweitens vermied man mit dieser Route die beim Splügen und Septimer nur schwer zu umgehende Schiffahrt auf dem Comer See, die für Heer- und Handelszüge eine sehr lästige Verzögerung mit sich brachte. Schon die Ottonen und Salier, besonders aber die Staufer haben dem Lukmanier ihre Aufmerksamkeit gewidmet und die Sperren Disentis und Bellinzona mit mächtigen Burgen bewehrt. Als die Mailänder 1242 Bellinzona einnahmen, wurde damit der Einfluß des Reiches im Tessin zunichte gemacht und den Bemühungen Friedrichs II., die Zugänge zu sichern, ein Ende gesetzt.

Der Verkehr auf den sich nach Osten an den Lukmanier anschließenden Übergängen *S. Bernardino* und *Splügen* blieb stets gering, denn beide stießen auf die wilden Schluchten der »Via Mala«, die auf hohen und gefährlichen Saumpfaden umgangen werden mußte[27a]. Um einen Fahrweg durch sie hindurch anzulegen, fehlte es an Straßenbauerfahrung und Straßenbautechnik, außerdem wahrscheinlich an den hierzu nötigen finanziellen Mitteln. Zudem bestand ja weiter östlich ein recht bequemer und ungefährlicher Alpenübergang, der schon seit alten Zeiten bekannt war: der *Septimer* [143, 162]. Zu ihm konnte man leicht vom Bodensee und von Zürich aus gelangen. Von Chur aus zog sich der Paßweg in mäßiger Steigung über Lenzerheide nach Bivio (Zwieweg), wo er sich teilte. Eine Straße ging weiter zum Julier, die andere führte ohne besondere Hindernisse zur Septimerhöhe, um dann in vielen Serpentinen nach Casaccia an der Malojastraße abzusteigen und über Chiavenna die Nordspitze des Comer Sees zu erreichen. Hier mußte auf Kähne umgeladen werden, denn wegen der steilen Felsufer gab es keine den See entlangführende Straße. Die Weiterreise auf dem Landweg erfolgte von Como aus.

162 Die mittelalterlichen Alpenstraßen von Mailand zum Bodensee.

Der Septimer hat an Bedeutung während des ganzen Mittelalters den anderen Paßstraßen bzw. Saumwegen über den Mont Cenis, Großen St. Bernhard und selbst dem Brenner nicht nachgestanden, und um seinen Besitz wurde jahrhundertelang oft heiß und erbittert gestritten. Schon 615 wurde der Verkehr über ihn durch Zollstellen kontrolliert, die 755 und 779 von Pippin und Karl dem Großen bestätigt wurden. Das Hospiz auf der Paßhöhe war wahrscheinlich das älteste in den Alpen. Bereits 830 ist es nach dem Ausweis der Urkunden in den Besitz des Bistums Chur zurückgekommen. Chur ist sich übrigens stets seiner ausschlaggebenden politischen Stellung, die es am Eingang zum Septimer besaß, bewußt gewesen und verstand es auch, die Macht am Südabstieg lange zu erhalten. Unter den Ottonen gelang es ihm, sich bis nach Como vorzuschieben und die dortige Zollstelle für zwei Jahrhunderte in Besitz zu nehmen. Erst 1219 konnte sich das Bistum Como wieder frei machen und Chiavenna zurückerobern. Schon dreiundzwanzig Jahre später erschien jedoch Mailand auf der Bildfläche und vereinnahmte diese beiden Schlüsselpunkte in seinen Herrschaftsbereich.

Die Eröffnung des Gotthardweges brachte sehr rasch eine Konkurrenz für den Septimer. Das beweisen die Geleitzusicherungen, die 1278 von allen am Septimerpaß interessierten Machthabern wiederholt ausgesprochen wurden. Für die von Zürich und Luzern kommenden Waren wurden sogar besondere Zollvergünstigungen gewährt. Schließlich veranlaßte die immer härter werdende Konkurrenz des Gotthard den bischöflichen Verweser Jacob von Castelmur, um 1387 einen gepflasterten Weg von Bivio bis Casaccia bauen zu lassen[28]. Er ist neben dem Kuntersweg am Brenner die einzige große Straßenbauleistung des Mittelalters in den Alpen. Infolgedessen blieb der Septimer auch bis in das 15. Jahrhundert eine belebte und vielbefahrene Handelsstraße. Noch heute ist das Pflaster an einigen Stellen des Abstiegs nach Casaccia erhalten [144]. Gefährdet waren die über den Septimer Reisenden und ihre Waren eigentlich nur während der verhältnismäßig kurzen Überfahrt über den Comer See, an dessen felsigen und hohen Uferwänden stets Seeräuber in ihren schwer auffindbaren Schlupfwinkeln lauerten. So berichtet der Chronist Barbarossas, daß »der Kaiser wieder einmal die wilden und an Seeräuberei gewohnten Bewohner der Insel Camcina im Jahre 1195 vernichtete[29].« Barbarossa war durch die Behinderung der Comer Seefahrt besonders hart getroffen, denn die Schlacht bei Legnano ging – abgesehen von der Heerbannverweigerung Heinrichs des Löwen – nicht zuletzt dadurch verloren, daß ein von Norden kommendes Ritterheer am See aufgehalten wurde.

Die Brennerstraße [163]

Der Septimer verlor erst an Bedeutung, ja er verödete geradezu, als Venedig nach der Überwindung Mailands den Orienthandel an sich riß und diesen bald völlig beherrschte. Dadurch stieg der Brenner zum entscheidenden und wichtigsten Alpenübergang auf. Um diese Paßstraße war es nach dem Zusammenbruch Roms ziemlich still geworden, denn der Schwerpunkt konzentrierter politischer Macht hatte sich nach dem Westen Europas verschoben. Erst als die Karolinger ihre Aktivität nach Osten lenkten, erhielt der Brennerpaß als bequemste Verbindung von Deutschland nach Italien wieder Bedeutung. Unter Otto I., der um 950 die Mark Verona mit seinem Reich vereinigte, wurde er zum Alpenübergang, der am weitesten nach Süden durch deutsches Gebiet führte, zur »Kaiserstraße«. Bis zum Interregnum diente sie vierzigmal den deutschen Herrschern zur Überquerung der Alpen, das war die Hälfte aller Züge über das Gebirge nach Süden, von denen ein Dutzend genau belegt, fünfzehn wahrscheinlich sind, während bei den übrigen nur die Richtung bekannt ist[30].

Mit dem Zerfall des Staufenreiches ging der politische Vorrang des Brennerübergangs wieder zurück, dafür nahm seine Bedeutung als Handelsstraße zu. Während des frühen Mittelalters war der Wirtschaftsverkehr der alten Donaustraße nach Regensburg gefolgt, doch trat nach der Plünderung von Byzanz durch die sich gar nicht christlich gebärdenden, sondern geradezu barbarisch auftretenden Kreuzfahrer der Seeweg durch das Mittelmeer in den Vordergrund. Venedig hatte sich zu einer selbständigen Stadtrepublik entwickelt und erlangte nach dem Sieg über Genua im Jahre 1381 die Vorherrschaft im Mittelmeer und im damaligen Welthandel.

Die deutschen Kaufleute, die zu den wichtigsten Handelspartnern der Venezianer gehörten, unterhielten in der Lagunenstadt ein eigenes Handelshaus, den »Fondaco dei Tedeschi«[31]. Dort liefen alle Fäden des Handels mit Deutschland zusammen, und in den tiefen Gewölben dieses mächtigen Baues wurden die von und nach dem Norden gehenden Waren nach venezianischen Zollbestimmungen verrechnet. Die Staatskasse der Dogen zog allein aus diesem Haus täglich die für die damalige Zeit beachtliche Summe von einhundert Dukaten ein. Und von hier gingen die Güter auf die Reise über die Alpen, über die Brennerstraße, die von etwa 1400 bis 1550 ihre größte Blüte erlebte. Erst in der zweiten Hälfte des 16. Jahrhunderts begann der Verkehr auf ihr jäh nachzulassen, als am Bosporus und in Konstantinopel die Türken herrschten und den Herren am Rialto die Märkte im Orient, insbesondere das einträgliche

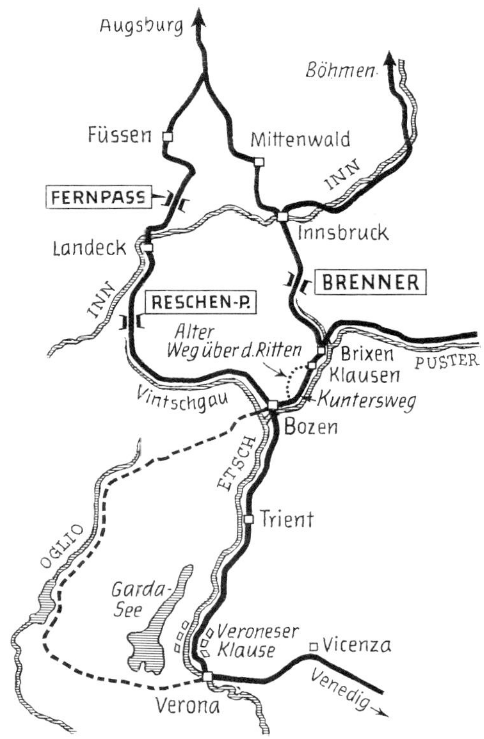

163 Die Brennerstraße und ihre Anschlußstrecken nach Norden und Osten.

Geschäft mit Gewürzen, sperrten. Mit der Entdeckung des Seeweges nach Indien durch Vasco da Gama schlug dann der Welthandel völlig andere Wege ein, und die Brennerstraße verlor immer mehr ihre einst alle anderen Alpenübergänge überragende Bedeutung.

Begünstigt worden war sie von Norden und von Nordosten her durch naturgegebene, verhältnismäßig leicht zu erreichende und zu bewältigende Zugänge. Der älteste kam von Augsburg und zog sich über Füssen, den Fernpaß, Reschen-Scheideck durch den Vintschgau nach Bozen. Im wesentlichen verlief diese Route noch auf der von Drusus angelegten »Via Claudia Augusta«. – Kürzer und wichtiger aber war die zweite Strecke, die den Anfang der Brennerstraße über Partenkirchen, Mittenwald und Innsbruck erreichte, ferner auch der Weg durch das Inntal, auf dem der Warenverkehr von Böhmen und Wien herangeführt wurde. Eine andere Verbindung von Ungarn und den übrigen Donauländern schuf die vielbenutzte Straße durch das Pustertal, die in Brixen in die Brennerstraße einmündete.

Von Süden her ergab sich die natürliche Öffnung des Etschtales als alleiniger, aber bequemer Zugang, der einzig die »Veroneser Klause« als Engpaß zu überwinden hatte. Sie konnte zeitraubend und beschwerlich nur westlich des Gardasees und im Osten durch das Tal der Brenta umgangen werden. Die Brennerroute war zwar die längste Alpenstraße, aber sie hatte nördlich von Bozen zur Umgehung des Eisacktales eine Strecke mit höherer Steigung. Dieser Bergfluß zwängt sich dort mit Macht durch ein enges, in jenen Zeiten unwegsames Gebirgstal, dessen Überwindung selbst späteren Straßenbauern erhebliche Schwierigkeiten bereitete. Vielleicht war dieses Hindernis auch der Grund, weshalb Drusus die »Via Claudia Augusta« von Bozen auf den weniger anstrengenden Umweg durch den Vintschgau und den Reschenpaß leitete. Als Septimius Severus den kürzeren direkten Weg zum Brenner ausbauen ließ, wurde die Straße hinter Bozen 700 Meter über der Eisacktalsohle [53] im Bergland am Ritten angelegt. Auf dieser zum Teil mit großen Felsplatten ausgelegten Straße ist der Verkehr über tausend Jahre lang gegangen, obwohl der Anstieg auf die Höhe steil und beschwerlich war. Erst im Jahr 1314 legte der Bozener Bürger Kunter unten im Eisacktal einen Weg an [164][32]. Es ist bezeichnend für den Straßenbau des Mittelalters, daß hier die Initiative nicht vom Staat, vom Kaiser oder einem der großen Herren ausging, sondern von einem Privatmann, der sich von dem Zoll, den er auf dem neuen – auf seinem – Weg erheben durfte, ein Geschäft versprach. Allerdings war dieser »Kuntersweg« nur von Reitern und Saumtieren zu benutzen. Für eine großzügigere Anlage hatten wohl die Geldmittel eines einzelnen Bürgers nicht ausgereicht. Außerdem hätten wahrscheinlich die Säumergenossenschaften das Entstehen einer Fahrstraße zu verhindern gewußt, da ihnen dadurch der Vorspanndienst für die Auffahrt zum Ritten entgangen wäre. 166 Jahre später ist der Kuntersweg schließlich als Fahrweg ausgebaut worden.

164 Durch die Anlage des »Kuntersweges« im engen Tal des Eisack bei Bozen im Jahre 1480 brauchte der Warentransport zum Brenner nicht mehr die mühsamen Karren- und Saumwege über das 700 m hohe Bergland am Ritten zu nehmen (siehe auch Abb. 53).

Außer der Klause bei Bozen hatte die Brennerstraße noch einen zweiten Engpaß zu durchqueren. Kurz vor ihrem Eintritt in die oberitalienische Ebene zwängt sich die Etsch durch ein von steilen Felswänden eingefaßtes Tal [165]. Für die Straße bestanden hier keine Schwierigkeiten, für die Heere der nach dem Süden drängenden deutschen Kaiser ist dieser Engpaß eine ernste und stete Gefahr gewesen. Wer die Burg hoch oben am Felsen in der Hand hatte, konnte jeden Durchgang verhindern, und es kostete die deutschen Herren häufig viel Blut und manch tagelang währenden Kampf, um den freien Weg zu erzwingen. Friedrich I. war gezwungen, die Enge durch das Ogliotal zu umgehen, und Heinrich VII., der Sohn Friedrichs II., lag 1226 sechs Wochen in Trient fest, um schließlich doch mit seinem gesamten Heer umkehren zu müssen. Über den Kampf, den Friedrich I. Barbarossa an der

»Veroneser Klause« zu bestehen hatte, hinterließ Bischof Otto von Freising einen spannenden Bericht. Danach hatten »... die Truppen Friedrichs auf einer Schiffbrücke, welche die Veroneser nach einem alten Übereinkommen für den Kaiser bauen mußten – wofür ihr Stadtgebiet von den Soldaten nicht betreten werden sollte –, oberhalb dieser Stadt die Etsch überschritten. Ein Teil seines Heeres passierte noch am selben Tage unbehelligt die Veroneser Klause, die übrigen Streitkräfte, bei denen sich auch der Kaiser befand, lagerten in dieser Nacht an der Etsch. Als sie am nächsten Morgen durch den Engpaß ziehen wollten, fanden sie ihn von einer Schar Bewaffneter, die unter der Führung eines Ritters namens Alberich auf einem Felsvorsprung oberhalb der Straße postiert waren und die Durchziehenden mit Felsblöcken und Geschossen bedrohten, gesperrt. Die Lage des Heeres war kritisch. Weitermarschieren konnte man nicht, und ein Rückzug war auch nicht möglich, denn die Schiffbrücke, die feindliche Lombarden schon bei dem Übergang der Truppen zu zerstören versuchten, war kurz nachdem sie der letzte Deutsche passiert hatte, zusammengestürzt. Da war es der junge Pfalzgraf Otto von Wittelsbach, der das Heer aus dieser gefährlichen Situation rettete. Mit etwa 200 Genossen erklomm er, von zwei Veroneser Edelleuten geführt, durch Wald, Felsen und Gesträuch unbemerkt einen Felsen über den Feinden, die mit Schrecken erkannten, daß sie umgangen und verloren waren. Das Heer konnte den Vorgang von unten beobachten und den Angriff durch einen Sturm unterstützen[33].«

165 Die »Veroneser Klause«, der Eingang zur Brennerstraße von der Poebene aus.

In vielen Itinerarien sind die einzelnen Orte der Brennerstrecke aufgezählt, und ein gereimtes Pilgerbüchlein aus dem Jahre 1487 enthält sogar eine anschauliche Schilderung einer Reise auf diesem berühmten Paßweg:

»An Verren (Fernpaß) sints gestigen den langen hôhen berg
gen Isprug sints sie geritten in die stat gar werd;
ze Isprug hând sie gnâdet, mit îlen gerent aweg.
An Brener send sie g'nâhet, den kalten, hôhen berg,
gerastet hânts ze Sterzingen,
die Nacht hât sie begriffen in der stad ze Brixen.

Am morgen frie am tage hând si ir mess gehêrt,
den Contersweg send sie gfaren, dô ists ein wilds gefert!
der weg ist hôch, die tal sind tief:
Si muostent stân in sorgen, dasz ross und man verfiel.

Die nacht hât hergebrochen mit irem duncklen liecht:
Bozen was beschlossen; der wechter sie anblies.
»ô liebes, trewes wächterli,
schleusz uff das tor und lasz uns în, wir sind fremd bilgeri!«

Als sie nun send komen ge Bozen in die stat,
ein wirt hauts zuo im gnomen, guot herberg er in gab
mit spîs und wîn in mengerloi.
dâr um hat er enfangen des gelts ein michel toil.

Der wechter an der zinnen, als er den tag anblâst,
die bilgri wurdents inna, arwachtend ûsz dem schlawf;
si rantend hin gar bald gen Trent,
dô das Titsche lande loider nimpt end.«

Voller Bewunderung schreibt Georg Rösch von Geroldsheim 1558 in seiner Tirolbeschreibung über die Brennerstraße:

»... *zu grosser höch ain gewaltig Straß*
wirdt gebraucht ohne underlaß,
Im Römischen Reich kain solcher Paß,
Dazu ain gewerbig sichre Straß
Auß und in Welsch Lannd, wie ich sag
als Tyrol gefunden werden mag ...«

Ostalpen

Wie schon ausgeführt, bestand nach dem Untergang des Weströmischen Reiches jahrhundertelang weder politisch noch wirtschaftlich ein dringendes Bedürfnis nach einem Paßweg über die Ostalpen. Der Welthandel nahm seinen Weg bis in das 11. Jahrhundert im wesentlichen durch Rußland und an der Donau entlang, soweit es sich um den Güteraustausch zwischen Ost und West handelte, während der Nord-Süd-Handel zwischen Frankreich, Deutschland und Oberitalien sich der Übergänge in den West- und Mittelalpen bediente. Erst durch den Aufstieg Venedigs wurde der Blick wieder mehr auf die Verbindungen über die östlichen Alpen gelenkt, denn nach der Ausschaltung der Handelsmacht Byzanz gedachte die Lagunenstadt selbst den direkten Warenverkehr mit Nordeuropa auszuweiten. Es entstand ein wichtiger Handelsweg zur Donau, der von Udine über Klagenfurt bis an die Mur der alten Römerstraße folgte, die bekanntlich über die Radstädter Tauern und Salzburg nach Augsburg führte. Von der Mur bog die neue Route nach Nordosten ab und erreichte über den Semmering die Stadt Wien. Dieser Paß scheint schon um das Jahr 1000 mehr und mehr benützt worden zu sein[34]. So nimmt man auch an, daß Heinrich IV. über den Semmering zog, als er 1097 nach langem Italienaufenthalt wieder nach Deutschland zurückkehren konnte, da sein erster beurkundeter Aufenthalt im Reich in Nußdorf bei Wien erfolgte[35]. Mit den Babenbergern nahm die Bedeutung des Passes noch zu. Bereits 1142 verlegte dieses Herrscherhaus seine ständige Residenz nach Wien und machte die Stadt durch eine glänzende, reiche Hofhaltung zum geistigen und wirtschaftlichen Mittelpunkt Österreichs.

166 »Wie der Papst Johannes XXIII. auf dem Arlberg anno 1415 im Schnee lag.« Eine Darstellung, die im Mittelalter als Holzschnitt viel verbreitet wurde. Nicht so sehr, weil ein Papst mit seinem Wagen auf den miserablen Straßen ebenso umkippte, wie mancher andere Reisende, sondern weil es einer der drei Päpste war, die zu jener Zeit des unheilvollen Kirchenschismas die Menschen in große Gewissensnot brachten. Papst Johannes XXIII. war auf der Reise zum Konstanzer Konzil (1414–1418), das ihn dann absetzte, und die Menschen empfanden seinen Unfall am Arlberg als böses und gutes Omen, denn das Konzil stellte durch die Absetzung zweier Päpste die Einheit der Kirche wieder her. – Dieser Johannes XXIII. wird als Papst nicht gezählt. Deshalb konnte in unserer Zeit ein Johannes XXIII. den Stuhl Petri besteigen.

Die Beherrschung der Alpenpässe, insbesondere auch der schweizerischen Übergänge, war weit über das Mittelalter hinaus – z. B. im Zeitalter Richelieus im Streit um die Mantuanische Erbfolge – ein eifrigst verfolgtes Anliegen des »Hauses Österreich«, das die strategischen Verbindungen zu seinen italienischen und spanischen Besitztümern mit aller Macht zu sichern und zu halten suchte.

Der vollkommene
Kauff-und Handels-
Mann.
Durch Herrn Jacob Savary.
G E N F
Druckts und verlegts Joh. Hermann Widerhold.
M. DC. LXXVI.

Mittelalterliche Straßenbautechnik

Der mittelalterliche Straßenbau war von der Technik her gesehen recht kümmerlich. Im allgemeinen gab man sich mit Erdwegen zufrieden, die meist nur ungenügend durch Kiesaufschüttungen befestigt wurden [242]. In Regenzeiten und nach schweren Gewittern verwandelten sich diese »Straßen« zu Schlammbächen und Morastsstrecken [123, 126–130, 151/52]. Als Ausbesserungsmaßnahmen warf man Reisigbündel und Knüppel in die schlimmsten Löcher und versuchte so, eine einigermaßen begeh- und befahrbare Oberfläche wieder herzustellen. In zahlreichen Gemeinden war hierzu von Amts wegen ein bestimmtes Waldstück zum Holzeinschlag bestimmt[36]. Als 1571 auf der Frankfurter Straße bei Frohnhausen südlich von Marburg drei mit Wein beladene Wagen im Morast versanken und dabei ein Fuhrknecht ums Leben kam, wurde das Loch im Frondienst von den Anliegergemeinden mit 500 Wellen Reisig ausgefüllt. Da dieses rasch verfaulte, war der ursprüngliche Zustand bald wieder hergestellt[37].

Besonders in den neubesiedelten Ostgebieten kannte man nur unbefestigte Erdwege, die in Regenzeiten selbst für Reiter schwer, für Fußgänger und Fahrzeuge fast gar nicht passierbar waren. So sah sich der Deutsche Orden 1350 gezwungen, die Zinslieferungen vom Martinstag auf Weihnachten zu verlegen, weil dann durch den Frost die Wege befahrbar waren [168].

Im Westen waren die Zustände auch nicht viel besser, und man kann sich vorstellen, wie es an den Einfahrten großer Städte, etwa bei Soissons, Leipzig und Lübeck ausgesehen hat, wenn Hunderte von schwerbeladenen Handelswagen im regnerischen Herbstwetter zu den Messen eintrafen [123, 152]. Bürgermeister Geß von Zittau klagte im Jahre 1535: »Vor dem Reichenberger Tor, jenseitis des Steinwegs an den Berg hinum . . . ist der Weg so tief geworden, daß zur Winterzeit und an nassen Tagen die Fuhrleute 16 Pferde vor einen geladenen Wagen spannen müssen.« Zu den Ausbesserungsarbeiten an den Stadteinfahrten wurden vielfach die umliegenden Landgemeinden herangezogen, die dieser Aufgabe natürlich nur widerwillig nachkamen. Oft bediente man sich des Mittels der Erpressung, indem man ihnen den Entzug der Markterlaubnis androhte. In den ländlichen Siedlungen waren zur Instandhaltung der Brücken und Furten häufig die Müller verpflichtet, da diese zu den Hauptbenutzern der Straße gehörten, waren sie doch durch das Monopol des Mahlrechts gezwungen, das Korn bis zu einer gewissen Entfernung abzuholen und das Mahlgut zurückzuliefern[38]. Gelegentlich haben die Heerzüge der Kaiser zur Verbesserung der Straßenverhältnisse beigetragen, wenn – wie anläßlich des Zuges Friedrich Barbarossas 1158 nach Italien – der Heerkolonne Ritter mit Handwerkern und Arbeitern vorauszogen, um die gröbsten

167 Handelszug mit Tragtieren. Im Vordergrund ein bewaffnetes Geleit oder die Kaufleute, die ihre Wagen selbst begleiten, wie das im frühen Mittelalter allgemein üblich war. Daher der norddeutsche Spruch: »Koplude, Loplude« (Kaufleute, Laufleute). Diese Handelsleute durften mit besonderer Erlaubnis Waffen tragen.

168 Frachtwagen auf einem zugefrorenen Fluß.

Schäden des Straßenoberbaus zu beseitigen. Daß dieselbe Sorgfalt auch für die Ausbesserung der durch den Marsch der Heersäule entstandenen neuen Schäden aufgewendet wurde, ist allerdings nirgends berichtet. Der Wagentroß, der solchen Unternehmungen stets folgte bzw. sie begleitete, muß der Beschaffenheit der Straßendecken, soweit von solchen gesprochen werden konnte, erheblich zugesetzt haben. Man schätzt, daß zeitweilig auf 3000 Reiter etwa 300 Wagen und auf 12000 Fußsoldaten an die 550 Wagen kamen. Als Kaiser Karl V. 1532 gegen die Türken aufrief, riet man ihm, ein Heer von 30000 Reitern und 60000 Mann Fußvolk mobil zu machen. Das hätte einen Troß von 5750 Wagen bedeutet! Man kann sich vorstellen, wie die mangelhaft befestigten Straßen nach dem Durchzug eines solchen Heerhaufens ausgesehen haben [251].

Straßenbreiten

Die Breite der Straßen versuchte man damals mit unzähligen Verordnungen und Gesetzen festzulegen, deren verwirrende Vielfalt der staatlichen Situation entsprach. Die fast nicht absehbare Zahl der einzelnen Herrschaftsgebiete mit jeweils anderen Vorschriften führte zu einem Wirrwarr, dessen Auswirkungen zeitweilig Handel und Wandel ganz erheblich beeinträchtigten. Eine einheitliche Regelung kam nie zustande. Man hat die durchschnittliche Breite der Landstraßen mit 4,50–4,90 Meter ermittelt, während die befahrbaren Gebirgsstraßen nur 2,70 Meter maßen. Die Saumwege wiesen im allgemeinen eine Breite von 1,5 Meter auf, was ja für Saumtiere und Fußgänger ausreichte. Sehr einfach und klar ist der Paragraph über die Straßenbreiten im Sachsen- und Schwabenspiegel: »Des Königs Straße

169 (Unten links) Der Paragraph über die Straßenbreite und die Straßenverkehrsordnung im mittelalterlichen Rechtsbuch, dem »Sachsenspiegel«, aus dem 13. Jahrhundert (siehe auch Anm. 39a).

170 (Unten rechts) Die Illustration zum Paragraphen »Straßenverkehr« im Exemplar des Sachsenspiegels der Heidelberger Universität zeigt einen Linksverkehr. Wahrscheinlich entstand diese Regel aus Sicherheitsgründen. In der rechten Hand führte man Schwert und Spieß. Bei einem Rechtsverkehr hätte sich ein Reiter nicht schnell mit seiner Waffe verteidigen können. (Anm. 39)

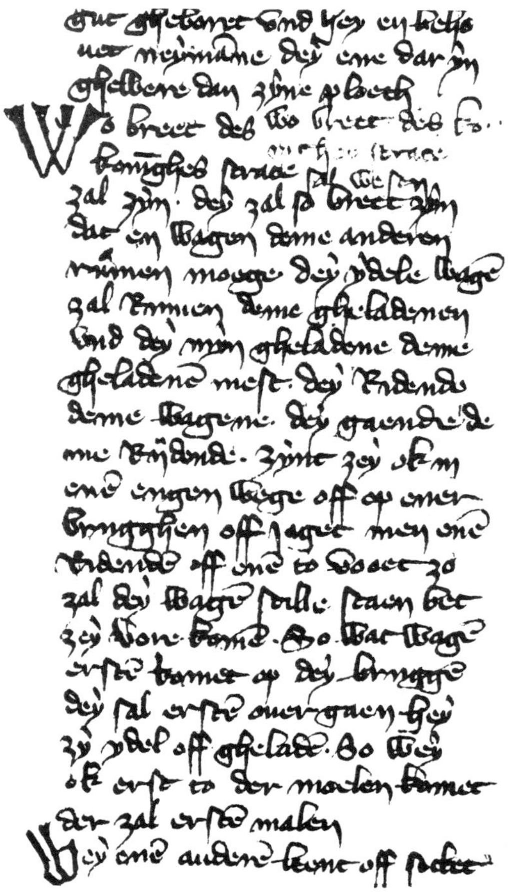

soll so breit sein, daß ein Wagen dem anderen ausweichen kann. Der unbeladene Wagen soll dem beladenen ausweichen, der leichter beladene dem schwereren, der Reiter dem Wagen, die Fußgänger dem Reiter. Befindet man sich aber in einem engen Wege oder auf einer Brücke und verfolgt man einen Reiter oder Fußgänger, so sollen die Wagen stille halten, bis sie weiter kommen können ... Welcher Wagen zuerst auf einer Brücke ist, soll zuerst hinüber, er sey leer oder geladen[39/39a] [169].« Die hier geforderte Straßenbreite entspricht etwa dem oben genannten Maß von 4,50 Meter. Das wäre bei den damaligen Verkehrsverhältnissen auch durchaus ausreichend gewesen, wenn die Straßen einigermaßen solide gebaut und regelmäßig unterhalten worden wären. So aber suchte sich jedes Fahrzeug den besten Weg, man umging bzw. umfuhr Schlaglöcher, Rinnen und Furchen, und die Straßen wurden immer breiter und breiter, wie das auf allen mittelalterlichen Straßenbildern zu sehen ist [126–130]. Auch Gräben und Ablaufrinnen zur Entwässerung der Verkehrswege gab es kaum. Sie wurden von den Straßenanliegern nur angelegt, um die Fuhrleute daran zu hindern, von der Straße auf die Felder auszuweichen, wenn die Löcher und Aufbrüche in der Straßendecke ihnen zu tief erschienen. Ein burgundischer Erlaß forderte die Anlage von Gräben als Ersatz für Zäune, nicht aber zur Entwässerung der Straßen: »Wer neben einer Straße einen Acker, Garten oder Weideland besitzt, der soll einen Zaun darum ziehen. Ist er aber zu arm, es einzuzäunen, dann soll er unverweilt einen Graben ziehen« (Knoll).

Der Hauptgrund aber, warum es im Mittelalter trotz des hohen Stands des Handwerks zu keinem entsprechenden Straßenbau kam, war neben der bereits erwähnten organisatorischen Uneinigkeit der Frondienst, der die Anlieger und vor allem die Bewohner kleiner Gemeinden zwang, neben ihrer Feldarbeit oder sonstigen Tätigkeit unentgeltlich Ausbesserungsarbeiten und Baudienste an Brücken und Übergängen zu leisten. Es liegt auf der Hand, daß diese Bauern und kleinen Handwerker keine Veranlassung sahen, mehr als nur das Allernotwendigste zu tun.

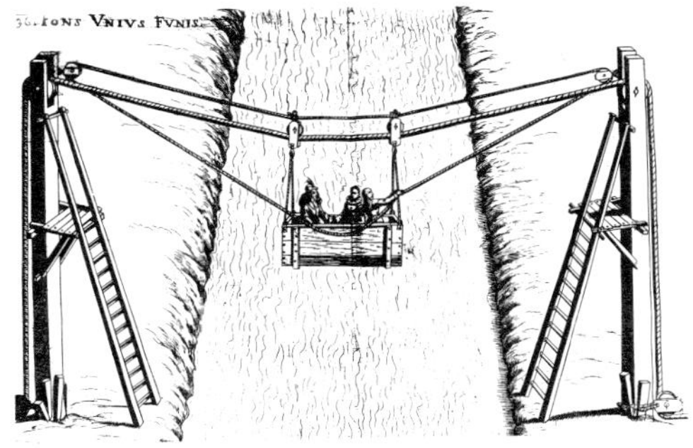

171 Die älteste bekannte Darstellung einer Schwebefähre zur Überquerung eines Flusses.

Furten, Fähren, Brücken

Das Recht am Flußübergang war im Mittelalter kaiserliches Regal und wurde ebenso wie das Recht an der Straße als Privileg verliehen, das bei jedem Regierungswechsel erneuert werden mußte. Diese Regale haben stets zu den wichtigsten Einnahmequellen der Staatsverwaltung gehört und wurden daher eifersüchtig gehütet.

Nach dem Ende der Römerzeit waren deren Brücken zum großen Teil zerstört oder zerfallen, und man war gezwungen, die Flüsse im wesentlichen an Furten zu überqueren, wie das in den Gebieten, die nicht unter römischer Verwaltung standen, die also auch nicht von Römerstraßen erschlossen worden waren, immer schon geschehen war. An diesen Übergängen entstanden dann auch in der Mehrzahl die Burgen und Marktsiedlungen. Die Furten pflegte man und hielt sie gang- bzw. befahrbar, indem man sie »peschütete«[40]. 1740 entdeckte man bei Rottweil sogar noch eine alte gepflasterte Furt durch den Neckar.

Aber Furten waren bei Hochwasser nicht passierbar. Vielbefahrene Handelswege litten sehr unter dieser Beeinträchtigung. Weltliche wie geistliche Herren haben daher schon sehr früh zur ungestörten Aufrechterhaltung des Handelsverkehrs Fähren in ihrem Herrschaftsbereich eingerichtet, d. h., sie kauften vom Kaiser ein Fährprivileg. Bei Speyer existierte alten Urkunden zufolge bereits um 841 eine Fähre, und Mitte des 13. Jahrhunderts weist dann das »Speyrer Zollweistum« zwei Fähren aus, das »Lußheimer Fahr« [137] und das »Hausener Fahr«. Das letztere war als Reichslehen im Besitz des Domstiftes, und das Lußheimer kam

172 Der Fuhrmann von Flammerspach. Kupferstich von Jost Amann, 1577. Es waren harte und weltkundige Männer, denen die Kaufleute ihre Waren anvertrauten. Sie mußten lesen können und die Geldstücke, Maße und Gewichte der Länder und Städte kennen, wohin sie »ihre Straße bauten«. Sie mußten wehrhaft und unerschrocken sein, denn viel Gesindel und Knechte der Raubritter trieben sich auf den Straßen herum. – Die Fuhrleute wohnten im Winter in kleinen Dörfern vor den großen Ladestädten und im Vorgebirge am Anfang der Paßstraßen. Aus Leeste bei Bremen fuhren im Frühjahr 200 Fuhrleute und 300 Wagen aus. Ebenso war es in Gütersloh und vielen anderen Orten. 1537 waren in dem heutigen Dorf Frammersbach im Spessart 25 Fuhrleute zuhause.

173 Alte Post-Geldkiste mit kunstvollem »Sicherheitsschloß«.

174 »Wollwagen« in der Pußta.

175 Ein siebenspänniger Frachtwagen verläßt Nürnberg. 50–53 Zentner hat er geladen. Ballen mit Tüchern aus Nürnberg, Aachen oder Flandern, englische Stoffe, Felle aus Polen und Rußland, Fässer mit Nadeln, Messern, Kupferdraht, Blechen und Eisen. Nach Venedig wird er rund 2 Monate unterwegs sein. Wenn er zurückkommt, bringt er wertvolle Güter des Orients. Säcke mit Pfeffer und anderen Gewürzen, Truhen mit Zimt, Fässer mit Feigen, Zucker und Weihrauch, Ballen mit Baumwolle, Pakete mit Seide aus Damaskus und Öl- oder Weinfässer aus Italien.

durch den Ahnherrn des salischen Kaisergeschlechts Konrad von Lothringen im Jahr 946 in den Besitz des Erzbischofs. Beide Fähren waren durch viele Jahrhunderte äußerst wichtige Bestandteile der großen Fernhandelsstrecken. Mit dem »Hausener Fahr«, etwas südlich von Speyer bei Rheinhausen, setzten ab 1500 die Kurierreiter der kaiserlichen Post auf ihrem ältesten und längsten Kurs Brüssel–Innsbruck–Rom über den Rhein[41].

Doch auch die Fähren waren bei Hochwasser und Eisgang nur bedingt oder gar nicht benützbar, und es kam an ihnen häufig zu erheblichen Verkehrsstauungen, wenn mehrere Handelszüge dort zusammentrafen und längere Zeit auf das Übersetzen warten mußten. Nur selten reisten Fuhrleute und Handelsmänner allein, sondern man schloß sich aus Furcht vor Überfällen durch Wegelagerer oder beutelustige Grundherren zu größeren Gruppen zusammen, um gemeinsam allen Gefahren besser begegnen zu können.

Die einzige Möglichkeit, schnell und sicher über einen Fluß zu gelangen, bestand zweifellos in der Benützung – so vorhanden – einer Brücke. Doch Brückenneubauten setzten nach der Römerzeit erst mit der Festigung des Karolingerreiches ein. Unter den Karolingern wurde der Brückenbau zu einem Teil der »Trinoda necessitas«, jenem Titel, der Heerbann, Burg- und Brückenbau zusammenfaßte[42].

Die erste Brücke auf deutschem Gebiet wurde wahrscheinlich vom Kloster Lorsch unterhalb Worms über die Weschnitz an der heute als Nibelungenstraße bekannten Verbindung von Worms nach Würzburg erbaut. Die 777 von Karl dem Großen ausgestellte Bauerlaubnis zeigt an ihrem Tenor, wie wichtig dem Kaiser diese Aufgabe erschien: »Wenn wir den Bitten der Priester und Diener Gottes freudigen Herzens entsprechen, so tun wir es in der Überzeugung, daß uns das zu Verdienste gereiche und zugleich unserem Reiche zur Kräftigung[43].« 803 wurde auf Anordnung Karls des Großen mit dem Bau einer Rheinbrücke von Mainz nach Kastel begonnen, wozu man die Fundamente der alten Römerbrücke benützte. Zehn Jahre dauerte die Bauzeit. Leider brannte diese Brücke kurze Zeit nach ihrer Fertig-

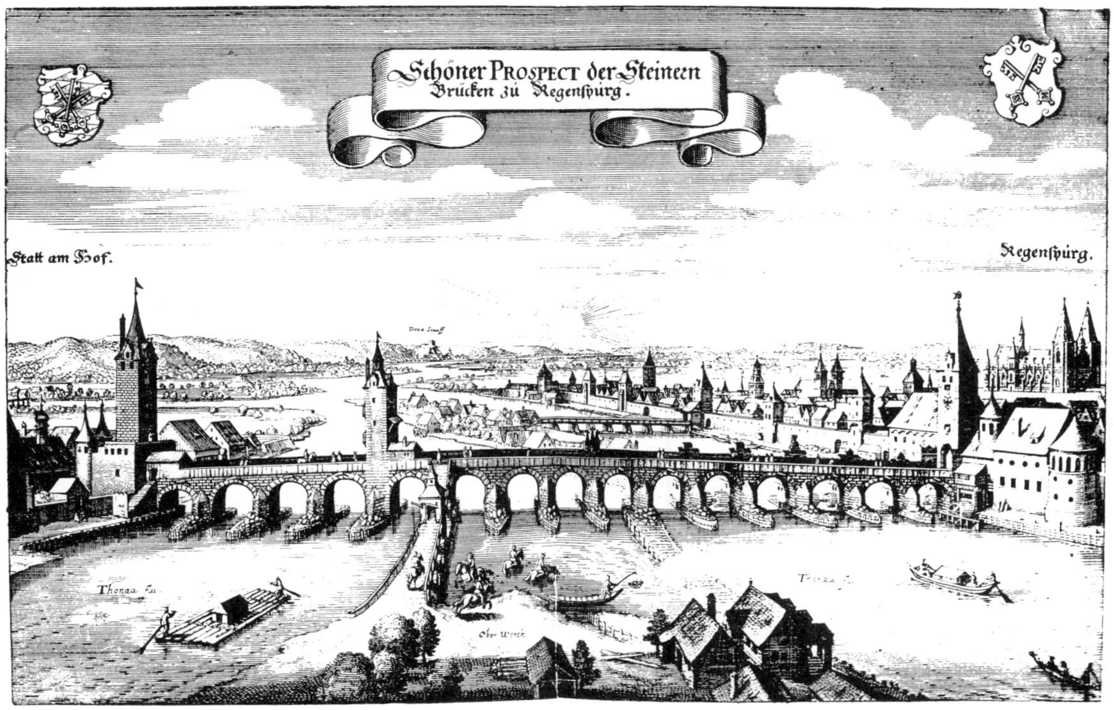

176 Die »Steinerne Brücke« in Regensburg. Wie Hans Sachs berichtet (MBL III. Nr. 48), hat der Bau dieses großartigen Werkes elf Jahre gedauert (1135 bis 1146). Die Brücke ist 305,5 m lang (ursprünglich 336 m). Die Fahrbreite beträgt 5 m und ruht auf 16 tonnenüberwölbten Steinpfeilern. Die günstige Lage Regensburgs im mittelalterlichen Handelsstraßennetz brachten der Stadt die Einnahmen, um einen so großen Brückenbau durchführen zu können (siehe hierzu Abb. 154).

stellung ab. Während Einhard den Brand als zufällig bezeichnete[44], gab der Mönch von St. Gallen den »Fergen« (Fährmännern) die Schuld, die über den Ausfall ihrer Überfahrteinnahmen erbost gewesen seien[45]. Erst 1000 Jahre später sollte auf Befehl Napoleons wieder eine massive Brücke bei Mainz über den Strom gebaut werden, doch verhinderte der Sturz des Korsen die Ausführung des Planes, für den die Gelder in Höhe von 8 Millionen Franken bereits angewiesen waren. Es dauerte dann noch bis zum Jahre 1885, bis eine Straßenbrücke eröffnet wurde.

Von den hölzernen Brücken des frühen Mittelalters ist nichts mehr erhalten, dagegen existieren noch eine Reihe schöner Brücken des späten Mittelalters und der anschließenden Zeit, obwohl auch diese zum größten Teil aus Holz errichtet wurden. Sie alle zeugen von dem großen meisterlichen Können des Zimmermannshandwerks in den drei Konstruktionsarten: Gitterwerk, Sprengwerk und Hängewerk [140–142]. Die wichtigsten unter ihnen waren zum Schutz gegen die Witterung stets überdacht worden.

Erst im 12. Jahrhundert setzte neben dem Holzbau ein reger Steinbau ein, der seine Anregungen aus den Erfahrungen der Steinmetzen und Steinbildhauer beim Kirchenbau erhielt. Eine der ersten war die zwischen 1135–1146[46] in Regensburg errichtete »Steinerne Brücke«[47] [176]. Aus der gleichen Zeit stammt auch die noch vorhandene Mainbrücke in Würzburg. Beide Brücken lagen an der viel frequentierten Handelsstraße von Flandern nach dem Orient. In Dresden mußte allerdings der Bau einer steinernen Brücke, mit der man schon 1119 begonnen hatte, aus Geldmangel eingestellt werden[48].

Im 12. Jahrhundert entstanden auch die »Judith-Brücke« in Prag (1169)[49], die Brücke über die Themse in London (1176–1201) [177] und der berühmte Pont d'Avignon über die Rhône, die der Abt Benezet 1178–1188 erbauen ließ. Sie erreichte mit 22 Bögen eine Länge von 900 Meter. Heute fehlt eine Anzahl dieser Bögen, denn 1385 wurden auf Befehl Papst Benedikts XIII. mehrere abgerissen, und 1670 zerstörte der mächtige Eisgang verschiedene weitere [131].

Die meisten Brücken in Frankreich waren zu jener Zeit das Werk einer religiösen »Vereinigung brückenbauender Brüder«, die das Geld für den Bau sammelten und die Brücken durch Vermietung von Verkaufsbuden, die sie darauf errichteten, unterhielten.

Die Brücken in Paris (1400), die Londoner Brücke (1200) und der Ponte Vecchio in Florenz gehören zu den bemerkenswertesten Beispielen dieser Gattung. Die Brücke in Florenz trägt ja noch heute ihre reizvolle Bebauung, die nach Hochwassern und anderen Zerstörungen immer wieder hergestellt wurde und den Ponte Vecchio zur Ladenstraße machte.

Große Förderer des Brückenbaues waren von jeher die geistlichen Fürsten. Sie sind oft genannt in Urkunden und Briefen als Bauherren, und mancher Abt oder Bischof ist weniger durch seine geistigen oder religiösen Taten in die Geschichte eingegangen, denn als Brückenbauer. Das mag auch mit daran gelegen haben, daß die Kirchenoberen von den Kaisern besonders reich mit Grundbesitz und Straßenprivilegien ausgestattet wurden, die ihnen die erforderlichen Geldmittel verschafften. Brückenbau war immer kostspielig, brachte aber in verhältnismäßig kurzer Zeit die investierten Gelder wieder herein, weil jede Brücke mit magischer Gewalt Handel und Verkehr anzog und daher die Brückeneinnahmen erheblich höher waren als die aus Fähren und Furten.

Hinzu kam noch, daß die Kirchenfürsten und Ordensherren durch ihre Verbindung mit Italien von Anfang an über Steinmetzen und Steinbaumeister verfügten, die von der Kenntnis alter, überkommener römischer Baukunst zehrten.

177 In Schramms »Historischer Schauplatz merkwürdiger Brücken« (erschienen 1735) sieht man, daß sich die Bauten auf der 1176–1201 erbauten Themsebrücke in London im Laufe des Mittelalters fast zu Hochhäusern entwickelt hatten.

Zahlreiche Brücken wurden durch Ablaßgelder finanziert, so z. B. die sechsbogige Nahebrücke bei Sobernheim an der Handelsstraße Paris–Saarbrücken–Mainz–Frankfurt, die ihr Entstehen einem im Jahr 1426 von Papst Martin V. erteilten Ablaß verdankte[50]. Schon 1300 hatten 15 italienische Bischöfe einen Ablaß für jeden gewährt, der nachweislich zur Unterhaltung der Mainbrücke bei Sachsenhausen einen Beitrag leistete. Über diese Brücke fuhren jahrhundertelang die Handelswagen von Nürnberg und Augsburg zur Frankfurter Messe.

Alle steinernen Brücken des Mittelalters zeigen zuerst noch den strengen Halbkreis der römischen Bauweise. Dann werden sie im Laufe der Jahrhunderte schwungvoller, eleganter und verraten eine vom persönlichen Formgefühl der Steinmetzmeister geprägte und bestimmte Linie. In ihrer Vielfalt stellen sie mit das Wertvollste dar, was uns der mittelalterliche Straßenbau in technischer Hinsicht hinterlassen hat. Sie sind Zeugnisse eines hervorragenden Form- und Materialgefühls und gehören zu dem großen Kulturgut jener Epochen.

Die Verwaltung der Straßen

178 Zollprivilegien am Rhein sind von den Kaisern schon im frühen Mittelalter erteilt worden. Sie gehörten immer zu den wichtigsten Einnahmen vieler Kaiser, Kurfürsten, Grafen und Städte. Ende des 12. Jahrhunderts mußte der Handel zwischen Worms und Köln an 19 Zollstätten (also etwa alle 15 km) Wege- oder Wasserzoll entrichten. Noch im 18. Jahrhundert wurde von Mainz bis Köln an 13 Stellen Zoll erhoben!

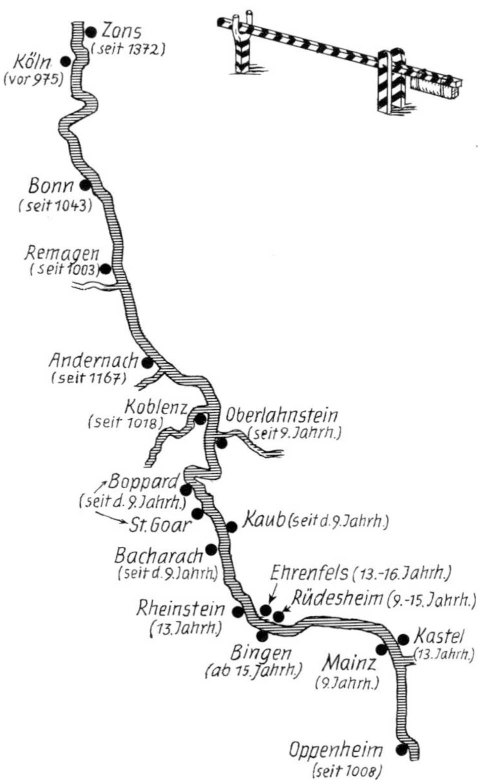

Daß die Straßen auch im Mittelalter, wie schon im römischen Reich, Eigentum des Kaisers waren[51], wurde schon gesagt. Er allein hatte das Anrecht auf Wegegeld, das dazu dienen sollte, neue Straßen zu bauen und die vorhandenen in Ordnung zu halten. Bei der Belehnung mit einer Straße übernahm der Belehnte die Pflicht, die Einnahmen aus dem Regal zweckmäßig zu verwenden [184]. Karl der Große besaß noch die Macht, diese Bestimmung durchzusetzen, aber schon unter seinen ersten Nachfolgern wurden Wegegelder und Brückenzölle zu einer willkommenen Einnahmequelle für weltliche und geistliche Grundherren, die ihre privaten Bedürfnisse damit zu finanzieren pflegten [180, 184, 185]. Willkürlich erhoben Grafen, Fürsten, Klöster, Abteien und Städte Straßenzölle und ließen die Straßenbauarbeiten von Anliegern und Gemeinden im Frondienst ausführen, die natürlich kein Interesse daran hatten, sich mehr als unumgänglich notwendig damit zu befassen. Somit geschah nur unter Zwang das Allerdringlichste, und die Straßen gerieten meist innerhalb kurzer Zeit in einen trostlosen Zustand.

Friedrich II. versuchte 1235 noch einmal, die Bestimmung des Straßenprivilegs auf dem Reichstag in Mainz im Landfriedensvertrag zu erneuern, und es kam auch zu einem Beschluß, daß derjenige, der den Zoll erhebe, auch für den Unterhalt der Straße zu sorgen habe[52]. Diese Formel schloß jedoch schon nicht mehr die ausschließliche Verwendung der erhobenen Gelder für Straßenbauten ein. Überdies wurde die ganze Maßnahme praktisch wirkungslos oder doch sehr stark beeinträchtigt durch einen zusätzlichen Beschluß des Reichstages, wonach die Kurfürsten das Recht zugesprochen erhielten, daß Straßen-, Brücken- und Fährenprivilege nur mit ihrer Zustimmung vergeben werden durften. Das einst ausschließlich kaiserliche Privileg war somit unter den Einfluß partikularer Gewalten geraten, die auf Kosten des Reiches nach Selbstherrlichkeit strebten. Da der Kaiser zudem viel unterwegs war, blieb die Verwaltung der Verkehrswege von nun an in der Hauptsache den Kurfürsten überlassen[53], die sich beeilten, die Straßen als Handelsobjekte zu nutzen. Mehr und mehr und immer höhere Zölle wurden erhoben. Die Großen beriefen sich hierbei auf das Recht des Kaisers, die Kleinen richteten sich nach dem Bedarf ihres Geldbeutels. Jeder kaufte und verkaufte Privilegien für Zölle an Straßen, Brücken, Fähren und Pässen, so gut und so viel er nur konnte. Auf der rund 100 Kilometer langen Strecke von Worms bis Koblenz gab es zeitweilig 19 Straßen- und Wasserzollstellen [178], und in der näheren Umgebung von Nürnberg wurde um 1404 an 24 Stationen, die fast zur Hälfte nur 3 Meilen voneinander entfernt waren, Zoll erhoben[54]. Besonders während des Interregnums (1254–1273) wurde dann immer mehr Mißbrauch mit Straßenprivilegen getrieben. Später kam es sogar dazu, daß Straßen für Darlehen verpfändet wurden. So gab Kaiser Karl IV. 1357 dem Grafen Gerlach von Ysenburg die Straße von Frankfurt am Main nach Hachenburg (nördlich von Limburg) als Pfand für ein Darlehen von 2000 Golddukaten. Der Graf wußte bestimmt aus dieser Aktion erheblich Kapital zu schlagen, denn die Straße wurde als Verbindung zwischen Frankfurt und Köln sehr lebhaft von Handelsfuhrwerken benützt. Um die Instandhaltung hat er sich dagegen sicher nicht sonderlich bemüht, sie war ja nicht sein persönliches Eigentum.

Straßenzwang

Als Maßnahme gegen diese Ausbeutung durch überhöhte Straßenzölle und Wegegebühren versuchten die Kaufleute und Fuhrmänner neue, nicht besteuerte Straßen bzw. Wege zu finden. Nunmehr wurden sie von den Privileginhabern mit Gewalt dazu gezwungen, nur die Straßen zu befahren, an denen diese aufgrund kaiserlich verbrieften Rechts Gebühren erhoben, obwohl nach dem Mainzer Landfrieden jeder Straßenzwang ausdrücklich verboten war: »Alle Straßen sollen frei und offen sein für jedermann[55].« Wie wenig man sich aber um das kaiserliche Gebot kümmerte und wie gering die Reichsgewalt war, um den Straßenzwang zu verhindern, hatte schon Herzog Heinrich der Löwe 1158 bewiesen, als er Brücke, Markt und Münze des Bischofssitzes Freising zerstörte. Ihm ging es allein darum, der von ihm gegründeten Burgsiedlung »bei den Mönchen« (München) Einnahmen zu verschaffen, und so zwang er den Salzhandel dazu, über seine eigene Brücke »bei den Mönchen« zu ziehen und dort den Salzzoll zu entrichten. Auf die Klage des Freisinger Bischofs entschied Kaiser Barbarossa, daß die neue Siedlung seines Vetters Heinrich Brückenzoll, Marktrecht und Münze gegen Abgabe eines Drittels der Einnahmen behalten dürfe. Heinrich der Löwe hatte sich durch Städtegründungen (Lübeck) und durch Landerwerb eine so bedrohliche Hausmacht geschaffen, daß der Kaiser auf ihn Rücksicht nehmen mußte. Erst nach dem Sturz Heinrichs, 22 Jahre später, konnte Freising seine Rechte zurückerlangen.

Die schlimmste Folge des Straßenzwanges war, daß sich die Straßenbesitzer überhaupt nicht mehr um die Instandhaltung kümmerten und die Verkehrswege restlos verkommen ließen. Die Kaufleute waren ja auf sie angewiesen und mußten sie benützen, auch wenn sie noch so schlecht und voller Löcher waren. Dann ergab sich sogar noch ein zusätzlicher Verdienst für die Straßenherren, indem sie Gespanne stellten und sich diesen Vorspann teuer bezahlen ließen. Diese Vorspanndienste wurden dann weitervergeben an Anlieger und Durchfahrtsgemeinden, die dafür ihrerseits hohe Abgaben zu leisten hatten und sich entsprechend an den Reisenden und Kauffahrern schadlos hielten. Große und kleine Herren trieben den Unfug mit dem Straßenzwang und Vorspann, und es gab ganze Dörfer, die ausschließlich davon lebten. So sind z. B. aus Neumarkt bei Bozen (1309) und Gries an der Brennerstraße (1337) Lehnsrechte überliefert, aufgrund deren bestimmte Bauernhöfe das alleinige Recht hatten, den Kaufleuten Führer zu stellen und Waren mit Maultieren zu befördern [147]. Im Nürnberger Germanischen Nationalmuseum wird ein Pergament aufbewahrt, das das Siegel des 25. Januar 1359 trägt und ein Mandat Kaiser Karls IV. an alle

179 Bau einer Straße zwischen Bavai und Doornik in Flandern, die vor dem Tor der Stadt gepflastert wurde; siehe dazu Abb. 228.

Reichsstädte enthält, wonach deren Kaufmannschaft im Bistum Chur nur die Geleitstraßen des dortigen Bischofs benützen sollten. Wie mag dieser geistliche Herr den Kaiser dafür entschädigt haben? Wahrscheinlich durch die Zusicherung, daß er den Septimer- und Splügenpaß stets für die Züge der Kaiserlichen Majestät offenhalten würde. Karl IV., der von 1355 an Kaiser war, entzog der Stadt Görlitz das Stapelrecht, vergab es an Zittau und ordnete an, daß die Görlitzer Kaufleute nicht mehr über die alte Straße reisen durften, sondern die von ihm angelegte neue Straße über Zittau auf ihrem Weg nach Prag zu nehmen hatten. Auf dieser rund 150 Kilometer langen Strecke erbaute er verschiedene Schutzburgen und ließ an 6 Zollstellen und an der Brücke über die Iser Zoll erheben. So spielte sich dieser Wucher mit den Straßenrechten von ganz oben bis zur kleinsten dörflichen Vorspann- und Säumergenossenschaft hinunter ab. Eine der merkwürdigsten Einrichtungen im mittelalterlichen Straßenwesen war auch das »Ruhrrecht«. Durch dieses Recht wurde die Bestimmung, daß Strandgut an Fluß und Meer Eigentum des Finders sei, auf die Straße übertragen. Somit wurde Ware, die – etwa beim Umkippen eines Wagens infolge Radbruchs – die Straße »ruhrte« (berührte), Eigentum des Straßenbesitzers. Schon um dieser Gefahr zu entgehen, waren Handels- und Fuhrleute darauf angewiesen, sich dem Straßenzwang zu unterwerfen und sich der örtlichen Geleit- und Vorspanndienste zu bedienen.

Eine weitere Erschwerung des Verkehrs brachte die Einführung des Stapelrechtes mit sich. Es billigte einer Stadt das Vorkaufsrecht an allen Waren zu, die durch sie oder auf einer zum Stadtbereich gehörenden Straße transportiert wurden. Auch damit sollte eine Umgehung der Städte unterbunden werden[56]. Daß mancher Weg dadurch erheblich länger wurde, daß sich durch die zusätzlich entstehenden Kosten die Waren verteuerten, kümmerte natürlich die Burg- und Landherren nicht im geringsten, solange sie nur den Strom der Abgaben und Zölle in ihre Kassen fließen sahen. Leipzig erhielt 1507 von Kaiser Maximilian I. das Stapelrecht und erreichte außerdem die kaiserliche Zusage, daß im Umkreis von 15 Meilen (etwa 25 Kilometer) kein Markt abgehalten werden durfte[57]. Spätere Kaiser haben dieses Privileg für Leipzig, das zum ausgedehntesten und wirksamsten Straßenzwang des ausgehenden Mittelalters gehörte, erneuert[58] und schufen damit die Voraussetzung dafür, daß die Stadt rasch zum größten Handels- und Umschlagsplatz des Reiches nach Osten wurde.

180 Brückenzoll. Viele Bischöfe und Klöster – die im Mittelalter zu den eifrigsten Brückenbauern gehörten – erhielten oder kauften vom Kaiser das Privilegrecht, Brückenzoll zu erheben.

Geleitpflicht

Schon unter den Merowingern und Karolingern hatte sich das Geleitwesen herausgebildet und als Schutzgeleit mit Ausfertigung eines Geleitbriefes für das »tote« und »lebende Geleit« gewissermaßen rechtlichen Status erhalten. Wer einen Reisenden überfiel, der sich – für gutes Geld selbstverständlich – einen Geleitbrief hatte ausfertigen lassen, geriet in die Acht, denn er hatte auf der dem Herrscher gehörenden Straße den Landfrieden gebrochen [203]. Wer vom Kaiser die Belehnung mit einer Straße übernahm, war als Lehnsherr auch verantwortlich für die Sicherheit auf dieser Straße. Er hatte die Geleitpflicht, d. h. er mußte den Reisenden vor Schaden an Leib und Eigentum schützen, wenn dieser sein Geleit angenommen und sich ihm anvertraut hatte. Der Geleitherr war dann schadenersatzpflichtig. Allerdings war grundsätzlich niemand gezwungen, ein Geleit zu nehmen. Die negativen Auswirkungen einer solchen Entscheidung wurden bereits erwähnt [195, 199, 200].

Als 1184 Augsburger Bürger in Kölner Gebiet beraubt wurden, hat Kaiser Heinrich VI. den Erzbischof von Köln, dem er das Straßenprivileg verliehen hatte, zum Ersatz des entstandenen Schadens veranlaßt.

Im Laufe der Jahrhunderte wurde jedoch die an sich nützliche Geleitpflicht zu einer ebenso drückenden Last und ausgesprochenen Behinderung für Handel und Verkehr wie Straßenzwang, Saumrecht und Straßenzölle [180, 187]. Die Kaufleute versuchten sich dagegen zu wehren. Sie schlossen sich zu Handelszügen zusammen, um die Kosten der ihnen jetzt aufgezwungenen Geleite zu senken. Städte richteten in ihrem Gebiet ein eigenes Geleit ein und schlossen für weite Reisen ihrer Bürger mit den Landherren Geleitverträge ab. So erwirkte der Rat der Stadt Nürnberg im 15. Jahrhundert für eine Reise zur Frankfurter Messe von sieben Territorialherren das Schutzgeleit. An jeden dieser Geleitherren mußte für den unbehinderten und gesicherten Durchzug der Meßkarawane und für die Stellung eines bewaffneten Geleites von Herrschaftsgrenze zu Herrschaftsgrenze eine entsprechende Gebühr bezahlt werden. Dazu kamen noch die »Freßgelder« für die eigene (nürnbergische) und die siebenmal wechselnde fremde Geleitmannschaft[60].

„Pfaffen und ritter und ihr gesinde sollen zollfrei sein. Jedermann soll auch zollfrei sein, er fahre oder reite oder gehe, wenn er eines schiffes oder einer brücke nicht bedarf; und mit recht sei er geleitgeldes frei, wenn er sein gut oder seinen leib wagen will. Wem er aber geleitgeld gibt, der soll ihn vor schaden bewahren innerhalb seines geleitgebiets, oder er soll ihn ihm ersetzen."

181 Artikel 27/§ 2 im »Sachsenspiegel« (um 1220). Siehe auch Anm. 59.

Selbst höchste Herren waren von diesem Geleitzwang nicht ausgeschlossen. So mußte der Reichskanzler, der Mainzer Kurfürst, für die zu Kaiserkrönungen oder Reichstagen nach Frankfurt reisenden Kurfürsten und ihre Begleitung bei allen Reichsständen, durch deren Gebiete oder Städte die edlen Herren kamen, Geleit erwirken. Und um die Reichskleinodien von Aachen und Nürnberg zur Krönung nach der Mainstadt zu überführen, schrieb der Reichserzkanzler an die Reichsstände und Städte, daß sie die Abordnungen »so ihre Lande und Gebiete berühren ... also vergleiten zu lassen, daß sie sammt den ihrigen mit solchem Zierate frei, sicher und ohne Schaden durchkommen«[61]. Nicht einmal für die Reichsgeschäfte einer Krönung war also das einst im Namen von Kaiser und Reich als Privilegpflicht verliehene Geleitrecht selbstverständlich.

Der Kaiser, der höchste Fürst des Reiches, war ärmer als der hohe Adel, als viele Grafen und Landherren, als die Städte. Er mußte im Namen des Reiches um alles bitten, was er für notwendig hielt, um seinen Aufgaben gerecht werden zu können, und immer mehr wurde es ihm versagt. Damit schwand auch seine Autorität, sein Ansehen, und niemand kümmerte sich mehr um seine Erlasse und Anweisungen. Fürsten und Städte stellten ihre eigenen Söldnerheere auf; der niedere Adel, Grafen und Ritter, trat in den Dienst der Fürsten und

182 Verteilen der Beute nach einem Überfall auf Handelsleute. Die Ritter im 16. Jahrhundert sahen es als ihr gutes Recht an, Bürger einer Stadt zu überfallen, der sie Fehde angesagt hatten.

Städte oder blieb weiter auf seinen Besitztümern und pochte auf seine Standesrechte und Privilegien, die im Grunde durch die wirtschaftlichen und politischen Verhältnisse überholt waren. Das Raubritterwesen entstand [197, 199]. Kaufleute, die nicht bereitwillig alle geforderten Zölle und Abgaben für Straßen- und Brückenbenutzung, für Geleit und Saumrecht usw. entrichteten, wurden überfallen, beraubt und verschleppt, um Lösegeld zu erpressen [183]. »Pfeffersäcke« nannte man sie und betrachtete sie und ihre Waren als willkommene Beute. Ritterburgen – einst Horte der Kultur, der Ritterehre und des höfischen Lebens – verwandelten sich in Raubnester und zu Schlupfwinkeln von Wegelagerern [182].

Besonders schlimm war es mit der Wegelagerei am Rhein. In seiner »Narrenbeschwörung« von 1512 läßt Thomas Murner einen Ritter aus jener Zeit erzählen:

»... und ich ein schiff weiß uff den Ryn,
Dann zwing ichs, farne zu landt,
Darin viel spezerey ich fandt,
Silber, Goldt und Tuchgewandt.
Solch insellen find ich mit myn Kunden,
Und habens uff dem Ryn gefunden,
Das vor kein Mensch hat nie gewust,
Das spezerey da gewachsen ist.
Noch schadt's mir nicht an myner eren,
Das ich des Sattels mich erneren.«

183 Die Gefangennahme des reichen Nürnberger Patriziers Hieronymus Baumgartner durch den schwäbischen Raubritter Albrecht von Rosenberg am 31. Mai 1544 in der Gegend von Sinsheim. Eventuell ist die Stadt im Hintergrund Wimpfen. Albrecht griff mit dieser Gewalttat zur Selbsthilfe, um durch Lösegeld Schadenersatz für seine vom Schwäbischen Bund zerstörte Burg Boxberg zu erhalten. Er hat den Hieronymus Baumgartner über ein Jahr von Burgverlies zu Burgverlies geschleppt. Am 4. August 1545 lieferte er seinen Gefangenen aus und erhielt tatsächlich 39 000 fl., wovon Nürnberg 8000 zahlte.

184 Straßenzölle waren im Mittelalter stets eine gute Einnahmequelle. Daher drängten sich Fürsten danach, durch ein Privileg vom Kaiser oder König in den Besitz eines immer Gewinn abwerfenden Straßenlehens zu kommen. Das Gedränge bei der »Privilegerteilung« in der Miniatur aus der Werkstatt des Diepold Lauber von Hagenau um 1430 mutet fast wie spöttische Ironie an (Bibliothèque Royal, Brüssel).

185 Zöllner mit Rechenbrett an einem Stadttor um 1410.

186 Das Zollhaus vor Frankfurt am Main, die »Sachsenhäuser Warte«, um 1630.

187 Wehrhaftes Geleit für die Gesandten einer reichen Stadt, die immer besonders in Gefahr waren, von Wegelagerern und Raubrittern gefangengenommen zu werden, um ein Lösegeld zu erpressen. (unten)

188 Finstermünz, Zollveste Siegmundseck. Über diese Brücke führte im Mittelalter der große Handelsweg von Italien über Bozen und den Reschen-Scheideck-Paß nach Deutschland. Heute liegt sie in einem Seitental abseits der Hauptstraße. ▷

189–193 (Oben von links): Mönchsbote (15. Jahrhundert) – Der Stadtbote von Frankfurt, Hennchen Hanaue, links in Winter-, rechts in Sommerkleidung (1439). Reiche Städte unterhielten Briefboten mit festem Zeitplan. In der Botenordnung von Augsburg heißt es 1555: »Jeden Samstag soll ein Bote die Briefe in der Stadt einsammeln und sie am nächsten Samstag zu guter Tageszeit in Venedig übergeben.« – Reitender Bote überbringt einen Fehdebrief (1485). Ebenso wie Fehdebriefe wurden Briefe in einem Pestgebiet an einer Stange übergeben. – Hartwig von Raute fertigt einen Boten ab. Er erinnert ihn durch einen Schlag auf den Mund an seine Schweigepflicht. (Manessische Liederhandschrift, 1305.)

194 Ein vielverbreiteter Holzschnitt voller Symbole aus dem Jahre 1648. Von Wien bis Stockholm werden die Flaggen gesetzt, denn der kaiserliche Postreiter bringt die Nachricht (»FAMA«) vom Frieden (»PAX«), von dem Ende des dreißigjährigen Mordens in Europa. Die Waffen und die Kriegstrommel sind zerbrochen. Grabkreuz und zersplitterter Baum mahnen an eine schreckliche Zeit. (unten links)

195 Mit feierlichem Zeremoniell nimmt man hier die Kaufleute ins Geleit. Achtungsvoll und höflich ziehen beide Parteien den Hut. Dabei ist sich der Obrist des Fürsten ganz klar darüber, daß der Handelsmann den teuren Schutz annehmen muß. Wenn er das Geleit verachten sollte, muß er mit der Möglichkeit eines Überfalls und Beraubung rechnen, denn »Das Gut hat gfahr zu Wassr und Land«. (unten rechts)

196 Das Fort Bard am Ausgang des Aosta-Tales. Wie hier an der Paßstraße zum Großen St. Bernhard, waren im Mittelalter alle Ein- und Ausgänge wichtiger Paßübergänge durch mächtige Burgen gesichert.

197 »Überfall auf der Straße«, Gemälde von Jan Brueghel d. Ä. (1568–1625).

Auch Götz von Berlichingen, »der Ritter, tapfer und edel in seiner Freiheit, gelassen und treu im Unglück«, wie ihn Goethe zeichnet, war ein Raubritter. Seine Lebensbeschreibung zeigt mit erschütternder Deutlichkeit die Ohnmacht des Reiches gegenüber der Gewalt und Willkür, die auf den Straßen herrschte:

»1514: Ich wußt, wann die Frankfurter Messe war, da zogen die von Nürnberg und Würzburg heraus zu Fuß gen Frankfurt, als nämlich durch Habichtal und Lengenfeld dem Spessart zu; nun die Kundschaft war gemacht, und ich warf ihrer 5 oder 6 nieder und war ein Kaufmann darunter, den ich zum dritten Mal und in einem halben Jahr zweymal gefangen und einmal an Gütern geschädigt hatte ... Die Kaufleut ... liefen zum Kaiser gen Augsburg und fielen ihrer Kaiserlichen Majestät zu Füßen und verklagten mich aufs Höchste, daß sie nämlich ruinierte Leut wären. Darauf hätte der fromme Kaiser Maximilian geantwortet und gesagt: Heiliger Gott, heiliger Gott! was ist das schon? Der eine hat nur eine Hand und der andere hat nur ein Bein. Was wollt ihr denn tun, wenn sie erst zwey Händ verloren hätten und zwey Bein? Das war nun auf mich und Hanns von Selbitz geredet und der Kaiser hätte hinzugefügt: Wenn ein Kaufmann einen Pfeffer-Sack verliert, so soll man wohl gleich das ganze Reich aufrufen! Welche Rede ich ungefähr 3 oder 4 Tage danach bei eines Fürsten Gewaltigen erfahren, dem sie durch die Post von Augsburg aus bekannt wurde. Mir gefiel solches von der Kaiserlichen Majestät so gut, daß es mir im Herzen eine Freude war[62].«

Mit dem Überhandnehmen dieser Zustände schlossen sich nicht nur die Kaufleute zu Geleitgemeinschaften zusammen, sondern auch die Städte vereinigten sich zu Bünden, um sich gegen die unerträglichen Übergriffe der örtlichen Mächtigen, der Adligen und Raubritter zu schützen. Schon 1210 traf der Bund der Hansestädte eine Vereinbarung zwischen Lübeck und Hamburg zur Freihaltung der Durchgangsstraßen, und 1254 wurde nach dem Vorbild der lombardischen Städte – dort herrschten die gleichen Mißstände – der Rheinische Städtebund gegründet. Arnoldus Walpode[63], der Bevollmächtigte des Mainzer Kurfürsten, schrieb darüber:

»Kein anderes Mittel gibt es, diesem Unwesen zu steuern, als ein gemeinsames Bündnis aller rheinischen Städte. Nur verbunden können sie den Räubern widerstehen und den Landfrieden zu Wasser und zu Land im Heiligen Römischen Reiche zustandebringen und handhaben[64].«

Auch der Minnesänger Frauenlob pries begeistert die Wirksamkeit des Bundes[65]. Jetzt begann ein harter und energischer Kampf gegen die Raubritter. Mit Hilfe der vom Städtebund aufgestellten Truppen wurde ein Raubschloß nach dem anderen erobert und die

198 »Dorfschänke«, Gemälde von Jan Brueghel d. Ä. (1568–1625). Das Gasthaus liegt an der großen, breiten Einfahrtsstraße einer Stadt. Abends spannten hier die Fuhrleute der Handelswagen aus und schliefen nach der Plackerei am Tage auf den schlechten Straßen auf einer Strohschütte unter ihren Wagen, um ihre wertvolle Fracht zu schützen. Nur die reichen Herren übernachteten in dem vielstöckigen »Hotel«, wenn sie es nicht vorzogen, zu einer besseren Herberge in der Stadt weiterzufahren. Am Tage kehrte in der Schänke die Landbevölkerung ein, die zu Fuß, zu Pferd, im Wagen, auf Karren und mit Kähnen kam, um den Markt in der Stadt zu besuchen.

◁

199 Überfall in einsamer Waldgegend. Die Raubritter bestritten mit solchem Gewerbe ihren Lebensunterhalt und glaubten sogar, daß sie aufgrund alter, aber längst überholter Privilegien ein Recht dazu hätten, Gewalt anzuwenden, wenn Reisende in ihrem Gebiet nicht freiwillig Abgaben an sie zahlten.

Sicherheit auf den Straßen am Rhein wiederhergestellt. Wie groß die Zahl solcher Raubburgen im Reich gewesen sein muß, lassen die Berichte erahnen, wonach Kaiser Rudolf noch im Jahre 1290 allein in Thüringen, Franken und Schwaben 136 Burgen zerstörte, deren Herren als Raubritter und Straßen- und Wegelagerer ihr Unwesen getrieben hatten.

In größeren, zusammenhängenden Gebieten wurden so die Zustände im allgemeinen besser, und die neugewonnene Sicherheit sprach sich unter den Kauffahrern rasch herum. So wurden die Straßen in Hessen gerne befahren, denn hier sorgte Philipp der Großmütige (1504–1567) mit harter Hand für Ordnung. Erschwert wurden die Bemühungen dieser um Ruhe und Sicherheit auf den Verkehrswegen besorgten Fürsten dadurch, daß die Adeligen des Landes, die Ritter und Grafen auf den Burgen, nicht ihrer Gerichtsbarkeit unterstanden, sondern nur von ihresgleichen, von den Landständen, belangt werden konnten. Trotzdem hat Philipp es so gehalten wie sein Ahnherr Ludwig I. von Hessen, der 1445 den Ritter von Busek wegen Straßenraubs ins Gefängnis warf und zur Rückgabe des Raubes zwang. In seinem Testament empfahl Philipp seinen Nachfolgern:

»Wir wollen unsere Söhne väterlich ermahnt haben, daß sie wollen ihre Straßen rein halten und das Placken und Nehmen auf den Straßen von keinem nit leiden, auch diejenigen so dieselben hausen und herbergen nach Inhalt des Landfriedens strafen . . . denn ein Fürst an seiner Münze, Reinhaltung der Straßen und Haltung seiner Zusagen erkannt wird.«

Leider war eine derartige Haltung äußerst selten, und so blieben denn die Anstrengungen Philipps und anderer ähnlich bemühter Fürsten mehr oder weniger regional beschränkt und vermochten auch nur zeitweilig Besserung zu schaffen. Auch der entschlossene Einsatz des Rheinischen Städtebundes konnte nur vorübergehend einen Wandel in den Zuständen auf den Straßen erzielen. Wie traurig war es um das Reich bestellt, wenn 1309 der Erzbischof von Mainz, der Reichskanzler, an den Erzbischof von Bremen schreiben mußte, er könne ihn wegen verschiedener Todfeindschaften nicht besuchen; auch sei die Unsicherheit auf den Straßen zu groß und die Kosten für ein ausreichendes Geleit zu hoch[66]. Allerdings war es nicht verwunderlich, daß die Reisen der Herren Erzbischöfe ganz besonders anziehend auf

Diebsgesindel wirkten und den Zorn der verarmten Ritter hervorriefen, fanden sie doch stets mit einem Aufwand statt, den sich weltliche große Herren schon lange nicht mehr leisten konnten.

Straßenbau, Straßenverwaltung und vor allem die geschilderten Zustände auf den mittelalterlichen Straßen sind in der Tat kein Ruhmesblatt in der Geschichte der Verkehrswege. Trotzdem entwickelten sich Handel und Verkehr unaufhaltsam weiter. Nicht in jedem Wald lauerten Räuber und nicht jede Reise endete mit Verschleppung, Überfall, Radbruch und ähnlichen Unbilden.

Auch sind im wesentlichen natürlich nur Berichte über die zu hohen Zölle, über die Misere auf den Straßen und die überstandenen Gefahren überliefert, während man – wie heute ja auch – glücklich überstandene und belanglos verlaufene Reisen nicht des Erwähnens wert fand. Sicher waren die gut und erfolgreich abgeschlossenen Handelsfahrten die Regel, denn sonst wäre es wohl kaum zu dem schon damals beachtlichen und sich fortwährend vermehrenden Reichtum der Städte und Kaufleute gekommen. Ohne Straßen und Fahrwege hätten auch die kulturellen Leistungen jener Zeit nicht zuwege gebracht werden können. Um nur einen Umstand zu erwähnen: Für den Transport der Unmengen von Baumaterialien, die für die zahllosen gotischen Kirchen benötigt wurden und die oft über weite Entfernungen hin beschafft werden mußten, standen nicht immer die weniger mühseligen Wasserwege zur Verfügung. Auch der fast unbegreiflich lebhafte Austausch geistiger Werte im ganzen Abendland – mag es sich um Handwerker, Maler, Bildhauer, Gold- und Silberschmiede oder um Gelehrte gehandelt haben – ist wohl durch die geschilderten Mißstände und Unbequemlichkeiten der Verkehrswege nur wenig oder nicht nennenswert beeinträchtigt worden.

200 *»Gewalt vert uf der straze fride unde reht sind sere wunt.« (Walther von der Vogelweide)*

Besondere Einrichtungen

Boten und Postkurse

201 Der zuverlässige, treue Bote in Jost Ammanns großem Stich »Allegorie auf den Handel« (1539–1591).

Im Gegensatz zur Römerzeit hatte im Mittelalter die Nachrichtenbeförderung nie Einfluß auf die Unterhaltung und den Ausbau des Straßennetzes. Einen »cursus publicus« im Sinne der Römer hat es im Reich nicht gegeben. Die »lauffenden Botten« und die kaiserlichen Postreiter haben die vom Handelsverkehr geschaffenen Straßen benützt, sie zahlten auch keine Wegegelder, die etwa zur Ausbesserung der Straßen hätten verwendet werden können. Während der Merowinger- und Karolingerzeit gab es eine dem »cursus« ähnliche Einrichtung, als die Könige Reisefreischeine ausstellten. Die Verpflichtung, dem König, seinem Gefolge, Beamten und Boten unentgeltlich Verpflegung und Unterkunft zu stellen, hat in die älteste fränkische Staatsverfassung Aufnahme gefunden[67]. Karl der Große ließ eine Aufstellung der Orte und Personen anfertigen, die solche Frondienste leisten mußten[68]. Seine Boten waren jahraus jahrein unterwegs, um von den Pfalzen und Feldlagern aus die Verhältnisse im Reich zu kontrollieren und um dem Herrscher Bericht zu erstatten. Zu diesem Zweck waren drei Kurierkurse eingerichtet, die sich über Deutschland, Italien und Spanien erstreckten[69]. Zusätzlich wurden noch Edle, Ritter, Geistliche und andere vertrauenswürdige Persönlichkeiten mit besonderen Vollmachten ausgestattet, die als »missi nuntii« fungierten. Die reitenden Boten des Kaisers nahmen gegen Entgelt auch Briefe von einflußreichen Kaufleuten und hochgestellten Höflingen mit auf ihre »Tour« und stellen sie den Empfängern zu. Doch wurde aus diesen kaiserlichen Botenkursen nie eine zentrale staatliche Beförderungsanstalt. Die weltlichen und geistlichen Gewalten, in die sich das Reich spaltete, zogen es vor, sich eigener Boten zu bedienen [189–194]. Aufgrund ihrer wohlorganisierten Ordnung war natürlich ganz besonders die hohe Geistlichkeit in der Lage, inter se und zu allen notwendig erscheinenden Stellen eine sehr enge und umfangreiche Nachrichtenverbindung zu unterhalten, die ihr während des ganzen Mittelalters eine mächtige Stellung sicherte. Bonifatius z. B. stand mit Königen, Bischöfen, Äbten und zahlreichen weltlichen Herren in lebhaftem Briefverkehr und unternahm nichts Wichtiges, ohne vorher in Rom die Meinung des Papstes eingeholt zu haben. Wandernde Mönche dienten als Nachrichtenübermittler von Kloster zu Kloster, und selten sah man auf den Straßen einen Ordensbruder ohne Briefbeutel ziehen. Auch die Mönchsboten haben gegen Entgelt private Mitteilungen befördert. Sie waren sehr gefragt, denn »wer Fromb Botten thut senden, der verleurt nichts davon«. [189].

Über gut eingerichtete Botenanstalten verfügten auch die Universitäten, und als besonders zuverlässig galten die »Bryffjongen« des Deutschen Ordens, der 1275 nach der Einweihung des Hauptordenshauses in der Marienburg eine eigene Briefversendungsanstalt eingerichtet hatte. Kaufleute dagegen haben zu jener Zeit nur einen geringen Schriftverkehr miteinander unterhalten. Sie reisten mit ihren Waren und pflegten ihre Geschäfte persönlich auf Märkten und Messen abzuwickeln. Nur vereinzelt entstanden bereits im 11. und 12. Jahrhundert in Handelsstädten Briefbotenanstalten[70] [190].

Während des ganzen Mittelalters war das Botenamt ein wichtiges und angesehenes Gewerbe. Jeder Bote mußte einen Eid leisten, eine Bürgschaft in Geld hinterlegen und zwei

Bürgen stellen[71]. Die Oberboten, die »Stadt-Gesandten«, die meist beritten waren, wurden aus Mitgliedern angesehener Familien gewählt. Sie galten als ausgesprochene Vertrauenspersonen und hatten die Stadtverwaltungen über wichtige Ereignisse im Land zu unterrichten und außerdem ihre Magistrate auf Städte- und Reichstagen zu vertreten. So ermächtigte 1477 der Straßburger Magistrat den Oberboten Hanns Meyer, mit Kaiser Friedrich III. verbindlich zu verhandeln und »zu gewynne und zu verlust« abzuschließen. Schon äußerlich waren die Boten gekennzeichnet durch ein sichtbar am Rock oder Umhang zu tragendes silbernes Botenschild mit dem Wappen des Auftraggebers [190, 191]. Beförderten sie private Briefschaften, mußten sie dieses Botenschild ablegen[72].

Von der Stadt Augsburg ritt in jener Zeit dreimal in der Woche ein Bote nach Nürnberg und einmal einer nach Regensburg. Bekannt und belegt sind einige besonders rasche Nachrichtenübermittlungen. So brachte ein Hañs Strob im Jahre 1547 eine Meldung vom Augsburger Reichstag in drei Tagen nach Straßburg, und der Kaufmannssohn Jakob Krawss ist 1494 in vier Tagen und 10¾ Stunden von Nürnberg nach Venedig geritten.

Infolge der schlechten Straßen- und Wegeverhältnisse und wegen der allgemeinen Unsicherheit im Land war das Botenhandwerk zwar ein angesehenes, aber schweres und sehr oft gefährliches Gewerbe[73]. Um sich zur Wehr setzen zu können, trugen die Boten einen langen Spieß, der ihnen auch als Springstock zum Übersetzen über Gräben und Sumpflöcher diente. Der harte Dienst brachte es mit sich, daß die Boten sich häufig aus rauhen und derben Burschen rekrutierten, die gern tranken und es mit dem Eid, den sie als »geschworene Botten« abzulegen hatten, nicht allzu genau nahmen. Manchmal erbrachen sie die Siegel der ihnen anvertrauten geheimen und wichtigen Schriften und verkauften den Inhalt meistbietend an politische oder wirtschaftliche Interessenten. Auch wissenschaftliche neue Erkenntnisse von allgemeinem Interesse wurden auf diese Weise publik gemacht, ehe sie der Adressat zur Kenntnis bekam. Erasmus von Rotterdam, der in Basel ein gut organisiertes Nachrichtenbüro unterhielt, hat sich zum Schutz gegen solche Verluste einen eigenen Boten gehalten. Der jahrelang in Straßburg als »Oberschriber« tätige Sebastian Brant war auch Leiter des städtischen Botenamtes, und als er 1494 sein berühmtes »Narrenschiff« verfaßte, nahm er als 79. Narren darin einen Boten auf [202]. Was er über diesen berichtete, war nicht sehr schmeichelhaft. Schon der Text unter der Darstellung des Boten klingt recht ironisch:

»Ich bin gelouffen, vern und wyt,
Nie ler des fläschlin was allzyt.«

Und dann wirft Brant den Boten vor, daß sie

vor lauter Wein nicht mehr wissen, was man ihnen aufgetragen hat,
die Briefe besehen, damit sie den Inhalt weitersagen können,
vom Wein benommen ihre Tasche auf der Bank liegen lassen,
ohne Antwort heimkommen.

Daß aber die Mehrzahl der Boten ihren Dienst treu und brav verrichtete, ist wohl anzunehmen.

Die Botenanstalten des Mittelalters waren keine Post im heutigen Sinn. Die Briefschaften blieben in der Hand eines Mannes, der sie dem Empfänger übergab und die Rückantwort entgegennahm. Erst als verschiedene Boten sich an Relaisstationen ablösten, als diese Botenritte und -gänge in einer gewissen Regelmäßigkeit und geordneten Abfolge durchgeführt wurden, als Briefsäcke an die Stelle der Posttasche traten und als auf den jeweiligen Stationen

203 (nächste Seite) »Die Begegnung mit dem Reitersmann«, Gemälde von Josse de Momper d. J. (1565 bis 1635). An einer Wegscheide oder an einem Kreuzweg, wie auf dem Bild von Momper, wurden die Galgen gesetzt, um die Schande der Gerichteten zu verbreiten. Man begrub die Übeltäter auch dort, um sie den entehrenden Fußtritten vieler Menschen auszusetzen. Das Gericht hatte hier auf kaiserlichem Grund und Boden getagt, denn die Straße war nur zu Lehen vergeben.

202 Einen Schluck aus dem »fläschlin« nimmt der Bote in Sebastian Brants weltberühmter Satire, das »Narrenschiff« (1494).

204 Stafettenstation der Kaiserlichen Post von Thurn und Taxis vor Augsburg. Der gewissenhafte Bildbericht zeigt die besonderen Merkmale der reitenden Post des Kaisers: Das Posthaus liegt außerhalb der Stadtmauern und der anreitende Bote muß ins Horn blasen. – 1490 heißt es in einer Memminger Chronik über die Einrichtung der kaiserlichen Post: »In diesem Jahr fiengen die Posten an bestellt zu werden auf Befelch Maximiliani I. deß römischen Königs, von Österreich biß in Niderland, in Frankreich und biß nach Rom. Es lag allweg 5 Meil wegs ein Post von der andern. Einer war zu Kempten, einer zu Bleß, einer an der Bruck zu Elchingen und also fortan immerdar 5 meil wegs von einander und muste alweg ein Post des anderen warten und so bald der ander zu ihm ritt, so bließ er ein hörnlin, das hört ein bott der in der Herberg lag und muste gleich auf sein. Einer must alle Stund ein Meil, das ist 2 Stund weit reiten, oder es war ihm am Lohn abgezogen, und musten sie reiten Tag und Nacht. Also kam offt in 5 Tagen ein Brieff von hier biß nacher Rom.«

diesen Briefsäcken Einzelbriefe entnommen und neue hinzugetan wurden, entwickelte sich ein Postbetrieb.

Diese Form der Nachrichtenübermittlung ausgebaut zu haben, ist das Verdienst der Familie von Taxis. Um 1488 wird ein Jannetto von Taxis zum erstenmal urkundlich als Postmeister König (später Kaiser) Maximilians erwähnt[74].

Aufgabe der Taxisschen Stafettenpost war es, das ständig wechselnde Hoflager des Kaisers mit den weitverzweigten habsburgischen Landen zu verbinden. Die erste große Route führte um 1500 von Innsbruck über Memmingen, Ulm, Cannstatt, Bruchsal nach Brüssel (Mecheln) [205]. Der Rhein wurde bei Rheinhausen südlich Speyer überschritten. Dann folgte man aber nicht mehr dem Strom, sondern bog in nordwestlicher Richtung nach Kreuznach ab, von dort geradenwegs bergauf und bergab über den Soonwald, den Hunsrück und die Eifel bis in die heutige belgische Hauptstadt. Auf der ganzen Strecke vermied man große Städte, und auch die Pferde der berittenen Boten wurden außerhalb der Städte gewechselt. Die Ulmer Poststation lag z. B. in dem nahen Dorf Söflingen, und auch Rheinhausen (südlich Speyer) mit der wichtigen Poststation, bei der die Briefe vom Ober- und Unterrhein einliefen, war ein Dorf, allerdings führte hier die alte Fähre über den Rhein. Der Grund für diese Maßnahmen lag darin, daß die Post, um mit möglichster Schnelligkeit ans Ziel zu kommen, auch nachts befördert wurde. Da die Städte aber gegen Sonnenuntergang ihre Tore schlossen und sie erst bei Sonnenaufgang wieder öffneten, hätte es einen großen Zeitverlust bedeutet, den gewünschten Durchlaß zu erhalten. Außerdem war die kaiserliche Post nicht dazu eingerichtet worden, Briefe von Stadt zu Stadt zu befördern, sondern sie sollte auf dem schnellsten Wege Nachrichten vom und zum kaiserlichen Hoflager übermitteln. Reiter waren zudem in der Lage, enge und schlechteste Wege zu bewältigen, und für die Familie Taxis dürfte es sicher auch einfacher gewesen sein, in kleinen Dörfern innerhalb der zahlreichen verschiedenen Hoheitsgebiete, durch die der Kurs zu legen war, Postrelaisstationen einzurichten, als in größeren Städten unter den Augen eifersüchtiger Stadt- und Landesherren [204]. Die von der Taxispost erreichte Schnelligkeit der Nachrichtenübermittlung war recht beachtlich. Auf der genannten Hauptroute benötigte sie von Brüssel bis Rom nur $10\frac{1}{2}$ Tage. Der Kostenaufwand für diesen kaiserlichen Kurierdienst war sehr hoch und die kaiserlichen Finanzen waren zeitweilig, d. h. meist recht schlecht ausgestattet, so daß die Taxis häufig auf entsprechende Leistungen der Majestät warten mußten. Daher schlug Francesco de Tassis 1516 dem Kaiser vor, ihm und seinen Nachkommen doch das Privileg der privaten Postbeförderung im Reich gegen Entgelt zu verleihen, dann würde er von nun an die kaiserlichen Briefschaften kostenlos befördern können. Der Kaiser willigte ein. Das Recht, dieses so weit gehende Privileg zu erteilen, ist von vielen Reichsständen angegriffen worden, und auf den Reichstagen wurde immer wieder darüber diskutiert, ob die Postbeförderung zu den kaiserlichen Regalien gehöre. Besonders hartnäckige Gegner waren natürlich die Fürsten und Städte mit eigenen Postanstalten. Aber die Kaiser bestanden darauf und unterstützten die Taxis mit zahlreichen Erlassen und Verordnungen nachdrücklich, so z. B. Maximilian I. und Karl V. Dieser befahl 1543, »... den Taxisschen Boten und ihrem Felleisen (= Postsack, ursprünglich ›valus‹, französisch ›fallise‹) ungehinderte Passierung in jedem Lande und Orte des deutschen Reiches, undt Pferde und Nothdurft zu geben ...«, Ferdinand I. verordnete 1563, daß »... den Reichsposten in allen Landen, Städten, Märkten und Flecken, Gebieten und Verwaltungen bei Nacht und Tag freyer Durchgang und Öffnung gegebn werden solle ... als lieb Euer jeden sey, Unser und des Reiches schwere Ungnad undt Straff zu vermeyden.«

Am 6. November 1597 nannte Kaiser Rudolf II. in seinem Mandat das Postwesen im Reich erneut »ein hochbefreites kaiserliches Regal« und befahl den Kurfürsten, Fürsten und Grafen, das für das Taxissche Postwesen schädliche Nebenbotenwerk zu unterdrücken, wobei er eine Strafe von 50 Goldgulden auf »sonderbares Postieren« festsetzte[75].

Zwei Jahre vorher war Leonhard von Taxis am 16. Juni 1595 unter gleichzeitiger Erhebung in den Reichsfreiherrenstand zum General-Oberpostmeister über das Postwesen im heiligen Reich ernannt worden[76]. Wie wenig es aber den Kaisern gelang, das Privileg der alleinigen Postbeförderung im Reich für die Taxis durchzusetzen, und wie lange noch städtische und fürstliche Postanstalten unterhalten wurden, zeigt eine 1683 an den Magistrat der Stadt Frankfurt ergangene Mahnung des Mainzer Kurfürsten und Erzkanzlers des Reiches, daß dieser sich »der kaiserlichen Verordnung in Abstellung des Botenverkehrs bequemen solle«. Dringlich – aber vergeblich – wurden hierauf von den Frankfurter Kaufleuten der Kaiser und vorab der Kurfürst von Mainz, ersucht, das so nötige Botenwerk doch zu gestatten.

Unermüdlich haben sich fortan die Taxis um das Postwesen bemüht und das Postnetz stetig weiter ausgebaut, immer gegen den Widerstand der bestehenden Postanstalten der Städte und im Kampf mit den einzelnen landesherrlichen Postkursen.

Für die Straßen haben die reitende Post und später die leichten Postwagen zur Beförderung von kleinen Paketen keine besondere Belastung bedeutet. Allerdings boten sie auch keine

205 Die ersten internationalen Postverbindungen. Durch Verträge mit den Grafen von Taxis schuf sich der deutsche Kaiser Maximilian eine schnelle reitende Nachrichtenverbindung zwischen seinen Erblanden in Österreich, den Niederlanden, Spanien und Italien.

1505 Kurs von Innsbruck nach Brüssel zum Sitz der Staatskanzlei. Von dort weiter nach Paris und Madrid, zum Hofe des spanischen Königs.

1505 Kurs Innsbruck–Wien–Ofen

1516 Kurs Innsbruck-Verona-Rom-Neapel

1516 Kurs nach Geldern (nur für die Dauer des Spanischen Erbfolgekrieges)

Vertraglich festgesetzte Beförderungszeiten:

von Brüssel nach	im Sommer	im Winter	km
Innsbruck	$5\frac{1}{2}$ Tage	$6\frac{1}{2}$ Tage	765
Rom	$10\frac{1}{2}$ Tage	12 Tage	1570
Neapel		14 Tage	1770
Paris	44 Stunden	54 Stunden	290
Toledo	13 Tage	14 Tage	1560

Grenzen des Deutschen Reiches

Habsburgs österreichische und spanische Gebiete

Veranlassung, den Straßenbau zu fördern. Das änderte sich erst, als Ende des 17. Jahrhunderts die Personenbeförderung nach immer mehr und geräumigeren, damit auch schwereren Wagen verlangte und die große Zeit der fahrenden Post heraufkam. Jetzt erhielt die Straße, die bis dahin hauptsächlich dem Güterverkehr, dem Reiter und dem Menschen zu Fuß gedient hatte, eine neue und ständig wachsende Bedeutung, mit der sich parallel – wenn auch langsam und zäh – bessere Straßenbaumethoden zu entwickeln begannen.

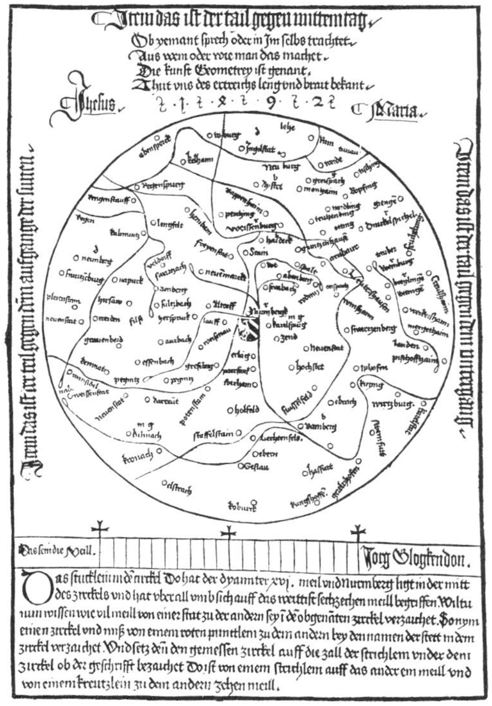

206 *Die erste Straßenkarte des Nürnberger Meisters Etzlaub zeigt die Straßenverbindungen in der weiteren Umgebung Nürnbergs (1492). Ganz neu für die damalige Zeit war es wahrscheinlich, daß man auf einer Skala die – recht gut stimmenden – Meilenentfernungen zu den einzelnen Orten abgreifen konnte.*

Straßenkarten

Von Straßenkarten aus dem frühen Mittelalter, die – etwa ähnlich der römischen »Tabula Peutingeriana« – größere Gebiete umfaßten, ist nichts bekannt. Doch ist es durchaus möglich, daß in verstaubten Archiven und Bibliotheken, auf Klosterspeicherböden und in Amtskellern unter Aktenkram noch kostbare Schätze früher Karten verborgen liegen und darauf warten, entdeckt zu werden. So fand man z. B. erst vor wenigen Jahren eine Landtafel von England aus dem Jahre 1360, die eine Reihe wichtiger Durchgangsstraßen mit Meilenangaben aufzeigt[77]. Was bisher an mittelalterlichen Straßenkarten vorliegt, beschränkt sich im wesentlichen auf Städte und sehr begrenzte Flurgebiete. Besonders anschaulich, auch außerordentlich genau in der Darstellung der Wege und Straßen sind die Zeichnungen von Aalen aus dem Jahre 1528, die Landkarte des Rottenburger Stadtgebietes[78] von 1537 und vor allem die kreisförmige Rottweiler Pürschgerichtskarte von 1564. Es gibt kaum eine bessere Darstellung von Straßen in und um eine mittelalterliche Stadt [210].

Besonders interessant sind auch jene Karten – es sind verschiedene recht gut erhalten geblieben –, die für die Pilger ins Heilige Land angefertigt wurden [217, 218] und die man als Stadtpläne von Jerusalem bezeichnen könnte[79]. Ein in Stuttgart aufbewahrtes Exemplar von 1180 weist den Reisenden sogar den Weg zu den heiligen Stätten in der Umgebung Jerusalems anhand von kleinen Zeichnungen, die durch eine Linie jeweils mit dem Stadttor verbunden sind, durch das man Jerusalem verlassen mußte, um zu ihnen zu gelangen. In der Hauptsache aber mußten sich die Reisenden im Mittelalter nach Itineraren orientieren, die lediglich Orte und Entfernungen nacheinander aufzählten, also nichts mehr waren als reine Routenkarten [211, 212, 214]. Die wahrscheinlich erste Straßenkarte über weite Entfernungen schuf im Jahre 1500 der Nürnberger Sonnenkompaßmacher Erhard Etzlaub: »Das ist der Rom-Weg von meylen zu meylen mit puncten verzeychnet von eyner stat zu der andern durch deutzsche lantt.« [207]. Im Jahr darauf ließ Etzlaub dieser »Romweg-Karte« eine zweite, die »Landstraßen-Karte von 1501«[80] folgen: »Das seyn,« erklärt er, »dy lantstrassen durch das Römische reych von eynem Kunigreych zu dem andern dy an Tewtsche Land stossen . . .«[81].

Die Romweg-Karte[82] zeigt verschiedene Pilgerrouten von den Grenzgebieten des Römischen Reiches Deutscher Nation nach Italien mit dem Splügen, Brenner und Semmering als Alpenübergängen. Nach dem Überschreiten der Alpen werden zur Weiterreise nach Rom entweder die »Kaiserstraße« über Bologna, Florenz und Viterbo oder die andere große Südverbindung über die Via Aemilia nach Rimini, von dort über die Via Flaminia und Via Curia gleichfalls über Viterbo nach der Heiligen Stadt vorgeschlagen. Diese Karte führt also nur

207 (rechts) *Die »Romweg-Karte« des Nürnberger Sonnenkompaßmachers Etzlaub von 1500. Süden ist auf der Karte – dem Brauch der Zeit entsprechend – oben. Die Entfernungsangaben, die in den einfachen Itineraren (Routenbeschreibungen) jener Zeit für die Reisenden eine wichtige Information bedeuteten, hat Etzlaub in seiner Karte auf sehr originelle Weise beibehalten: Die Anzahl der Punkte zwischen den Orten entspricht nämlich der Meilenentfernung.*
Von den Drucken dieser Karte sind heute nur noch sehr wenige erhalten[82]. Das hier wiedergegebene Exemplar hatte sich der Verfasser der bekannten Nürnberger »Weltchronik«, Hartmann Schedel, in sein Handexemplar geklebt. Wahrscheinlich wollte er die Karte Etzlaubs in einer Neuauflage seiner »Weltchronik« bringen.

Mittag
Das ist der Rom weg von meylen zu meylen mit puncten verzeychnet von eyner stat zu der andern durch deutzsche land.
Das lampartisch mer
Das venedisch mer
Das pomerisch mer
Das groß deutsch mer
Schotlant
Denmarck
Schon Denmarck
Der Compast
Mittenacht

Nord-Süd verlaufende Straßen auf. Die andere erwähnte Karte Etzlaubs von 1501 bringt dagegen auch wichtige, von Westen nach Osten ziehende Straßen. Sie reichen von Canterbury bis nach Danzig, Krakau und Budapest, von Paris über Lübeck nach Viborg und über Straßburg bis nach Villach. 820 Orte sind aufgeführt, von denen bei 474 die Entfernungen angegeben sind. Mittelpunkt des Straßennetzes ist Nürnberg, das Zentrum eines weitgespannten Handelsnetzes ist. Etzlaub betont in seiner Gebrauchsanweisung ausdrücklich, daß er keineswegs alle vorhandenen Straßen in seine Karte aufgenommen habe. Von beiden Karten sind mehrere Auflagen erschienen. Sie waren für die damaligen Reisenden weit brauchbarer als die gleichfalls viel verbreiteten »Ptolemäus-Karten«, die ohne Straßeneinzeichnung nur Landschaftsdarstellungen brachten.

Noch weniger kamen natürlich die Itinerare mit ihrer simplen Ortsaufzählung an Etzlaubs Karten heran. Trotzdem wurde das Neue, das der Meister mit der räumlichen Darstellung in die Straßenkarten gebracht hatte, lange Zeit nicht allgemein aufgegriffen[83]. Man begnügte sich weiterhin mit den in immer größerer Zahl herausgegebenen Itineraren, die gewissermaßen die Kursbücher der Zeit bildeten.

Erst 80 Jahre später wurde Etzlaubs Werk fortgesetzt und weiterentwickelt, und zwar mit einer ganz besonders großartigen Leistung. 1579–1580 erschien, wahrscheinlich in Köln, ein Reiseatlas, ein zweibändiges Kartenwerk, das in 82 Kupferstichen von 15×20 cm Plattengröße die Straßen, Orte und Landschaften fast aller Gebiete Europas zeigte[84]. Dieses »Itinerarium Orbis Christiani« wird den Niederländern Eitzing, Metellus und dem Stecher Hogenberg zugeschrieben. Das Werk steht am Ende des Mittelalters. Humanismus und Renaissance, die schon bei Etzlaubs Karten Pate standen, führten eine neue Zeit herauf, die bestrebt war, die Welt in neuer Sicht zu sehen bzw. zu erforschen. Der Reiseverkehr nahm zu und die Taxissche Post begann um 1590 mit der planmäßigen Personenbeförderung. Im ganzen gesehen vollzog sich diese Entwicklung allerdings langsam, gewissermaßen Zug um Zug, und lange noch bestanden Altes und Neues nebeneinander. So auch Itinerare und Straßenkarten, wenngleich selbstverständlich auch hier die einmal begonnene Wandlung der Kartographie unaufhaltsam weitergeführt wurde. Eine nächste Etappe auf diesem Weg bezeichnet eine Straßenkarte, die der französische Geograph Travernier 1632 in Paris herausbrachte [209]. Seine »Carte Géographique des Postes, qui traversent la France« ist wahrscheinlich die früheste uns erhalten gebliebene Streckenkarte der wichtigsten Postrouten durch das Land. Leider endet sie an den Grenzen Frankreichs und erfaßt darüber hinaus nur Turin und Brüssel mit den entsprechenden Fernstrecken. Doch wurde dieser Mangel wettgemacht durch eine fast zur gleichen Zeit in Rothenburg o. T. von den Kartenstechern Jung veröffentlichte Karte, die einen großen Teil Europas umfaßte [208]. Dieses »Totius Germaniae novum Itinerarium« von 1611 im Format 56×41,8 cm existiert nur noch in einem einzigen Exemplar und gehört zu den kostbarsten Kupferstichen, die im Germanischen Nationalmuseum in Nürnberg verwahrt werden[85]. Die auf der Karte verzeichneten Straßen reichen von Dünkirchen im Westen bis nach Königsberg, Warschau und Budapest im Osten bzw. Südosten, im Süden jedoch nur bis Lyon, Sitten und Trient. Allein 2300 Orte sind – allerdings ohne Unterscheidung der Größenordnung – darauf verzeichnet. Auch haben die Stecher das umfangreiche Material, das ihnen wahrscheinlich durch Itinerare und Berichte zur Verfügung stand, offensichtlich nicht streng geprüft, und es war ihnen bei der Ausdehnung des dargestellten Gebietes wohl auch nicht immer möglich, verläßliche Nachrichten über den tatsächlichen Verlauf der einen oder anderen Straße zu erhalten.

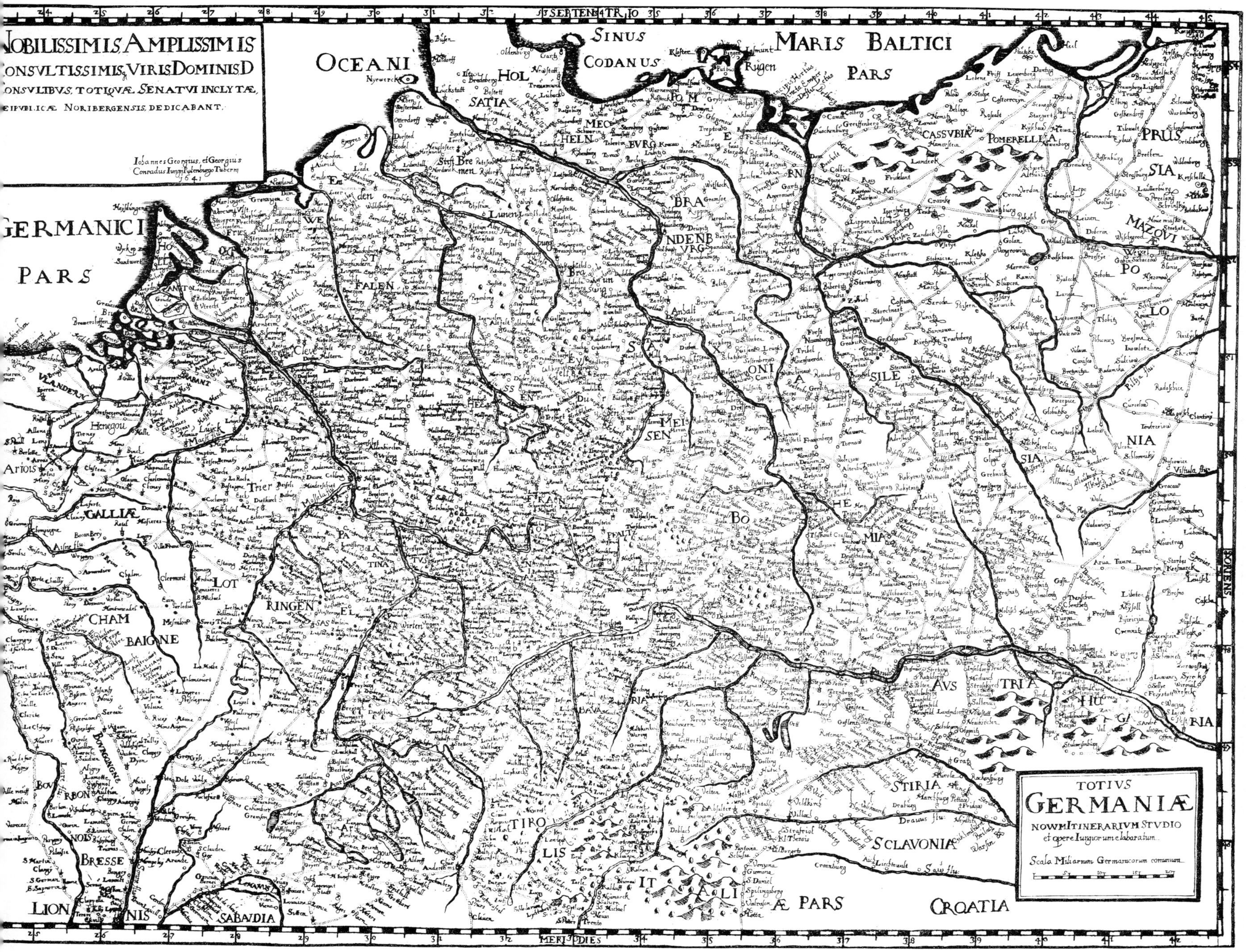

208 *Die Straßenkarte der Brüder Jung aus Rothenburg o. d. T. vom Jahre 1641. Ihre große Leistung besteht darin, daß sie auf einem Blatt die geographische Lage vieler Orte zeigt, die zu jener Zeit nur durch Streckenverzeichnisse (Itinerar-Abb. 206) bekannt waren. Die Straßen sind »generalisierend« als Verbindungen eingezeichnet. Allerdings ist das Original dieser Kartentafel, von der heute nur noch ein Exemplar existiert (Germanisches Nationalmuseum Nürnberg), nicht so unübersichtlich, wie das hier erscheinen mag. Es ist immerhin 56×41,8 cm groß, so daß man sich nach dieser Karte durchaus orientieren konnte, ohne eine Lupe zur Hand nehmen zu müssen.*

208a *Ausschnitt in Originalgröße der Karte.* ▷

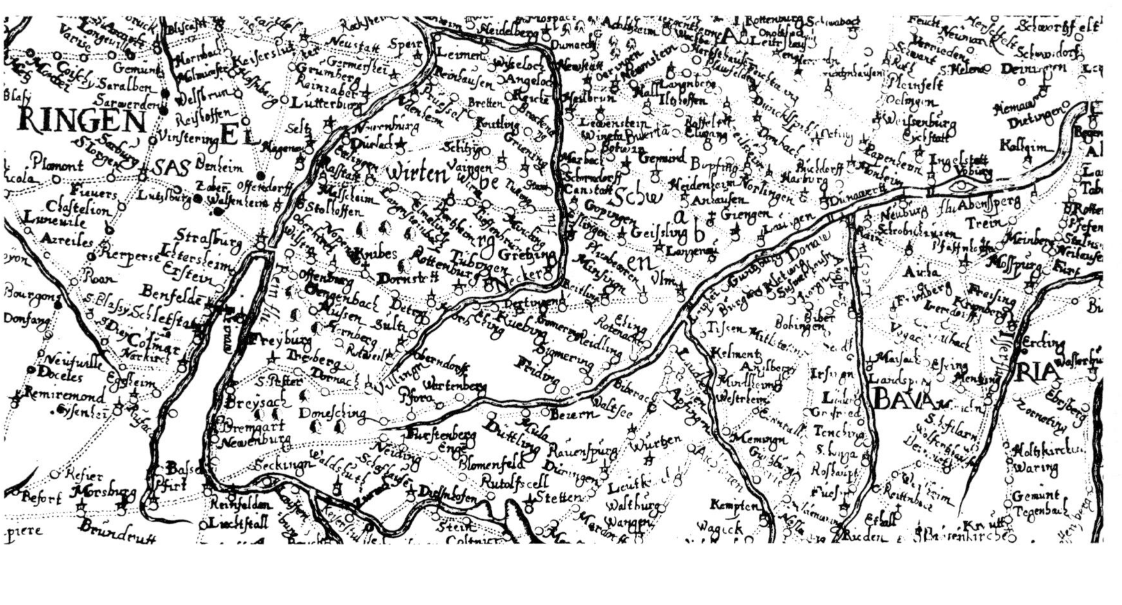

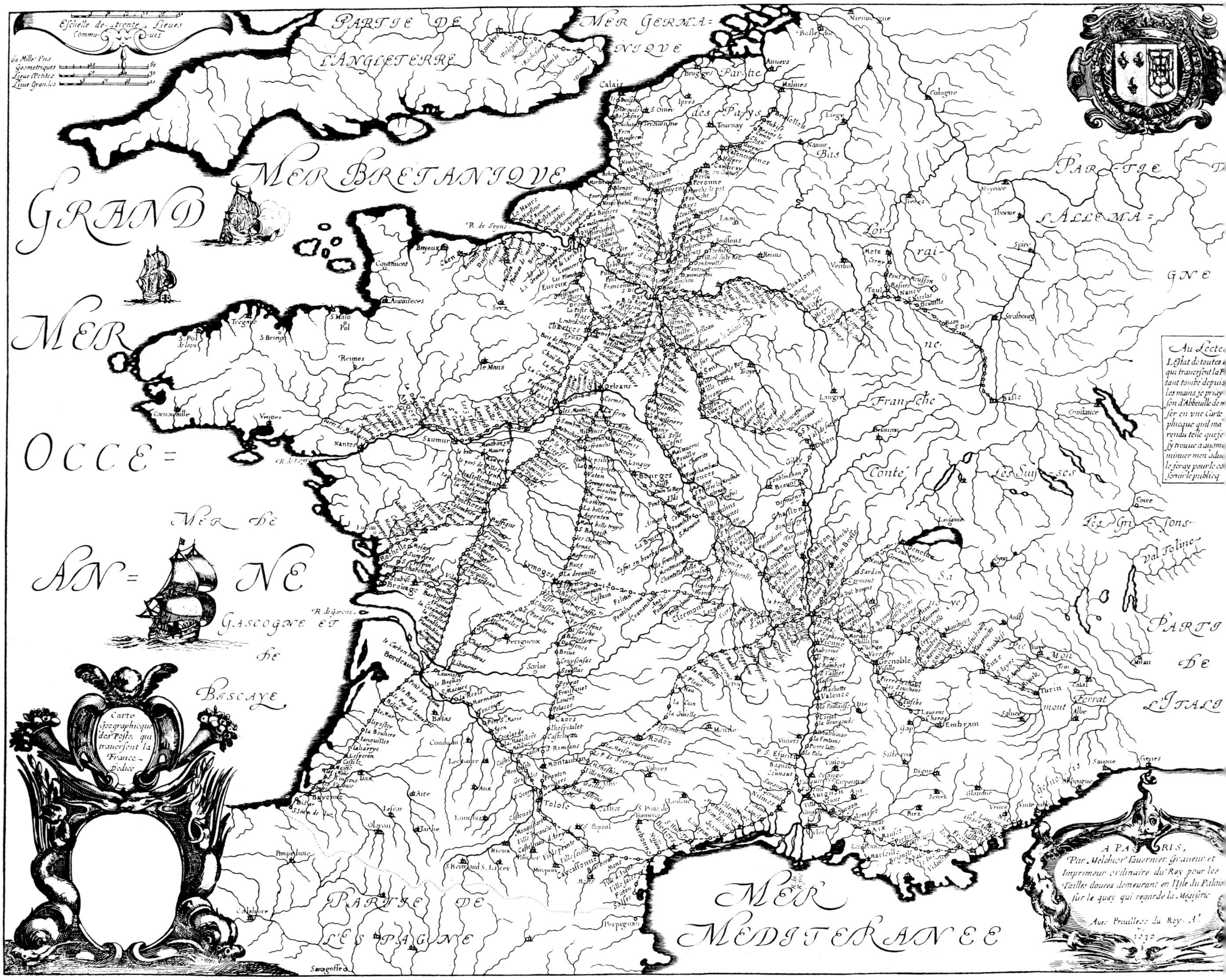

209 1632 schuf der Geograph Travernier in Paris diese übersichtliche Karte der französischen Postrouten. Er erkannte, daß dem Bedürfnis der Reisenden besser mit einer kartografischen Darstellung entsprochen werden konnte als mit den bis dahin üblichen Reisebüchern und Streckenverzeichnissen.

210 Die »Pürschgerichtskarte« der ehemaligen freien Reichsstadt Rottweil aus dem Jahre 1564. Auf eine drehbare Scheibe von 2 m Durchmesser ist nicht nur die Stadt, sondern auch der ganze Bezirk der Pürsch mit allen Wegen zu den Burgen, Höfen, Weilern und Dörfern um die Stadt herum gezeichnet und mit Farbe ausgemalt. ▷

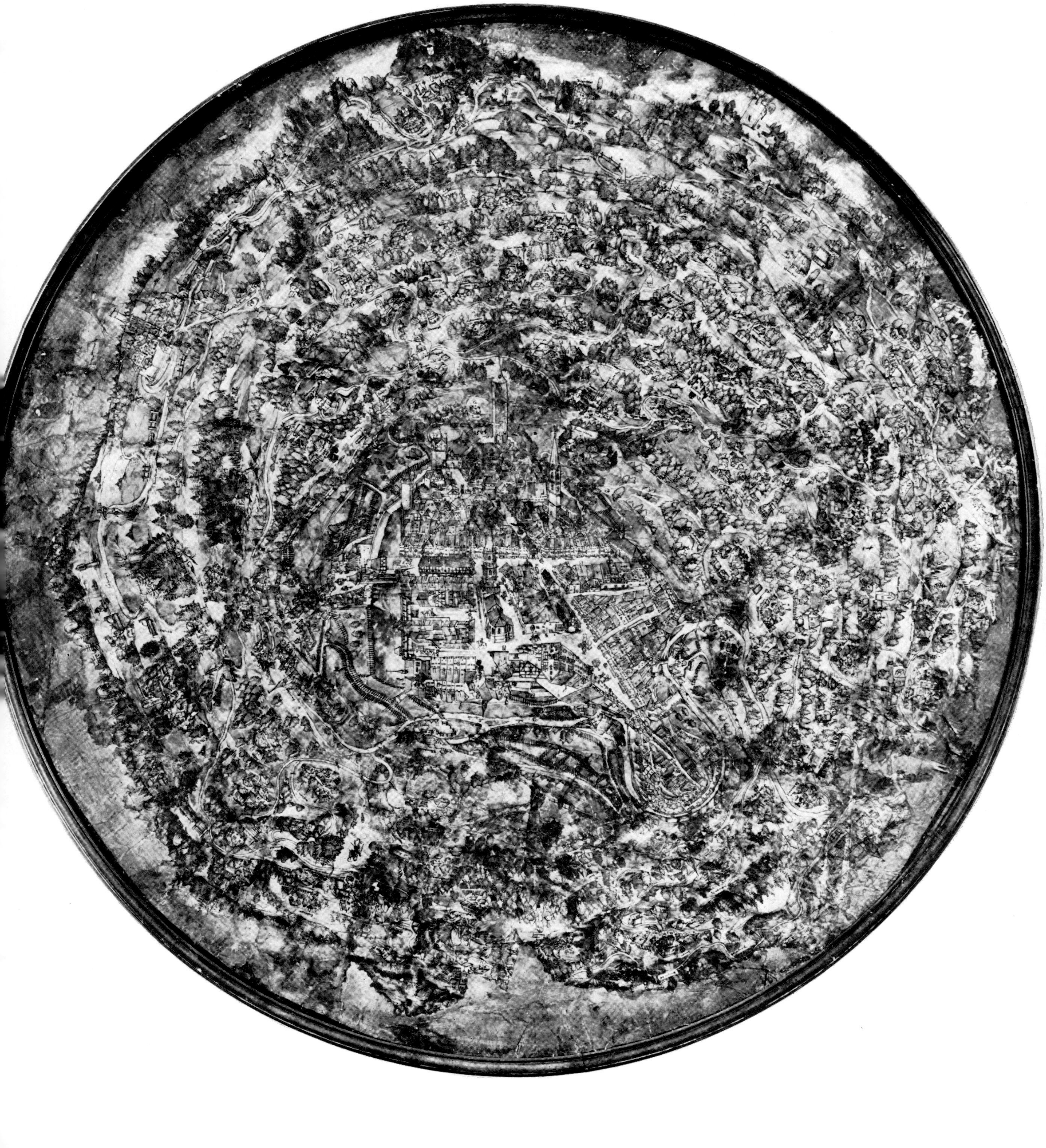

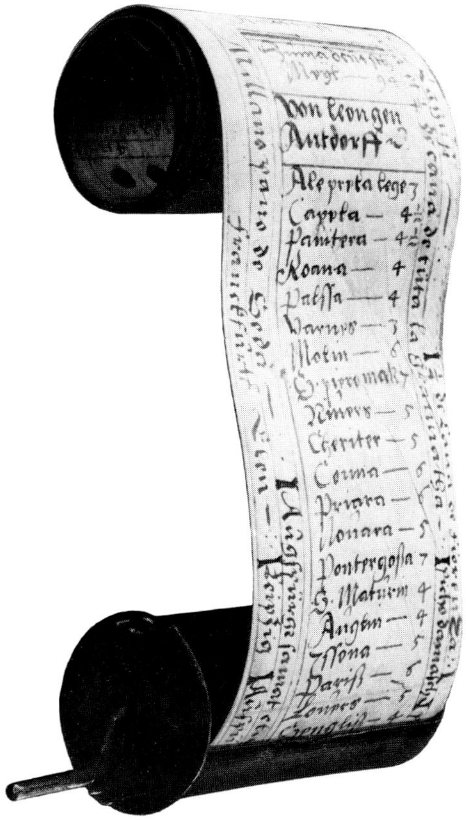

211/212 Ein ganz besonders kostbares Instrument des mittelalterlichen Verkehrswesens (um 1520) ist uns in der »Seilerschen Itinerarrolle« erhalten. Es ist ein 238 cm langer und 6,1 cm breiter Pergamentstreifen, der sich mit einer Kurbel durch einen Schlitz in eine zylindrische Messingbüchse einrollen läßt. Das Band ist auf beiden Seiten mit vielen nützlichen Angaben für Fernreisen beschrieben. Die eine Seite bringt einen Kalender, für die Gesundheitspflege eine Aderlaßtafel und eine Zeittabelle über die Tageshelligkeit in den einzelnen Jahreszeiten und verschiedenen Ländern. Das letztere war für die Fuhrleute wichtig, denn damals war es kaum möglich, nach Anbruch der Dunkelheit den richtigen Weg zu finden. Auf der anderen Seite der Rolle (unsere Abbildung) waren rechts und links die Ellenmaße verschiedener europäischer Städte eingezeichnet, damit der Fernhandelskaufmann oder der beauftragte Fuhrmann an jedem Ort die Maße der Waren nachprüfen konnte. In der Mitte des Pergamentstreifens auf dieser Seite waren zwölf Routen mit den Entfernungsangaben zwischen den Etappen aufgezeichnet: »Von Neaploe gen Rom« oder »Von Frankfurt gen Nürnberg«. Unsere Abbildung zeigt die Route »Von Leon gen Antdorff« (Lyon–Antwerpen). Die Reichhaltigkeit an Informationen, die hier für den Handelsverkehr geboten wurde, ist wirklich erstaunlich.

213 Taschenkompaß.

214 Der Nürnberger »Meilenweiser« von 1612 mit 24 Reiserouten und den Entfernungsangaben für die Teilabschnitte dieser Strecken. ▷
»EIN GRVNDLICHE VND RICHTIGE DER VIERVNDZWEINZIGK VORNEHMEN HAVBT VND HANDELSTÄTT HIER VERZEICHNET VND VNTERWEISUNG WIE FERN DER STÄTT EINE VON DER LÖBLICHEN WEITBERVMTEN KEYSERLICHEN FREYEN REICHSTATT NVRNBERGK GELEGEN. VND WIDERVMB VON DER STÄDT EINER GEN NVRNBERG ZVEREYSEN HATT MIT SONDERM FLEISS VERFERTIGET
Durch Johann Schermer 1612«

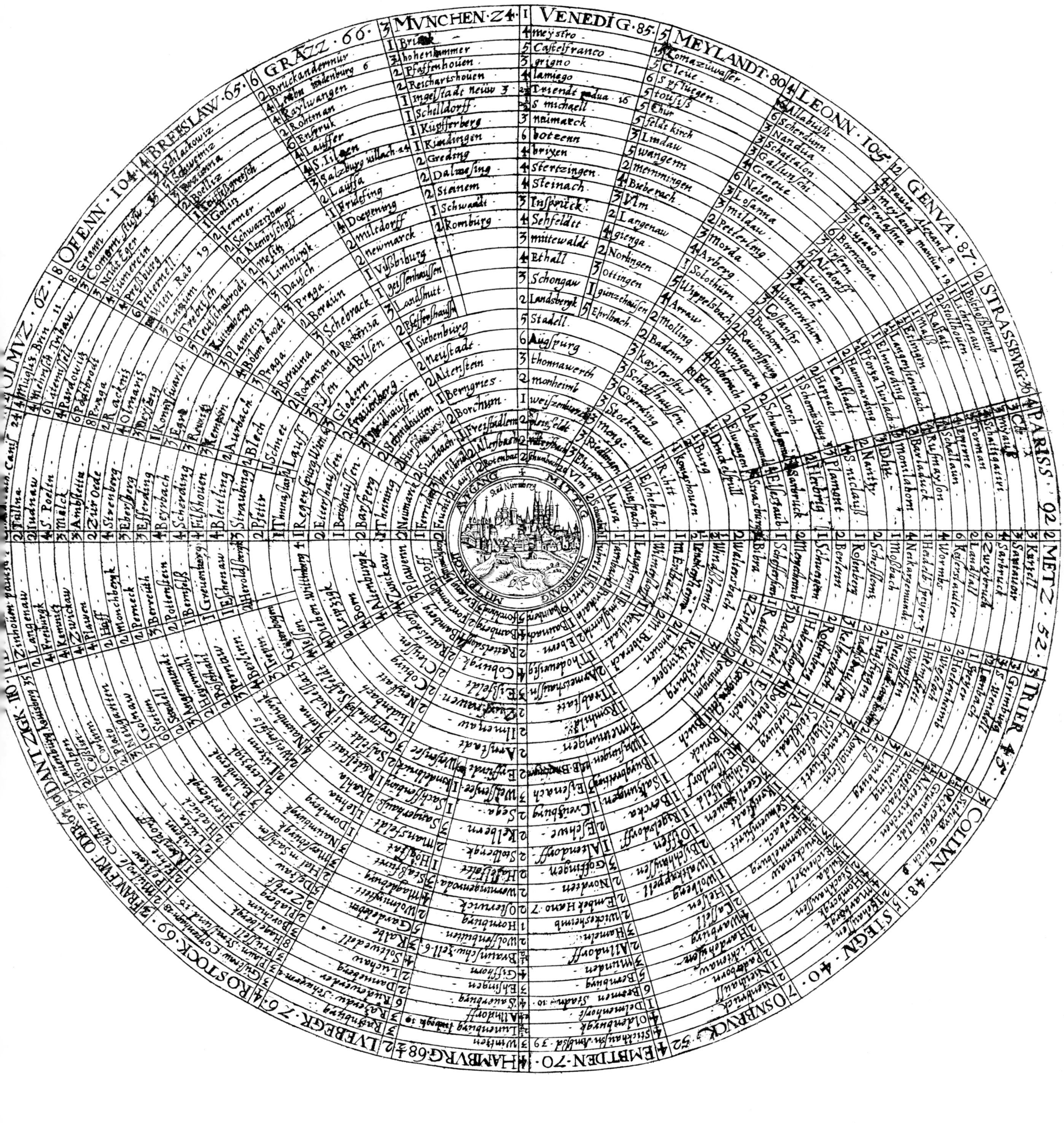
MVNCHEN·24
VENEDIG·85
MEYLANDT·80
LEONN·105
GENVA·87
STRASSBVRG·36
PARISS·92
METZ·52
TRIER·43
COLLVN·48
SIEGN·40
OSNBRVCK·52
EMBTDEN·70
HAMBVRG·68
LVEBEGR·76
ROSTOCK·69
FRANCKFVRT ODER
DANTZIGK·110
OLMVZ
OFENN·104
BRESLAW·65
GRAZZ·66
Stad Nürnberg
MITTAG
AVFGANG
NIDERGANG
MITTERNACHT

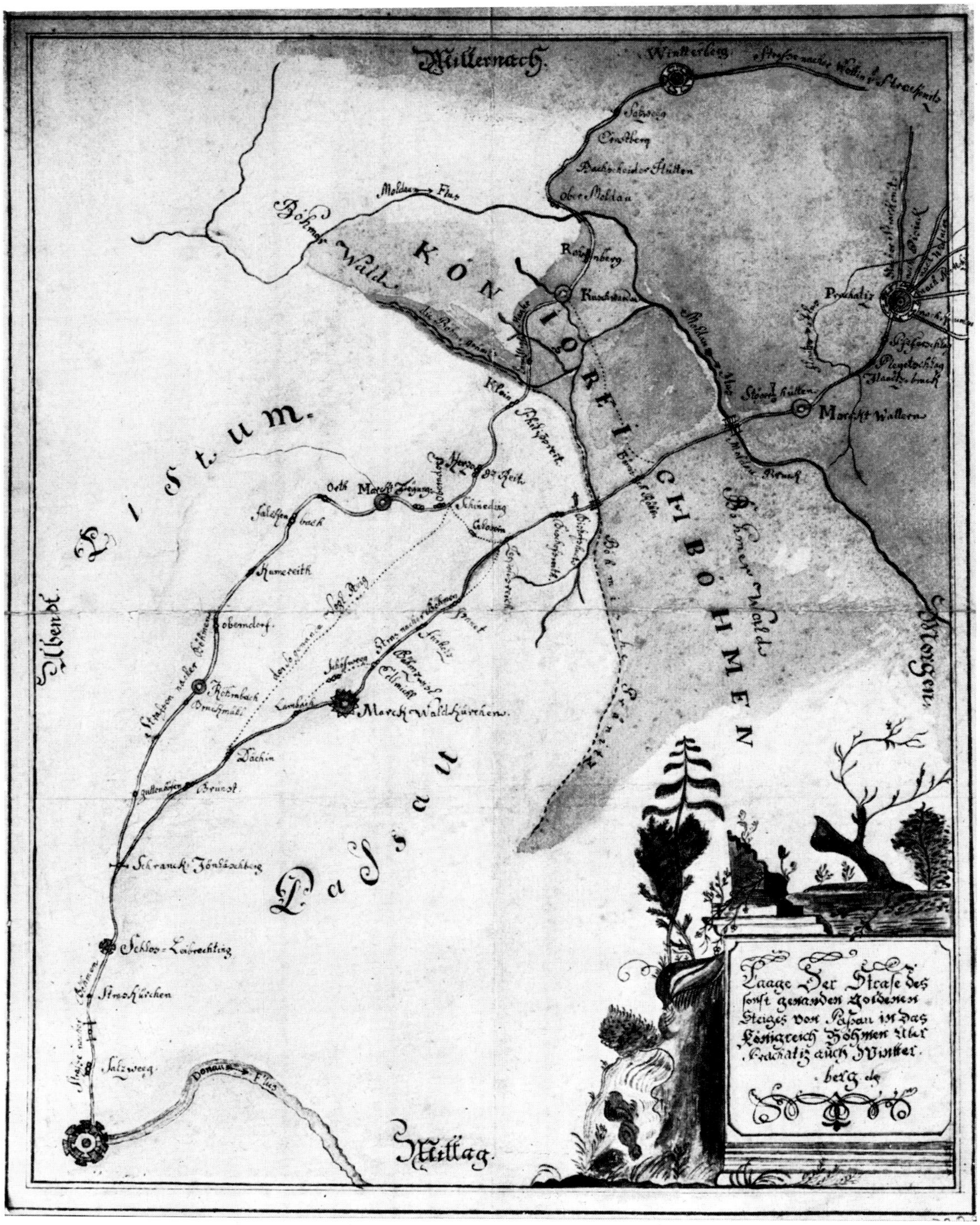

215 Karte des »Goldenen Steiges« und seiner Nebenwege von Salzburg nach Prachatitz (kolorierte Zeichnung, Anfang 18. Jh.). Auf dem Goldenen Steig wurde das von Reichenhall und Salzburg kommende Salz nach Böhmen gebracht. Die Säumer zogen mit ihren Pferden verschiedene Wege. Es gab einen Prachatitzer, einen Bergreichensteiner und einen Winterberger Weg. Auf ihnen zogen im 14. und 15. Jahrhundert wöchentlich 1200 bis 1300 Tragpferde. Jedes Pferd war mit drei Zentnern Salz beladen. Wenn es Nacht wurde, läutete die »Säumerglocke« in Prachatitz, um den Säumern, die noch auf den mühsamen und gefährlichen Wegen im Wald waren, die Richtung anzuzeigen. Bis in das 17. Jahrhundert behielt der Goldene Steig seine große Bedeutung. Um 1600 hat die Säumerei etwas nachgelassen, um dann nach dem Dreißigjährigen Krieg wieder aufzublühen. Noch heute finden sich entlang der Pfade immer wieder Hufeisen der Saumpferde.

216 Die »CARTA ITINERARIA EUROPAE« von Waltzemüller (Ausschnitt).
1511 gab der deutsche Cosmograph Martinus Waltzemüller diese Karte von Europa in vier Blättern heraus. 1520 erfolgte eine zweite Auflage. Von allen Blättern dieser Wandkarte (115,3 × 78,2 cm) blieb nur ein zusammengeklebtes Exemplar erhalten, das sich heute im Ferdinandeum in Innsbruck befindet.
Die Karte zeigt – allerdings sehr generalisierend – die wichtigen Straßenverbindungen jener Zeit. Sie ist – wie die Romweg-Karte Etzlaubs (Abb. 207) – »gesüdet«. Nur auf einem der vier zusammengeklebten Blätter (links oben) sind einige Bezeichnungen – wie MARE ADRIATICUM etc. – mit Nordorientierung eingedruckt. Es ist möglich, daß dieses Blatt aus der zweiten Auflage von 1520 stammt, in der Waltzemüller der allgemeinen Neuerung, daß Süden auf Landkarten unten liegt, durch Eindruck einiger Namen in Nordorientierung Rechnung tragen wollte. ▷

SARDINIA
MARE LIGVSTICVM
ARRAG. ET CATALONIA
ARMIAC
GVASCO
AVERNIA
SABAVDIA D.
LIMOSIN
BERRVD
BVR GVNDIA
GALLIA
FRANCIA
CAMPANIA
NORMANDIA
BRITAN
PICARDIA
HANONIA
FLANDRIA
BRABAN
HOLLAND
FRISIA
MARCA VVESTFALIA
HASSIA
FRANCONIA
SVEVIA
BAVARIA
BOEMIA REGNVM
MISNA
SAXONIA
GER MANIA MAG NA
POMERIA
MARCA NOVA
ANGLIA REGNVM

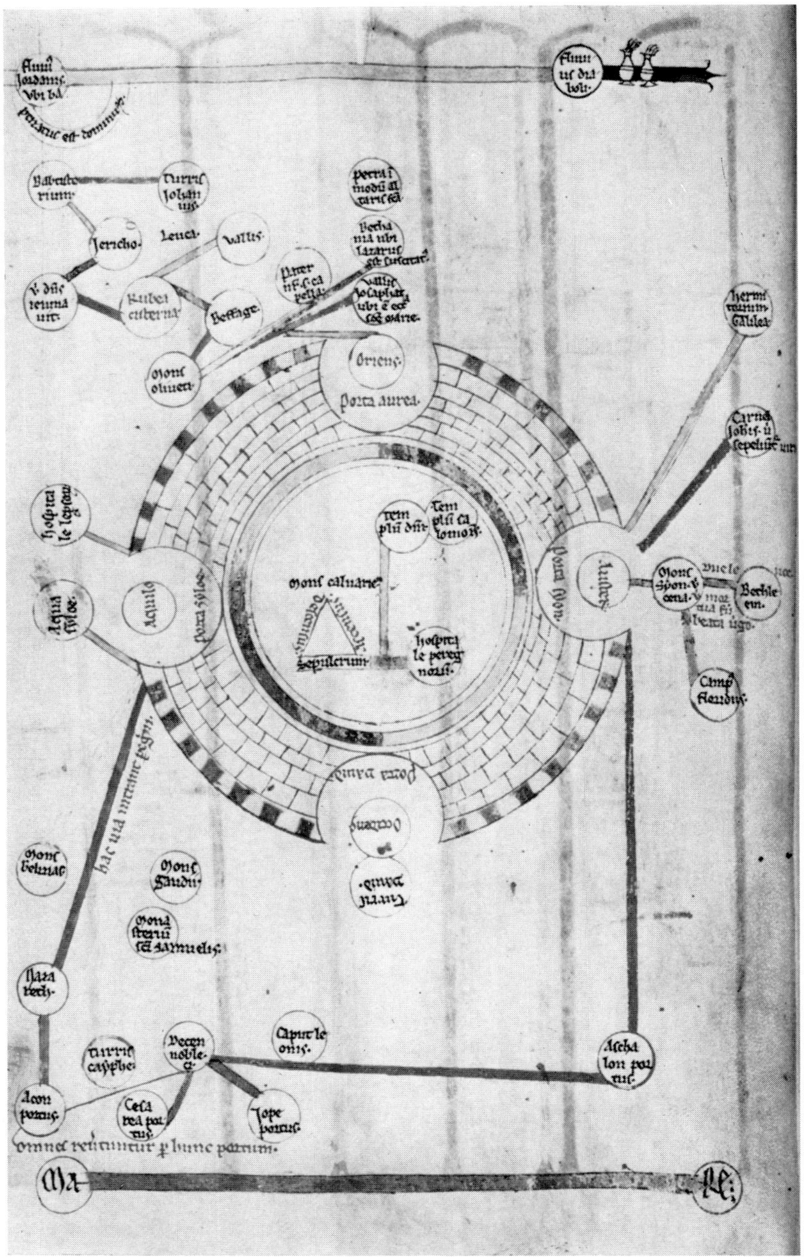

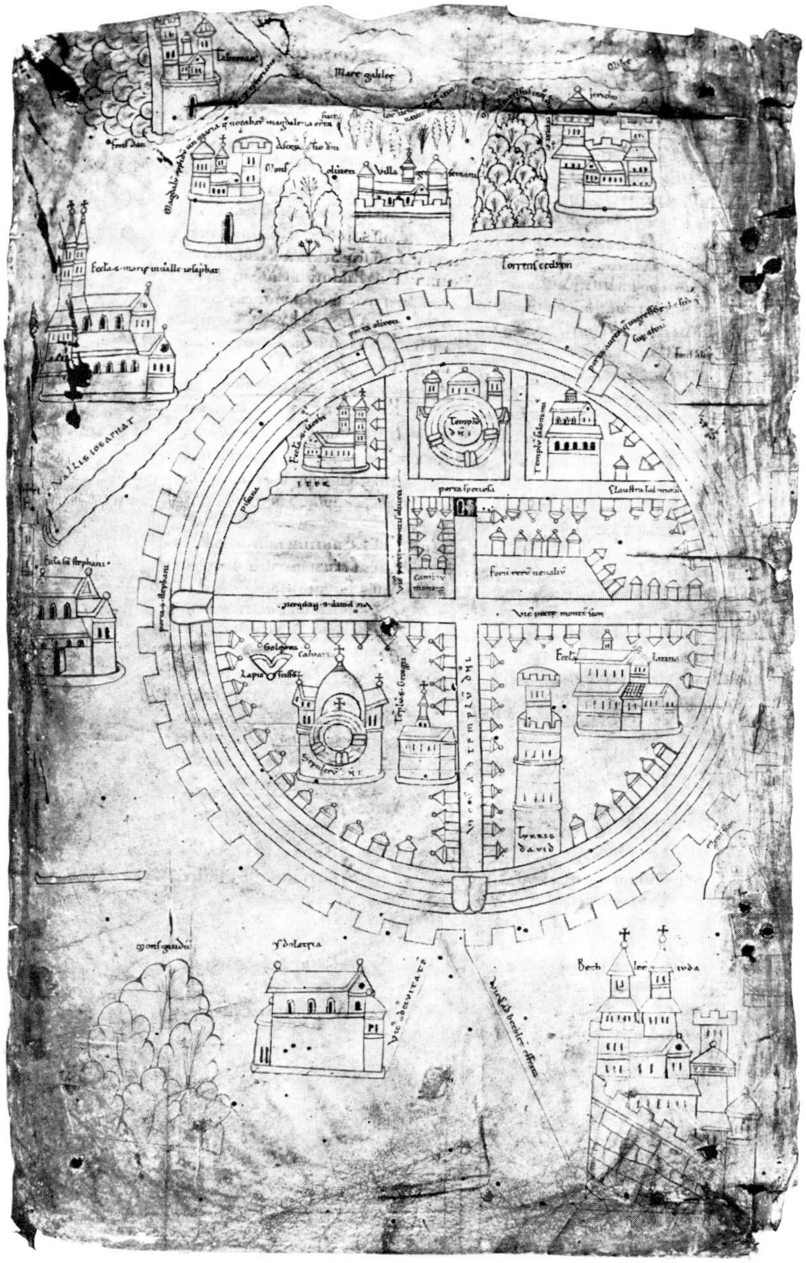

217 Pilger-Wegkarte von der Küste (Ma------re) des Heiligen Landes nach Jerusalem und zum Jordan. Die Streckenvorschläge sind farbig unterschieden. Die Straße zum Tempel des Herrn in Jerusalem ist mit Gold ausgemalt (Codex Harleian, 658 fol. 37b, S. XIII, Kopie von ca. 1250, British Museum, London).

218 Der »Stuttgarter Plan« (12. Jh.) zeigt in kleinen Darstellungen in Jerusalem unter anderem rechts oben die »porta aurea, durch die Christus auf dem Esel einzog«. Außerhalb der Stadt sind der Ölberg, Gethsemane, Jericho, der See Tiberias und andere heilige Stätten dargestellt.

219 Friedrich Barbarossa an der Spitze des Kreuzfahrerheeres. (Handschrift des Petrus de Ebulo.)

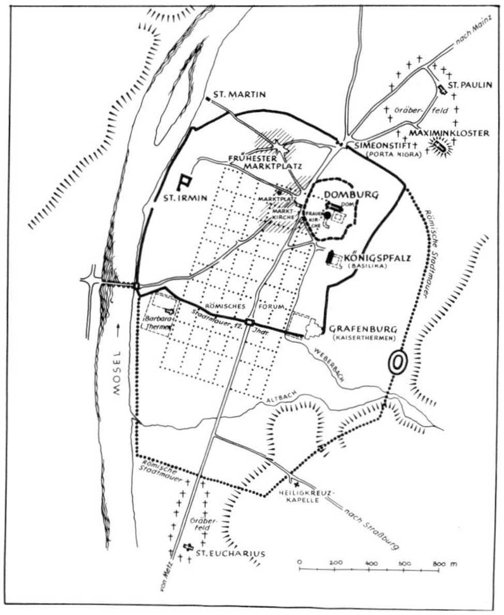

Ihnen ging es vermutlich hauptsächlich darum, möglichst viel zu zeigen, und den Reisenden der damaligen Zeit war es sicher nicht so wichtig wie dem modernen Autofahrer, den Verlauf einer Strecke über weite Distanzen hinweg rasch und zuverlässig durch die Hervorhebung bestimmter Orte überblickartig zu erfassen. – Auf der Jungschen Karte erfüllen diese Aufgabe der Orientierung mehr die besonders deutlich gemachten Flußläufe. – Für die Menschen jener Epoche war jedenfalls eine bis dahin nicht gebotene zusammenfassende Übersicht über das dichte Straßennetz Europas geschaffen worden, das als einmalig bezeichnet werden kann.

Aber die Karte der Jungs war ihrer Zeit vorausgeeilt und sie hat auch keine Neuauflage mehr erlebt. Das kann nicht verwundern, erschien sie doch mitten in den Wirren des Dreißigjährigen Krieges. Erst als gegen Ende des 17. Jahrhunderts die Personenbeförderung durch die Post einen immer stärkeren Aufschwung nahm, begann auch ein neuer Abschnitt in der Geschichte der Straßenkarten.

Die Straßen der Städte

220 Trier um 1100. Das Straßensystem des mittelalterlichen Trier zeigt keine Beziehung zu der alten römischen Stadtanlage (punktiert). Marktplätze und Fernhandelswege bestimmten die Wege der neuen Siedlung, die im Schutz der Domburg und der Königspfalz entstand.

221 Karolingische Pfalz. Sie lag an einem Fluß, wo zwei Fernwege – wahrscheinlich wegen einer Furt – zusammentrafen. Der eine Weg ist in die Siedlung der fronenden Landleute und Handwerker einbezogen (»Schedelsche Weltchronik«, 1493).

Die von den Römern angelegten Städte waren während der Völkerwanderung zum großen Teil zerstört worden. Aber auch in den erhalten gebliebenen gingen Handel und Handwerk, die tragenden städtischen Gewerbe, auf ein Minimum ihres ursprünglichen Volumens zurück[86]. Es dauerte bis zur Entstehung und Erstarkung des Karolingerreiches, ehe eine neue Wirtschaft in nennenswertem Umfang erwuchs, die auch zur Bildung neuer Stadtsiedlungen führte. Diese hielten sich nicht an die klar geordneten Straßenzüge der ehemaligen Römerstädte, sondern es entstanden Stadtformen mit Straßen, deren Anlage durch die gänzlich verschiedenen Wirtschafts- und Gemeinschaftsbildungen bestimmt wurde [220]. Die weltlichen und geistlichen Grundherren, denen die Könige Land zur Besiedlung als Lehen gaben, errichteten Burgen, Klöster und Abteien am Rande von Römerstädten, an alten Handelswegen, Wegekreuzungen, Flußübergängen und Furten. Den für die Herren arbeitenden und fronenden Landleuten, Handwerkern und – schon bald auch – Verwaltungsbeamten wurde der Raum vor und um den Herrensitz als Wohngebiet zugewiesen [221]. Dort entstanden Hütten, Häuser, Höfe und fast zufällig und ohne Plan Verbindungswege. Für die Händler, die durch das Land zogen, boten sich solche Plätze besonders zur Niederlassung an. Dort konnten sie ihre Waren gegen die Erzeugnisse des Herrensitzes tauschen bzw. brauchten die Burgherren dies und jenes, für das sie bereit waren, zu zahlen. Somit waren die Feudalherren auch bereit, die zusätzlichen Siedler zu begrüßen und ihnen ihren Schutz angedeihen zu lassen, für den sie im übrigen noch entsprechende Abgabenleistungen verlangten. Dabei blieben aber diese Händler und Kaufleute frei, das heißt sie gehörten nicht zu den Hörigen des Herrn. Solch frühe Handelssiedlungen wurden auch *Wik* genannt. Sie waren die Urform der freien Handelsstadt des Mittelalters, wurden wie diese selbständig (unter einem Wikvogt) verwaltet und führten auch in organisatorischer Hinsicht schon ein gewisses Eigenleben. Die Bezeichnung Wik findet sich noch heute im Namen alter Städte, wie Schleswig, Brunswik (Braunschweig), und die Hauptstadt Großbritanniens, London, hieß einmal Lundenwik.

Die Wiks zeigten meist eine langgestreckte Siedlungsanlage, da sie entlang der Handelswege entstanden. An Flüssen ist meist nur eine Straßenseite bebaut worden, um das Treideln, d. h. das Schleppen von Schiffen auf Uferwegen nicht zu behindern. Außerdem benötigte man Raum am Flußufer als Schiffslände und zum Einrichten von Stapelplätzen und Lagerschuppen. Vielfach legte man parallel zur ersten Wikstraße eine zweite an, die mit dieser durch Querstraßen verbunden wurde. Oft erweiterte sich ein Stück der Hauptstraße zum Handelsraum, d. h. zum Markt. Als sich der Handel auf den Fernstraßen mehr und mehr belebte, reichte dieser Platz nicht mehr aus, um das anfallende Warenangebot darzubieten, so daß die Märkte außerhalb des Wiks, außerhalb der Siedlung, auf freiem Feld abgehalten werden mußten. Dabei bemühte man sich aber, immer noch innerhalb des Schutzbereichs der Burg zu bleiben. Wurden diese Märkte regelmäßig abgehalten und ließen sie gute Geschäfte auf längere Sicht erwarten, dann steckte man einen regelrechten Marktanger ab oder verbreiterte ganz einfach die Straße, bis sie dem gedachten Zweck genügte. So war z. B. die Marktstraße in Speyer im 11. Jahrhundert bereits 55 m breit und 650 m lang[87]. Etwa zur gleichen Zeit rissen die Lütticher die ersten Hütten an der mittlerweile zu eng gewordenen heutigen Rue Feronstrée ab, um Platz zu schaffen. Viele Märkte weisen Dreiecksform auf. Diese rührt von der Linienführung der alten Handelswege her, denn oft wurde der erste Markt in der Gabelung zweier solcher Straßen abgehalten. So sind der Kohlmarkt in Braunschweig, der Waagplatz in Salzburg und der Marktplatz in Halberstadt entstanden. Immer mehr wurde nun die Straße in den Marktsiedlungen zum Lebensraum der Anwohner. Die Werkstätten der Handwerker und die Läden der Handelsleute lagen in den Räumen zur Straße, und der Verkauf bzw. der Verkehr mit den Kunden erfolgte durch Fenster oder Türen auf die Straße [222/223]. Ordnungen, die so von selbst entstanden und sich aus gewissen Praktiken ergaben, wurden später in den Regeln der Handwerkergilden fixiert. In der Ordnung der Goldschmiede zu Bamberg wird 1490 ausgeführt: »Es soll auch niemands das handwerk heimlich oder verborgen arbeiten, sondern öffentlich zu offenen laden.« Mit ihrem Gewerbe traten also die Marktbewohner in lebendige Beziehung zu ihrer Straße. Daraus wurden dann auch die Straßennamen, die so bezeichnend sind: »Hohe Straße«, »Brunnengasse«, »Torweg«, »Brückenstraße« usw. wichen jetzt mehr und mehr Benennungen wie »Unter den Fischern«, »In den Töpfern«, »Unter Goldschmieden«. Die Kölner »Hohe Straße«, später »Steinweg«, wurde im 15. Jahrhundert unterteilt in »Unter Pfannenschlägern« und »Unter Wappenstickern«.

222/223 Die Verkaufsräume der Händler und die Werkstätten der Handwerker waren zur Straße hin offen. Darin zeigt sich noch ihr Ursprung: Marktbänke und Stände, die von den Handelsleuten und Handwerkern auf offenem Feld an einem Handelsweg aufgestellt wurden.

Die mittelalterliche Stadtstraße ist somit Ausdruck der neu entstandenen ökonomischen Beziehungen freier Bürger und stand in ausgesprochenem Gegensatz zum Dorf mit seinen seßhaften, unfreien Bewohnern. Eng und krumm wurden die mittelalterlichen Marktstraßen durch die mannigfaltigen Einflüsse politischer und wirtschaftlicher Art, die über Jahrhunderte die Entwicklung der Städte teils gefördert, teils behindert haben [224, 225].

Ein gutes Beispiel bietet die Erweiterung der Oberen Maximilianstraße in Augsburg bei St. Ulrich durch das Aufblühen des Kleinmarkts, der noch heute in städtebaulicher Hinsicht so imponierend wirkt.

Auf die Bebauungsweise des Marktgebietes haben die Feudalherren, die ja den Grund und Boden zur Verfügung stellten, zumeist keinen Einfluß genommen. In einer niedersächsischen Chronik über die Marktgründung von Braunschweig heißt es: »Hertoge Bruno gaff sine stidde den Koplüden und Handwerkslüden, die makeden de stad vullens rede«[88]. Die Herren kassierten nur die Gebühren für die Erlaubnis zur Aufstellung von Buden und Bänken oder sie verkauften die Grundstücke. Diese wurden um den Marktplatz herum recht schmal, denn jeder Händler oder Handwerker strebte natürlich danach, sich möglichst in unmittelbarer Nähe des Handelsgeschehens niederzulassen. Wie bei den Wik-Siedlungen entstanden von der ersten Marktstraße bzw. dem ersten Marktplatz abzweigende Nebenstraßen, die meist ohne Plan nur nach den Bedürfnissen einzelner Bewohner angelegt wurden. Oft waren es zuerst nur Sackgassen, die zu Stapelplätzen, Lagerschuppen oder Gärten hinter den Häusern führten.

Vergrößert wurden die ersten Marktsiedlungen meistens durch die Anlage weiterer Märkte für besondere Zwecke, z. B. für den Verkauf von Naturalien durch die Landbevölkerung usw. Vielfach war der Anlaß auch die Rivalität zwischen weltlichen und geistlichen Grundherren, die wegen der sehr erwünschten Einnahmen gern neue Bewerber um Niederlassung oder Marktzulassung in ihren Schutz nahmen. Platz und Straßen des neuen Marktes lagen dann zwar wohl im Bereich der Burg oder des Herrensitzes, aber nicht mehr an der alten Handelsstraße, zu der jedoch eine mehr oder weniger zufällige oder landschaftsabhängige Verbindung geschaffen wurde [224]. Auch der zweite, dritte und jeder weitere Markt zogen wiederum Handelsleute, Handwerker und Gewerbetreibende an, Neben- und Seitengassen entstanden, eine Pfarrkirche wurde errichtet oder die bereits vorhandene Außenkapelle des Domes dazu ausgebaut, kurz – in nicht allzu langer Zeit bildete sich um den neuen Markt abermals eine selbständige Siedlung, die oft sogar eine eigene Umwallung aufweisen konnte. Wuchsen solche Marktsiedlungen und Kirchspiele dann eines Tages zusammen, so stießen ihre Straßen nur sehr selten in gerader Richtung aufeinander [225]. Es ergab sich bei der Verbindung von Tor zu Tor, und umschlossen von den Stadtmauern, ein Gewirr winkliger, enger Gassen mit wenigen ausgesparten freien Flächen und Plätzen um Kirchen und amtliche Gebäude. Spätere Begradigungsversuche blieben immer Stückwerk. Zu schwierig war es, in uralte persönliche Besitzverhältnisse freier Bürger einzugreifen, die Recht und Verbriefung auf ihrer Seite hatten. Sicher wurde die Winkligkeit jener Straßen einst auch nicht unbedingt als untragbar im Sinne einer Verkehrsbehinderung empfunden. Die Städte waren im übrigen durchaus locker und verhältnismäßig weitläufig bebaut, da fast jedes Haus über einen mehr oder weniger großen Nutz- und Ziergarten verfügte. Erst als diese – vor allem im 19. Jahrhundert – auch baulich genützt wurden, entstand jene ungesunde, drangvolle Enge, und erst das Kraftfahrzeug hat die alten Stadtstraßen zum großen Verkehrsproblem werden lassen.

Besser gestalteten sich die Verhältnisse von vornherein in jenen Städten, die vom 11. bis 14. Jahrhundert neu gegründet und nach einem gewissen Plan angelegt wurden, die also nicht willkürlich und im Lauf der Zeit durch Zusammenwachsen entstanden sind [226]. Hier wurden landschaftliche Gegebenheiten und städtebauliche Elemente wie Marktstraße, Marktplatz, Werkstätten, Wohnhäuser, Kirche und Rathaus von Anfang an in eine klare Ordnung zueinander gesetzt. Sobald allerdings im Zuge der unaufhaltsamen Ausweitung auch hier der Anschluß an eine Nachbargemeinde oder mehrere Randsiedlungen erfolgte, kam es zu der gleichen, bereits erwähnten Erscheinung des wirren und unorganischen Aneinanderklebens. Oft wurde auch schon bei der nach und nach erfolgenden Vergrößerung des eigentlichen Stadtbereiches die ursprüngliche logische Ordnungsfolge nicht mehr eingehalten und wieder Markt an Markt, Kirchspiel an Kirchspiel gekittet. Sehr häufig haben zudem, wie im großen im Reich, im kleineren Bannkreis der Städte einzelne Machtgruppen um persönlicher Vorteile willen zum Schaden des Ganzen gewirkt.

224 Die mittelalterlichen Marktstädte entwickelten sich oft aus verschiedenen Siedlungen, die jeweils im Schutz einer Burg entstanden waren. Zuerst hatte jeder Markt noch eine eigene Schutzmauer.

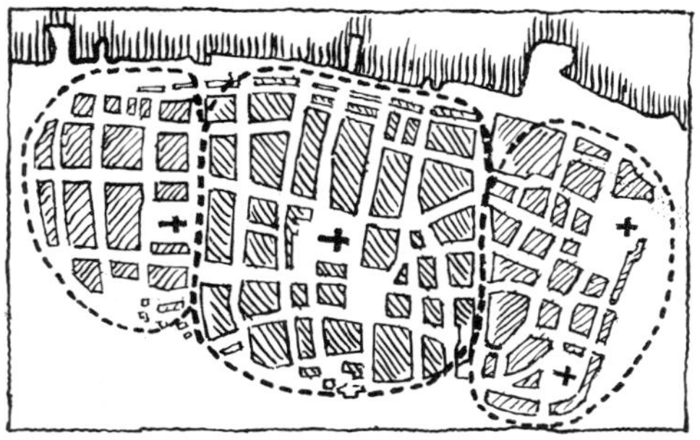

225 Rostock um 1300. Die Stadt war aus verschiedenen Marktsiedlungen zusammengewachsen. Das ist ein wesentlicher Grund für die winkligen Gassen der mittelalterlichen Städte. Kein Straßenzug der einen Siedlung paßte an den der anderen Niederlassung.

226 Neubrandenburg um 1200. Übersichtlich waren die Grundrisse der Städte, die im 12. und 13. Jahrhundert im Zuge der Ostbesiedlung angelegt wurden.

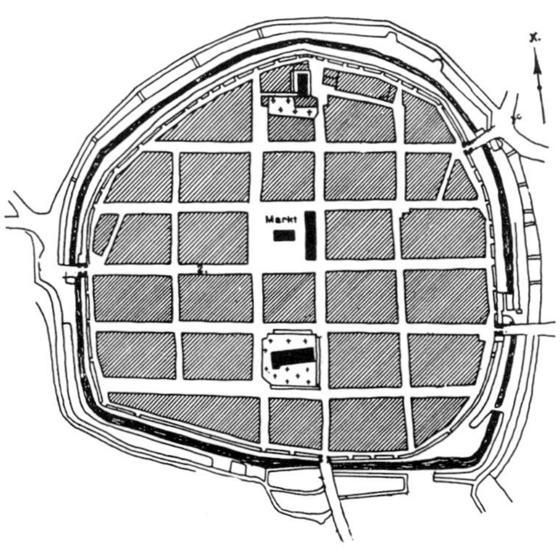

Nach ihrer Herkunft war die mittelalterliche Stadtstraße nichts weiter als ein Land- und Feldweg, den man, um ihn bei Regen und Wetter halbwegs begehbar zu machen, mit Reisig und Knüppeln deckte und, in fortgeschrittenem Stadium, mit hölzernen Gehsteigen versah. Das erste urkundlich belegte Steinpflaster ließ Philipp II. im Jahr 1184 vor seinem Schloß in Paris anlegen, weil alle Wagen in dem stinkenden Morast steckenblieben. In Italien pflasterten die Städte Florenz 1237, Bologna 1241 und Mailand 1260 einige wichtige Straßen. In Deutschland begann man im 14. Jahrhundert in einigen Städten in die Mitte der Straßen große flache Steine zu legen, die anfänglich nur von den Bürgern – daher Bürgersteine, später Bürgersteige – benützt werden durften. Die früheste Erwähnung von durchgehendem Katzenkopfpflaster stammt aus London (1302) und Lübeck (1310). Über »Steinwege« in Nürnberg und Frankfurt am Main liegen erste Berichte aus den Jahren 1368 und 1399 vor.

Verschiedentlich haben Handelsleute Zuschüsse zur Trockenlegung von Straßen gegeben, an denen sie besonders interessiert waren, denn die durch Regen aufgeweichten Erdwege und Marktplätze behinderten die vorteilhafte Abwicklung der Geschäfte. In Prag wurde um 1331 sogar ein Pflasterzoll von den Händlern erhoben, die in der Stadt Geschäfte machen und ihre Waren verkaufen wollten[89]. Im allgemeinen wurden die Kosten für Pflasterung einer Stadtstraße von den Anwohnern bezahlt. Deshalb werden es wohl auch meist die

228 (rechts) Eine Jagdgesellschaft reitet aus dem Tor der Stadt hinaus. Wenige Meter vor dem Tor ist die Straße noch gepflastert, dann geht sie – wie im Mittelalter üblich – in einen Erdweg über, der sich durch das Land schlängelt, indem er alle Erhebungen umgeht. Ausschnitt aus dem Wandgemälde von Ambrogio Lorenzetti im Rathaus von Siena (nach 1337).

227 Aufzug Kaiser Franz' I. zur Krönung in Frankfurt am Main (1745). ▽

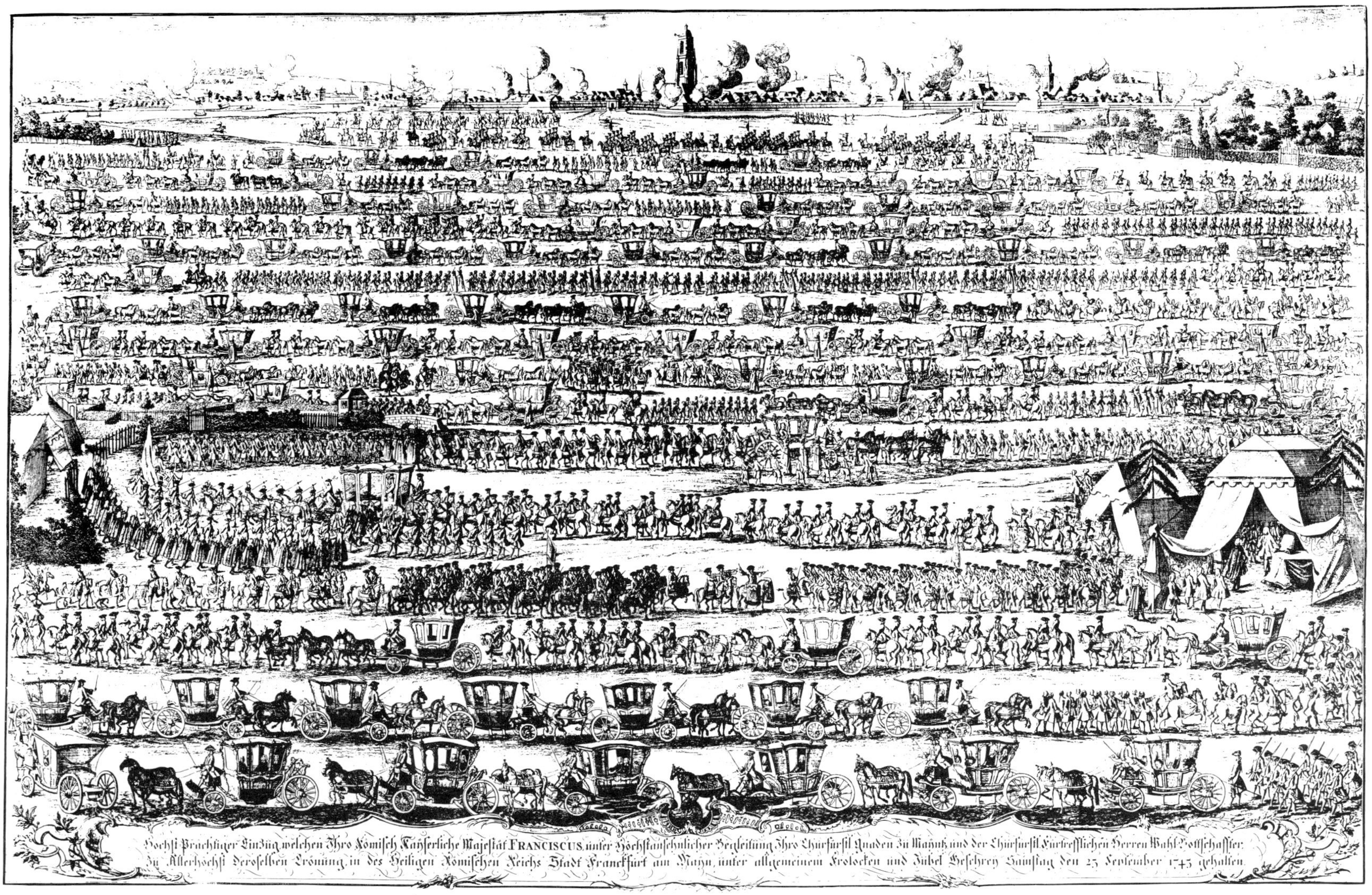

SENÇA PAVRA OGNVOM FRANCO CAMINI
ELAVORANDO SEMINI CIASCVNO ·
MENTRE CHE TAL COMVNO ·
MANTERRA QVESTA DONNA I SIGNORIA
CHEL ALEVATA AREI OGNI BALIA ·

Rue Dalencon
La Fosse aux d'ap
Rue de Caen
La fosse aux Thoilles
Rue de la boucherie
Rue Quincaillerie
Les beuuettes
le marche aux bœufs

229 Die Messe von Guibray bei Falaise in der Normandie (1658).

230 Ende des 17. Jahrhunderts hat man begonnen, in den großen Städten die Hauptstraßen zu pflastern und eine Reinigungsmöglichkeit durch »Rinnsteine« in der Straßenmitte zu schaffen. Der Liebfrauenberg in Frankfurt am Main. (Gemälde von Christian Georg Schütz um 1720.)

232

231 (links) Ausschnitt aus der »Pürschgerichtskarte« von Rottweil (1564). Siehe auch Seite 174 und Abbildung 210.

232 Wandmalerei am Gasthof in Pettnau in den Lechtaler Alpen. Der Wirt begrüßt einen Handelsmann, der mit seinem Frachtwagen und den Saumtieren über den nahe gelegenen Arlberg-Paß nach Süddeutschland will.

233 (rechts) Am Frauentor in Ulm.

234 (unten) Die Vertreter des pfälzischen und sächsischen Kurfürsten bei der Ausübung der Reichs-Erbämter auf dem Römerberg in Frankfurt zur Krönung Ferdinands II. (1619). Der Text unter der Darstellung beschreibt die einzelnen Handlungen.

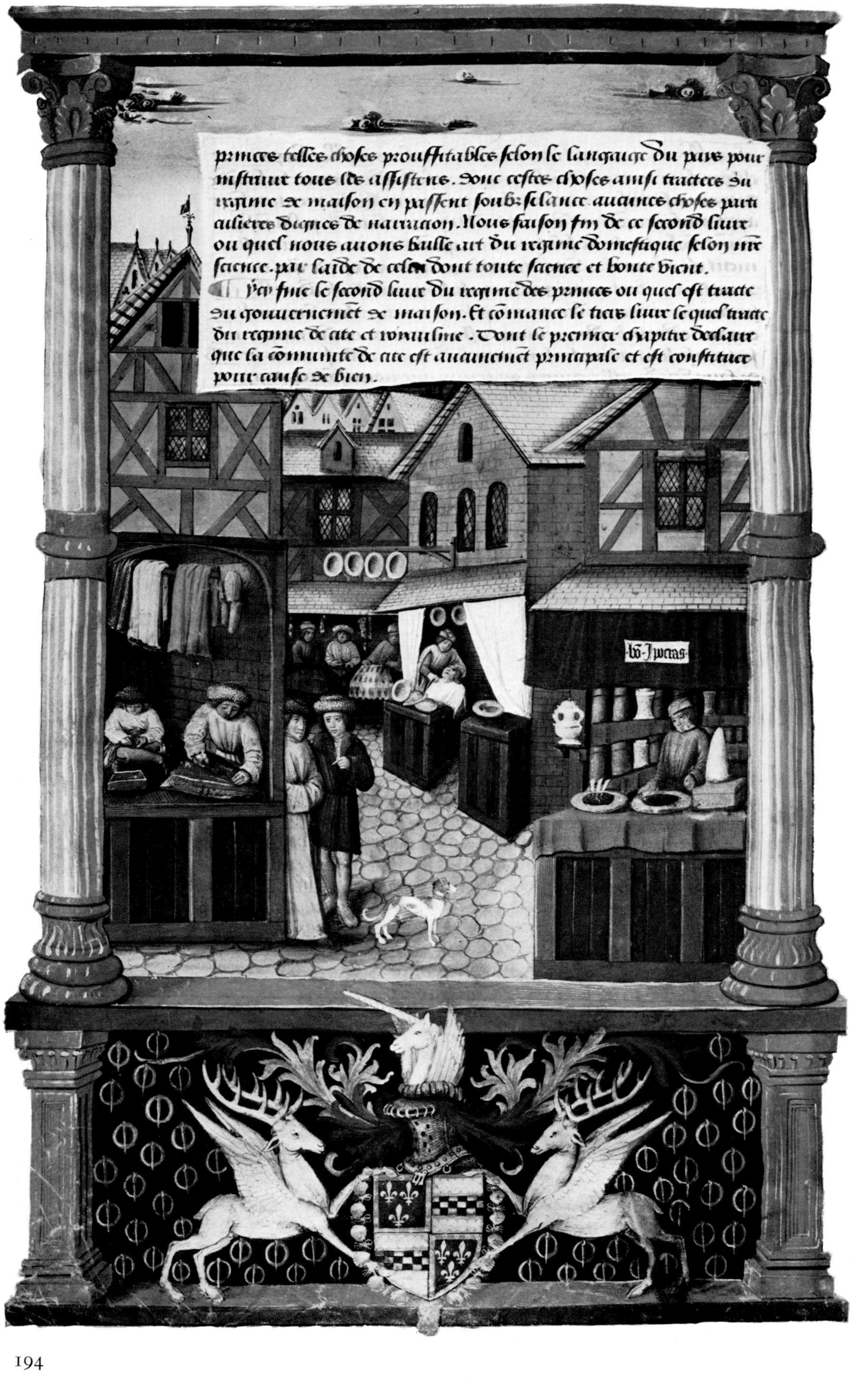

235 (links) Gepflasterte Stadtstraße mit Läden und Werkstätten. Rechts ein Apotheker, links der Schneider und im Hintergrund der Bader mit den als Firmenzeichen aufgehängten Becken.

236 Meister Heinrich, der Pflasterer, aus dem Mendelschen Brüderbuch (Nürnberg 1456).

237 »Der Pflasterer gebt ohne Eigen Rach dem, der beleidigt, nach. Er traget Christi Reichs-Genossen, wie ein geplagter Pflaster-Stein, des Feindes Tretten, Schlagen, Stoßen . . .« So steht es unter dem Stich (rechts unten). Die Klage ist verständlich. Die Pflasterer erhielten im Mittelalter kein Bürgerrecht!

238–241 Straßenbeleuchtung hat es im Mittelalter erst sehr spät gegeben. 1662 wurden in Paris Fackelträger eingeführt, die man mieten konnte. Ihr Lohn errechnete sich nach einer an der Laterne angebrachten Sanduhr (oben und rechts). – In Paris und Hamburg stellte man 1667 und 1675 zum ersten Mal Öllampen und Eisenkörbe mit brennendem Kienholz an einigen wichtigen Straßenkreuzungen auf (oben rechts).

242 (unten) Eine »Straßenbaumaschine« von 1578!

243 »Dorfansicht« von Hans Bol (1534–1593). Die Straße gleicht eigentlich einer hügeligen Feldflur. Das wird die Bauern jener Zeit wenig gestört haben. Die durchfahrenden Handelsfuhrwerke waren sicher froh, eine feste Steinbrücke vorzufinden, um heil in die nahe Stadt zu kommen.

244 Der Diener Cunzlin beim Straßenkehren, aus dem Mendelschen Brüderbuch (Nürnberg 1434).

245 In Paris ordnete der Rat der Stadt 1371 an, daß jeder, der sein Nachtgeschirr auf die Straße hinaus entleerte, vorher laut zum Fenster hinausrufen mußte: »Garde l'eau!«

Hauptstraßen gewesen sein, die als erste wirklich befestigt wurden, denn an ihnen hatten sich die Reichen und Wohlhabenden niedergelassen. Die anderen Straßen, also die Mehrzahl der gemeindlichen Verkehrswege, blieben noch lange einfache, kaum befestigte und gewartete Erdwege. Staub bei Trockenheit und Schlamm bei Regen erschwerten jeglichen Verkehr auf ihnen, und die Fußgänger sahen sich gezwungen, hohe Unterschuhe, sogenannte »Trippen«, anzulegen [244].

Zu hohen Kirchenfesten, Handelsmessen, Jahrmärkten, Reichstagen und Kaiserkrönungen muß der Verkehr auf den Stadtstraßen enorm gewesen sein. Zum Reichstag in Frankfurt vom Dezember 1397 bis zum Januar 1398 meldete sich König Wenzel mit 1500 Pferden an[90], und der Infant von Portugal erschien 1426 zum Regensburger Reichstag gar mit 800 großen Reisewagen und entsprechendem Begleitpersonal, das in großen Zeltlagern vor der Stadt untergebracht wurde[91]. Bei solchen Gelegenheiten bemühten sich die Städte natürlich ganz besonders, die Hauptstraßen und diejenigen Straßen, an denen die hohen Gäste beherbergt wurden, möglichst sauber und ordentlich zu halten. So versah Frankfurt zu den Kaiserkrönungen den Weg vom Römer zum Dom mit einem Bretterbelag. In den meisten Fällen wurden allerdings die Einzugsstraßen und die Festplätze mit Reisig, Stroh oder Riedgras bedeckt und für kurze Zeit gut passierbar gemacht.

Archive und Urkunden mittelalterlicher Städte sind voll von Verordnungen und Erlassen, in denen die Verwaltungen die Straßenanlieger anhalten, den Schmutz und Unrat vor ihren Häusern in bestimmten Zeitabständen wegzuräumen. Im »Willkürenbuch« von Rothenburg o. d. Tauber heißt es 1355: »... Wer Mist austragen läßt, von des Schweizers Haus in der Kirchgasse bis hinab bei Hamensdörfers Stadel, der soll ihn in drei Tagen wegfahren lassen oder er verbüßt 10 Schilling Strafe.« Ein Misthaufen vor dem Haus war also nicht verboten, sondern gehörte anscheinend zum Alltäglichen [245].

Gänse, Hühner und vor allem Schweine suchten und fanden ihren Lebensunterhalt in den Abfallhaufen und stinkenden Pfützen auf der Straße. Als 1131 der fünfzehnjährige Sohn Philipps II. in Paris an den Folgen eines Sturzes vom Pferd starb, das ein durch die Straße rennendes Rudel Schweine umgerissen hatte, verbot der König das Weiden der Schweine auf den Straßen. Dagegen wehrte sich jedoch die Abtei Saint-Antoine mit Erfolg. Sie erreichte, daß ihre Schweine weiterhin auf der Straße wühlen durften. Allerdings mußten sie fortan eine Glocke um den Hals tragen[92].

Diese unhygienischen Zustände auf den Straßen waren weitgehend Ursache der häufig so raschen und schier unaufhaltsamen Ausbreitung von Seuchen. Aber diese sah man als Strafen Gottes für irdische Sünden und einen nicht gottgefälligen Lebenswandel an, so daß sie keineswegs auf Schmutz und Unrat zurückgeführt wurden. In Städten, wo Abfälle in stark fließende Bäche oder Flüsse entleert werden konnten, stand es mit der allgemeinen Sauberkeit auf den Straßen etwas besser. Auch konnte man in manchen Orten – wie das z. B. aus Göttingen um 1330 belegt ist – ein Gewässer oberhalb der Ansiedlung stauen und dann mit genügend Druck und Gefälle die Straßen und Gassen durchspülen, eine Praxis, die noch heute in manchen Vororten Neapels gang und gäbe ist. In Straßburg waren z. B. selbst im 18. Jahrhundert die Straßen noch in Gefällabschnitte eingeteilt.

Erstmals wurde im 15. Jahrhundert in einigen Städten eine öffentliche Straßenreinigung eingerichtet, deren Kosten man durch eine Sondersteuer zu decken versuchte. Da sich natürlich jedermann gegen ein derartiges Verfahren wehrte, gelang es damals nur wenigen Stadtverwaltungen, eine solche Straßensäuberung durchzusetzen. Noch im Jahr 1552 befahl der

Kommandant von Berwick in Schottland der Gemeindeverwaltung die Pflasterung der Straßen, weil die Bürgerwehr bei einem Alarm durch den Kot auf den Straßen nicht schnell genug auf ihre Posten auf den Stadtmauern gelangen konnte. Auch in Berlin herrschten ähnliche Zustände, nachdem dort erst 1681 das Halten von Schweinen auf den Straßen verboten wurde. Ein im Jahr 1490 veröffentlichtes »Loblied« dürfte daher nur einer vorübergehenden Besserung gegolten haben:

Auch ist ein Knecht dazu bestellt,
der alle Tage mit der Bütte geht,
ob jemand hingeworfen hätt'
tote Säu, Hund oder Katzen,
faulende Hühner oder Ratzen.
Wo er die find't,
er nimmt's empor,
trägt's in der Bütte vor das Tor,
damit die Gaß gesäubert wird [244].

Diese unhygienischen Zustände auf den Straßen sind ein Teil des sogenannten »finsteren Mittelalters«. Sie mindern keineswegs die Leistungen der einzelnen Epochen, die in der Schaffung neuen Straßenraumes mit Blickpunkten und Abschlüssen durch architektonisch hervorragende Bauten von ausnehmender Schönheit und Ausgewogenheit den Vergleich mit den klassischen Stadtanlagen der Griechen nicht zu scheuen brauchen.

247 (rechts) Ottheinrich von der Pfalz reist 1556 in einer »Roßbahre«.

246 Das Rennen und Ringstechen der Ritter auf dem damals noch ungepflasterten Roßmarkt in Frankfurt am Main anläßlich der Krönung Leopolds I. im Jahr 1658.

Menschen auf den Straßen

Die Pilger

Im frühen Mittelalter sind besonders Bischöfe und Äbte viel gereist, um wichtige Angelegenheiten ihrer Diözesen oder Klöster persönlich zu ordnen, um den Meinungsaustausch mit benachbarten und befreundeten Kirchenfürsten aufrechtzuhalten oder um auf Wallfahrten zu weit entfernten Weihestätten berühmte Reliquien zu verehren. Diese Reisen erfolgten meist zu Pferde mit mehr oder weniger großem Gefolge – je nach Anlaß –, manchmal auch zu Fuß zu speziellen Wallfahrtsorten, und nur ganz selten mittels Wagen. Odo von Rouen wallfahrte 1260/61 zu Fuß nach Chartres[93], während Bernhard von Clairvaux 1146/47 einen Wagen benützte.

Die Zahl der Pilger und Wallfahrer nahm besonders zur Zeit der Kreuzzüge im 11. und 12. Jahrhundert stark zu. Innerhalb kurzer Zeit waren zahllose Menschen aller Stände und Schichten von einem regelrechten Kreuzzugstaumel erfaßt worden[94], vergleichbar nur dem sehnlichsten Wunsch tiefgläubiger Mohammedaner, einmal im Leben die Kaaba in Mekka aufzusuchen oder in Medina Allah anzurufen. Bezeichnend ist, daß noch zur Zeit der aufblühenden Renaissance ein Gelehrter wie Andreas Vesalius, der Begründer der modernen Anatomie, Leibarzt Karls V. und Philipps II. von Spanien, von dieser Sehnsucht ergriffen wurde und sich nach dem Heiligen Land aufmachte – wo er verschollen blieb.

Einen Einfluß auf den Straßenbau hat dieser – über Jahrhunderte gesehen – riesige Reiseverkehr jedoch nicht gezeitigt. Die Pilger, Wallfahrer und auch die Scharen von Bettelmönchen, die im Zuge der von Franz von Assisi inspirierten Armutsbewegung das Abendland überfluteten (und deren oft sehr unfromme Aufführung die Satire herausforderte), haben die vorhandenen Straßen und Wege benützt. Beim Straßenbau mitgeholfen oder durch Wegegeld zum Unterhalt ihrer Pfade beigetragen haben die frommen Wanderer allesamt nicht. Daß die burgundische Abtei Cluny sogar für Unterkünfte sorgte und auch sonst, wie wir schon aufführten, aktiv tätig war, blieb eine der großen Ausnahmen. Somit scheinen die sogenannten Pilgerstraßen, die ja nicht als solche eigens angelegt worden waren, auch nicht viel besser gewesen zu sein als alle anderen Verkehrswege. Sonst hätte wohl Sebald Örtel in seinem Tagebuch der Pilgerfahrt von Nürnberg nach Santiago de Compostela nicht ausdrücklich und bewundernd vermerkt, daß die Stadt Tolosa (Toulouse) »mit eitel clein Steinlein gepflastert« war. Vom Zustand der Straßen erwähnt er nichts weiter, gibt aber einen vorzüglichen Überblick über die Strecke: »... wie ich geritten bin, von einem halben Tag zu dem andern, wie viel meil von einander ...« Örtel war fast ein halbes Jahr, vom 23. August 1521 bis Ende der ersten Februarwoche 1522, unterwegs. Er hat seine Reise nicht ausschließlich als Pilgerfahrt betrachtet, sondern sich als angehender Kaufmann überall umgesehen und Wissen gesammelt[95]. So hat er auch Lissabon, Madrid, Barcelona und Marseille aufgesucht [248]. Eine ausführliche Reisebeschreibung über zwei Wallfahrten ins Heilige Land verfaßte der Dominikanerpater Felix Fabri aus Ulm. In seinem Dedikationsbrief meint er sehr ehrlich:

»Gott ist mein Zeuge, daß, wenn ich gewußt hätte, ich müsse mich infolge dieser Pilgerfahrt in eine solche Ausschweifung (evagationem) des Geistes und des Körpers verstricken, ich sie niemals begonnen hätte, und möge sie noch so heilig sein ... Daher habe ich beschlossen, dieses Buch nicht Peregrinatorium (Pilgerfahrtbeschreibung) und nicht Itinerarium (Reisebeschreibung) und nicht Viagium (Wegschilderung) ... zu benennen, sondern ich habe bestimmt, es solle gerechterweise das Evagatorium des Fraters Felix heißen«.

Gleich Örtel und Fabri haben zahlreiche fromme Pilger vom frühen bis zum späten Mittelalter über ihre Wallfahrten berichtet. Anfänglich nur Aufzeichnungen der Strecken, Entfernungen und Kosten, gewannen diese Berichte bald immer mehr Farbe und wurden zu echten Reiseschilderungen, geradezu zu Handbüchern, nach denen sich spätere Pilger nun orientieren und ihre eigenen Fahrten nach Jerusalem, Rom, Santiago de Compostela oder zu anderen Wallfahrtsorten vorbereiten und planen konnten. Aus allen geht ein buntes und lebendiges Bild des Treibens und der Fährnisse und Geschicke der damaligen Wanderer und Reisenden hervor – nicht allerdings über die Straßen selbst. Auf diese hat zum ersten Male in größerem Umfang ein von Estienne 1552 in Paris herausgegebenes Reisehandbuch aufmerksam gemacht, das schlechte Wegstrecken aufführte oder zur Vermeidung von Gefahren – in einem Wald bei Grenoble zum Beispiel – eine Umgehungsstraße empfahl »... pour éviter le danger ...« Mehrfach sind in diesem Buch auch Hinweise zu finden wie: »Mühsamer Durchgang zur Zeit des Schmutzes« (passage fascheux en temps de fange) oder »Ziehe Dir Stiefel für den schlechten Weg im Winter an« (te botte pour le mauvaix chemin en yuer [hiver]) bei einer Schilderung des Streckenabschnitts Villeneuve[96].

Zu den frühesten Reiseberichten gehört das Intinerar des Abtes Nikolaus von Saemundarson über seine Pilgerfahrt von Nordisland nach Jerusalem, die er in den Jahren 1151–1154 auf folgender Reiseroute ausführte[97]: Island – Norwegen – Aalborg – Schleswig – Paderborn – Köln – Mainz – von da mit dem Schiff nach Basel – Großer St. Bernhard – Mailand – Lucca – Siena – Rom – Bari – Brindisi – zu Schiff über Zypern nach Akkon und von dort nach Jerusalem. Die Rückreise berührte die gleichen Orte.

Außerdem liegt ein sehr umfangreiches Itinerar mit verschiedenen Reiserouten nach Italien und Palästina vor, das der Abt Albert von Stade um 1240 in seinen Annalen aufzeichnete und das die Erfahrungen mehrerer Reisen zusammenfaßt[98]. Auch Erzbischof Odo von Rouen führte Reisetagebücher, die über seine Fahrten innerhalb seiner Diözese, nach Rom, Süd-

248 Die Reiseroute des Sebald Örtel von Nürnberg nach Santiago de Compostela in den Jahren 1521/22. Im allgemeinen wurden die Pilgerfahrten nach Santiago nicht so weit nach dem mittleren Spanien ausgedehnt. Der Weg der Pilger war ohnehin schon dadurch sehr lang, daß sie unterwegs jedes Kloster und jede Kirche besuchen mußten, die dem heiligen Jakob geweiht war und in der Nähe ihres Weges lag.

frankreich und England Aufschluß geben[93]. Für eine Pilgerfahrt nach Rom, die er am 30. Dezember 1253 antrat, benötigte er 72 Tage. Die Reise ging von Rouen über Paris, Dijon, Lausanne, Brieg, Mailand, Bologna, Rimini und Perugia in die Heilige Stadt. Nach Abzug der 15 Ruhetage, die er einlegte, ergibt das für die etwa 1685 Kilometer lange Strecke mit Überquerung der Alpen während des Winters einen Tagesdurchschnitt von 23,4 Kilometer. Die Rückreise im Sommer 1254 dauerte dann bei 5 Ruhetagen nur 58 Tage, da hierbei der Erzbischof die kürzere Strecke über Siena – Lucca (Via Francigena) – Turin – Mont Cenis – Lyon – Paris – Rouen wählte. Jetzt betrug der Tagesdurchschnitt 29,3 Kilometer.

Kirchenfürsten mit kleinem Gefolge wie auch wallfahrende Pilger zu Pferd dürften selten mehr als 40–45 Kilometer als Tagesleistung hinter sich gebracht haben, Fußgänger natürlich entsprechend weniger[99]. Aus vielen Reiseberichten geht hervor, daß nach Möglichkeit, d. h. wenn es der Geldbeutel der Reisenden gestattete, für Teilstrecken gerne die bequemere und schnellere Flußschiffahrt benutzt wurde: »... zu Ulm sein mihr uff ein holtzflos geseßen ... zu Regenßpurg, do haben mihr ein dag stil gelegen und 4 pferdt gekaufft ... Von Regenßpurg aus wiederumb zu lande ...« Die Überquerung von Flüssen erfolgte vielfach auf Fähren: »... von dannen gen Boytzen (Bozen) – fehrt man über die Etsch an eynem seyle« (Seilfähre). Zu den Stätten besonderer Andacht und zur Erlangung eines speziellen Ablasses wallfahrteten auch Bischöfe wie einfache Pilger zu Fuß: »... denselben tagk um die X. uhre komen wir gen Jerusalem ... Da sassen mir ab und gengen forter gen Jerusalem und gengen für den tempel ...« – »... danach gegen den abent sassen mir wyder uff die esell und rytten gen Terrarossa (Einöde bei Jericho)« – »... und uff montagk nach unser frauen tagk (16. August) sassen mir wyder uff dy esell und rytten gen Jaffa ... und chom dy Galea (Galeere) uff sandt Andres tagk (30. November) gen Venedig«[100]. – Also eine Seereise von dreieinhalb Monaten!

249 Die Reise eines vornehmen Herrn mit seiner Familie im 15. Jahrhundert. Der Wagen ist zwar noch ungefedert, aber die Reisenden sind durch lederne Rolljalousien gegen Sonne, Wind und Regen geschützt.

Sebald Örtel aus Nürnberg kaufte sich für die Reise nach Santiago um 20. fl. ein »rots fuchslein« und gab seinem Diener ein »clain schimle zu raiten, das kostet 14 fl.« (Florentiner Gulden). »... Vor Fansaloner wollt mein fuchslein nimmer gehen ... Und alsbald ichs in stall zug, da fiel es nider und starb von stund an ... Darnach luden wir unsere stiffel und claider auf das Schimelein, und luffen neben ihm her gen Vecacopy ...«[95]

Einen breiten Raum nimmt in sämtlichen mittelalterlichen Pilger- und Reiseberichten die Aufzählung der kirchlich bedeutsamen Stätten und die Beschreibung der fromm verehrten Reliquien ein. Überall, ob in Spanien, Venedig, auf Zypern oder im Heiligen Land gab es Fremdenführer, die den Pilgern die Sehenswürdigkeiten zeigten. »... darnach zaygt man uns (in Jerusalem) eyn Schwypbogen ueber dy gassen (Via Dolorosa), daselbest syndt zwen weyß Mörbelsteyn yngemauert, ueff dem ayn Jesus und ueff dem ander Pylatus gestanden synt ... daselbest ist aplaß syben iar und syben quadragena ...«[100] – »... Von dannen ritten wir gen Wurges (Burgos in Spanien) ... do besahen wir im Augustiner Closter ein Crucifix, das Nicodemus hat gemacht, das thutt große zaichen, und wenn man Ihm ein finger oder Zween beugt: So richt es sich wider auff; und niemand waiß nit, warvon es gemacht ist ...«[95]

Die Pilger interessierten sich für alles. In ihren Berichten steht nicht nur, wieviele Meilen die Entfernung von Jerusalem nach Bethlehem und von Krakau nach Santiago de Compostela beträgt. Auch von Fürstenschlössern, Waffenkammern und von Schiffen und Docks in fremden Hafenstädten haben sie erzählt. Die Kaufleute knüpften unterwegs Handelsbeziehungen an, kauften Warenproben und besichtigten Werkstätten. »... in Murano haben mihr die gleßer (Gläser) sehen machen ...« – »... auch haben wir den Zucker sehen wachsen, dazu die Baumwoll ...« – »... 4 Dukaten und 4 Marzellen für zwen deppich ...« – »... batz einem dolmetsch gegeben, der mit meinem gnädigen Herren im zeugehauß gewest ist zu Venedig ...« Man besah alles, um sich zu Haus rühmen zu können, daß man auf Zypern auch »... under der erden war, do die heyden ihr begrebnus haben ghabt« – »... mihr musten uff dem bauch hinein kriechen ...« Wir erfahren in den Reiseitinerarien auch von Zoll- und Waffenkontrollen: »... als wir nun uffs mehr kamen nach Venedig zu ... do kamen die schergen zu uns gfarn und forten zum ersten die poleten (boletto di passa = Passierschein), die wir zu Trent bekommen hatten ...« Selbst von der Unterhaltung, die den Fremden abends in den Städten geboten wurde, erfahren wir viel. Lakonisch notiert der Reisekassenverwalter des Grafen Reinhardt zu Hanau 1550: »... batz hat mein gnädiger her verspilt inn des grauen hauß zu Nycasien« (Nicosia auf Zypern)[100].

Der Seeweg von England, Flandern und den nordischen Ländern nach Jerusalem blieb bis zur Mitte des 16. Jahrhunderts immer ein gefährliches Abenteuer. Bei diesen Pilgerreisen wurde meist in Nordspanien Station gemacht, um in Santiago die Reliquien des heiligen Jakobus zu verehren. Auf der Weiterfahrt über Lissabon, Gibraltar, Barcelona, Marseille und Messina sind viele Schiffe von arabischen Seeräubern gekapert und die Pilger in die Sklaverei verkauft worden[101].

Die Kreuzritter

Die Heere des 1. Kreuzzuges (1096–1099) folgten auf dem Balkan und in Kleinasien den alten Römerstraßen, und auch die Teilnehmer am 2. Kreuzzug (1147–1149) unter dem Staufer Konrad III. und Ludwig VII. von Frankreich zogen von Konstantinopel bis Ephesos und Attalia über ehemalige Legionärsstraßen, wenngleich sie andere Routen wählten als ihre Vorgänger. Von den drei Heerführern des 3. Kreuzzuges (1189–1192) schlug nur Friedrich Barbarossa den Landweg ein, natürlich auf den Spuren der Römer. Richard Löwenherz und Philipp II. kamen auf dem Seeweg nach Palästina, wie auch alle späteren Kreuzzüge zu Schiff erfolgten [250].

Die Landstrecken des 2. und 3. Kreuzzuges lassen sich anhand verläßlicher Quellen genau verfolgen[102]. Kaiser Konrad III. verließ mit einem ungeheuren Troß am 5. Juli 1147 Regensburg und erreichte am 8. September Konstantinopel. Das Heer brauchte somit für die etwa 1480 Kilometer lange Strecke über Belgrad – Nîs – Sofia – Adrianopel rund 90 Tage, was einem Tagesdurchschnitt von 17 Kilometern entspricht. Die französischen Ritter unter König Ludwig VII. brachen am 12. Juni von Saint-Denis auf, standen am 5. Juli in Worms, von wo sie über Würzburg nach Regensburg zogen. Dort bestieg Ludwig mit einem Teil seiner Ritter Schiffe, die ihn donauabwärts bis Branitza[103] brachten, wie vor ihm schon Konrad und später Barbarossa. Die Hauptmacht des Heeres und der Troß zogen stets die alten römischen Straßen an der Donau entlang.

Beide Monarchen trafen etwa zur gleichen Zeit in Konstantinopel ein. Die Franzosen hatten somit die längere Strecke von Worms her in der gleichen Zeit von 90 Tagen, d. h. mit einer durchschnittlichen Marschgeschwindigkeit von 23–24 Kilometer am Tag bewältigt. Ludwigs Heer war beweglicher, weil er einen Teil seiner Ritter von Worms über Italien und Griechenland nach Nicaea vorausgesandt hatte. Außerdem konnte er auf dem Balkan eine Reihe von Brücken benützen, die von Konrads Heer in Ordnung gebracht worden waren[104].

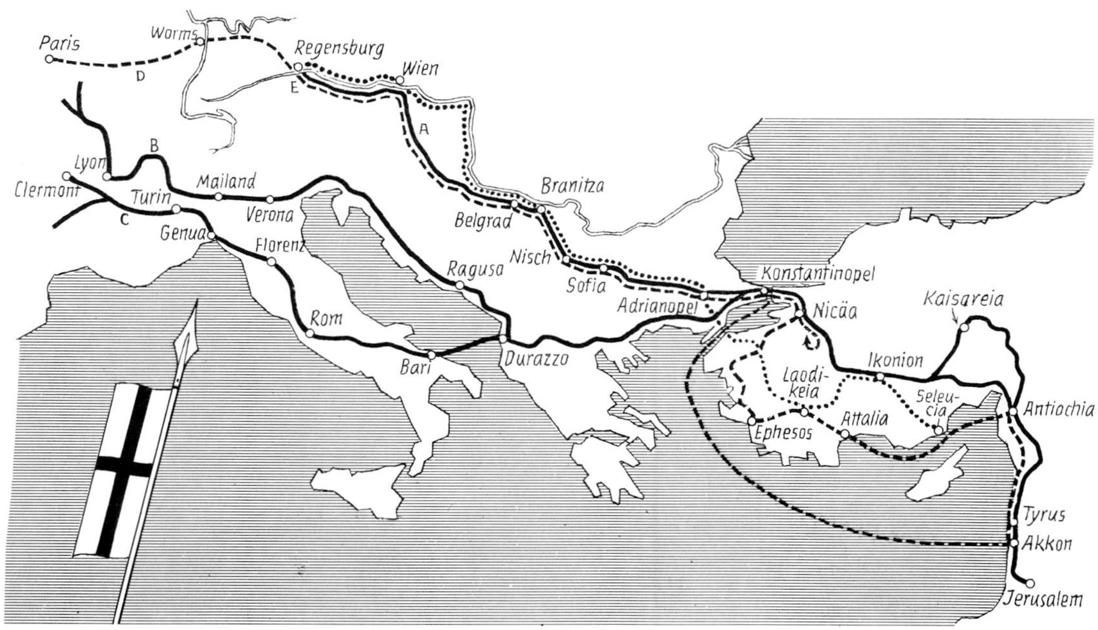

250 Die ersten drei Kreuzzüge erreichten das Heilige Land auf dem Landwege. Die Marschrouten entsprachen zum großen Teil dem Streckenverlauf alter römischer Straßen.

— *Erster Kreuzzug 1096–1099*
A Gottfried von Bouillon
B Robert von Flandern
C Raimund von Toulouse

- - - *Zweiter Kreuzzug 1147–1149*
D König Ludwig VII. von Frankreich
E Kaiser Konrad III.

····· *Dritter Kreuzzug 1189–1192*
Kaiser Friedrich I. Barbarossa

In Kleinasien allerdings sank die Tagesleistung der Kreuzritter auf oft nur 12 Kilometer ab. Ihren Anführern war das Land zum größten Teil unbekannt, und ständige Überfälle der Türken zwangen dazu, das Heer und den riesigen Troß stets eng zusammenzuhalten, so daß letzterer die Marschgeschwindigkeit bestimmte. Das Haupthindernis bildeten jedoch die Eifersüchteleien zwischen den hohen Herren, die sich über die einzuschlagende Route nicht einigen konnten. Im Gegensatz zur Mehrzahl der Ritter beabsichtigte Konrad, von Nicaea aus nur mit einem kleinen Reiterheer nach Iconium vorzustoßen, während das Hauptheer wegen der besseren Versorgungsmöglichkeiten die alte römische Küstenstraße über Ephesos nehmen sollte. Doch er mußte nachgeben. Schon elf Tage nach dem Abmarsch von Nicaea wurde das ganze Heer so heftig von den Ungläubigen angegriffen, daß es umkehren mußte und acht Tage später ziemlich angeschlagen wieder in Nicaea eintraf. König Ludwig hatte inzwischen diese Stadt verlassen. Jetzt eilte er Konrad zu Hilfe, und beide Heere zogen nunmehr gemeinsam auf dem römischen Küstenweg über Pergamon und Smyrna nach Ephesus. Hier erkrankte der schon bejahrte Kaiser Konrad, und er sah sich gezwungen, den Feldzug abzubrechen. Anfang Januar brachte ihn ein Schiff nach Konstantinopel zurück, während sein Heer langsam auf dem Landweg folgte.

König Ludwig marschierte von Ephesus weiter nach Attalia. Von dort setzte er in dreiwöchiger Seefahrt nach Palästina über und zog mit seinen Streitkräften über Antiochia nach Tyrus, wo er etwa Mitte April eintraf. Abzüglich der fünf Wochen, die er in Attalia zur Beschaffung der Schiffe festlag, brauchte er also von Konstantinopel aus rund fünf Monate!

251 Über unbefestigte Erdwege zogen die Heere der Landsknechte mit ihrem endlosen Troß, und kein Herrscher im Mittelalter hatte das Geld, den Schaden, den sie an den Wegen anrichteten, ausbessern zu lassen oder gar neue, feste Heerstraßen zu bauen, wie es einst die römischen Kaiser jahrhundertelang getan haben (Holzschnitt von A. Altdorfer aus dem »Triumphzug Kaiser Maximilians«).

In Tyrus stieß jetzt auch Kaiser Konrad zu ihm, der doch noch zu Schiff von Konstantinopel nach Akkon gereist war. Zusammen ritten sie nunmehr ohne Heer nach Jerusalem und Damaskus.

Konrad schiffte sich am 8. September in Akkon zur Rückfahrt ein und feierte das Weihnachtsfest in Konstantinopel. Von dort reiste er wahrscheinlich auf dem Landweg bis Dyrrhachium (Durazzo), dann zu Schiff nach Pula in Istrien und von da zu Pferd über Aquileia und Salzburg nach Regensburg, wo er am 25. Mai 1149 nach zweijähriger Abwesenheit ankam. Ludwig VII. brach erst Ostern 1149 von Palästina auf und erreichte im Herbst des Jahres Frankreich auf dem Seeweg.

Das Heer des 3. Kreuzzuges unter Friedrich Barbarossa [219] verließ Regensburg am 11. Mai 1189. Es hatte während des Marsches durch den Balkan schwere Kämpfe mit den Bulgaren zu bestehen. Erst Anfang Januar 1190 brach man daher von Adrianopel auf, um das Heilige Land auf einer Straße zu erreichen, die bis dahin noch von keinem Kreuzzugheer benützt worden war. Nach unendlichen Strapazen und unter ständigen heftigen Kämpfen mit den Türken wurde über Gallipolis – Laodikeia und Iconium Seleukia erreicht. Hier ertrank Kaiser Friedrich am 10. Juni beim Baden in den Fluten des Saleph[105]. Nunmehr zerbrach die Einheit des Kreuzfahrerheeres. Ein Teil unter Friedrich von Schwaben erreichte auf dem Landweg am 7. Oktober Tyrus – man war also von Regensburg aus 18 Monate unterwegs!

Daß sich Kreuzzüge mit wesentlich kleineren Streitkräften viel schneller durchführen ließen, hat Heinrich der Löwe bewiesen. Er war mit seinen Rittern am 13. Januar 1172 in

Braunschweig aufgebrochen und hatte bereits am 14. April, also nach neun Wochen, Konstantinopel erreicht. Das bedeutete einen Tagesreisedurchschnitt von 30 Kilometer. Von Konstantinopel aus benützte er den Seeweg bis Akkon, während die Rückreise zu Land durch Syrien, Kleinasien und den Balkan erfolgte. Anfang 1173 traf er wieder in Braunschweig ein. Er war fast auf den Tag genau ein Jahr unterwegs gewesen.

Die langen Marschzeiten der Kreuzzüge sind nur zum Teil durch das Klima, den schwerfälligen Troß und Unkenntnis über die Länder zu erklären. Der mangelhafte Zustand der Straßen war vor allem daran schuld. Die Araber hatten die von den Römern noch vorhandenen Verkehrswege stark vernachlässigt, da sie selbst als ausgesprochenes Reitervolk nicht auf diese angewiesen waren. Der Nachschub ihrer Heere erfolgte hauptsächlich auf Kamelrücken, wie sich der Gütertransport im Osmanenreich überhaupt auf den »Wüstenschiffen« abspielte, die unabhängig von Straßen waren. Auch die Pferde der Kreuzritter wären ohne ausgebaute Straßen durchaus voll aktionsfähig gewesen, dagegen benötigten die Troßkarren und Lastfahrzeuge der Kreuzfahrer Verkehrswege mit soliden und haltbaren Oberflächenbelägen. Auf die Idee, für derartige Voraussetzungen zu sorgen, ist man im christlichen Lager anscheinend nie gekommen. Man hielt sich an vorhandene Straßen, benützte die Reste römischer Legionärswege und quälte sich Kilometer für Kilometer durch oft unwirtliches feindliches Land.

Zum Teil ist diese Verkennung der militärischen Notwendigkeit intakter Marschwege erklärlich aus der Zusammensetzung der mittelalterlichen Heere.

Die Heere der Kaiser

Es gab keine stehenden Heere mit Fußtruppen, sondern im wesentlichen nur Ritter, die jeweils zu einem bestimmten Heereszug oder Unternehmen aufgerufen wurden, wobei sie ihre eigene Begleitmannschaft mitzubringen hatten. Ein stehendes Heer hätte zur Erhaltung und Steigerung seiner Einsatzbereitschaft auch einen planmäßigen Straßenbau erfordert, für den aber nach der ganzen Konstruktion des Staatswesens keine Mittel vorhanden waren. Das auf den Trümmern des römischen Reiches entstandene Kaiserreich beruhte auf dem Lehnsrecht, der persönlichen Verpflichtung zwischen Herr und Dienstmann, das von Anfang an den Keim der Selbstauflösung bzw. Selbstvernichtung in sich trug. Die Kaiser konnten ihr Reich – wir sagten das schon an anderer Stelle – nur durch persönliche Anwesenheit und ständige Reisen in die verschiedenen Reichsteile regieren. Natürlich haben sie nach den hierbei gemachten mißlichen Erfahrungen mit schlechten Wegen ihre Lehnsträger dazu angehalten, die Verkehrswege besser in Ordnung zu halten. Aber sie hatten weder das Geld zur Einrichtung einer zentralen Überwachungsbehörde, noch die Macht, Verstöße wirksam zu ahnden. Und ihre Wehr, die Ritter, waren nicht unbedingt auf ausgebaute Straßen angewiesen.

Auch die Landsknechtsheere des späten Mittelalters mit überwiegendem Fußvolk, gewissermaßen die erste Infanterie, brachten für den Straßenbau keinen Vorteil. Was kümmerte es schon einen teutschen Landsknecht aus Böhmen, wenn er die Straßen im feindlichen teutschen Württemberg zuschanden machte! Die Truppen selbst waren nicht einmal das Schlimmste.

Am meisten wurden die Straßen durch die endlosen Kolonnen der Marketender und Furagewagen strapaziert [251].

Diese waren auch, wie bereits erwähnt, bestimmend für die geringe Marschgeschwindigkeit und die entsprechenden kurzen Tagesleistungen der Heere. So brauchten die deutschen Kaiserheere für eine Alpenüberquerung von Augsburg aus im allgemeinen einen Monat[106]. Wenn wirklich einmal ein Eilmarsch notwendig war, dann konnte es zu der Situation kommen, die uns von Kaiser Friedrich II. überliefert wurde: Er verließ am 30. Oktober 1236 Cremona, um seinem Schwiegersohn Ezzelino zu Hilfe zu kommen, den bei Rivalta die Hauptmacht der Lombarden bedrängte. In 36 Stunden hat er die 112 Kilometer lange Strecke zurückgelegt. Dieser Stundendurchschnitt von 31 Kilometern wurde aber nur dadurch erreicht, daß die Rüstungen der Ritter gesondert transportiert wurden und man die Herren, angetan mit ihrem Panzerschutz, erst vor Rivalta auf die Streitrösser hob. – – –

Die Betrachtungen über den Einfluß und die Auswirkungen der Kaiserheere, Kreuzritter und Pilger auf das mittelalterliche Straßenwesen bestätigten nur noch einmal das schon in anderen Abschnitten gewonnene betrübliche Ergebnis, daß es in all den Jahrhunderten zu keinen straßenbautechnischen Fortschritten kam. Um so höher ist es zu bewerten, daß trotzdem ein Netz von Handelswegen in Europa entstand, das die Grundlage für die Straßen der folgenden Jahrhunderte bildete.

Rasthäuser

Mit den Legionären waren auch die staatlichen Rasthäuser (»mansiones«) an den römischen Fernstraßen verschwunden. Die wenigen Reisenden und Händler jener Zeit werden meist im Freien übernachtet haben, wenn sie nicht eine Ortschaft erreichten. Bei Bauern und auf Höfen in den nach der Völkerwanderung dünn besiedelten Landstrichen unterzukommen, war schwer, denn Fremden gegenüber war jeder durch die Wirren der Zeit mißtrauisch geworden. Noch Karl der Große, dem sehr an einer Belebung des Fernhandels lag, hat gegen dieses Mißtrauen ankämpfen müssen und mehrfach in seinen Capitularien bestimmt: »Niemand in unseren Reichen soll Wandernden Herberge und Herd verweigern oder ihrem Vieh Futter vorenthalten.«

252 Siebenspänniger Reisewagen eines Kaufmanns um 1500.

Am meisten haben sich im Frühmittelalter die Außenhöfe der Klöster, die an Naturwegen in einsamen Gebieten lagen, der Reisenden in christlicher Nächstenliebe angenommen. Die »Fränkische Ordnung« besagte: »Nehmt Reisende freundlich auf, denn der Herr wird am Tage der Vergeltung sprechen: Ich war ein Gast und du hast mich beherbergt.« In den Alpen haben die Klöster an Paßwegen und Paßübergängen Hospize erbaut, in denen vom armen Pilger bis zum Kaufmann jeder Unterkunft fand.

Erst mit dem Anwachsen des Handelsverkehrs im 11. und 12. Jahrhundert entstanden außerhalb der Städte an den großen Handelswegen private Rast- und Gasthäuser. Daraus wurde im Lauf der Jahrhunderte ein großes, oft geschmähtes und auch viel gepriesenes Gewerbe. Aus Reiseberichten wissen wir, daß es zum Beispiel im 14. und 15. Jahrhundert an der Brennerstraße »viel gudt herbergenn« gegeben hat. Die Wirte und Wirtinnen waren nicht selten reiche und gebildete Leute, die mehrere Sprachen beherrschten. In einem venezianischen Reisebericht[107] von 1492 wird das große, geräumige Gebäude des Gasthauses »Zur Krone« in Sterzing gerühmt und von den vielen Komödianten und fahrenden Sängern berichtet, die dort am Abend die Gäste unterhielten: »Im Gasthaus ›Zur Rose‹ vor Trient erschien während des Essens ein Possenreißer, der auf sonderbaren Instrumenten spielte und auf dem Kopf Ohren von Tuch hatte, von denen er bald das eine, bald das andere, bald beide zusammen bewegte, was viel zu lachen gab.« ». . . in Bozen kam abends ein Deutscher, der mit den Händen auf dem Boden ging und in Klausen kamen während des Abendessens zwei Musikmeister mit fünf Jungen, die verschiedene Gesänge vortrugen. Darunter einen, der wie Schlachtgesang mit Trompeten klang. Besonders einer der Jungen, kleiner als die übrigen, zeichnete sich dabei durch außerordentliche Feinheit und den bewundernswerten Gleichklang seiner Stimme aus. . . .« Die Gesandten schenkten jedem von ihnen einen Sechser.

So günstige Berichte über Wirtshäuser sind allerdings nicht häufig. Viel zahlreicher sind Klagen über schlechte Herbergen. Walther von der Vogelweide, der das unstete Leben auf der Straße gut kannte und mit bitteren Versen bedacht hat, beklagt sich: »sît hînat (in dieser Nacht) hie, sît morgen dort, was gougelfuore (Gaukelleben) ist daz!« Er kommt zu dem Schluß: »wirt unde herberge muoz man sich vil dicke (oft) schamen«.

Erasmus von Rotterdam zeichnet in seinen »Vertrauten Gesprächen« ein besonders trostloses Bild von den Zuständen in den deutschen Gasthäusern seiner Zeit. Mit boshafter Übertreibung schildert er die Wirte als Grobiane und die Wirtsstuben und Schlafkammern als überaus unsauber. Er gibt allerdings zu, daß das Essen reichlich und gut, der Wein aber sauer sei[108]!

Der Nürnberger Kaufmann Paumgartner klagt, daß in den italienischen Wirtshäusern »alle bett voller wantzen seind«. Besonders in den kleinen Orten gab es natürlich viele elende Gasthöfe, in denen die Gäste bestohlen und von den Wirten übers Ohr gehauen wurden[109].

Dietrich von Cuba berichtet, daß er sich auf seiner Pilgerfahrt nach Rom am 7. Mai 1473 in Loiano mit einem Wirt »fyndlich geschulden« habe über das schlechte und teure Essen[110]. 300 Jahre später schreibt übrigens Goethe in der »Italienischen Reise« von einem »elenden Wirtshaus« im gleichen Loiano!

In den Rasthäusern trafen sich abends die Armen und die Reichen, die Bettler und die frommen Pilger, grobe Fuhrleute, vornehme Kaufleute und Gesandte, denn bei den Wegeverhältnissen konnte keiner sicher sein, abends die Herberge zu erreichen, die er sich – standesgemäß – wünschte. Die feinen Leute legten dann große Kalbsfelldecken über das Strohlager zum Schutz gegen Ungeziefer und die Fuhrleute schliefen im Planwagen, um ihre Fracht gegen Diebsgesindel zu schützen.

Manche Wirtshäuser an großen Handelsstraßen wurden in die Geleitssicherheit einbezogen. In einem Geleitsbrief des Herzogs Philipp von Lothringen vom 27. Januar 1394 über das Schutzgeleit auf der Straße von Luxemburg nach Straßburg heißt es: »Die Fuhrleute, ihre Pferde, Wagen und Geschirre, worin der Kaufleute Gut gefahren wird, sollen . . . zwei Herbergen haben zu Rümelingen und zwei zu Emichenberg, die gefreit sein sollen vor jedermann, dort sollen sie so sicher sein wie auf der Geleitstraße«[111].

Dieser Brief zeigt, wie es im Mittelalter um die Straßen und um die Rasthäuser bestellt war. Wer zahlen konnte, hatte eine gesicherte Reise und fand auch »gout herberg mit mengerloi spiz und trank«.

Zum Schluß noch ein Kuriosum: Damit die Kaufleute, die von Venedig kamen, ihre Wagen nicht zu hoch beluden, baute die Republik auf der Ampezzaner Straße bei Seravalle einen Tunnel, durch den nur ein normalbeladener Wagen hindurch kam! Man wollte dadurch die Brennerstraße schonen! Gleichzeitig – und das war bestimmt ebenso wichtig – hatten die Vorspannprivileginhaber am steilen Ritten hinter Bozen den Vorteil, daß bei ihnen durch die größere Zahl der Wagen das Geschäft besser ging[112].

253 Wegmesser im 16. Jahrhundert. »Figur wie man auff einem Wagen durch künstliche Machination den Weg messen kann.« Neu ist dieses Verfahren nicht. Der römische Schriftsteller Vitruvius hat berichtet, daß unter Kaiser Augustus das römische Straßennetz mit einem Mechanismus vermessen worden ist, der durch Wagenräder bewegt wurde.

Inka

GOVERNADOR·DE LOS PVENTTES·DESTE R.

CHACASVIOIOC ACO SINGA

Die Straßen der Inkas

Tausende von Kilometern von den Schauplätzen der europäischen Geschichte entfernt hatten zwischen 1400 und 1550 die Inkas an der Westküste Südamerikas ihr großartiges Reich geschaffen, in das die Spanier als Eroberer einfielen. Was sie antrafen, erfüllte sie mit Bewunderung und Furcht zugleich. Statt auf »Wilde« stießen sie auf ein Volk mit außergewöhnlich hoher Kultur, auf Wirtschaftsformen und kulturelle Zeugnisse, die in keiner Weise den heimischen nachstanden, ja sie in manchem zu übertreffen schienen. Vor allem zeigten sich die Spanier von den Leistungen der Inkas im Straßenbau beeindruckt. Pedro Cieza de Léon, der als Reiter im Konquistadorengefolge die Eroberung Perus miterlebte und dessen Tagebuch 1553 in Sevilla gedruckt wurde, konnte sich nicht genug tun, die Königsstraßen der Inkas zu rühmen. Selbst Karl V., so schrieb er, hätte mit all seiner Herrlichkeit nicht imstande sein können, ein solches Werk zu schaffen[113].

Zwei große Hauptstraßen durchzogen das Inkareich, die »Königliche Straße des Gebirges« und die »Königliche Straße der Küste«. Die Gebirgsstraße begann an der Nordgrenze des Reiches in Quito, im heutigen Ecuador. Sie führte durch das Hochland der Anden zur Hauptstadt Cuzco, folgte dann dem Ufer des 3800 Meter hoch gelegenen Titicaca-Sees und zog sich weiter durch die Einöden und schneebedeckten Höhen hin bis Santiago und Talca im heutigen Chile. Die Gesamtlänge der Strecke betrug rund 5000 Kilometer [256].

Die Küstenstraße war etwas kürzer, sie erstreckte sich über 3780 Kilometer von Tumbes (südlich von Quito) bis gleichfalls nach Talca an der Südgrenze des Reiches. Beide Straßen waren durch eine Anzahl Querstraßen miteinander verbunden, so daß insgesamt ein Straßennetz von etwa 11000 Kilometern bestand. In Abständen von 20–30 Kilometern waren überall Rasthäuser für die Reisenden errichtet. Bodenabtragungen und Felseinschnitte hatte man nur in ganz seltenen Fällen gemacht, wenn in den höchsten Andentälern keine andere Möglichkeit zur Streckenführung mehr blieb. Im allgemeinen jedoch verliefen die beiden Straßen schnurgerade auf und ab über Bodenwellen und Berge hinweg. Sie waren zwischen vier und sieben Meter breit und an den Seiten von niedrigen Steinmauern eingefaßt, die sie vor Auswaschungen durch Sturzbäche und vor Sandverwehungen schützen sollten. Zu den Gebirgspässen stiegen sie in langen, sorgfältig angelegten Treppen hinauf [260]. Das bedeutete für den Verkehr grundsätzlich kein besonderes Hindernis, denn den Inkas waren weder Rad noch Wagen bekannt. Man reiste zu Fuß oder in Sänften. Die Menschen selbst oder Tragtiere (Lamas) beförderten die Lasten, so daß die »Verkehrswege« weder in der Wüste noch in der Steppe oder in der steinigen Puna grundbefestigt zu werden brauchten. Nur Sumpfniederungen und flache Seen wurden auf ein bis zwei Meter hohen gemauerten und gepflasterten Dämmen durchquert.

Wie die Königsstraßen der Perser waren auch die Straßen der Inkas in erster Linie Staatsstraßen und dienten zur Verwaltung und Sicherung des ausgedehnten Reiches. Auch sie vermieden Siedlungen und bebautes Land, um einen möglichst ungehinderten und raschen Marsch von Truppen, Tragtierkolonnen und Boten zu gewährleisten. Besonders die Nachrichtenverbindungen hatten die Herrscher ganz vorzüglich ausgebaut. Allerdings besorgten nicht Reiter – wie die Eilboten des Darius –, sondern Läufer diesen Stafettendienst. Cieza

254 Straßenbeamter im Inkareich (um 1500).

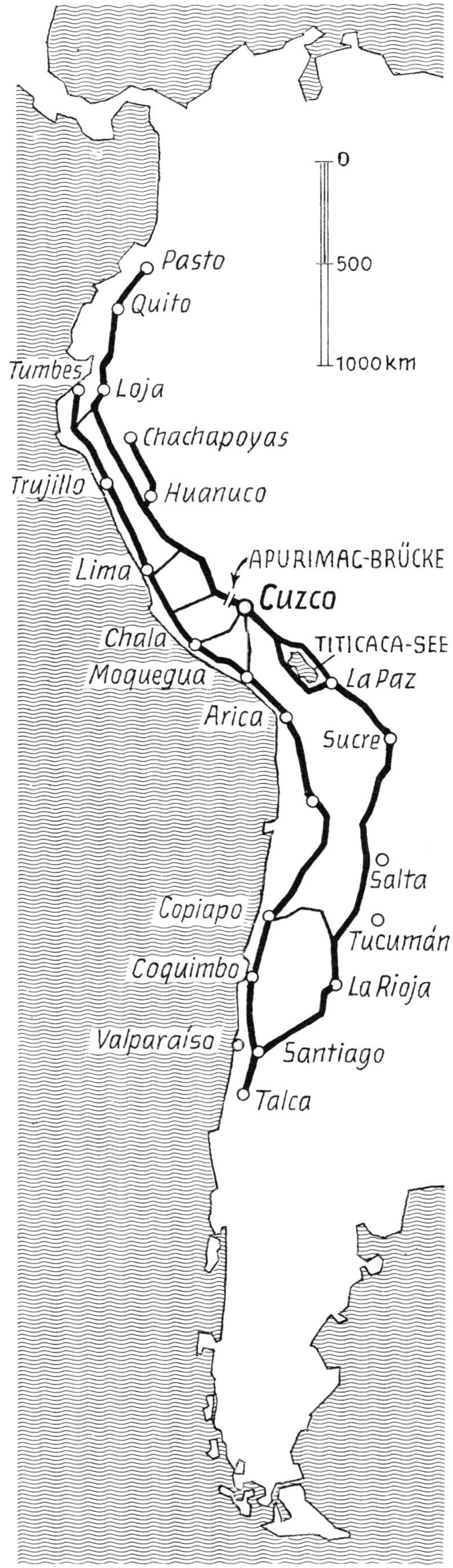

und andere Zeitgenossen haben sich bewundernd über die enormen Leistungen dieser Königsboten an Kraft, Ausdauer und Schnelligkeit ausgelassen. Chasqui nannte man sie, und sie fanden auf ihren Strecken jeweils im Abstand von einer halben spanischen Meile (zweieinhalb bis drei Kilometer) eine Chasqui-Station vor, ein Häuschen, in dem Tag und Nacht zwei Indios mit entsprechendem Mundvorrat für den Botendienst stationiert waren. Jeder Chasqui lief mit seiner Botschaft, dem Quipu, einer Knüpfschnur, deren einzelne Knoten dem Kundigen genau den Willen des Absenders kundtaten, so schnell er konnte ohne innezuhalten seine halbe spanische Meile und übergab noch im Lauf dem nächsten Boten die Schnüre. Eine Nachricht von Quito erreichte so die 2000 Kilometer entfernte und fast 4000 Meter hoch in den Anden gelegene Hauptstadt Cuzco in fünf Tagen.

Moderne Forscher haben von Indios den Lauf der Chasquis auf einem rekonstruierten Treppenstraßenabschnitt von 20 Kilometer Länge in der dünnen Luft des Gebirges in 4200 Meter Höhe wiederholen lassen und stellten dabei fest, daß selbst diese untrainierten Männer an die überlieferten Leistungen der Inkastafetten von etwa 400 Kilometer am Tag herankamen [257]. Die Inkaherrscher konnten also tatsächlich frischen Seefisch an ihrer Tafel haben, der 320 Kilometer jenseits der höchsten Andenkette zwei Tage zuvor im Meer gefangen worden war!

Breite Flüsse und Gewässer überwanden die Inkas mit Hilfe von Pontonbrücken aus Schilfbooten. Eine solche schwimmende Brücke existierte noch im Jahre 1864 am Desaguadero in der Nähe des Titicaca-Sees. Auch die 60 Meter lange Apurimac-Seilhängebrücke, deren Anlage auf die Inkazeit zurückgeht, war zu dieser Zeit noch zu sehen[114]. Sie soll bis 1890 gehangen haben. Der letzte Abschnitt der Straße zu dieser berühmten Brücke war als Tunnel ausgebaut, ehe man den Brückenkopf erreichte, wo die Seile in Steintürmen verankert waren[115] [263].

Die meisten der kühnen Inkastraßen sind heute nicht mehr passierbar. Vor über 400 Jahren war Cieza auf ihnen geritten, und sie hatten ihn zu diesen großen Worten veranlaßt: »Was ich am meisten bewunderte, war, wie die Indianer so großartige, ausgezeichnete

255 Seilbrücke der Inkas in den Anden.

256 Verlauf der »Königlichen Straße der Küste« und der »Königlichen Straße des Gebirges« im Reich der Inkas zur Zeit der Eroberung des Landes durch die Spanier in den Jahren 1524–1533.

257 Als »chasqui« (Läufer der Inkas) gekleideter Indianer beim Probelauf zwischen zwei alten Raststätten der Inkaläufer.

258 Inkastraße mit Steinwällen zu beiden Seiten an der Mochica-Pyramide im Chicama-Tal. (Die Pyramide stammt aus der Vor-Inka-Zeit.)

259 Die alten Inkastädte Cuzco (Phuyu Pata Marca, die »Stadt in den Wolken«) und Machu Picchu verbindet eine völlig vom Urwald überwachsene Straße. Dieser meist aus Steinplatten bestehende Gebirgsweg wurde erst 1911 mit der Stadt Machu Picchu entdeckt und teilweise freigelegt.

260 Inkastraße im Jequetepeque-Tal in Nord-Peru. Sieben Meter breit zielt die mit Steinwällen eingefaßte Straße schnurgerade auf den Paß in den Bergen von Chocotán zu.

261 Landstraße in den Anden Ecuadors. Die Asphaltbahnen unserer Straßen lassen es uns allzusehr vergessen, daß Staubwolken jahrtausendelang zum Straßenbild gehört haben und in vielen Teilen der Welt noch heute dazu gehören.

262 Seilbrücke über den Rio Pampas. Bei den Inkas wurden diese Brücken zur Regenzeit abgenommen und nachher – neu angefertigt – wieder aufgehängt.

263 Die 60 Meter lange »Apurímac-Brücke«, bekannt als »Die Brücke von San Luis Rey« in Thornton Wilders gleichnamigem Roman, überquert in 36 Meter Höhe den Apurímac nordwestlich der alten Hauptstadt Cuzco. Von George Squier stammt aus dem Jahre 1864 diese einzige authentische Zeichnung der Brücke, die 1890 noch gehangen haben soll, ohne in Betrieb zu sein.

Straßen an so furchtbaren Abgründen entlang führen konnten, die so tief waren, daß man den Grund nicht sah, wenn man hinabschaute. An anderen Stellen mußte, damit die Straße in ihrer normalen Breite weiterlaufen konnte, ein Pfad in den lebendigen Fels gehauen werden ... An anderen Stellen war die Steigung so jäh und hoch, daß Stufen hatten gehauen werden müssen, um den Aufstieg zu ermöglichen; und in den Zwischenräumen waren die Stufen zu Rastplätzen erweitert worden.« Die naheliegende Frage, warum die Kenntnis von den mustergültigen Straßenanlagen im Inkareich den Straßenbau im Europa des 16. Jahrhunderts nicht beeinflußt und gefördert hat, ist wohl damit zu beantworten, daß es den Entdeckern und Eroberern Perus und auch ihren Souveränen in Europa weder sehr um geographische oder um technische, noch um kulturelle Erkenntnisse ging, daß man solche also, wenn sie berichtet wurden, kaum beachtete, sondern sich vielmehr für handfeste Beute und Tribut, vor allem Gold, interessierte.

Wirklich gründlich erforscht und mit wissenschaftlicher Genauigkeit beschrieben wurden die Inkastraßen, Zeugnisse einer der höchsten Kulturen der Erde, erst in moderner Zeit[116].

Neuzeit

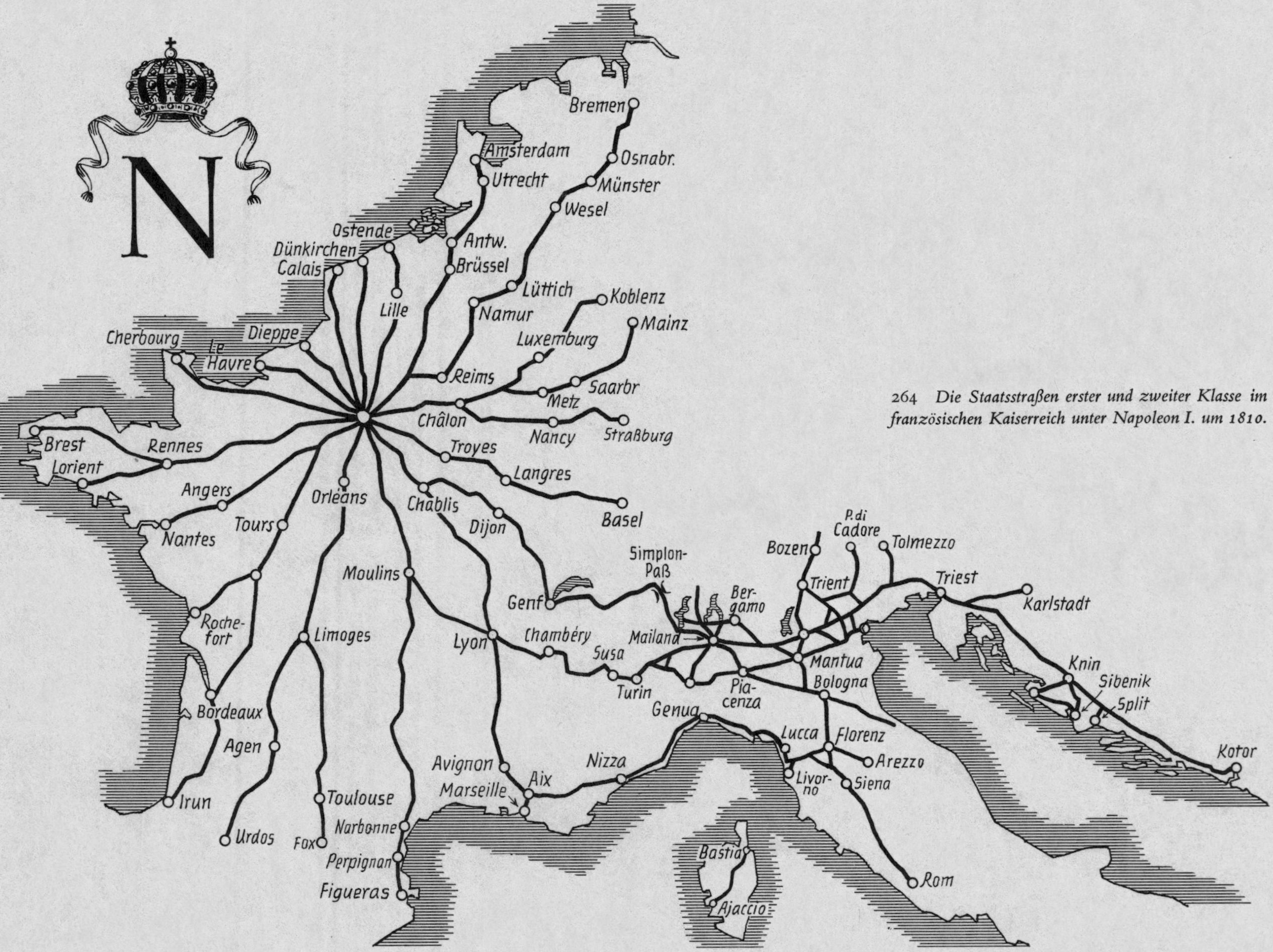

264 *Die Staatsstraßen erster und zweiter Klasse im französischen Kaiserreich unter Napoleon I. um 1810.*

Die Straßen der Neuzeit

Im 17., 18. und 19. Jahrhundert machte die durch den staatlich geförderten Merkantilismus und durch die Industrialisierung steigende Güterproduktion einen Umbau des Wegenetzes nötig, das Europa vom Mittelalter bis zum Ende des 17. Jahrhunderts gedient hatte. Es ging dabei nicht so sehr um die Anlage neuer Strecken, sondern mehr um den Ausbau der vorhandenen Erdwege zu festen Straßen, »Chausseen«, die zu jeder Jahreszeit und bei jeder Witterung gut befahrbar waren[1]. Die Entwicklung einer speziellen Straßenbautechnik und die Übernahme des Straßenbauwesens in staatliche Verwaltung waren die wesentlichen Merkmale dieser Umwandlung.

Frankreich

Der Fortschritt begann in Frankreich. Dort erkannte man zuerst, daß sich die Wirtschaft des Landes nur dann im gewünschten Ausmaß entwickeln könnte, wenn es gelang die Güterproduktion der »Manufakturen« auf festen Straßen schnell und sicher zu den Verbraucherzentren im Inland und an die Grenzen zur Ausfuhr zu bringen. Hinzu kam die Entwicklung der Post, deren steigende Brief-, Paket- und Personenbeförderung im 18. und 19. Jahrhundert für einen regelmäßigen Dienst auch festere Straßen als die mittelalterlichen Erdwege brauchte. Auf Befehl der mächtigen französischen Könige begann ein großzügiger Chausseebau, dessen Ausgangs- und Zielpunkte die Seehäfen und großen Städte waren [265]. Dieser Straßenbau hat wesentlich zu Frankreichs wirtschaftlicher und politischer Vormachtstellung im Europa des 18. Jahrhunderts beigetragen. Es war ein nationaler Straßenbau.

Napoleon I. fand 1804 bei seiner Thronbesteigung ein französisches Straßennetz von 52000 Kilometern vor[2], das er über die Grenzen hinaus, vor allem nach Italien und Dalmatien, noch erheblich erweiterte [264]. Seine Straßen hatten neben dem militärischen Zweck die Aufgabe, die Güter der eroberten Länder für Frankreich nutzbar zu machen. Um im Winter die Alpen und den Apennin umgehen zu können, ließ Napoleon die »Litoralsstraße« (Küstenstraße) von Nizza durch Piemont und die Toskana bis nach Rom bauen. Besser gesagt, er ließ sie ausbauen, denn im wesentlichen folgte die Streckenführung der alten Römerstraße, die im Mittelalter verkommen war. Eine andere große Fernstraße führte von Turin mit zahlreichen Abzweigungen über Mailand, Verona und Triest bis nach Cattaro in Dalmatien. Kaiser Franz-Josef soll bei einer Besichtigungsfahrt über die vielen, von den Franzosen in Dalmatien angelegten Straßen gesagt haben: »Schad', daß sie nicht länger dageblieben sind«[3].

Um eine schnelle und sichere Verbindung zu den nördlichen Departements seines Reiches zu schaffen, ließ Napoleon 1811 eine Chaussee von Wesel über Münster, Osnabrück und Bremen nach Hamburg anlegen. Militärisch besonders wichtig war die auf seinen Befehl sehr sorgfältig ausgebaute Chaussee von Paris über Metz nach Mainz, deren Weiterführung nach Kassel geplant war[4].

265 Die französischen Postrouten im Jahre 1797, nach einer Karte des Ingenieurs Desauches. Paris war durch den planvollen Straßenbau der französischen Könige Mittelpunkt des Verkehrsnetzes geworden. 1292 Orte und Städte konnten 1792 mit der Post erreicht werden. Alle Atlantikhäfen waren zu jener Zeit schon auf kürzestem Wege mit Paris verbunden. Am dichtesten war das Verkehrsnetz nach Norden und Nordwesten. Durch diese Gebiete erfolgte die während des Merkantilismus vom Staat geförderte Ausfuhr der französischen Manufakturprodukte.

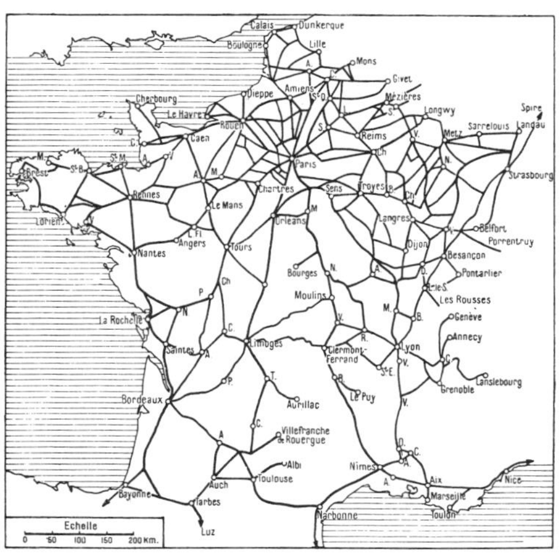

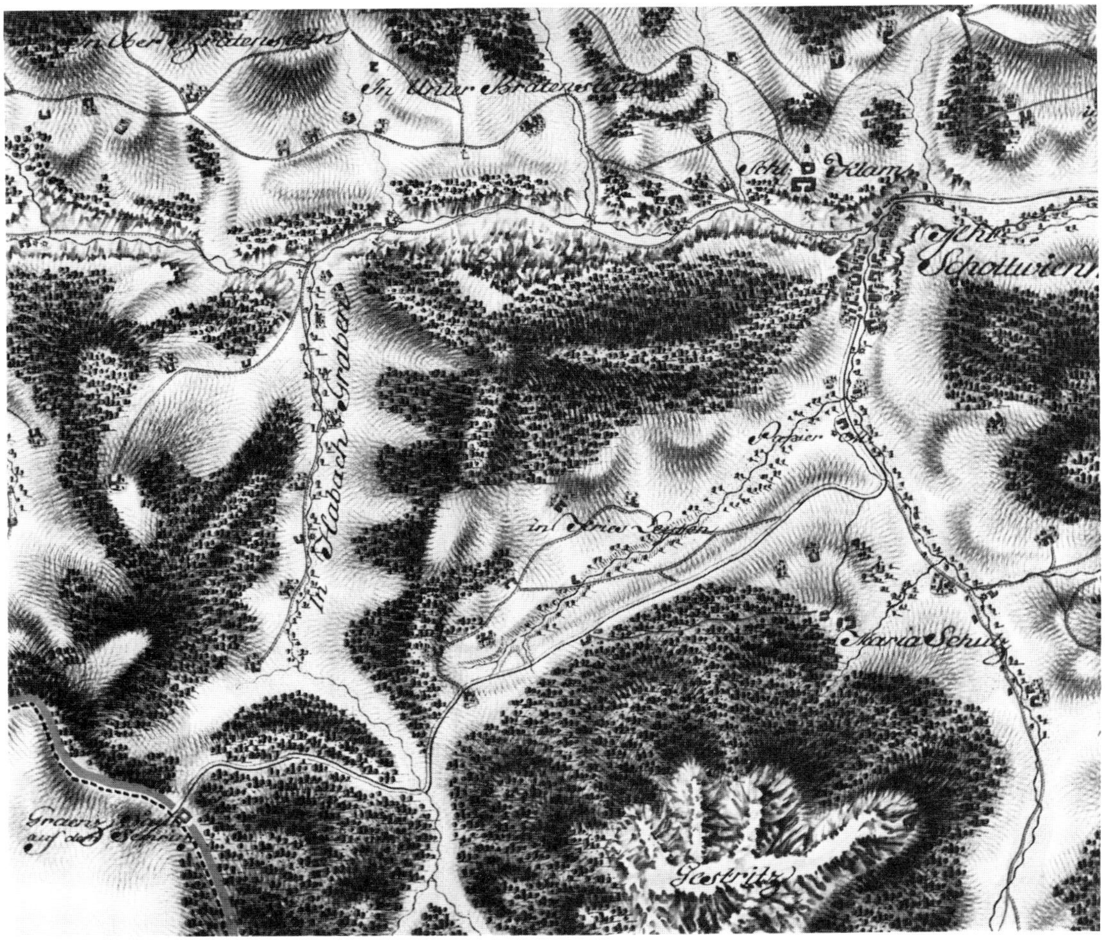

266 1727 wurde unter Kaiser Karl VI. im Verlauf der »Kaiserstraße« von Wien nach Triest eine neue Straße über den Semmering fertiggestellt. Im Juni 1728 unternahm Karl VI. mit seiner Gemahlin eine Reise auf dieser Straße. Das Wiener Hof-Diarium berichtete darüber:
». . . haben allerhöchst gedacht beede Regierende Kaiserl. Majestäten auf deren Reise . . . über den auf dem sonst ohne zahlreicher Ochsen-Vorspann unwandelbaren, ja bey übelm Wetter gar unpracticable gewesten Berg Semmering, in einer so kurtzen Zeit von 48 Tagen, in welchen wirklich daran gearbeitet worden, und bequem, auch standfest zugerichteten Weg, daß so gar Leute mit zwey Pferden bespannten Wägen unaufgehalten darüber fahren können, ein besonders Allergnädigstes Wolgefallen ausdrücklich gezeiget; alle andern aber eine Bewunderung spühren lassen, indeme man fast nicht glauben sollen, daß eine auf einer solchen Anhöhe befindliche Land-Straße durch Menschenhand zu so tüchtigen Gebrauch hätte zugerichtet werden können; . . .«

Mit seinen Straßenanlagen hat Napoleon nicht nur seinem eigenen Land einen großen und bleibenden Dienst erwiesen, sondern in ganz Europa die Erkenntnis von der entscheidenden Bedeutung eines großzügigen Fernstraßenbaus für die Macht und die Wirtschaftsentwicklung eines Staates gefördert.

Österreich

Neben Frankreich hat man zuerst in den Gebieten der späteren österreichischen Monarchie den Gedanken eines staatlich gelenkten Straßenwesens aufgegriffen. Dort war der Straßenbau und der Straßenverkehr bis zum Anfang des 18. Jahrhunderts noch völlig vom Verhalten einer Vielzahl von Ländern und Fürsten abhängig, die durch Vernachlässigung oder Sperrung eines Fernverkehrsweges den Handel im Reich behindern oder gar unmöglich machen konnten. Kaiser Karl VI. (1711–1740) erkannte, daß nur der Staat, der das Wohl des Ganzen im Auge hatte, hier eine Besserung schaffen konnte und daß diesem somit die Aufgabe zufiel, für den Bau durchgehender Fernstraßen zu sorgen, um die wirtschaftliche Entwicklung des Habsburger Reiches zu sichern. Die österreichischen Länder mußten nach seiner Ansicht versuchen, den Anschluß an den mächtig aufblühenden Überseehandel zu erreichen. Es galt, die steigende Produktion von Glas, Leinwand und Wollwaren in Schlesien, Böhmen und Mähren vom Weg nach Hamburg abzulenken und ihr mit Hilfe neuer Kunststraßen den ungehinderten Zugang zu den Häfen Triest und Fiume und damit zum

Welthandel zu verschaffen. Nachdem zwischen 1712 und 1715 Verhandlungen mit Landständen ergebnislos verlaufen waren, begann Karl VI. mit dem Bau einer Staatsstraße von Wien zur Adria. Die größten Schwierigkeiten der Strecke lagen beim Ausbau des bis dahin kaum von Karren befahrenen Saumpfades über den Semmering [266] und der Umbau des schon 1569 angelegten Weges über den Loibl-Paß. Trotz aller technischen Probleme und trotz des erbitterten Widerstandes der Landstände, die um die Minderung ihrer Mauteinnahmen bangten, war die große »Kaiserstraße« 1730 fertig [267]. Ihre technische Qualität war, verglichen mit den Straßen, die zur selben Zeit in Frankreich entstanden, noch sehr mangelhaft. Zwischen Opçina und Triest stieg die Straße zum Beispiel so steil an, daß ein beladener Handelswagen noch 20 Pferde Vorspann brauchte. Trotzdem entwickelte sich rasch ein regelmäßiger Verkehr, der von der Donau bis zur Adria im Sommer neun und im Winter zehn Tage benötigte. Gegenüber der mittelalterlichen Verbindung mit ihrem vielfachen Umladen auf Karren und Maultiere bedeutete dies einen großen Fortschritt.

267 Die österreichischen Postkurse 1783
einfache Post
doppelte Post
ein und einhalbe Post
Die von Karl VI. nach französischem Vorbild angelegten »Kaiserstraßen«
Grenzen der Kaiserlich-Königlichen Erblande 1783

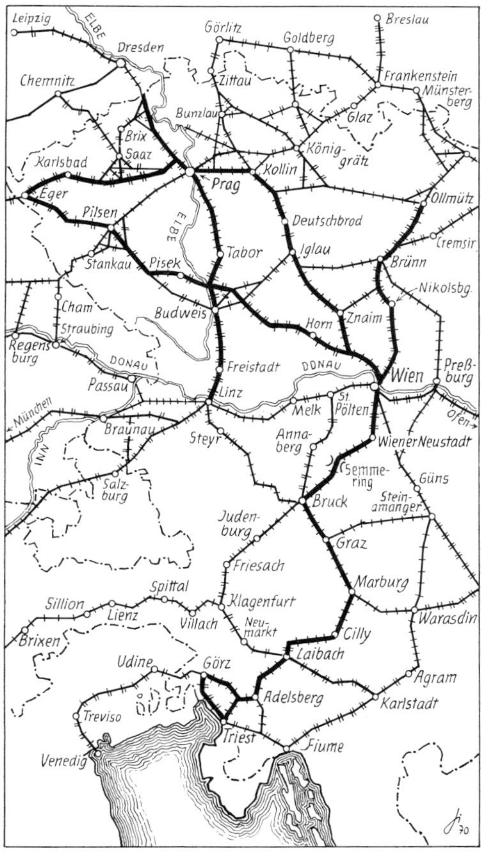

Um den durch »seine« Straße erzielten Vorteil voll ausnutzen zu können, ließ Karl VI. weitere sechs Straßen in Böhmen anlegen, die von Prag nach Wien, Linz und in Richtung Leipzig, Breslau, Nürnberg und Zittau führten. Dazu kamen noch Straßen im Osten des Reiches. Dieser Habsburger gilt daher zu Recht als der Schöpfer eines Staatsstraßennetzes, das eindeutig und zielbewußt auf die wirtschaftliche Entwicklung des gesamten österreichischen Reiches ausgerichtet war. Seine Nachfolgerin Maria Theresia (1740–1780) konnte sein Werk infolge ständiger Kriegswirren und den daraus entstehenden Finanzschwierigkeiten nicht fortführen. Erst unter ihrem Sohn Joseph II. (1780–1790) begann dann wieder eine lebhaftere Straßenbautätigkeit. Um den Expansionsbestrebungen Preußens zu begegnen, wurde ein Straßenzug durch Böhmen und Mähren angelegt, der den Durchzug des polnischen Handelsverkehrs nach Leipzig durch Preußisch-Schlesien verhindern sollte. Mit Eifer betrieb Joseph II. auch den Ausbau der Straßen in der Bukowina und in Siebenbürgen, ja, er nahm sogar den von Karl VI. geplanten Straßenbau über den Arlberg in Angriff in der kühnen Hoffnung, damit Holland die süddeutschen Märkte entreißen zu können, um sie dem ostindischen Seehandelsverkehr von Triest aus zu erschließen. Diese Straße blieb jedoch ein überhastetes Unternehmen. Infolge ihrer schlechten Qualität vermochte sie es nicht, den Fernverkehr, der über den Fernpaß nach Lindau führte, auf sich zu ziehen.

Anfangs des 19. Jahrhunderts verfügte Österreich über 7460 Kilometer Staatsstraßen. Doch war ihre Unterhaltung angesichts der Finanzschwierigkeiten des Staates, die 1811 zum Staatsbankrott geführt hatten, sehr vernachlässigt worden. Außerdem erwiesen sich die meisten Straßen als zu eng, zu steil und zu kurvenreich. Bei ihrem Bau hatte stets die »Instruktion an die K. K. Wegedirection« aus dem Jahre 1739 eine wesentliche Rolle gespielt, nach der die Richtung der vorhandenen Wege so weit wie möglich eingehalten werden sollte, um »die Durchschneidung untertäniger Äcker zu vermeiden«[5]. Erst nach dem Sieg über Napoleon und nach dem Wiener Kongreß besserten sich die Finanzverhältnisse Österreichs und es gelang von 1816 bis 1836 die alten Straßen auszubauen und ein Staatsstraßennetz von 12375 Kilometer guter Chausseen zu schaffen. Unter diesen ist ganz besonders die hohe technische Qualität der neuen Alpenstrecken hervorzuheben.

Zu bedauern ist es, daß nicht parallel zu dieser großen österreichischen Leistung ein deutsches oder gar europäisches Fernverkehrsnetz von Kunststraßen entstand. Österreich schloß sich gegen seine Nachbarstaaten durch hohe Zollmauern ab, um seine Wirtschaft gegen Einfuhren zu schützen.

268 (Abbildung nächste Seite) Eine der Straßen um Rom (Aquarell von J. G. Dillis, 1817/1818). Der preußische Straßenbaumeister Pfeil schrieb 1845 über die kümmerlichen Wege um Rom: »Sehr zu bedauern ist es, daß die Wege in der nächsten Umgebung Roms so gänzlich verwahrloset sind, daß viele im hohen Grade interessanten Partien zu Wagen garnicht zu machen sind.«

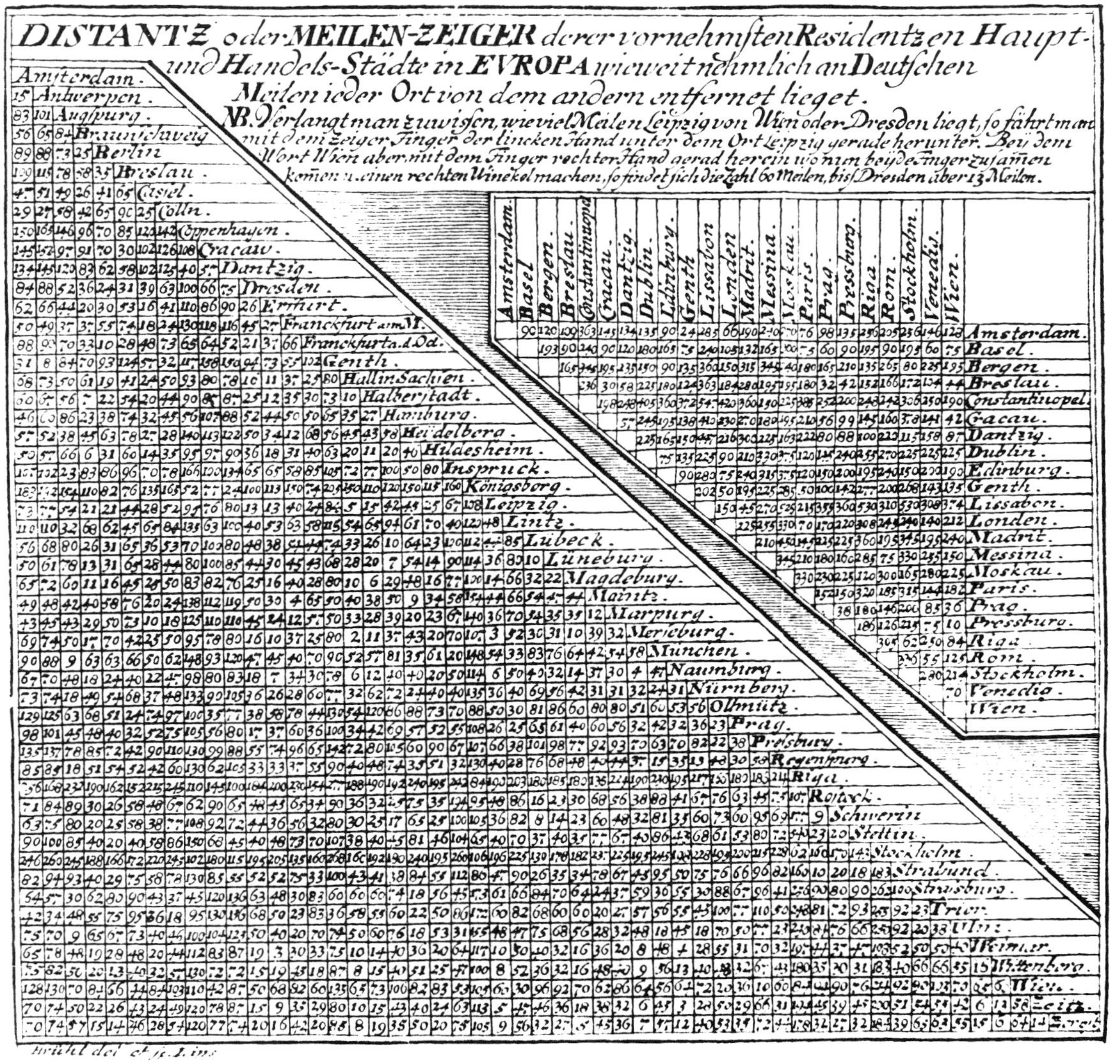

269 Entfernungstabellen, wie wir sie heute in fast jedem Autoatlas finden, sind keine Erfindung des Autozeitalters. Dieser »Distantz oder Meilen-Zeiger derer vornehmsten Residentzen Haupt- und Handels-Städte in EUROPA« stammt aus dem Jahre 1722.

270 Der »General-Wege-Plan« des Straßenbaumeisters Chr. F. von Lüder von 1779. Lüder erkannte schon damals, daß durchgehende Verbindungen zwischen den bedeutenden Industrie- und Handelsstädten geschaffen werden müßten, die Anschluß an die Straßen der großen Nachbarstaaten brächten, um die Ausfuhr der allmählich steigenden Produktion der einheimischen Manufakturen zu fördern.

Vier Nord-Süd-Verbindungen, die durch eine »Mittelchaussee« von Frankfurt zur Ostsee ergänzt werden.

Zwei Ost-West-Strecken von Holland und von der Nordsee nach Osteuropa.

Im Süden zwei Verbindungen von Rhein und Donau.

Überraschend ist die Übereinstimmung des von Lüder vorgeschlagenen Streckennetzes mit dem Verlauf der heutigen Autobahnen.

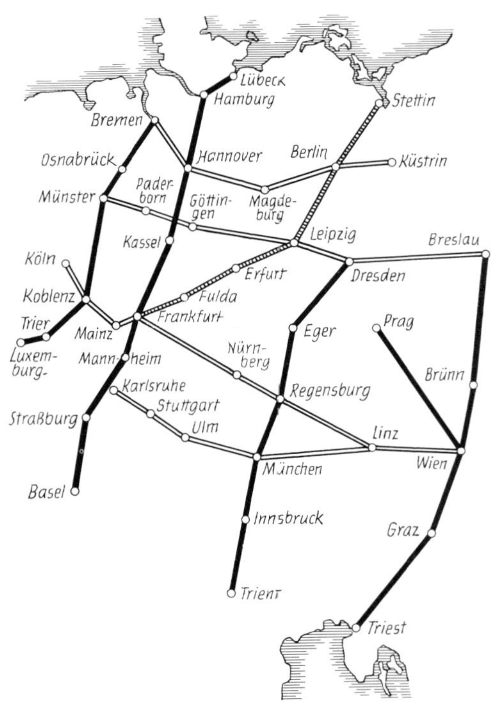

Deutschland

Während sich nun in anderen europäischen Ländern im 17. und 18. Jahrhundert die »Staatwerdung« vollzog, war Deutschland aus dem 30jährigen Krieg als ein in zahlreiche kleine und kleinste Teile zersplitterter Torso hervorgegangen, dessen Zerrissenheit und Schwäche im krassen Gegensatz zu den sich mehr und mehr festigenden Nachbarn stand.

Politisch und wirtschaftlich schien es ein Deutsches Reich nicht mehr zu geben und alle Anzeichen deuteten darauf hin, daß dieser Zustand von Dauer sein würde, nachdem die übrigen Nationen gar kein Interesse an einem wiedererstarkenden deutschen Staat im Herzen Europas haben konnten, vielmehr dieses Konglomerat mehr oder weniger auseinanderstrebender Zwergstaaten durchaus begrüßten.

Eine Folge dieser Kleinstaaterei war es auch, daß es in Deutschland zu keinem reichseinheitlichen Straßenbau kam und daß ein gesamtdeutsches Straßennetz nur als Wunschtraum durch die Köpfe der Straßenbaumeister geisterte. 1779 schlug der Straßenbauingenieur

271 Der rührige Wirt Johann Friedrich Crantz vom »Rothen Roß« in Nürnberg hielt für seine Gäste einen Prospekt mit den Abfahrten der verschiedenen Postlinien bereit.

Christian von Lüder[6] einen »Chaussee-Plan-Entwurf« zur »Durchkreuzung Deutschlands mit Chaussées« vor [270], der in vielfacher Beziehung Ähnlichkeit mit dem heutigen Autobahnnetz aufweist.

Auch seine Anregung blieb unbeachtet. Jeder Staat baute allenfalls innerhalb seines eigenen Hoheitsgebietes einige Wege zu Chausseen aus und kümmerte sich wenig darum, ob sie Anschluß im Nachbarland fanden. Der sonst so aufgeschlossene preußische König Friedrich der Große hielt Fernstraßen aus strategischen Gründen sogar für unklug, da sie dem Feind den Einmarsch in das Land erleichtern würden. Der oben erwähnte Straßenbaumeister Lüder wies diese anscheinend damals weitverbreitete Auffassung energisch zurück: »Wenigstens kann ich nicht begreifen, daß der Gebrauch guter Chaussées dem Feind einen größeren Vorteil, wie dem, welchen man selbst davon hat, bringen solle ... Denn, wenn schon dem anrückenden Feind die Zugänge durch Sperrung der Wege erschweret ... wird; so erschweret man sich doch auch seine eigenen Unternehmungen zugleich mit, und muß manche gute Gelegenheit fahren lassen, wo man dem Feind hätte Abbruch thun können ...«[7].

272 So primitiv waren die Straßen am Rhein entlang noch 1829 (Lithographie von Lasinsky).

Lüder liefert auch eine »Beschreibung aller bekannten Chaussées«[8]. Er kann von einer ganzen Anzahl ausgebauter Straßenabschnitte in Europa berichten, aber er klagt, wie sehr überall – im Gegensatz zu Frankreich – nur Stückwerk vorhanden sei. So lobt er zum Beispiel die Anstrengungen Frankfurts, in seinem Gebiet einige gute feste Straßen angelegt zu haben:

»Doch, was hilft denen, welche von weiten dahin kommen, oder von dort in entfernte Gegenden reisen wollen alle diese schönen Weege, wenn nichts dazu getan wird, daß auch die Benachbarten solche verlängern helfen. Denn man trifft längs dem Rhein und der Mosel keine lange Chaussee, worauf man eine Reise von etlichen Tagen fortsetzen könnte, an ...«[9] [135, 272].

So mancher deutsche Duodezfürst versuchte zwar, den französischen Königen im Straßenbau nachzueifern, aber keiner von ihnen besaß gegenüber dem Adel und den Grundherren auch die entsprechende Macht, die notwendige Landnahme zur Begradigung und Erweiterung alter Wege notfalls mit Gewalt durchzusetzen. In Frankreich war der Monarch unumschränkter Herr und konnte viele Hemmnisse und Privilegien wegräumen, die im Mittelalter den Fortschritt im Straßenbauwesen verhindert hatten. Ein bezeichnendes Beispiel dafür ist der 1774 von Ludwig XV. befohlene Umbau der Zaberner Steige über die Vogesen im Elsaß. Sie war – von den Römern schon angelegt – sehr steil und nur mit vielfachem Vorspann zu befahren.

Nach der neuen Trassierung betrug die Steigung nur maximal 3%! C. F. von Lüder berichtet 1779 darüber: »... Ein junger königlicher Ingenieur, 22 Jahre alt, Namens König, hat den Plan davon ausgeführt, und die Einwohner von Zabern haben mit Ihren heftigen Beschwerden, daß sie ihre Nahrung von den Vorspannen verlieren würden, bey dem König nichts ausrichten können«[10].

Erst ein königliches Machtwort vermochte es also, gegen die hemmenden Ansprüche einzelner Fuhrleute endlich einen brauchbaren Straßenzug zum Nutzen des allgemeinen Verkehrs durchzusetzen.

In Deutschland mußten sich die Straßenbaumeister noch im 19. Jahrhundert bei der Projektierung neuer Straßen und bei der Begradigung alter Wege mit den ständigen und meist erfolgreichen Widerständen der Grundherren abfinden. 1821 schrieb der Ober-Inspecteur des Straßenbaues H. Wesermann in seinem Buch »Der Kunststraßenbau« (mit dem bezeichnenden Untertitel »zur Beherzigung für Regierungen und Volk«): »Wer sich durch eigene Anschauung von unverantwortlichen Wendungen der Straßenzüge überzeugen will, der bereise nur die ... Straße von Aachen über Crefeld nach Uerdingen, ... von Cöln über Düsseldorf nach Duisburg, sodann die Straßen von Düsseldorf nach Elberfeld ..., und von Benrath über Hilden nach Solingen: und man wird finden, daß da, wo ein Bogen in der Linie oder ein Zickzack vorkommt, jedesmal die Grundstücke der Vornehmen liegen«[11]. Und schon 1786 hieß es in einem Straßenbaulehrbuch zu dem gleichen Thema: »Dort hat der Herr Hofrat, jenseits der Beichtvater, einen Besoldungsacker und weiter fort stößt ein Hofgut auf die schöne gerade Linie, die die Straße nehmen soll. Will der Baumeister nicht auf artige Weise zum Teufel gejagt werden oder doch wenigstens bei Hofe für einen unbescheidenen Mann declariert sein, so muß er all diesen Gegenständen mit seiner Straßenanlage ausweichen«[12] [273].

In vieler Beziehung war die Situation im deutschen Straßenbau also selbst Anfang des 19. Jahrhunderts noch wie im Mittelalter. Zwar hatte der Wiener Kongreß 1815 die 300 deutschen Staaten auf 34 reduziert, aber auch diese bedeuteten noch ein anscheinend unüberwindliches Hindernis für die Entwicklung eines gesamtdeutschen Fernstraßenbaues. Nur Bayern und Preußen besaßen nach dem Wiener Kongreß ein Gebiet, daß groß und entwicklungsfähig genug war, um einen Kunststraßenbau nach dem Beispiel Frankreichs und Österreichs in Angriff zu nehmen.

273 Die Landstraße Heilbronn–Flein. Vor langer Zeit war sie wahrscheinlich ein einfacher Feldweg, der, jede Steigung vermeidend, um die Berge herumführte. Eine Begradigung erfolgte nie, denn die Streckenführung entsprach den Verkehrsbedürfnissen. Außerdem hatte der Weg Besitzabgrenzungen geschaffen, an denen keiner eine Änderung hinnehmen wollte. (Freigegeben vom Innenministerium Baden-Württemberg Nr. 2/7958.)

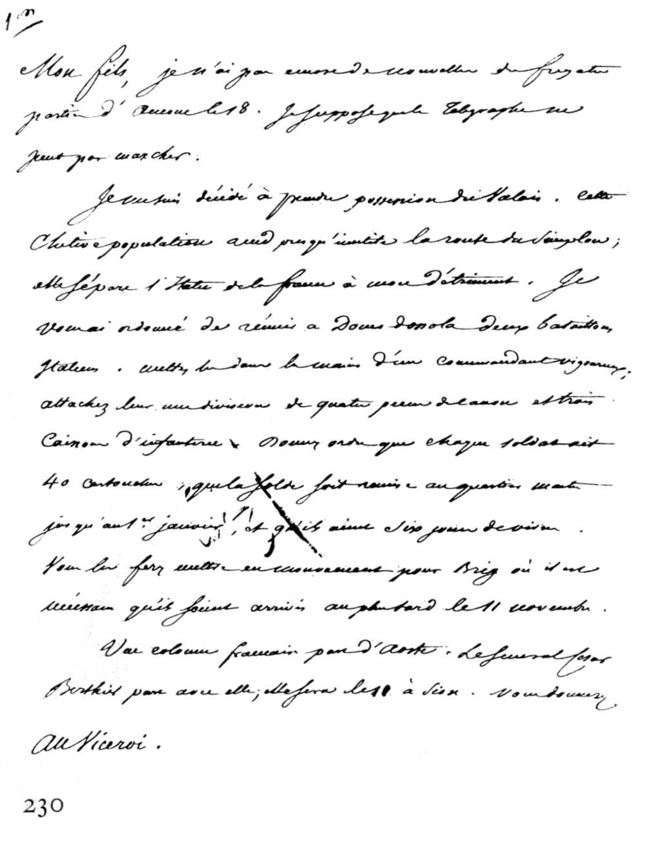
1er

Mon fils, je n'ai pas encore de nouvelles des frégates parties d'Ancone le 18. Je suppose que le télégraphe ne peut pas marcher.

Je me suis décidé à prendre possession du Valais. Cette chétive population a rendu presque inutile la route du Simplon; elle sépare l'Italie de la France à mon détriment. Je vous ai ordonné de réunir à Domo d'Ossola deux bataillons italiens. Mettez-les dans la main d'un commandant vigoureux; attachez-leur une division de quatre pièces de canon et trois caissons d'infanterie & donnez ordre que chaque soldat ait 40 cartouches, que la solde soit payée au quartier-maître jusqu'au 1er janvier, et qu'ils aient six jours de vivres. Vous les ferez mettre en mouvement pour Brig où il est nécessaire qu'ils soient arrivés au plus tard le 11 novembre.

Une colonne française part d'Aoste. Le général César Berthier part avec elle; elle sera le 10 à Sion. Vous donnerez

Au Vice-roi.

274–276 *Napoleon überschritt im Juni 1800 mit 40000 Mann den Großen St. Bernhard. Ein Battaillon schickte er über den Simplonpaß. Es kam nicht mehr rechtzeitig zur Schlacht bei Marengo (14. Juni 1800). Der Kommandant konnte seine Verspätung durch die entsetzlichen Wegeverhältnisse am Simplon erklären. Seine Soldaten hatten sich streckenweise anseilen müssen.*
1801 befahl Napoleon den Bau einer Straße über den Simplon. Wie wichtig ihm diese Straße war, zeigt ein Brief von 1810 an den Duc Eugène Beauharnais (Abb. vierte Zeile:) »Ich habe mich entschlossen, das Wallis in Besitz zu nehmen. Diese böswillige Bevölkerung macht die Simplonstraße fast wertlos, sie trennt Italien und Frankreich zu meinem Nachteil.«

277/278 Die Simplonstraße 1808. Eingang und Durchfahrt der »Galerie de Gondo«. ». . . durchnäßt betritt der Reisende die dunkle Gallerie, welche durch den spornförmig vorspringenden Granitfelsen durchgesprengt ist. Achtzehn Monate waren erforderlich, diese 93 Klafter (= 180 m) lange unterirdische Durchfahrt mit Pulver auszuhöhlen, ungeachtet an vier verschiedenen Seiten Tag und Nacht gearbeitet wurde. In beiläufig gleichen Abständen sind zwei Seitenöffnungen angebracht, welche die Gallerie eben hinreichend erleuchten . . .« (Baumgartner, 1836)

◁ *279 Die 1818 bis 1823 gebaute Straße durch die Via Mala. (Gemälde von Carl Morgenstern 1811–1893.) Begeistert schrieb 1834 der Straßenbaumeister Baumgartner über diese Strecke, deren Steigungen trotz der außergewöhnlichen Gebirgsverhältnisse 8%, nicht überschritten: »... und hatten wir hierdurch Gelegenheit, nochmals die Kühnheit zu bewundern, mit welcher der vorherige enge und gefahrvolle Saumweg ... durch diese schauerlichste Schlucht der Schweiz ... in eine bequeme und sichere Fahrstraße umgewandelt wurde ...«*

280 Wie primitiv manche Postwagen oft noch 1835 waren, zeigt diese kolorierte Lithographie von Guérard: »La poste de Sallanche à Chamonix«.

281 Abstieg von der Gemmi (Kanton Wallis/Schw.).

282 Im Winter unterhielt die Post einen Personenverkehr über den St.-Gotthard-Paß mit Schlitten. Gemälde von Guillarmod.

283 Leiterweg nach Albinen. Der kleine Ort im Kanton Wallis besaß bis vor 30 Jahren keine Straßenverbindung. Er war nur über ein Leitersystem zu erreichen. Heute fährt ein Postauto auf einer schmalen Straße dorthin. ▷

◁ 284/285 *1606 kam Heinrich VI. von Frankreich während eines Unwetters in Gefahr, an der Seinefurt bei Neuilly zu ertrinken.*

△ *1768–1772 baute dort der Bauingenieur Perronet eine großartige Steinwölbbrücke als Abschluß der schnurgeraden Rue Royale vom Louvre her, den heutigen Champs-Elysées.*

286 *Eisenbrücke der Pazifikbahn in Nordamerika. Die Bauart entspricht noch der Konstruktion hölzerner »Fachwerkbrücken«.*

287 *Die erste eiserne Bogenbrücke der Welt wurde 1776–1779 von dem Engländer Abraham Darby gebaut. Mit einer Spannweite von 30,6 m überquert sie noch heute den Severn bei Coalbrockdale in Nordwales.*

288 *Die Überbrückung des Göltz-Tales durch die Sächsisch-Bayerischen Staatseisenbahnen im Jahre 1850.*

289 Britisches Traditionsbewußtsein bewahrte ein Kapitel Verkehrsgeschichte der Neuzeit mit diesen Brücken am Conway-Castle in Nordwales. In der Mitte eine der ältesten Kettenbrücken in Europa aus dem Jahre 1826. Dahinter die von Stephenson konstruierte Eisenbahnbrücke in Eisengitterwerk. Vorn eine moderne Bogenbrücke aus Stahlbeton.

290 Die bayerischen Hauptstraßen 1843. Nach einer Karte der Königlich Bayerischen und Fürstlich Thurn und Taxisschen Central-Poststellen.

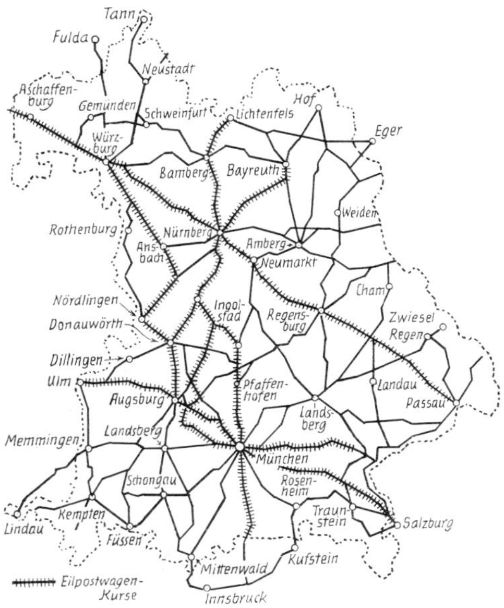

Bayern

Bayern hatte im 18. Jahrhundert angefangen, ein Staatsstraßennetz anzulegen, und nach dem Gebietszuwachs durch den Wiener Kongreß begann die bayerische Regierung, den Straßenausbau auch im Nürnberger, Bamberger, Bayreuther und Würzburger Gebiet energisch zu betreiben. Von 1819–1823 wurden in diesem Raum 180 Kilometer Chausseen neu gebaut und eine Anzahl Anschlüsse an das altbayerische Verkehrsnetz geschaffen. In der Rheinpfalz existierte schon die von den Franzosen angelegte, über Kaiserslautern führende Staatsstraße von Mainz nach Paris. Nach Übernahme der Pfalz durch die Krone Bayerns entstand dort in wenigen Jahren ein hervorragendes Straßennetz. 1828 schloß Bayern mit Württemberg, daß zu jener Zeit 2200 Kilometer ausgebaute Chausseen besaß, einen Zollverein. Mit den im Jahre 1830 vorhandenen 6608 Kilometern des bayerischen Staatsstraßennetzes entstand dadurch im süddeutschen Raum ein zusammenhängendes Haupstraßennetz ohne Zollschranken, das dem Handelsverkehr große Vorteile brachte [290].

Preußen

Als einer der ersten regierenden Fürsten in Deutschland erkannte Friedrich Wilhelm I. von Preußen die enge Verbindung von Handel und Verkehr. Doch richtete sich sein Hauptaugenmerk auf den Ausbau der Häfen seines Landes – Kolberg, Königsberg, Memel. Dann bemühte er sich um die Verbesserung und die Neuanlage von Schiffahrtsstraßen, deren Bedeutung angesichts der schlechten Straßen für die aufblühenden Manufakturen rasch zunahm. Schon der Herzog von Holstein-Gottorp hatte z. B. einen Nord-Ostsee-Kanal vorgeschlagen, der aber nicht verwirklicht wurde. Statt dessen stellte der Müllroser Kanal (1662–1670) die wichtige Verbindung zwischen Breslau und Hamburg her, wodurch ein beachtlicher Teil des polnisch-russischen Verkehrs von den bisherigen Handelsstraßen abgelenkt und auf brandenburgisches Gebiet verlagert wurde. Auch für den Bau von Brücken brachte Friedrich Wilhelm großes Interesse auf. Stellten sie doch wichtige Verbindungsglieder innerhalb der Straßen dar, die seine Wasserwege miteinander verbanden. So ließ er eine mächtige Brücke über die Oder bei Schwedt bauen.

August der Starke von Sachsen eifert ihm hierin nach. Während der Regierungszeit dieses Monarchen wurden allein elf Brücken neu- oder umgebaut, unter anderem die Elbbrücken in Meißen und Dresden.

Mit der Anlage von Kunststraßen unter staatlicher Verwaltung begann Preußen jedoch erst gegen Ende des 18. Jahrhunderts. 1794 wurde die erste Staatsstraße von Berlin nach Potsdam eröffnet, und bis 1816 entstanden dann etwa 4000 Kilometer fester Chausseen.

Der Gebietszuwachs durch die Staatenordnung im Wiener Kongreß ließ Preußen zum Durchgangsland des europäischen und deutschen Straßenverkehrs werden. Von den alten Handelswegen zwischen den norddeutschen Seehäfen und Süddeutschland verliefen nach 1816 nur noch die Strecken in Hannover und Hessen nicht durch preußisches Gebiet, und der wichtige mittelalterliche Handelsweg von Frankfurt nach Leipzig durchquerte preußisches Gebiet sogar zweimal [291]. Um Handel und Verkehr in seinem Lande zu erleichtern und um seine Wirtschaft gegen die Einfuhr fremder Waren zu schützen, hob Preußen 1818 alle Straßenzölle innerhalb seines Staatsgebietes auf und verlegte sie an die Grenzen. Dadurch wurde der Handelsverkehr der anderen deutschen Staaten erheblich betroffen[12a]. Vor allem erfuhr die Verbindung zwischen den größten Märkten Frankfurt und Leipzig nun die Belastung mit zwei hohen Durchgangszöllen in Erfurt und Naumburg. Preußen versuchte außerdem, verschiedene mitteldeutsche kleinere Staaten zu veranlassen, eine Zollgemeinschaft mit ihm einzugehen. Diese Bemühungen scheiterten jedoch, da alle diese Staaten befürchteten, durch einen wirtschaftlichen Zusammenschluß mit den mächtigen Preußen auch ihre eigene politische Selbständigkeit zu verlieren. Preußen beharrte nach wie vor auf seiner Zollpolitik und begann mit Nachdruck, im eigenen Land gute, zusammenhängende Straßenverbindungen zu schaffen, um vermehrt den Handelsverkehr nach Osten und Norden durch seine Gebiete zu lenken. So wurden die Wege von Berlin nach Königsberg, Stettin und Breslau als Kunststraßen ausgebaut und gute Chausseen von Berlin nach der reichen und entwicklungsfähigen preußischen Rheinprovinz über Halle — Kassel und Magdeburg — Hannover angelegt. 1825 waren diese Straßen, soweit sie auf preußischem Boden lagen, fertiggestellt. In diesem Jahr wurde Friedrich von Motz preußischer Finanzminister. Ihm war es klar, daß die allgemeine wirtschaftliche Lage Deutschlands, die ungeschützt der übermächtigen Konkurrenz und Einfuhr aus Frankreich und England ausgesetzt war, nur durch eine gesamtdeutsche Zollvereinigung gebessert werden konnte. Daß Preußen als dem mächtigsten und größten Land dabei die Führungsrolle zukommen mußte, schien ihm selbstverständlich. Er begann nach allen Seiten hin Verhandlungen, um die deutschen Staaten für den Beitritt zum Preußischen Zollverband zu gewinnen. Eines der wichtigsten Mittel, um sein Ziel zu erreichen, sah er in einer klugen, aber auch rücksichtslosen Straßenpolitik. Unter seiner Führung erreichte das preußische Verkehrsnetz bis 1829 eine Ausdehnung von 8649 Kilometer – zollfreier – Kunststraßen. Einige von ihnen entstanden rein zu dem Zweck, kleinen Nachbarländern durch den Entzug des Handelsverkehrs finanzielle Verluste zuzufügen, um sie so zu zwingen, dem Preußischen Zollverband beizutreten. Diesem – von Preußen unerbittlich und zielbewußt geführten – Kampf um Zölle und Handelswege versuchten die mitteldeutschen Staaten dadurch zu begegnen, daß sie sich 1827/1828 zu einem Zollverein zusammenschlossen. Auch über den Bau einer neuen Straße von Eisenach nach Leipzig über Altenburg, die eine Durchfahrt durch preußisches Gebiet umging, einigten sie sich nach langen Verhandlungen [291]. Die Streckenführung war jedoch umständlich, und da noch bei der Ausführung häufig Belange dieses oder jenes Staates berücksichtigt werden mußten, kam der Bau kaum vorwärts. Motz nutzte diese Uneinigkeit zu erneuter diplomatischer Aktivität und es gelang ihm tatsächlich, nach und nach verschiedene Staaten aus dem Mitteldeutschen Zollverein herauszulösen bzw. andere am Beitritt zu hindern. 1827 schloß er mit Hessen einen Zollvertrag und 1829 erreichte er den entscheidenden Sieg: Bayern und Württemberg bildeten mit Preußen eine Zollgemeinschaft. Damit war das Schicksal des Mitteldeutschen Zollvereins besiegelt. Am 1. Januar 1834 trat nunmehr durch den Beitritt von Sachsen, Thüringen, Kurhessen und Hessen-Nassau der große »Deutsche Zollverein« in Kraft. Jetzt gewannen auch die alten Verkehrsrichtungen und Handelssammelpunkte, wie Frankfurt und Leipzig wieder ihre frühere Geltung zurück, und zahlreiche der von Motz geplanten und ausgeführten »Kampfbauten« verloren rasch ihre Bedeutung als Hauptstraßen.

Nach dem Fortfall der hemmenden Zollschranken kam es zu einem gewaltigen Aufschwung des Straßenverkehrs. In allen Staaten mußten die Etats für den Unterhalt und den Neubau von Chausseen erhöht werden. Jetzt ging man auch in Deutschland daran, ein Netz zusammenhängender Kunststraßen zu bauen, wie es die Nachbarn im Westen und Süden schon seit langem besaßen. Aber die Zeit, in der die Straße – neben den Wasserwegen – der Hauptträger des Güter- und Personenverkehrs gewesen war, schien zu Ende zu gehen.

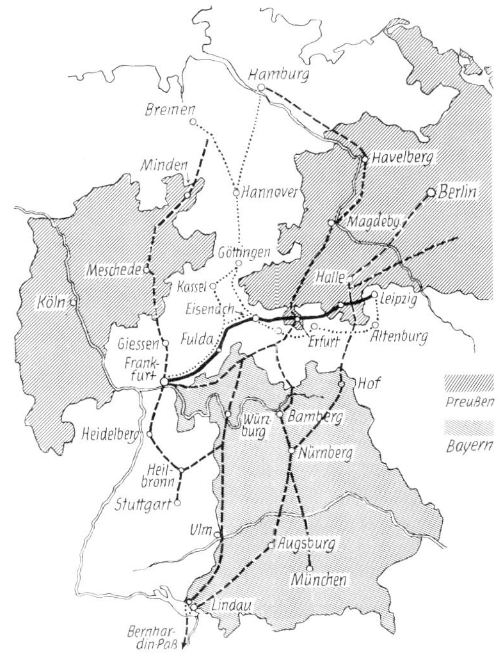

291 Straßen zur Zeit der Gründung des Zollvereins 1825 bis 1835.
Alte Handelsstraße Frankfurt–Leipzig
Straßenpläne des preußisch-bayerischen Handelsvertrages
Straßen des Mitteldeutschen Zollvereines

Am 15. September 1830 hatte die erste Eisenbahn zwischen Manchester und Liverpool den Verkehr aufgenommen, und im Jahre 1835 wurde die Eisenbahnverbindung Nürnberg — Fürth eröffnet. Am Ende des Jahrhunderts gab es in England 32000 Kilometer, in Deutschland 42000 Kilometer, in Frankreich 38000 Kilometer und in Amerika 275000 Kilometer Eisenbahnstrecken. Die Eisenbahn beförderte Personen und Güter zehnmal schneller und in viel größeren Mengen als die Straßenfahrzeuge. Hinzu kam noch die wesentlich größere Bequemlichkeit für die Reisenden. Der Schienenweg und das Feuer- bzw. Dampfroß schickten sich – nach Meinung vieler und besonders technikbegeisterter Menschen – an, die Landstraße wieder zum Feldweg zu degradieren. Doch trotz aller optimistischen Prognosen der Fortschrittler und der Befürchtungen der mehr Konservativen, besonders natürlich der Straßenanlieger, kam es zu keiner Verminderung im Straßenverkehr. Es trat sogar das Gegenteil ein, denn mit der wachsenden Kapazität der Eisenbahn vergrößerte sich auch die Bedeutung der Straßen. Noch mehr und noch bessere Kunststraßen wurden jetzt benötigt, um die Güter der Landwirtschaft und der wachsenden Industrie an die Eisenbahnstrecken heranzuführen bzw. die von der Bahn transportierten Waren von den Zielbahnhöfen den Verbrauchern zuzustellen. Dabei zeigte sich allerdings, daß der Eisenbahnbau nicht zuletzt auch das Spekulantentum in Bewegung gesetzt hatte, denn den Bahngesellschaften flossen in reichem Maße aus privater Hand Mittel zu, um durch den Bau von Dämmen, Einschnitten, Brücken und Tunneln ein geradliniges, wirtschaftlich arbeitendes Streckennetz anlegen zu können. Für den Bau der Chausseen, die zu den Bahnlinien führten, standen finanzielle Mittel nicht so reichlich zur Verfügung und so kam es eigentlich nur zu einem Ausbau der vorhandenen Wege. Man versuchte zwar, große Steigungen zu verringern und allzu enge Kurven zu erweitern, aber im großen und ganzen blieben Trassierung und Streckenführung so, wie sie im Mittelalter und in den folgenden Jahrhunderten entstanden waren. Als sich im 20. Jahrhundert das Kraftfahrzeug die Straße eroberte und diese wieder in eine bedeutendere Position als Verkehrsträger führte, rächte sich das Versäumnis bitter. Europa wird noch lange Zeit brauchen, um die Streckenführung der »Chausseen« den Erfordernissen des modernen Straßenverkehrs entsprechend zu gestalten. Mit dem Bau von Nur-Autostraßen, den Autobahnen, allein sind die Verkehrsaufgaben und -probleme nicht zu lösen.

292 Die »Galerie D'Algaby« an der Simplonstraße (1808).

Alpenstraßen

Auch beim Ausbau der mittelalterlichen Karrenwege und Saumpfade in den Alpen im 18. und 19. Jahrhundert, der eine Straßenbauleistung höchsten Grades darstellte, war es wieder Frankreich, das allen anderen Ländern voranging. Schon als Konsul hatte Napoleon die Anlegung einer Fahrstraße über den Mont Cenis betrieben und am 7. September 1800 den Bau einer Straße über den Simplon befohlen [275, 292]. Dort war die Alpenüberquerung seit dem Mittelalter besonders schwierig und gefährlich. Aber für den Korsen war ein sicherer Alpenübergang am Simplon wichtig, weil dies die kürzeste Verbindung von Paris nach Mailand bedeutete. Als Kaiser ließ er daher die Arbeiten an dieser Paßstraße mit noch mehr

Energie und großem Kostenaufwand vorantreiben und schon 1805 war diese von den Zeitgenossen bewunderte Alpenfahrstraße fertig. Die Fahrbahnbreite wechselte je nach den Schwierigkeiten des Geländes zwischen fünf und sechs Meter. Die Straßendecke bestand auf felsigem Grund aus einer 32 Zentimeter hohen Bruchsteinschicht, die mit grobem Schotter abgedeckt war. Viele Streckenabschnitte wurden in den Fels gesprengt und mit hohen Mauern abgestützt, tiefe Schluchten mit Stein- und Holzbrücken überspannt. Durch Felsvorsprünge, die nicht zu umgehen waren, und in den besonders lawinengefährdeten Abschnitten wurden Tunnels oder gedeckte Galerien angelegt [277]. Die längste Galerie entstand in der Gondoschlucht. Bewundernd beschrieb 1836 der Österreicher Baumgartner diesen Teil der Paßstraße: »In dieser düsteren, abgeschiedenen Gegend, in der sich kein lebendes Wesen regt, und wo man nur das Toben des Flusses hört, erhebt sich das einzeln stehende altersgraue Wirtshaus von Gondo. Bei dem ehemaligen Saumwege war es oft der tagelange Aufenthalt von Reisenden und Säumern ... In dieser schauerlich engen Felsschlucht [des Dovedro] erzwang die Gewalt des Pulvers die bewundernswürdige Straßenanlage ... Ein imposanter Anblick beschließet diese kostspielige und kühne Anlage, denn mit furchtbarem Getöse stürzet sich der prachtvolle Wasserfall der Frassione in der engen Felsenschlucht eben da herab, wo ein kühn gespannter Brückenbogen darüber führt, und die Gallerie von Gondo ihren schwarzen Schlund eröffnet ... [277, 278]. Diese Gallerie, die längste an der Simplonstraße, ist 19 Fuß [6,1 Meter] breit und 15 Fuß [4,8 Meter] hoch ... An dem oberen Ausgang blickt man senkrecht in den gräßlichen Abgrund des Dovedro hinab, und am jenseitigen Ufer zeugen die entwurzelten und abgesprengten Bäume von furchtbaren Verwüstungen der Lawinen ...«[13]. Der Bau der Simplonstraße kostete 9,75 Millionen Francs. 5000 Arbeiter waren fünf Jahre daran beschäftigt. Die Strecke führte über 611 größere und kleinere Brücken und durch 525 Meter Tunnels.

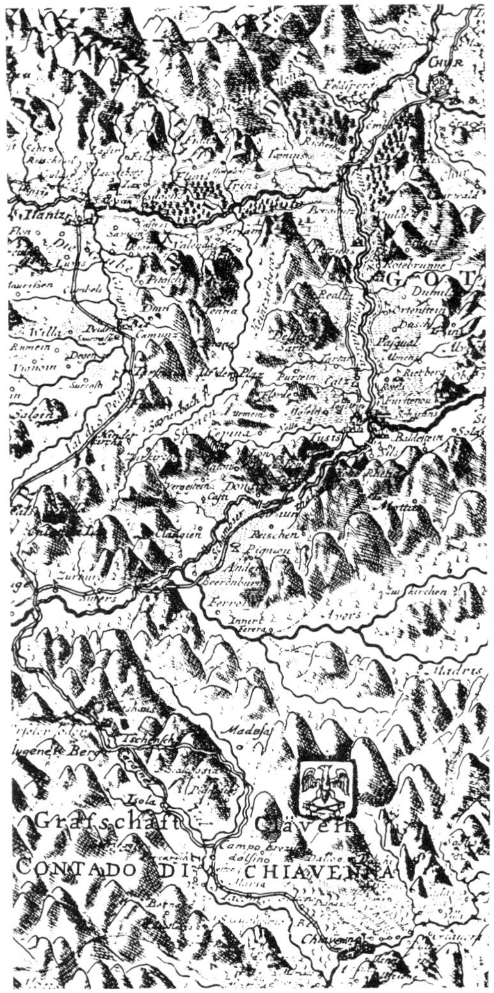

Österreich

Nach Napoleon haben vor allem die Österreicher in der Zeit von 1820–1850 außerordentliches im Alpenstraßenbau vollbracht. Von 1827–1842 wurde die von Karl VI. angelegte Kaiserstraße von Wien nach Triest und Fiume vollständig erneuert. Die Steigungen der neuen Trassierung betrugen nur ganz selten mehr als 3%. Die meist neun bis zehn Meter breiten Fahrbahnen wurden auf guten Grundbau gelegt. Die hohen Steigungen am Semmering, die noch einen dreifachen Vorspann erforderten, beseitigte man durch sechs Kehren und zwei Brücken über tiefe Felsschluchten [295]. Auch der schwierigste Teil der Strecke, die Überquerung des Opçina-Berges bei Triest wurde bis 1830 neu trassiert. Der oben schon zitierte Baumgartner schreibt in seiner ausführlichen Schilderung dieser Strecke dazu: »Bei dieser Anlage der neuen Straßen über den Opçina rollen nun die leichten Wägen im Trabe hinauf, die mittelmäßig beladenen Fuhrwerke ersparen die Vorspann gänzlich, und selbst die großen Frachtwägen (150–200 Zentner) haben dieselben schon auf einen geringen Teil beschränket ...«[14].

Die großartigste Leistung der Österreicher war der Bau einer Fahrstraße über das Stilfser Joch (2756). Im Mittelalter erfolgte die Alpenüberquerung in diesem Gebiet mittels Saumtieren über den Umbrailpaß. Als dieser Pfad zu Beginn des 16. Jahrhunderts in den Besitz von Graubünden kam, ließ man ihn aus politischen Gründen verfallen. Für die Österreicher wäre der Ausbau dieses Überganges mit seiner Höhe von 2400 Meter natürlich vorteilhaft ge-

293 Das Splügenpaß-Gebiet (Ausschnitt aus einer Karte von 1716). Die von Chur und Ilanz kommenden Nord-Süd-Straßen vereinigten sich in Splügen. Nach dem »Splügner Berg« erkennt man die Abzweigung nach »Tschentsch«, nach Madesimo und den »Cardinell-Weg«. Beide Wege vereinigten sich bei Campodolcino. ◁

wesen. Da man aber mit der Paßstraße auf österreichischem Gebiet bleiben wollte, wählte man die weit schwierigere Streckenführung über das Stilfser Joch von Spondinig nach Bormio. Mit 84 Kehren und Höchststeigung von 12% wurde die Straße 1824 und 1825 in nur 21 Monaten in technisch vollendeter Weise ausgeführt.

Außer den bisher angeführten Bergstraßen legte Österreich noch die Straße vom Dorfe Splügen zum Comer See an und baute die Brennerstraße aus.

Bezeichnend für das hohe Ansehen, das sich die österreichischen Straßenbauer mit diesen Alpenstraßen in ganz Europa erwarben, ist die Feststellung des weitgereisten preußischen Straßenbauingenieurs Pfeil: »Österreich steht unstreitig in Hinsicht der Ausdehnung eines großartigen, interessanten und merkwürdigen Straßenbaues nicht allein in Deutschland, sondern wohl in Europa auf der höchsten Stufe«[15].

Schweiz

In der Schweiz sind im 18. Jahrhundert nur einige wenige Kunststraßen gebaut worden wie die verhältnismäßig kurzen und unzusammenhängenden Teilstrecken von Zürich nach Kloten, Basel und Schaffhausen, oder die annähernd 40 Kilometer lange Straße durch den Kanton St. Gallen von Staad bei Rorschach am Bodensee über St. Gallen nach Wil, die 1778 eingeweiht werden konnte.

Der Zustand der Schweizer Wege in jener Zeit war wenig erfreulich. Noch gegen Ende des 18. Jahrhunderts brauchten die Reisenden für die 23 Kilometer lange Strecke von Zürich nach Baden einen ganzen Tag; über den St. Gotthard von Flüelen bis Bellinzona drei Tage

◁ *294 1818–1823 wurde der Saumpfad durch die Via-Mala-Schlucht zu einer Fahrstraße ausgebaut. Auf ihr war endlich eine gefahrlose Anfahrt zum Splügenpaß möglich.*

295 Güterbeförderung über den Semmering um 1820. Zu dieser Zeit war der Umbau der Semmeringstraße (1827–1842) noch nicht beendet. Für schwere Fuhrwerke brauchte man noch vier Pferde Vorspann.

und im Kanton Zürich schloß man in der Regel die auf Reisen befindlichen Gemeindemitglieder sogar in das Kirchengebet ein!

Erst in den 20er Jahren des 19. Jahrhunderts kann dann vom Beginn des eigentlichen Kunststraßenbaus in der Schweiz, vor allem in den Kantonen St. Gallen und Graubünden, gesprochen werden. Diese befürchteten nämlich, daß die besseren Straßen in Bayern und Österreich den Durchgangsverkehr von und nach Italien an sich ziehen würden.

Als erste bemerkenswerte verkehrstechnische Leistung erwies sich dann die von 1818–1823 angelegte Straße von Lumino/San Vittore über den Bernardinpaß nach Splügen und von dort durch die Via Mala nach Thusis und Chur [279, 293, 294]. Überschritten doch die Steigungen auf dieser Trasse trotz der außergewöhnlichen schwierigen Gebirgsverhältnisse nie 8%. Etwa zur gleichen Zeit (1820–1829) wurde auch der Paßweg über den Julier und Maloja ausgebaut, und nach einem ersten mißlungenen Vorstoß Tessins im Jahre 1817 einigten sich 1826 die Kantone Basel, Solothurn, Luzern, Uri und Tessin, gemeinsam die Gotthardstraße anzulegen. Schon 1830 war die ganze Strecke fertiggestellt. Auf dieser ersten Kunststraße, welche die ganze Schweiz durchquerte, entwickelte sich ein ständig steigender Verkehr. Waren es im Jahre 1820 nur 15000 Reisende gewesen, die zu Fuß oder zu Pferd den St.-Gotthard-Paß überquerten, so zählte man 1880 mehr als 61000 Postreisende.

Am Vierwaldstädter See gab es allerdings bis 1865 – Bau der Axenstraße am Ostufer des Urner Sees – noch keine Fahrstraße. Der Transport erfolgte hier nach wie vor auf den Urinauen (siehe S. 136). Als aber 1837 das erste Dampfschiff zwischen Luzern und Flüelen in Dienst gestellt wurde, verkürzte sich die gesamte Reise, die zu Land im achtsitzigen Eilpostwagen stattfand, von Luzern bis Mailand auf $31\frac{1}{2}$ Stunden [296].

297 Mit dem königlich-französischen Straßenbau-Ingenieur Gautier begann um 1700 die Entwicklung des modernen Straßenbaues. Er schrieb das erste Lehrbuch für den Straßenbau und erklärte den Zweck in folgender Vorrede: ▷

296 Die Abfahrtstraße vom St.-Gotthard-Paß durch das Tremola-Tal nach Airolo (Zeichnung um 1850).

298/299 In seinem Lehrbuch gab Gautier genaue Anweisungen mit instruktiven Zeichnungen für alle Arbeiten im Straßenbau. Zum Beispiel hier für die Entwässerung von Stadtstraßen (Mitte) und Landstraßen (unten) mit den für seine Methode typischen Steinmauern zu beiden Seiten der Fahrbahn.

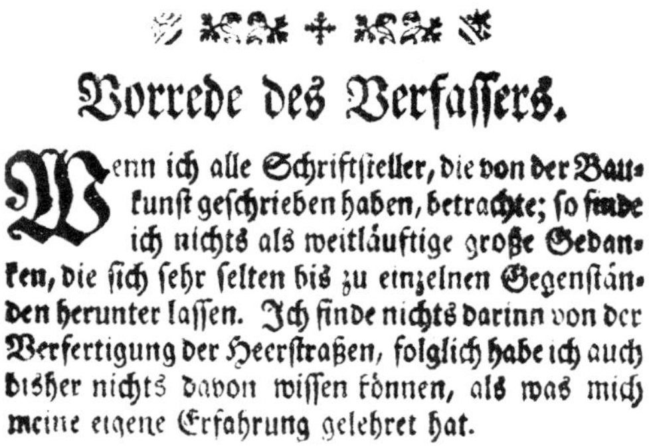
Vorrede des Verfassers.

Wenn ich alle Schriftsteller, die von der Baukunst geschrieben haben, betrachte; so finde ich nichts als weitläuftige große Gedanken, die sich sehr selten bis zu einzelnen Gegenständen herunter lassen. Ich finde nichts darinn von der Verfertigung der Heerstraßen, folglich habe ich auch bisher nichts davon wissen können, als was mich meine eigene Erfahrung gelehret hat.

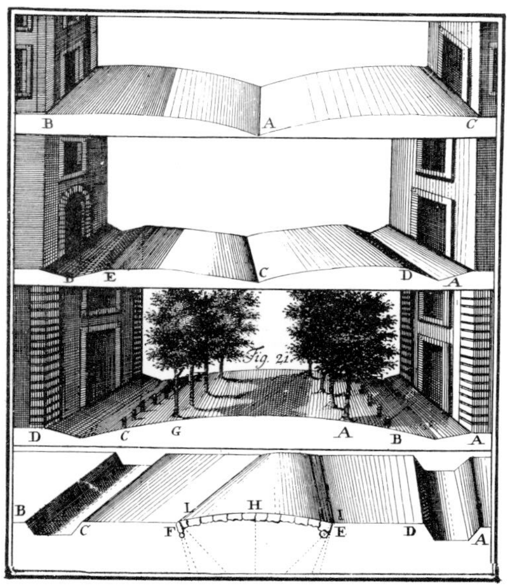

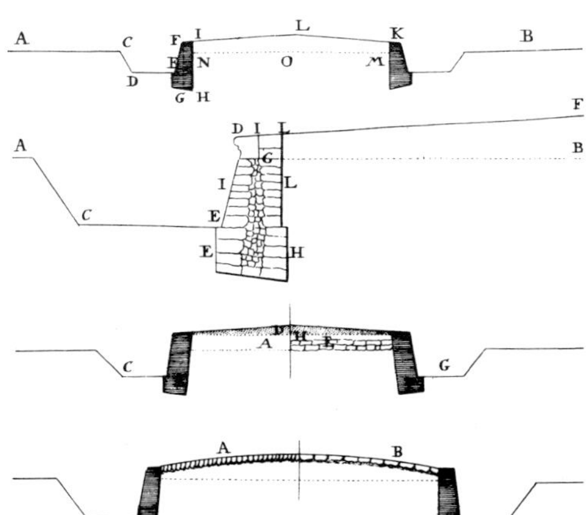

Die Gotthardstraße wurde zu einem der wichtigsten Alpenübergänge Europas, an Bedeutung dem Brenner gleich. Erst als 1882 die St.-Gotthard-Bahn mit dem 15 Kilometer langen Tunnel zwischen Göschenen und Airolo eröffnet wurde, kam es zu einem jähen Halt in der weiteren Entwicklung der Straße. Der St. Gotthard blieb zwar weiterhin der meistbenutzte Alpenübergang, aber der Hauptverkehr war auf die Schiene übergewechselt. Das änderte sich auch nicht, als das Kraftfahrzeug anfing, der Eisenbahn Konkurrenz zu machen. Infolge der zahlreichen engen Kehren, mit denen die Gotthardstraße am Südhang in der Tremola-Schlucht nach Italien abstieg, wurde sie vom Güterverkehr weniger benutzt als vergleichsweise die bequeme Brennerstraße. Im Jahre 1968 ist dann auf der westlichen Seite des Tremolatales eine neue Autostraße dem Verkehr übergeben worden, die mit nur drei weitgezogenen Kehren selbst längste Omnibusse und Lastwagen »um die Ecke« bringt.

Bauart

Die Geschichte der modernen Straßenbautechnik ist eng verknüpft mit dem Namen des königlich-französischen Straßenbau-Ingenieurs Hubert Gautier. Auf seinen Rat hin erschien 1705 eine amtliche Vorschrift für den Bau fester Straßen und Chausseen, und 1712 veröffentlichte er selbst ein Lehr- und Handbuch für den Straßenbau: »Traité de la Construction des Chemins« [297]. Es war dies das erste Lehrbuch über Straßenbau überhaupt, wie Gautier nachdrücklich in seiner Vorrede betonte. Eine deutsche Übersetzung des Werkes erschien 1773 in Leipzig[16].

In seinem Buch ging Gautier von der großartigen Konstruktion der Römerstraßen aus, deren Bauart und Linienführung er sorgfältig studiert hatte. In dreizehn Kapiteln gab er dann präzise Anleitungen und Ratschläge für die Herstellung fester Straßen bei verschiedenen Geländeformationen und Bodenarten. So verlangte er z. B. zur Entwässerung das Ausschachten möglichst tiefer Gräben, gegen die hin der über das Gelände durch Aufschüttung angehobene Straßenkörper und die Fahrbahn eine flache Abdachung erhalten sollten. Steinmauern hatten zu verhüten, daß die Schüttung abgefahren oder vom Regen weggespült wurde [298/299]. Von Bäumen an den Straßen riet Gautier ab, da sie seiner Meinung nach zuviel Schatten gäben und ein schnelles Abtrocknen nach Regenfällen verhinderten. Ein Feststampfen der eingebrachten Straßenschüttung hielt Gautier für unnötig. Er schrieb dazu: »... über dieses muß die Erde, die erst frisch auf den Weg, den man in Arbeit hat, geführt worden ist, nicht wie einige wollen, geschlagen (gestampft) werden. Eine Zeit von zwei bis drei Monaten, etwas Regen und die darüber Reisenden machen sie weit fester, als wenn sie mit der Großen- oder Handramme etliche Tage geschlagen worden wäre.«

Dieser Ansicht widersprach schon der deutsche Übersetzer 1759 ganz energisch.

In manchem erinnerte die Straßenbautechnik Gautiers noch an die Bauweise des Mittelalters. Aber viele seiner Erkenntnisse und Vorschläge waren damals neu und ihre Zusammenfassung in einem Lehrbuch, das schon 1721 in einer zweiten, erweiterten Auflage erschien, hat außerordentlich dazu beigetragen, daß sich die Straßenbauweise in Frankreich ständig verbesserte. Man machte z. B. schon die ersten Versuche mit der Anlage von Schotterstraßen. Zwischen die seitlichen Stützmauern einer Straße schüttete man anstatt des Erdaushubes von den Gräben eine 60 Zentimeter starke Schicht Flußkies. In sehr feuchtem Gelände legte man eine Grundbefestigung aus Steinplatten darunter. Der Erfolg dieser Bauweise war allerdings unbefriedigend. Die Wagenräder, die die Schüttung verfestigen sollten, drangen bei feuchter Witterung durch die runden, beweglichen Steine bis auf den Grund durch, verschoben die Steinplatten und wühlten den Grund so auf, daß das Wasser nun nicht mehr zu den Gräben hin abfloß. Aber solche Mißerfolge haben den Fortschritt im französischen Straßenbau nicht aufhalten können. Sie wurden im Gegenteil Anlaß für die Straßenbehörden in Paris, den Straßenbau als Wissenschaft zu fördern. 1741 wurde in der französischen Hauptstadt die »École des ponts et chaussées« gegründet[17], die erste staatliche technische Hochschule der Welt[18]. Sie war allein darauf ausgerichtet »Ingenieure« auszubilden, die den Straßenbau und Brückenbau den Verkehrsbedürfnissen einer neuen Zeit anpassen sollten.

1747 wurde der Architekt J. R. Perronét (1708–1794) wegen seiner besonderen Leistungen in der Straßen- und Brückenbauverwaltung von Alençon nach Paris berufen und durch königlichen Erlaß zum Direktor dieser Schule ernannt [309]. Er hatte sein Amt inne bis zum Jahre 1794 und unter seiner Führung wurden jährlich zwischen 15 und 80 Schüler zu Straßen- und Brückenbau-Ingenieuren ausgebildet.

Gautiers und Perronéts Arbeiten waren auch die Voraussetzung und Grundlage für die entscheidenden Verbesserungen, die dann der Straßenbauingenieur Pierre Trésaguet (1716 bis 1796) 1764 zuerst in Limoges anwandte. Sie führten auf allen Gebieten des Straßenwesens zu neuen Erkenntnissen und Baumethoden. So teilte man nun nach Trésaguets Vorschlägen in der Linienführung und Trassierung Straßen mit langer Steigung in Teilabschnitte mit verschiedenem Gefälle auf und schaltete horizontale Strecken mit Ruheplätzen ein! Zum Kamm der Höhe hin wurden die Steigungen geringer gehalten, um eine Ermüdung der Zugtiere oder den Einsatz des teuren Vorspanns zu vermeiden. Die wichtigste Erfindung Trésaguets aber war die »Packlage« als Grundbefestigung der Straßen [301]. In das ausgehobene und zu den Gräben hin abfallende Straßenbett ließ er pyramidenförmig zugehauene Steine stellen, deren Zwischenräume mit Steinen »ausgezwickt« und mit einer Schicht kleiner Steine bedeckt wurden. Darauf kam als Fahrbahn eine zehn Zentimeter hohe Schicht Flußkies (später bevorzugte man zerschlagenes Gestein mit Sand vermischt). Die Fahrbahnschüttung wurde festgestampft. Bei besonders weichem Untergrund ließ auch Trésaguet unter die Packlage zur besseren Druckverteilung noch Steinplatten legen.

Nicht weniger wichtig als diese technischen Neuerungen war, daß Trésaguet endlich eine amtliche Straßenunterhaltung durchsetzte. Auf seinen Rat hin wurde 1785 in Frankreich der »Cantonnier«, der Straßenwärter, eingeführt. »Dieser Arbeiter kann für sich allein die kleinen Beschädigungen ausbessern, die sich eben gebildet haben und kann so deren Fortschreiten verhindern, sei es durch Abwenden des Wassers oder durch Ausfüllen der eben entstandenen Rinnen oder Geleise« (Trésaguet)[19/20].

Jetzt hatte der französische Straßenbau endgültig die Mängel des mittelalterlichen Straßenbaues überwunden und das Land wurde zum Vorbild für den Straßenbau im übrigen Europa. Allerdings ging dort die Entwicklung viel langsamer vor sich, obwohl die Schäden, die der Dreißigjährige Krieg auf den Wegen angerichtet hatte, ungeheuer groß waren. Nach zeitgenössischen Berichten müssen die Straßenzustände in Mitteleuropa noch im 18. Jahrhundert ganz allgemein trostlos gewesen sein. So klagt zum Beispiel der Bischof von Münster 1701: »... daß die gemeine Heer- und Landstraßen im hiesigen Hochstift an vielen ohrtern

300/301 Die »Französische Bauweise« des Ingenieurs Trésaguet, 1755: Packlage, Schotter und Kies.

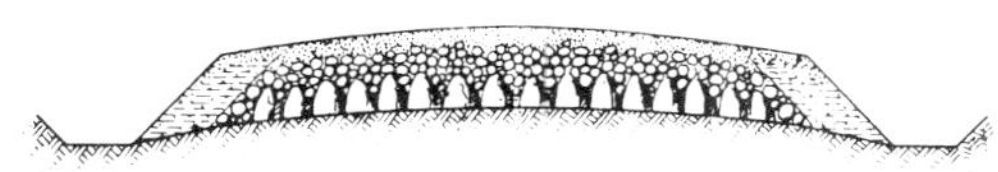

302 Deutsche Abwandlungen der Bauweise Trésaguet. Fig. 1 Pflasterstraße mit Sommerweg links, Fig. 2 Straße mit Weg für die Fuhrleute (f–c, d–e).

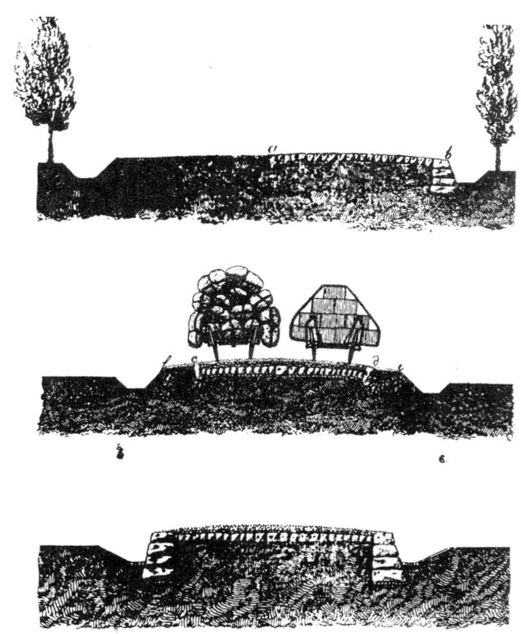

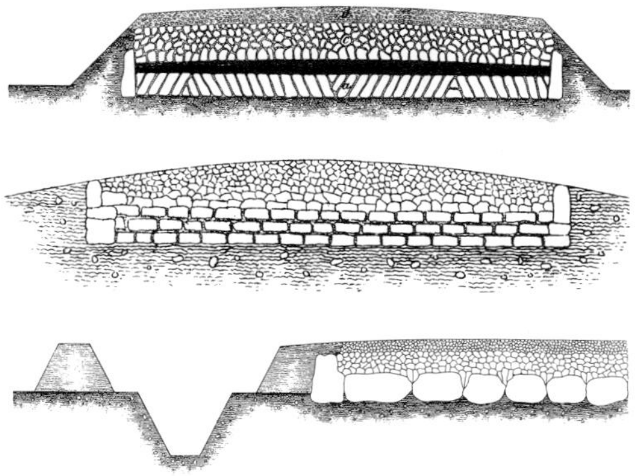

303 Baumethoden des dänischen Straßenbaumeisters Steenstrup (1843).

304 Alpenstraßenprofil um 1810. »... Die nach der Berglehne geneigte Straßenoberfläche dient zur größeren Sicherheit der Fuhrwerke ... Es läßt sich ruhiger in einem Wagen sitzen, wenn derselbe gegen den Berg gelehnt ist, als wenn er nach der Stützmauer, also nach dem Abgrunde zu schief geht ...« (aus Wiebekings »Straßenkunde«). Uns scheint heute eine Straßenüberhöhung ganz selbstverständlich, aber Anfang des 19. Jahrhunderts war solche Erkenntnis eines Straßenbaumeisters neu!

dermaßen ohnbrauchbahr, daß bey Winterzeit und feuchten Jahren ohnmöglich zu passieren; woraus soviel großeres Nachteill und Schade zuwachset, daß die außwertige und fremde passanten, Kauf- und Handelßleute dadurch ab geschrecket, den Stift meiden und andere Wege suechen«[21/22]. Wie sehr der Handel durch die schlechten Straßen behindert wurde, geht aus einem Abschnitt der »Beschreibung der Messen und Märkte« von 1710 hervor: »Dahero eine höchstbeklägliche Sache ist, daß heutigs Tags fast durch gantz Teutschland die öffentliche Land- und Heerstraßen so sehr negligiret, Grund und Boden losgelassen, und ungeachtet viel Landes-Herrn großen Brücken-, Weg- und Passage-Zoll einzuheben haben; dennoch nicht das geringste zur Ausbesserung der Wege und Stege von ihren Hof- und Amts-Cammern veranstaltet wird, welches wir dann billig in dem folgenden Capitel dieses Tractats unter die abzuschaffenden Mängel gesetzt, die biss anhero das Aufnehmen der Messen und Märkte ziemlich turbired und verhindert, das Fuhrlohn der Güter und consequenter die Preise der Waaren vertheuret ... und sonderlich zu vielen Streithändeln Ursach gegeben hat, wann nehmlich die Waaren nicht zu rechter und in dem Frachtbrief versprochener Zeit in dem Markt oder Mess haben können geliefert werden, woran aber die bösen Wege die grösste Ursach gewesen«[23].

Erst in der zweiten Hälfte des 18. Jahrhunderts begannen sich die Straßenverhältnisse auch außerhalb Frankreichs etwas zu bessern. Österreich wurde schon in früheren Kapiteln erwähnt. Ihm folgten bis zum Anfang des 19. Jahrhunderts die meisten Staaten Europas. Je größer der politische und kulturelle Einfluß Frankreichs in diesen Ländern war, desto mehr übernahmen deren Straßenbauer natürlich die »Französische Bauweise« Trésaguets mit der Packlage als Grundbefestigung. In der großzügigen, geraden Linienführung konnten sie Frankreich aus vielen Gründen, die schon angedeutet wurden, nicht folgen. Die Arbeit der Straßenbauingenieure konzentrierte sich daher mehr auf die Konstruktion des Straßenkörpers. Dabei entwickelte man auch Methoden, die von denen Trésaguets abwichen [302, 303].

So baute zum Beispiel der 1775 zum Straßenbaudirektor von Galizien ernannte Straßenbaumeister Groß 1856 Kilometer reine Schotterstraßen ohne Packlage. Der Straßenkörper bestand aus 40–50 Zentimeter klein geschlagenem Gestein, das in vier Schichten nacheinander aufgetragen und von Fuhrwerken so lange festgefahren wurde, bis es eine kompakte zusammenhängende Masse bildete. Auch die Holzbrücken ließ Groß beschottern. Auf seinen Vorschlag hin wurden in Österreich neben den »Reichsstraßen« nach niederländischem Vorbild »Sommerwege« angelegt, da das zu jener Zeit noch unbeschlagene ländliche Zugvieh sehr unter den neuen »versteinten« Straßen litt. Schon bald zeigte sich, daß durch diese Sommerwege die Abnutzung des befestigten Straßenteiles so sehr vermindert wurde, daß die Ersparnisse in der Straßenunterhaltung die Anlagekosten der Sommerwege übertrafen [302, Fig. 1].

Die geschotterten Fahrbahnen der Hauptstraßen waren im allgemeinen neun bis zehn Meter breit. Das reichte aus für die Begegnung von zwei beladenen Handelswagen, deren Breite damals etwa drei Meter betrug [302, Fig. 2, 304]. Viele Baumeister, wie Wiebeking und Groß in Österreich und Steenstrup in Dänemark, hielten es für nötig, daß zu beiden Seiten der Fahrbahn ein Erdweg von 1 bis $1\frac{1}{2}$ Meter Breite für die zu Fuß gehenden Fuhrleute angelegt wurde [302, Fig. 2]. Sehr unterschiedlich waren die Ansichten, wie der Schotter für eine gute Straßendecke beschaffen sein müßte. Der deutsche Straßenbaumeister Lüder schrieb 1779 zu dem viel diskutierten Thema: »... Die Herren Franzosen lieben zwar die

Kiesbedeckung nicht und nehmen kleine zerschmetterte harte Steinger dazu ... allein da man weiß, daß ... ein guter wackiger Kies weit geschwinder fest – und eben ineinandergefahren werden kann, und das Zerschlagen harter Steine viel Zeit und Mühe und Kosten erfordert; so wird allhier der Kiesbedeckung mit der Einschränkung der Vorzug gegeben, daß der Kies nicht mit Erde oder Sand untermengt seye, und nicht gar zu große Wacken dazu genommen werden ... daß sie die Größe von einem Hünerey nicht übersteigen, und die größte Menge davon nur die Größe von Nüssen haben ...«[24].

Immer wieder stellten alle Straßenbaumeister die Forderung, daß der Straßengrund Wasserabzug haben müsse und daß die Straßendecke nicht mit Erde vermengt sein dürfe, denn »der große Weegfeind, die Feuchtigkeit wütet inwendig des Erdbodens beständig daselbst fort, und zernichtigt alle ihre Anstalten ...«[25].

Trotzdem dauerte es noch bis zum Ende des 18. Jahrhunderts, bis die schon 1712 von Gautier geforderten Straßengräben überall zum unerläßlichen Bestandteil einer guten Chaussee wurden.

Großbritannien

Zu einer besonderen Entwicklung im Straßenwesen kam es auf den Britischen Inseln, wo man im 18. Jahrhundert noch nach überlieferter mittelalterlicher Art mehr oder weniger feste Erdwege baute. Erst gegen Ende des genannten Jahrhunderts begann eine neue technische Entwicklung einzusetzen. Hierbei haben vor allem zwei Männer den Fortschritt nachhaltig bestimmt: Thomas Telford (1757–1835) und John London MacAdam (1756–1836).

Thomas Telford, 1757 als Sohn eines Schafhirten in Schottland geboren, erlernte das Maurerhandwerk, spezialisierte sich auf den Brückenbau und kam durch diesen wiederum zum Straßenbau. Als Mitglied eines städtischen Straßenausschusses gab er Anregungen, die weithin bekannt und anerkannt wurden. 1802 sandte ihn das Parlament nach Schottland, um die Möglichkeiten zur Verbesserung der dortigen Straßen zu prüfen. Als er erkannte, daß die rein für militärische Zwecke angelegten schottischen Straßen für eine wirtschaftliche Erschließung des Landes ungeeignet waren, entwarf er einen Abänderungsplan, den das Parlament billigte und ihm die Ausführung übertrug [305].

Daraufhin baute Telford in 18 Jahren 1500 Kilometer Straßen aus und legte eine große Anzahl von Brücken an. Seine Arbeit in Schottland wurde zum Vorbild für den gesamten englischen Straßenbau.

1825 beauftragte das Parlament Telford mit Plan und Ausführung der Straße von Shrewsbury nach Holyhead im Zug des großen Straßenprojekts von London nach Irland. Hierbei führte Telford eine für das Land gänzlich neue Straßenbauweise ein [306], die er in jahrelanger Praxis und durch gründliches Studium aller Straßenbauprobleme erarbeitet hatte[26]. Seine Bauweise erinnert an die Packlage-Methode Trésaguets. In das geebnete, gut entwässerte Straßenbett wurde ein dichtgefügtes Pflaster aus hochkantgestellten Steinen (18 Zentimeter hoch und 10 Zentimeter im Durchmesser) eingebaut. Auf diese Grundlage kam eine 15 Zentimeter hohe Schicht aus sorgfältig geschlagenen Basaltsteinen, die im Durchmesser nicht stärker als 6,5 Zentimeter sein durften. Die Decklage bestand aus einer etwa sechs Zentimeter starken Kies- und Sandschicht. Im Zuge der Trassierung der Straße erfolgten beträchtliche Erdabtragungen, damit die Steigungen nie 3% überschritten. Abschnitte, die bis dahin zum Vorteil einzelner Großgrundbesitzer als Umwege geführt worden waren, ließ

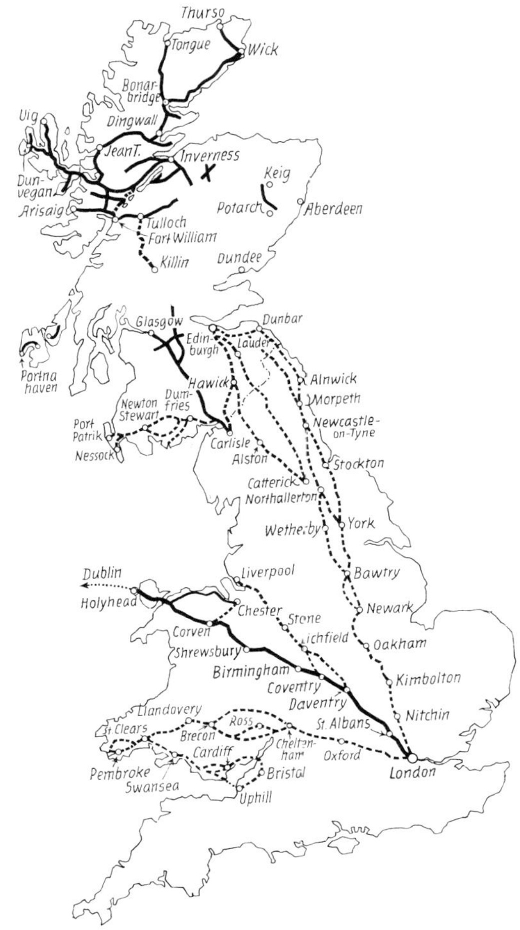

305 Thomas Telfords (1757–1835) Straßenbauten in Schottland, England und Wales.
von Telford entworfen und unter seiner Leitung ausgeführt
unter Telfords Aufsicht gebaut

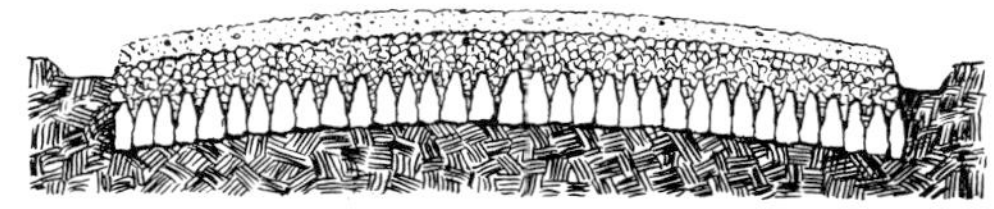

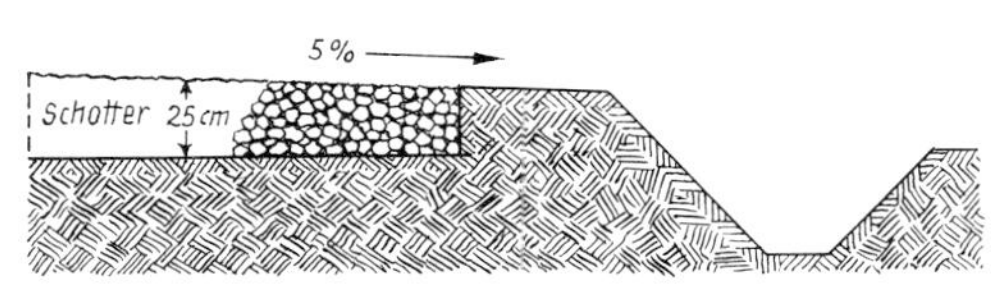

306 Straßenbauweise von Thomas Telford um 1825.

307 Straßenbauweise von MacAdam um 1820 (siehe auch Anmerkung 27)

308 Anfang des 19. Jahrhunderts wurde endlich anstelle der schlechten Straßenbaugeräte der fronenden Bauern neues »Arbeitsgeschirr« entwickelt; z. B. für die Beförderung des Erdaushubes »Wippkarren«, die von zwei Arbeitern gezogen wurden. – Die Arbeiter wehrten sich zuerst dagegen, weil sie nicht »wie das Vieh ziehen« wollten. ▷

Telford begradigen. 1830 war die Straße nach Holyhead fertiggestellt; sie galt allgemein als die beste Straße Englands [305].

Der zweite bedeutende englische Straßenbauingenieur, MacAdam, kam 1756 als Sohn wohlhabender Eltern in Schottland zur Welt. Nach einer kaufmännischen Ausbildung in New York kehrte er 1783 nach England zurück und war in der Grafschaft Ayr tätig. Bald erkannte er den volkswirtschaftlichen Nutzen guter Straßen und fing an, sich mit Plänen für die Verbesserung des so wenig erfreulichen Straßenwesens zu beschäftigen. Wie sehr die Verhältnisse im argen lagen, zeigt allein die Tatsache, daß zu seiner Zeit die Schnellpost (!) für die 350 Kilometer lange Strecke von Manchester nach London noch $4\frac{1}{2}$ Tage benötigte.

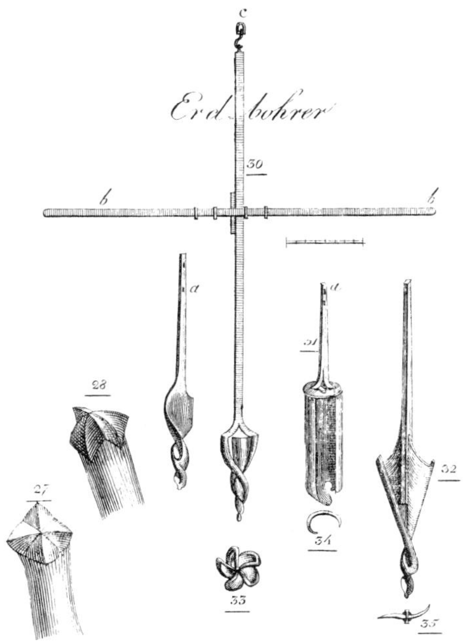

MacAdam unternahm nunmehr auf eigene Kosten große Reisen durch England, um den Straßenbau zu studieren. 1816 wurde er Oberaufseher der vereinigten Bristol-Road-Trusts. Die unter seiner Leitung gebauten Straßen, vor allem die »Große Bristoler Straße«, übertrafen alle vorhandenen Verkehrswege in England an Qualität und erregten – wie die zur gleichen Zeit von Telford gebauten Straßenverbindungen in Schottland – größtes Aufsehen unter den Fachleuten. Die Bauweise MacAdams war gänzlich verschieden von der Telfords, indem er die Packlagengrundbefestigung verwarf. Seine Straßen bestanden nur aus einer etwa 30 Zentimeter starken Schottersteinschicht [307]. Das Festwalzen des Schotters hielt MacAdam auch für eine unnötige Geldausgabe. Das habe der Verkehr zu besorgen[27]!

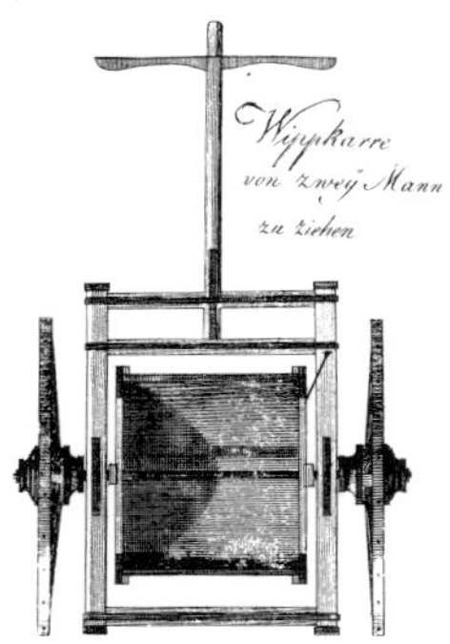

MacAdams Schotterstraßen zeigten sich vor allem einzigartig in ihrer Tragfähigkeit. Zudem waren sie billig in der Herstellung, und ihre Unterhaltung konnte ohne große Kosten durch Nachschütten von Schotter geschehen. 1823 wurde seine Bauweise durch eine Parlamentskommission geprüft und den Straßenbauvereinen empfohlen. MacAdam erhielt 10000 $ für seine Entwicklungsarbeit und wurde zum Generalinspektor für die Straßen des Londoner Bezirkes berufen. In zahlreichen Veröffentlichungen und Gutachten faßte er seine Erfahrungen zusammen und machte Vorschläge zur Verbesserung auf vielen Einzelgebieten des englischen Straßenwesens. 1820 erschien sein bedeutendstes Werk: »Remarks on the Present State of Roadmaking«. Es erlebte sieben Auflagen[28].

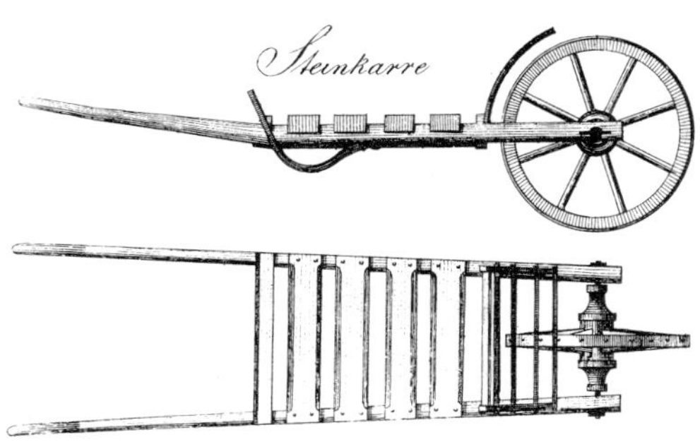

MacAdams Verbesserungen bezogen sich nicht nur auf die Bautechnik. Ihm gelang es auch, die Kosten im Straßenbau zu senken. So ließ er z. B. die Arbeiter beim Zerschlagen der Steine sich hinsetzen und gab ihnen kurzgestielte, leichte Hämmer [ohne Stiel 450 g]. Auf diese Weise konnten billige Arbeitskräfte, wie ältere Leute, Frauen und Kinder beschäftigt werden. Durch leichte Schaufeln und zweirädrige »Wippkarren« erhöhte er noch die Leistung [308].

Alles in allem war MacAdams Wirken für Englands Straßenbau von umwälzender, bahnbrechender Bedeutung. Auf dem Festland fand seine reine Schotterbauweise eine sehr unterschiedliche Beurteilung. Für die Finanzbehörden waren die geringen Kosten meist ausschlaggebend. Die Straßenbauingenieure dagegen hielten eine Straße ohne – teurere – Packlagengrundbefestigung nach französischem Muster für Pfuscherei.

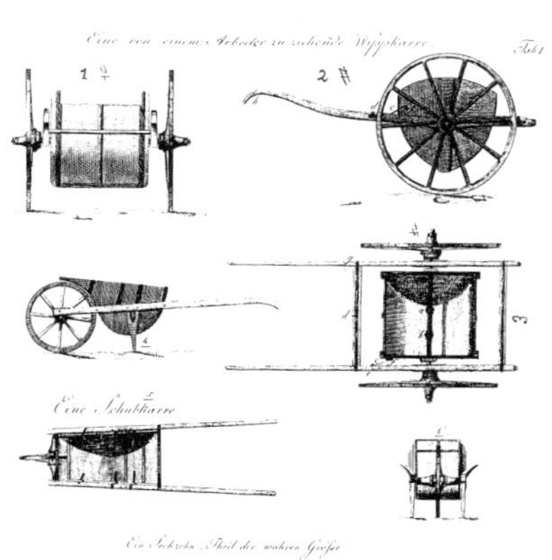

MacAdam selbst hielt sich übrigens nicht immer an »seine Bauweise«. Er entgegnete auf die Vorwürfe: »Es scheint, man nimmt an, daß ich immer ein bestimmtes Verfahren befolgte, was nicht der Fall ist noch sein kann; bei jeder Straße habe ich meine Verfahrensart nach den besonderen Verhältnissen und Finanzen abändern müssen«[29]. Er glaubte allerdings mit seiner reinen Schotterbauweise etwas gänzlich neues erfunden zu haben. Der preußische Straßenbaumeister Pfeil, der ihn 1820 in Bristol besuchte, stellte fest, daß MacAdam von den Versuchen auf dem Festland (z. B. von Groß in Österreich) nichts wußte[30]. Pfeil glaubte aufgrund

309 Perronét, der Direktor der Pariser »École des ponts et chaussées« bei der Inspektion einer Straßenbaustelle. (Gemälde von Claude Joseph Vernet, 1775)

seiner Erfahrungen bei seiner Straßenstudienreise durch England außerdem sagen zu können, daß die einfache Schotterstraße dort brauchbarer sei, weil auf den Straßen im allgemeinen leichtere Fahrzeuge als in Deutschland verkehrten. Zudem begünstige das englische Klima die Haltbarkeit der Schotterstraßen, da es dort weder lang anhaltende Trockenheit noch heftige Gußregen, weder hohen Schnee noch tiefeindringenden Frost gäbe.

Interessant ist auch das Beispiel, das Pfeil anführt, um zu beweisen, wie »verwerflich« es wäre, die »englische Bauweise« in Deutschland zu übernehmen: »Als im Jahre 1827 und 1828 die Berlin-Hamburger-Straße ausgebaut wurde, war unglücklicherweise gerade die Verkündigung des englischen Messias (MacAdam) nach Preußen gekommen. Und so wurde bei diesem Straßenbau die Steinbahn nur durch eine einfache $7\frac{1}{2}$ Zoll starke Schüttung formiert. Die ersten drei bis vier Jahre fuhr sich die Straße vortrefflich glatt und eben. Dann waren drei Zoll abgeschliffen und die schweren Hamburger Güterwagen durchbrachen die noch vorhandene Straßendecke und verwühlten die restlichen Steine mit der Erde. Erst da erfolgte der Geldbewilligungsantrag zur Ausbesserung. Aus Geldmangel wurde eine schwache Ausbesserung vorgenommen. Bei nasser Witterung fuhren sich die Steine wieder in den Dreck, um sodann im nächsten Sommer eine ähnliche Reparatur zu wiederholen und um im nächsten Winter ebenso zu verschwinden[31]«!

Obwohl hier ganz offensichtlich die ungenügende und verspätete Ausbesserung die Hauptschuld am Versagen der reinen Schotterstraße trug, pflichteten alle deutschen Straßenbauingenieure Pfeil bei, »daß das englische Straßenbauwesen bei unseren Bestrebungen niemals als leuchtendes Vorbild dienen möge«.

Hinter dieser Feststellung steht deutlich der Ärger der Straßenbaufachleute jener Zeit über die geringe Anerkennung, die ihre solide – allerdings teurere – Bauweise bei den Behörden fand. Pfeil schrieb damals recht sarkastisch: »Jeder, der bei dem Bau von einigen Meilen irgend etwas mitgewirkt hat, glaubt auch schon den Stein der Weisen gefunden zu haben. Hat nun jemand in der schnellen Stage-coach sogar England durchflogen, da wage kein erfahrener deutscher Chausseebaumeister seinem Urtheile über Kunststraßenbau zu widersprechen. Gleich einer Cascade wird das Wort MacAdam aus seinem Munde rollen. – Dieser hat das Recept erfunden, dieser baut für wenige Thaler eine Meile der vortrefflichsten, ewig haltbaren Straßen ... volltönend erschallt der Ruf MacAdam! MacAdam! ... auf holprigen und glatten Straßen ...[32]«.

Es ist tatsächlich eine Ironie, daß man bis heute die Befestigung einer Straße durch Aufbringen von Schotter »makadamisieren« genannt hat, obwohl die großen Chausseen Europas alle mit der von MacAdam verworfenen Packlage nach französischem Muster ausgestattet worden sind. Erst durch die Entwicklung von speziellen Straßenbaumethoden wird dieses Prinzip in jüngster Zeit überholt.

Ein wesentlicher technischer Fortschritt im Bau von Straßendecken begann mit der Einführung von Straßenwalzen. In keinem der vielen Lehrbücher für Straßenbau, die in der ersten Hälfte des 19. Jahrhunderts herausgegeben wurden, finden sich Anweisungen für die Verwendung von Walzen. Erst der schon mehrfach zitierte E. Pfeil beschäftigt sich 1845 mit dem Problem. Er meinte unter anderem, daß es doch eine unglaubliche Ungerechtigkeit sei, wenn die Straßenbehörden den Pferdebesitzern befählen, eine Schotterbahn erst für die Benutzung brauchbar zu machen und ihnen für »diese Ehre« auch noch das Wegegeld abnähmen. Er selbst habe in Schlesien schon 1818 die ersten erfolgreichen Versuche unternommen, eine Steinbahn vor der Freigabe durch Walzen zu befestigen und zu glätten. Ihm sei aber immer entgegen gehalten worden: »Das Fuhrwerk bewirkt das unentgeltlich, was die Walze bei vielen Kosten nicht erreicht[33]«.

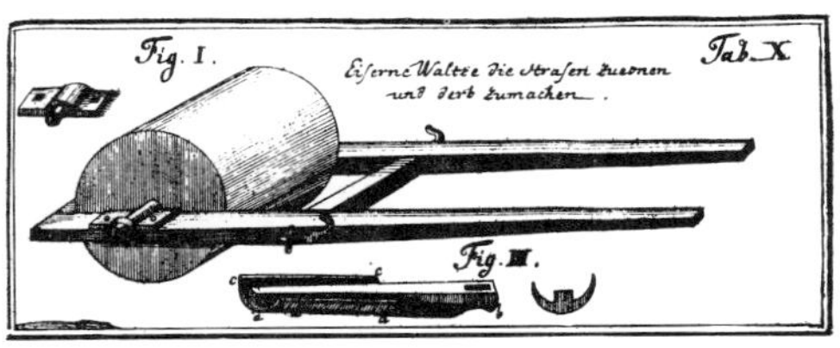

310 Eiserne »Strassen-Waltze« von 1725.

Erfunden wurde die Straßenwalze schon 1725 von Jacob Leupold [310]. Sie führte sich aber nicht ein. 1787 machte der »Inspecteur Général des ponts et chaussees« De Cessart in Paris Vorschläge zur Behandlung der Steinbahnen mit 3,5 Tonnen schweren, gußeisernen Walzen, die von sechs Pferden gezogen wurden[34]. Aber selbst diese Empfehlung von höchster Stelle des französischen Straßenwesens führte zu keinem Erfolg. Erst 1835 wurden in Frankreich die ersten Walzen mit einem steinbeschwerten Holzkasten benutzt [311]. 1856 kam man dann auf Cessarts Vorschlag mit den gußeisernen Walzen zurück. Sie wurden mit Wasser oder nassem Sand gefüllt und erreichten ein Gewicht von 11 000 Kilogramm. Die ersten Dampfwalzen kamen 1861 in Paris in Gebrauch; wenige Jahre später auch in England und in Amerika [312].

311 Chausseewalze von 1846 mit Steinbeschwerung.

Sie waren im allgemeinen 1,9 Meter breit, wogen 10–20 Tonnen und verfügten über vier Walzen, von denen die beiden vorderen lenkbar waren, um auch in Kurven arbeiten zu

können. Um 1870 wurden sie in Deutschland eingeführt. 1889 kostete solch eine Dampfwalze immerhin noch 19300 Goldmark.

Die »makadamisierten« Chausseen haben die gewaltige Verkehrssteigerung, die vor allem in der zweiten Hälfte des vorigen Jahrhunderts durch die Industrialisierung begann, ausgehalten. Erst als der Automobilverkehr anwuchs, erwiesen sie sich als unzureichend.

312 Straßendampfwalze. Als erste deutsche Stadt schaffte sich Stuttgart 1879 ein solches 23 Tonnen schweres Ungetüm an. Sie bewährte sich hervorragend. Kosten für 1 qm Straßenfläche 4 Pfennig. Bei den bisherigen Walzen mit Pferdebespannung hatte man 15 Pfennig aufwenden müssen.

Verwaltung

Wie die Entwicklung der modernen Straßenbautechnik von Frankreich ausging, so begannen sich auch Änderungen im Straßenverwaltungswesen zuerst dort zu zeigen. Frankreichs Staatsform des 17. und 18. Jahrhunderts stellte eine wichtige Voraussetzung für die Lösung der Verwaltungsprobleme dar: Ein mächtiges Königstum hatte den Einfluß der großen und kleinen Fürsten und der bislang mächtigen Städte im Lande ausgeschaltet, die während des Mittelalters das Straßenwesen durch partikulare Ansprüche und finanzielle Ausbeutung belastet und behindert hatten. Allein der König und die von ihm ernannten Beamten waren nunmehr »Richter über alle Wege im Königreich«. Schon unter Heinrich IV. (1553 bis 1610) fungierte der Herzog von Sully als Oberintendant der Finanzen und gleichzeitig Oberster Wegeaufseher (»Grandvoyer«). Ludwig XIII. (1610–1643) übertrug auf Anraten Richelieus die Wegeverwaltung den königlichen Schatzmeistern (trésoriers). Zum ersten Male seit den Zeiten der Römer war das Straßenwesen in Frankreich einer machtvollen, zentralen Staatsverwaltung unterstellt, die in der Lage war, ihre Anordnungen überall im Land durchzusetzen.

Für die französische Staatskasse bedeutete die Aufsicht und Einflußnahme im Straßenwesen eine spürbare Belastung. Bei dem allgemeinen Aufblühen des Wirtschaftslebens durch den Merkantilismus wären diese Ausgaben an sich tragbar gewesen; doch die Verschwendung und die Korruption am Königshof, bei Adel und Klerus führten zu einer immer größer werdenden Verschuldung des Staates. Der hemmungslose Luxus der absoluten Herrscher, der sich in ihrem Lebensstil und bei der Errichtung von Bauwerken äußerte, bestimmte bald auch mehr und mehr die Anlage der Straßen. Ohne Rücksicht auf die Kosten, wurde der Hauptwert auf ein imposantes Aussehen der Chausseen gelegt. Schnurgerade durchzogen die Staatsstraßen selbst Moorgebiete, die leicht umgangen hätten werden können, auf kostspieligen Dämmen. Auch kostbares Ackerland wurde nicht geschont und man machte die Straßen viel breiter, als es für den damaligen Verkehr nötig gewesen wäre. Unter Ludwig XIV. wurde die Breite der »rues royales« auf 13,5 Meter festgelegt, unter Ludwig XV. betrug sie bereits meistens 18–20 Meter[35]! Alle Straßen vor Paris wurden auf zehn Meilen gepflastert. Auf diese wenngleich unwirtschaftliche Weise entstanden unter Ludwig XV. in fünfzig Jahren 23388 Kilometer Chausseen.

Die Hauptlast dieses luxuriösen Straßenbaues trug die Landbevölkerung. Sie wurde rücksichtslos in der Straßenfron ausgenützt. Zwar setzten die Behörden immer wieder fest, wie viele Tage im Jahr zu fronen waren, aber über diese Bestimmungen gingen die königlichen Intendanten oder die Unternehmer, an die der Bau vergeben war, meist hinweg. Hinzu kam noch, daß die Staatsstraßen in vielen Fällen weitab von den Ortschaften durch das Land führten. Das bedeutete für die Bauern einen langen Anmarsch zur Arbeit und ein oft tagelanges Fernbleiben von der Feldarbeit[36]. So manche Straße wurde außerdem nur gebaut, um privilegierten Kreisen die bequeme Fahrt von Schloß zu Schloß zu ermöglichen. Wachsende Erbitterung im ganzen Land gegen die königlichen Straßen war die Folge. Die Wegefron wurde zu einem ernsten Problem für den Straßenbau. Unter dem Druck der wachsenden Unzufriedenheit erließ Ludwig XV. das erste Gesetz zur Aufhebung der Straßenfron[37]. Doch die Durchführung scheiterte am Widerstand des Adels, der Privileginhaber und der Bauunternehmer, in deren Taschen ein großer Teil der staatlichen Zuschüsse verschwand. Erst die Gesetzgebung der Französischen Revolution hat 1791 endgültig die Straßenfron abgeschafft. Beim Ministerium des Innern wurde eine oberste Verwaltungsbehörde für Straßen- und Brückenbau eingerichtet und zur Bestreitung der dadurch entstehenden Kosten das Wegegeld erhöht. Aber nur ein Drittel dieser Einnahmen floß tatsächlich in die Staatskasse, da die Mautgebührenerhebung verpachtet wurde. Der Straßenbau ging erheblich zurück und die vorhandenen Straßen verkamen, weil die staatlichen Einnahmen aus den Wegegeldern zur Instandhaltung nicht ausreichten. Napoleon änderte dann das System der Finanzierung. 1806 verfügte er eine Neuordnung der französischen Straßenverwaltung. Die Straßen wurden in kaiserliche (Haupt-)Straßen und Departementsstraßen eingeteilt. Die kaiserlichen Straßen bestanden aus drei Klassen. Für die beiden ersten übernahm der Staat alle Kosten, für die dritte Klasse hatten die Departements beizusteuern. Für die Hauptstraßen wurden alle Abgaben und Wegegelder aufgehoben und durch eine Salzsteuer ersetzt. Zu den Kosten der Departementsstraßen mußten die Gemeinden beisteuern, wogegen sie die örtlichen Wege, die »chemins vicinaux« selbst zu unterhalten hatten[38]. Außer den Salzsteuereinnahmen hat Napoleon noch große Summen aus dem allgemeinen Staatshaushalt für den Straßenbau bereitstellen lassen. Er gab von seiner Thronbesteigung bis zum Jahre 1812 für Straßenbauten 277 Millionen Francs aus. Das war mehr als ein Viertel aller Staatsausgaben für bauliche

Zwecke[39]. Diese Gelder ermöglichten es dem Staat, endlich ausreichend für den Bau und die Unterhaltung der großen Straßen zu sorgen. Nach der Niederlage Napoleons drohten jedoch die Staatsstraßen rasch zu verfallen, als der Staat die erheblichen Mittel für die Instandhaltung nicht allein aufbringen konnte. Nunmehr wurde die von Napoleon eingeführte Kostenbeteiligung der Departementsverwaltungen erweitert. Schon bis 1830 war ein großer Teil des 58000 Kilometer umfassenden Haupt- und Departement-Straßennetzes wieder in Ordnung gebracht. Die Nahverbindungen der französischen Gemeinden befanden sich zu der Zeit allerdings noch in trostloser, mittelalterlicher Verfassung. Um hier eine Besserung zu schaffen, erließ die Regierung 1824 ein Vicinalwegegesetz. Danach konnten sich die Gemeinden Mittel für den Ausbau der Wege durch Hand- und Spanndienstverpflichtungen und durch Steuerzuschläge verschaffen. Sie durften darüber hinaus auch Privatpersonen, für die eine Straße von besonderem Nutzen war, zu Geldzuwendungen und Naturalleistungen heranziehen. Der Erfolg des Gesetzes war gleich Null[40].

313 »Postkutsche«, Zeichnung von Honoré Daumier.

Daher beschloß die französische Regierung 1836 den Ausbau der Vicinalwege nicht mehr dem guten Willen und der Einsicht der Gemeinden zu überlassen. Sie ermächtigte die Präfekten aller Departements, den Gemeinden die Baupflicht aufzuerlegen und diejenigen zu bestimmen, die zum Bau und den Kosten herangezogen werden sollten. Das Gesetz über die »vicinalité« wurde zur Grundlage und zum Anfang für den Ausbau von rund 850000 Kilometer französischer Gemeindewege[41], gleichzeitig auch der Abschluß einer nationalen Straßenpolitik, die den Straßenbau bis in das kleinste Dorf unter behördliche Aufsicht stellte. Heute erscheint uns das als eine selbstverständliche Regelung. Aber es hat lange gedauert, bis alle Länder Europas, dem französischen Beispiel folgend, behördliche Straßenverwaltungen geschaffen hatten. Besonders in England nahm die Entwicklung einen ganz anderen Verlauf als in Frankreich.

England

Bis zum 15. Jahrhundert hatten in England die weltlichen und geistlichen Grundbesitzer das Wegenetz mit ihren Hörigen gebaut und in Ordnung gehalten. Als der »Krieg der Rosen« (1455–1485) die Macht des Adels brach und die Reformation eine Verarmung der Kirche mit sich brachte, verwahrlosten die Straßen schnell. 1555 wurde unter Königin Maria der Katholischen (die »Blutige«) durch Gesetz bestimmt, daß jedes Kirchspiel für die Instandhaltung der Wege zwei Aufseher zu wählen hätte, die berechtigt sein sollten, die Einwohner der Gemeinden an sechs Tagen im Jahr zu Hand- und Spanndiensten zu zwingen (»six days labour«). Von dieser Straßenfron gab es – im Gegensatz zum übrigen Europa – für keinen Stand eine Befreiung. Er galt für die Krongüter ebenso, wie für den Adel und die Geistlichkeit. Eine Besserung im Zustand der englischen Wege wurde durch das Gesetz jedoch nicht erreicht, die Straßen blieben nach wie vor schlecht. Sie waren in noch schlimmerer Verfassung als auf dem Festland, wo sich durch den blühenden Handel der vielen Städte einigermaßen befahrbare Fern- und Nahverbindungen erhielten oder entwickelten. In England lähmte dagegen eine engstirnige Einstellung der Kirchspiele jeden Fortschritt im Straßenbau. Dort hieß es: »Wozu sollen wir eine Straße bauen, auf der fremde Fuhrleute mit Waren durchziehen, die einer fernen Grafschaft oder Stadt Gewinn bringen.« Die Einsicht der französischen Regierungsgewalt, daß gute Straßen die allgemeine Wirtschaft fördern und so letzten Endes ihr und jedem Bürger Nutzen bringen könnten, war England völlig fremd[42-45].

Diese Zustände im englischen Straßenbau begannen sich erst um die Mitte des 17. Jahrhunderts als Folge der Initiative reicher Gutsbesitzer, Bergwerksinhaber, Kaufleute und Fabrikanten zu ändern. Persönliche Vorteile und die Aussicht auf finanziellen Gewinn ließen es diesen Privatpersonen nützlich erscheinen, bestimmte Straßen zum Transport ihrer Erzeugnisse unter ihre Kontrolle und Verwaltung zu bringen. Sie schlossen sich zu Vereinen, »road trusts«, zusammen. 1663 erlaubte das Parlament einer solchen Vereinigung, einen Teil

314 Das Reisen mit der Postkutsche war meist mit endlosen Strapazen, Mühen und auch mit Lebensgefahr verbunden. Der Engländer W. Dugdale erzählt 1679 in seinem Tagebuch, daß die Reisenden zwischen York und Leeds wiederholt aussteigen und lange Strekken zu Fuß laufen mußten. Für die 38,6 km lange Strecke brauchten sie auf diese Weise acht Stunden[42].

der Fernstraße von London nach York in den Grafschaften Hertford, Cambridge und Huntingdon zu übernehmen. Zur Deckung ihrer Bau- und Unterhaltungskosten erhielt die Gesellschaft die Genehmigung, an drei Stellen Drehtore oder Schlagbäume (»turn pikes«) zu errichten, um dort Straßenzoll zu erheben. Wie vorauszusehen war, wurde die neue Einrichtung von den an der Straße liegenden Gemeinden erbittert bekämpft, da man darin nur eine Erschwerung und Verteuerung der Transportkosten zum Markt nach London sah. Dabei kam es mehrfach zur Zerstörung von Schranken und Zollhäusern. Aber infolge der steigenden Güterproduktion und dem dadurch zunehmenden Transport von Waren und auch Personen, mehrten sich die Anträge an das Parlament um Genehmigung zur Inbetriebnahme von Turnpike-Straßen, bis dieses 1768 den »General-turnpike-act« – das Haupt-Zollstraßengesetz – verabschiedete, das für Straßen, die über die Grenzen der Gemeinden hinausgingen, die Gemeindeverwaltung außer Kraft setzte und in allen Einzelheiten die Verpflichtung der »Turnpike-Straßenvereine« regelte[46].

Die Leitung dieser Straßenvereine erfolgte ehrenamtlich. Die Verwaltung der Zolleinnahmen, der geldlichen Ablösung der Gemeindenaturalleistungen (Fron), sowie der von den Mitgliedern eingebrachten Kapitalien übernahmen angesehene Vereinsmitglieder. Für die Leitung der Straßenbauarbeiten wurden Straßenmeister (surveyors) eingestellt, deren Wahl allerdings weniger nach fachlicher Befähigung erfolgte, sondern sich nach der Höhe der Lohnforderung und der Gunst einflußreicher Vereinsmitglieder richtete. Es war somit nicht verwunderlich, daß sich die Bauweise der neuen Straßen kaum von der althergebrachten Form unterschied. Auch wurden natürlich nur dort Straßen gebaut oder ausgebaut, wo ein Interesse der privaten Industrie vorlag.

Um die Mitte des 18. Jahrhunderts setzte sich dann in England die Wirtschaftsform des Freihandels durch. Die Förderung von Kohle und Erz, die Herstellung von Eisen und die Veredelung heimischer und eingeführter Güter erfuhren einen mächtigen Aufschwung. Die Dampfmaschine und der mechanische Webstuhl wurden erfunden. Die rapid wachsende Industrie erforderte zahlreiche neue und bessere Straßenverbindungen. Von 1760–1774 wurden daher 452 »turnpike acts« an Straßenvereine »unter der Verpflichtung der fortdauernden, klaglosen Instandhaltung« gegeben[47]. Bis zum Jahre 1809 stieg die Zahl auf über 1000, und die Vereine legten 32000 Kilometer Straßen an. Allein in den ersten drei Jahrzehnten des 19. Jahrhunderts wurden dann 182000 Kilometer Landstraßen ausgebaut, die sämtlich durch die Initiative des privaten Unternehmertums entstanden.

Mit Staatsmitteln sind in Großbritannien im 18. und 19. Jahrhundert nur wenige Straßen gebaut worden. Dazu gehörten vor allem die Militärstraßen in Schottland, die nach der Union des Landes mit England im Jahre 1706 zur Beherrschung des widerstrebenden Volkes nötig erschienen. Eine Staatsstraße wurde auch angelegt, als 1800 das Dubliner Parlament die Union der beiden Königreiche beschloß und aufgrund des »Act of Union« ab 1801 die irischen Gemeinden 100 Abgeordnete ins Reichsparlament und Peers ins Oberhaus schicken mußten. Die ständigen Klagen dieser Abgesandten über die schlechten Straßen und das Bedürfnis, den Handel mit Irland zu fördern, veranlaßten das Parlament im Jahre 1815 zu der ungewöhnlichen Bewilligung von 20000 $ zur Verbesserung der Straßenverbindung zwischen London und Dublin (Straße London–Holyhead)[48].

In Jahren, die für Ackerbau und Gewerbe ungünstig waren, bewilligte das Parlament zur Ausführung von Straßenbauprojekten Geldvorschüsse, die von den Gemeinden oder von road-trusts mit Zinsen zurückgezahlt werden mußten. Das Unterhaus behielt sich grund-

316 (nächste Seite) »Broad Quai in Bristol«, Gemälde von Peter Monamy, 1670–1749. – Um 1700 war in vielen großen Städten die Benutzung der Pflasterstraßen mit schweren Fuhrwerken verboten. Für den Transport durften nur Schleifen und leichte zweirädrige Karren ohne Eisenbereifung benutzt werden.

sätzlich eine Kontrolle über die Instandhaltung der Straßen vor, lehnte es aber stets ab, selbst die Verwaltung oder die Regie der Instandhaltung zu übernehmen. Als 1819 den Mitgliedern einer Untersuchungs-Kommission vorgeschlagen wurde, eine Oberdirektion der Zollstraßen einzurichten und die Oberaufsicht einem Ministerium zu übergeben, wiesen sie diesen Plan als »unverständig und zu deutlich dem öffentlichen Wohl zuwiderlaufend« zurück[49]. Der Franzose Dupin, der zwischen 1816 und 1825 Großbritannien mehrfach bereiste, schrieb voller Begeisterung über die englische Straßenverwaltung, die in so krassem Gegensatz zu den Methoden seines Landes stand: ». . . Was that nun die britische Regierung, um in so kurzer Zeit öffentliche Arbeiten (gemeint sind Kanäle und Straßen) hervorzubringen? – Nichts! – Sie ließ den Handel machen, den Sie genug zu begünstigen glaubte, in dem sie ihm Schutz im Ausland und überall Recht und Freiheit im Innern zusicherte. Sie ließ die Fabrikanten, die Eigenthümer und Handelsleute . . . untereinander zu ihren gegenseitigen Bedürfnissen zusammentreten, wie zu den Werken (Kanäle und Straßen), die ihnen Nutzen bringen sollten, und zu den Mitteln, diese Werke selbst zu unternehmen und auszuführen. . . . Man darf es nicht läugnen, daß in England der unmäßige Reichthum einiger Privatleute mächtig zu der Unternehmung und Ausführung gemeinnütziger Arbeiten beiträgt!«

Mit einer bitteren Klage über die Verwaltungszustände in Frankreich fährt er dann dort: »Wie weit sind wir davon entfernt, den Geist des Ministeriums und des Parlamentes von

315 Der um 1790 ungepflasterte und auch noch nicht geschotterte St. George's Circus in London. Im Hintergrund die Turnpike-Wegezoll-Häuser.

Großbritannien zu teilen, die wir kaum die Erhaltung eines Vicinal-Weges der Sorge der Einwohner anvertrauen! Wir, die, wenn ein Haufen Kieselsteine auf die kleinste Departementsstraße geworfen werden solle, gebieterisch verlangen, daß die künftigen Kosten dieses Haufens auf das Budget des Bezirkes, hierauf auf das des Departements getragen, und hierauf dem großen Rathe des Brücken- und Straßenwesens vorgelegt werden, in einem Pallast von Paris, 200 Stunden von dem Orte der Arbeit entfernt – (Erst) wenn die kleinste Frage der weisen Langsamkeit eines tiefen Rechnungswesens übergeben ist, so erhält man die nachgesuchte Genehmigung, vorausgesetzt, daß nicht der unbedeutendste Fehler in der Form Veranlassung gibt, dieses unermeßliche Labyrinth von neuem auf umgekehrtem Wege zu durchlaufen«[50].

Hier verschweigt Dupin zweierlei: Erstens hat Frankreich durch das System der strengen Staatsaufsicht lange vor England gute Straßen gehabt. Zweitens waren die englischen Straßen trotz des bewunderten Geistes des Parlaments bis zum Ende des 18. Jahrhunderts noch in sehr mäßigem Zustand. Von den großen technischen Fortschritten Frankreichs im Straßenbau haben die schlecht bezahlten Surveyors der privaten englischen Straßenvereine kaum etwas übernommen. Das änderte sich erst Anfang des 19. Jahrhunderts durch die bereits erwähnten Ingenieure Telford und MacAdam. 1832 beschloß das englische Parlament ein umfassendes Straßengesetz. Es beruht in den Hauptpunkten auf den von MacAdam aufgestellten Grundsätzen. Mit besonderem Nachdruck wurde die Verwendung von technisch ausgebildeten Männern für Entwurf, Bau und Unterhaltung der Straßen gefordert. In jeder Grafschaft mußte ein gut bezahlter, unabhängiger Beamter mit Vollzugsgewalt zur Überwachung des Straßenzustandes eingestellt werden. Nie jedoch haben Telford oder MacAdam die Übernahme des Straßenwesens durch den Staat angestrebt, die dann auch erst im Jahre 1862 bei gleichzeitiger Aufhebung aller Zollschranken erfolgte.

Die Straßen auf dem europäischen Festland

Die Staaten auf dem Festland folgten, im Gegensatz zu England, von Anfang an dem französischen Vorbild einer staatlichen Verwaltung des Straßenwesens. Es dauerte sehr lange, bis hierfür überall endgültige Lösungen gefunden wurden. Noch 1821 schrieb H. Wesermann: »Seit den letzten 30 Jahren, als der Verfasser bestimmt war, unter drei Landeshoheiten das Technische des Straßenbaues zu betreiben, ist kein Administrationszweig in seiner Einrichtung so oft niedergerissen und anders wieder aufgebaut worden, als dieser. Bald sollte die französische, bald die bayerische, bald die preußische, bald eine neu erfundene Verfassung die beste sein; bald hielt man viele, bald wenige Beamten; bald die großen und bald die kleinen Entreprisen; bald die Wegegeldverpachtung, bald die Administration derselben; bald ein hohes, bald ein geringes, bald gar kein Wegegeld dem Interesse des Staates oder dem Gedeihen der Sache angemessen . . .!«[51].

In Österreich wurden z. B. die im 18. Jahrhundert vom Staat gebauten Kunststraßen zur Instandhaltung an Unternehmer verpachtet. Da diese jedoch ihren Aufgaben nur sehr wenig nachkamen und hauptsächlich in die eigene Tasche arbeiteten, hob man die Verpachtung 1792 wieder auf und richtete innerhalb der »K. K. Baudirection« eine »Wegedirection« als besondere Abteilung ein. 1809 entstand eine selbständige »Straßenbaudirection«, die aber schon 1830 erneut mit der allgemeinen Baudirection zusammengelegt wurde. Erst um 1850 kam es dann zur Schaffung einer alle Straßenbelange umfassenden staatlichen und kommunalen Straßenbauverwaltung.

Auch in den anderen europäischen Staaten (außer Frankreich) ist dieser ständige Verwaltungswechsel in gleicher oder ähnlicher Weise vor sich gegangen[52]. Schlimm war es, daß der jeweilige Verwaltungsapparat dabei immer größer und komplizierter wurde. »Der Generaldirector, der dem Ministerio untergeordnet war, ertheilte dem Ober-Inspector die Befehle zur Ausführung der Baue und Unterhaltung; dieser spedierte sie weiter an den Inspector; der Inspector gab sie an den Unter-Inspector und Conducteur; von diesem kamen sie an den Wegemeister und endlich an den Wegewärter oder Entrepreneur. Der Dienst des Straßenbaues wurde dadurch sehr in die Breite gezogen, in mancherlei Formalitäten und unnütze Schreiberei verwickelt, die den technischen Beamten keine Zeit übrig ließen, um die Baugeschäfte selbst gehörig leiten und kontrollieren zu können«[53].

Alles wurde durch die persönlichen Ansichten der augenblicklich herrschenden Beamten bestimmt: »Die an der Spitze stehenden Beamten wollten alles, wenn es ihnen noch so fremd war, prüfen«[54] ... »Will der erfahrene Bauführer ... es wagen, bei der Ausführung einige Änderungen ohne höhere Genehmigung vorzunehmen, in der Hoffnung, daß diese nicht bemerkbar sind, oder auch wohl in Anerkennung ihrer Richtigkeit von den technischen Behörden mit Stillschweigen übergangen werden dürften, so ist demselben dieses nicht zuzumuten, da gegen diese Vermessenheit das Schreckenssystem der Oberrechnungscontrollbehörde, durch die speciellen Abnahme-Revision-Protocolle ... daß er gewiß in Berücksichtigung seines eigenen künftigen Wohles alle seine patriotisch-ökonomischen Gefühle unterdrückt, sich ruhig in sein Schicksal fügt, und die Arbeiten nach Project fortsetzt«[55].

Außer durch diese Schwierigkeiten mit den Behörden war der Straßenbau besonders durch den Mangel an ausgebildeten Fachkräften belastet. Eine »École des ponts et chaussées« gab es nur in Frankreich. Österreichische und deutsche Straßenbauingenieure studierten einige Zeit in Paris, um sich dann ihre Mitarbeiter selbst heranzuziehen. »Ich rufe demnach der Zukunft zu: Oh, du einträgliche Zeit, worin sich Weeg-Unterrichts-Schulen mit ächten Weegkennern vorfinden«, schrieb 1779 C. F. Lüder im Schlußwort seines Straßenbaulehrbuches[56].

Auch die technische Ausrüstung für den Straßenbau war bis zur Mitte des 19. Jahrhunderts noch sehr mangelhaft. Meßtisch und Fernrohr, Winkelspiegel und Höhenmeßgeräte waren zwar bekannt, aber sehr kostspielig, und nur wenige verstanden, damit umzugehen. Die Trassierung einer neuen Straße wurde nach Geländebesichtigungen, d. h. nach dem Augenschein, festgelegt. Kirchturmspitzen waren naturgemäß beliebte Orientierungspunkte dieser »à la vue-Aufnahmen«. Der danach am Zeichentisch ausgearbeitete Linienzug und »die schönen, vortrefflichen, sorgfältig auf Leinwand geklebten Pläne, Zeichnungen, Hefte und Zahlenmassen« stellten sich leider in der Praxis oft als unbrauchbar heraus. Doch waren sie für die Baumeister bindend. E. Pfeil beschreibt 1821 zu welch grotesken Fehlentscheidungen es dabei manchmal kam: »Bei einer meiner ersten Bauausführungen traf es sich, daß eine gerade Linie von etwa einer halben Meile auf einen kleinen Kirchturm gerichtet war, der bei der Aufsuchung der Richtung ganz besonders erwünscht gewesen sein mochte, da die Linie durch ein dichtes Holz geführt werden mußte, was alle Gegenstände, außer jener hochliegenden Turmspitze, verdeckte. Diese Linie führte durch ein tiefes, nasses Moor ... Als ich diese projectierte Linie in Arbeit nehmen wollte und die specielle Absteckung zum Angriff vornahm, fand es sich, daß ganz in der nämlichen Richtung, selbst mit einiger Verkürzung der Turmlinie, ein vortrefflicher sandiger hoher Landstrich lief, wo durchgängig das Planum ... gearbeitet werden konnte ... Alles was ich dagegen dem sterilen Geschäftsgange abzugewinnen vermochte, war nur die Begünstigung, die sandige Erde jenes Landstriches nach der Baulinie in den Moorgrund transportieren zu dürfen ...«[57]. Das »Reglement« empfahl und befahl die Festhaltung der Zielpunkte. »Der größte Teil der praktischen Wegebau-Beamten wird den Schäden der Verwaltung zustimmen, wenn auch nur ganz still in der verschlossenen Schreibstube«[58].

Und der schon zitierte Bauingenieur Wesermann beklagt sich bitter: »Soll eine neue Landstraße gebaut werden, so sucht jede Gemeinde und reiche Landbesitzer sie zu erhalten, es wandern Deputationen zur Residenz, es werden an der Tafel des Fürsten ... Anspielungen auf das Straßenbau-Departement gemacht, man erbietet sich zu Beiträgen und Konkurrenzen, die wenn es zur Sache kommt, nicht geleistet werden. Kurz, es wird alles aufgeboten ..., um dem redlichen, nur auf das allgemeine Wohl sehende und das Lokal genau kennenden Ingenieur sein Project zu vereiteln«[59].

Im Grunde hatten alle Sorgen im Straßenwesen eine einfache Ursache. Das Hauptproblem war von jeher die Kostendeckung, die Finanzierung. Im 19. Jahrhundert hatte zuerst noch der unentgeltliche Frondienst oder die »Naturalkonkurrenz«, wie man es vielfach nannte, zur Kostensenkung beigetragen. Nachdem Frankreich den Frondienst während der großen Revolution abgeschafft hatte, blieb den anderen europäischen Ländern nichts übrig, als diesem Beispiel – wenn auch sehr langsam – zu folgen[60].

Es ist klar, daß der Ausfall der unentgeltlichen Fronarbeit den Straßenbau für die Staatskassen erheblich verteuerte und daß jeder Finanzminister nunmehr darauf bedacht war, die Kostenaufstellungen der Straßenbaumeister so viel wie möglich zu kürzen. Auch die Aufhebung der Wegezölle und Wegeabgaben, die im Laufe des 19. Jahrhunderts erfolgte, hat die staatlichen und kommunalen Straßenbauverwaltungen oft vor schwere finanzielle Probleme gestellt. Nur durch den ungeheuren Wirtschaftsaufschwung des 19. Jahrhunderts ist es überhaupt möglich geworden, das Straßenbauwesen aus der mittelalterlichen Abhängigkeit von hemmenden Einflüssen zu befreien und die für den Straßenbau und die Straßenunterhaltung nötigen Mittel durch den Staat zur Verfügung zu stellen. Aber selbst in der zweiten Hälfte des 20. Jahrhunderts ist das Bemühen um die richtige Verwaltungsform und die zweckgebundene Verwendung der durch die Straße mittelbar oder unmittelbar einkommenden Steuergelder nicht beendet. Wir erleben heute sogar auf manchen Gebieten wieder eine grundsätzliche Wandlung. Zahlreiche »Highways« in den Vereinigten Staaten von Amerika und die »Autostrada« in Italien werden unter Beteiligung des Staates von privaten Großunternehmen der Auto-, Öl- und Zementindustrie gebaut, und zur Amortisation werden wieder Wegegelder, »Benutzungsgebühren«, wie man es nun nennt, erhoben. Auch das Befahren von Brücken in Amerika bzw. von Straßentunnels in den Alpen ist nicht immer kostenfrei.

Die Verwaltung des Straßenwesens hat, wie gesagt, zu allen Zeiten Schwierigkeiten gemacht, und ihre Entwicklung ist noch längst nicht abgeschlossen.

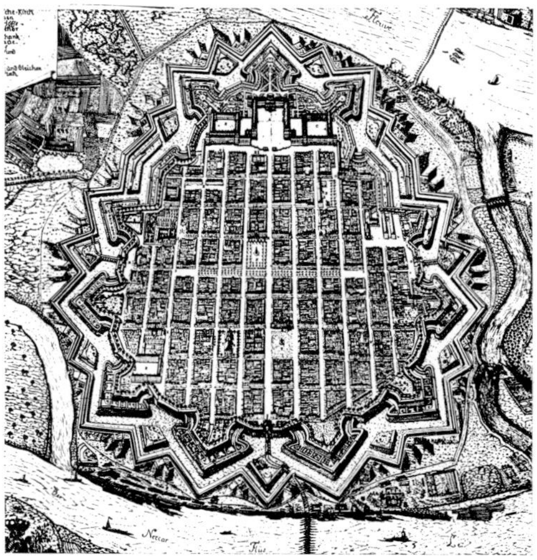

317/318 Die geometrische Straßeneinteilung der Stadt Mannheim geht auf eine Festungsanlage im frühen 17. Jahrhundert zurück. Nach der Zerstörung im Jahre 1688 wurde die Stadt zu einer großen Stadtfestung zusammengefaßt (Abbildung rechts).
Das Mannheim von 1850 (Abbildung oben, Stich von Joh. Poppelmann) zeigt im Stadtkern noch die schematische Straßeneinteilung. Die Festungswerke sind allerdings verschwunden und am Stadtrand entstehen die ersten Fabriken.

319 »Der Spaziergang« von Moritz von Schwind. Das Bild zeigt neben den präzis dargestellten Trachten auch ein Stück deutscher Straßengeschichte um 1850. Der Erdweg vor den Toren einer alten Stadt soll modernisiert, »makadamisiert« werden. Der Schotter für den Umbau liegt schon bereit.

320 Die Neuanlage der Berliner Friedrichstadt mit dem Halleschen Tor. Anonymes Ölbild, Anfang 18. Jh. (siehe auch Abbildung 335).

321 Die um 1850 in Paris rücksichtslos durchgeführte Neuordnung der Straßen war für ihre Zeit eine großartige Bereinigung. Heute sind die vielen Straßen, die im spitzen Winkel auf einem Platz zusammentreffen, ein schwieriges Problem im Kraftfahrzeugverkehr. ▷

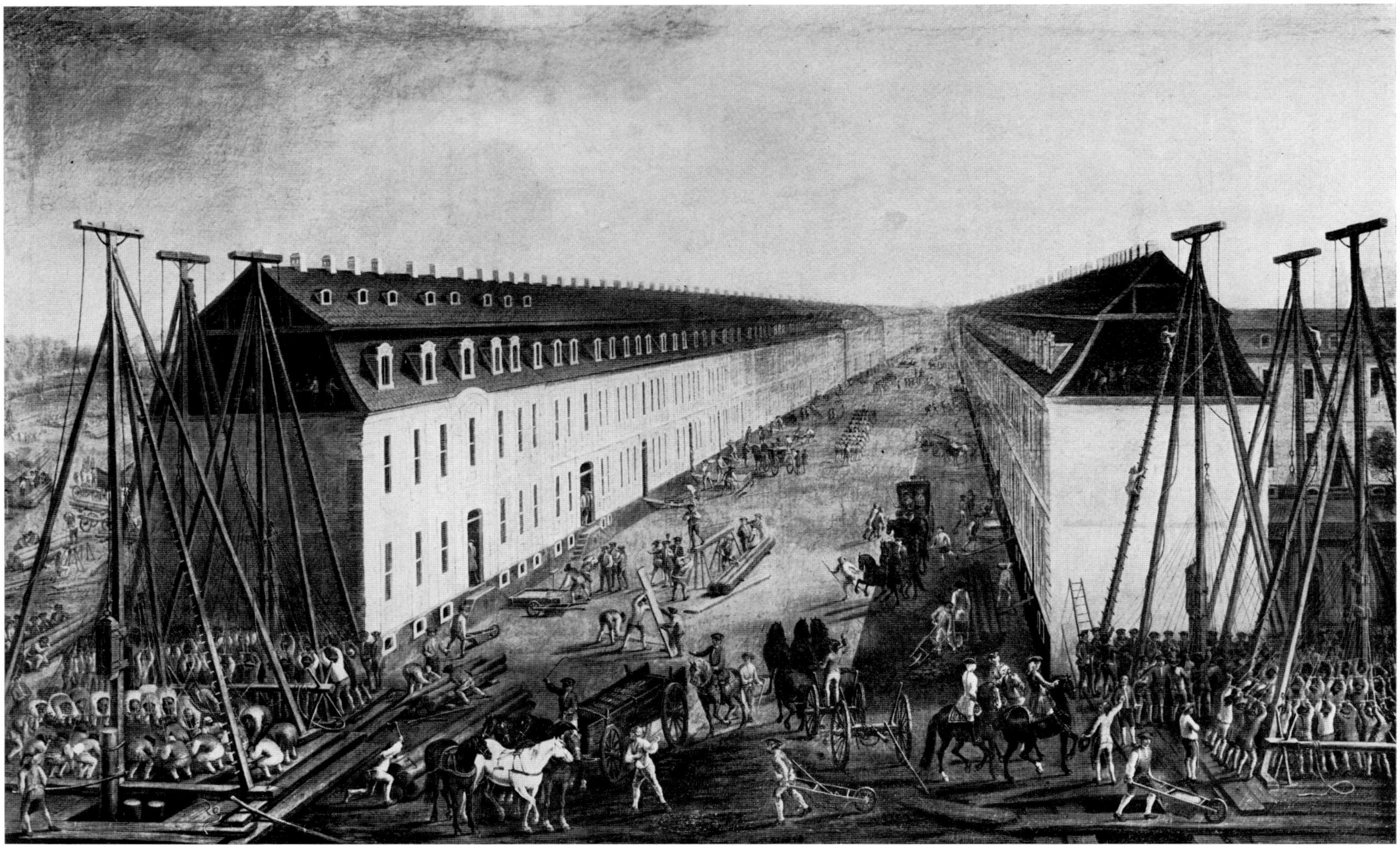

322 Bau der Oranienburger Straße in Berlin unter König Friedrich Wilhelm I. um 1713.

323 1880 an der Kreuzung Friedrichstraße/Leipziger Straße in Berlin. – Nach einer amtlichen Zählung passierten in diesem Jahr 831 Fahrzeuge am Tag die Kreuzung Friedrichstraße/Unter den Linden. Auf dem Boulevard des Italiens in Paris waren es 1600.

325 Londoner Stadtverkehr (Zeichnung von Gustave Dorée). 71 893 Fahrzeuge fuhren 1881 täglich in die City von London.

324 1846. Die Rohrleitungen für Wasser, Gas und Kanalisation unter den Straßen von Paris.

LATERNAS DONAT ROMANO LIPSIA CONSO.
NOVO EXCVBIARVM
GENERE INSTITVTO
MDCCII

326 Straßenbeleuchtung mit Naturgas in den Vereinigten Staaten um 1887.

327 »Myriaden bengalischer Gaslampen, zu ungeheuren Ketten gefügt« erleuchteten die Place de la Concorde zur Pariser Weltausstellung im Jahre 1878.

328 Illumination des Newskiprospektes in St. Petersburg mit riesigen elektrischen Bogenlampen am 22. Dezember 1878 anläßlich des 100jährigen Geburtstages von Kaiser Alexander I.

329 Besonders wohlhabende Städte haben schon im 18. Jahrhundert einige ihrer Straßen nachts mit Öllampen beleuchtet. Anläßlich der Aufstellung von 750 Öllaternen gab die Stadt Leipzig 1702 eine Gedenkmünze heraus. Die Darstellung auf ihr zeigte, daß das Licht der Lampen so hell war, daß ein Student darunter lesen konnte!

330 1879 erste elektrische Beleuchtung am Themse-Embankment in London. Zwischen den elektrischen Lampen sieht man noch die alten Gaslaternen.

331 Die erste Straße mit Gaslichtlampen war die Pall Mall in London 1807. Schon 1823 gab es in England 52 Städte mit Gaslicht.
Der Widerstand gegen die Gasbeleuchtung war zuerst groß. Wie die Karikatur rechts zeigt, fürchtete man, an ausströmendem Gas zu ersticken. – Die Kölnische Zeitung stellt 1823 sogar die Behauptung auf: »Jede Beleuchtung mit Gaslicht ist verwerflich . . ., weil sie als Eingriff in die Ordnung Gottes erscheint. Nach dieser ist die Nacht zur Finsterniß eingesetzt, die nur zu gewissen Zeiten vom Mondlicht unterbrochen wird.«

The good Effects of CARBONIC GAS.!!!

332 In der Neuen Welt, dem Kontinent ohne Mittelalter, waren die Vorteile gerader Verbindungswege ausschlaggebend für die Einteilung einer Siedlung. Diese Ordnung behielt man auch bei, als sich die Städte mehr und mehr vergrößerten.

333 Die Geburt einer Stadt im »Wilden Westen« Nordamerikas mit den ersten beiden sich rechtwinklig kreuzenden Straßen.

Stadtstraßen

334 Karlsruhe 1739. Nach der Vorstellung des Markgrafen Wilhelm ist es als Strahlenbild der Sonne angelegt. Vom Schloß als Zentralpunkt gehen fächerartig die Straßen aus. – Nach der mittelalterlichen Enge bedeuteten diese klaren Straßenordnungen einen großen Fortschritt. Den Städteplanern in den USA dienten sie als Vorbild bei der Anlage verschiedener Städte. So zeigt das 1790 gegründete Washington mit dem Kapitol als Mittelpunkt eine deutliche Ähnlichkeit mit Karlsruhe.

Der bereits mehrfach erwähnte, im 18. Jahrhundert beginnende Strukturwandel der Wirtschaft vom Gewerbe zur Technik und Industrie zog rasch zunehmend zahlreiche Arbeitskräfte vom Land in die Städte. Diese verfügten anfänglich innerhalb ihrer Mauern noch über genügend Raum, der zur Unterbringung des Einwohnerzuwachses bebaut werden konnte. Auch eine Änderung in der Linienführung der Straßen wurde durch die dichtere Besiedlung vorerst nicht nötig, denn für den Verkehr bedeuteten die alten, engen und krummen Gassen noch keine spürbare Behinderung.

Allein bei der Entstehung von Schloßanlagen vor den Toren alter Städte und bei der Neugründung von Residenzsitzen kam es im Laufe des 18. und auch 19. Jahrhunderts zu grundsätzlich neuen Straßenbauten. Ihre großzügige Linienführung wurde allerdings nicht

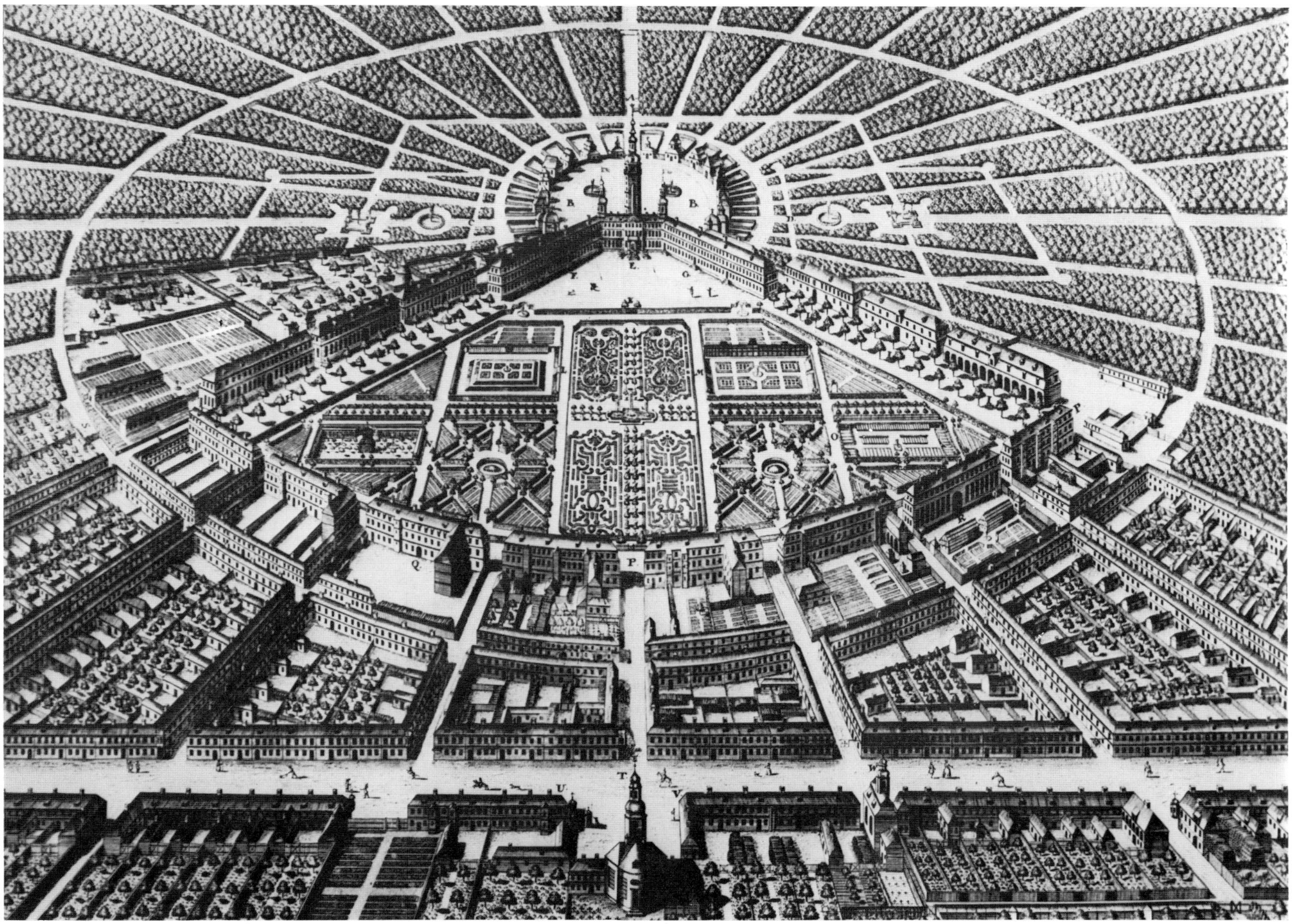

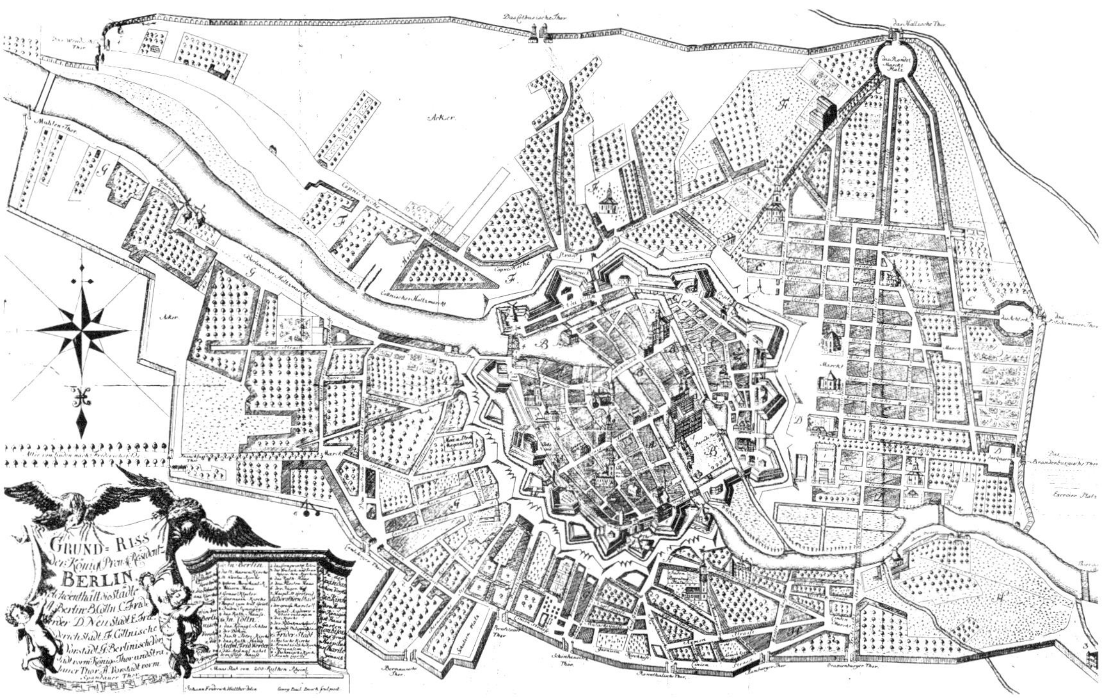

335 Der klare und großzügige Plan für die Stadterweiterung Berlins durch die »Friedrichstadt« im Jahre 1737.

336 Verkehrsunfall in Wien um 1790. Dazu das Zirkular der K. K. Landesregierung vom 15. Jänner 1798: Es wird »der sträfliche Unfug des schnellen unbesonnenen Fahrens und des muthwilligen Vorfahrens« untersagt und darauf hingewiesen, daß der Schuldige »an der Stelle angehalten, zu der Polizeyoberdirektion geführt ..., wo sodann nach dem Maß der Schuld, und ... nebst der vollkommenen Entschädigung des Verunglückten, die gesetzmäßige Strafe folgen wird«.

von wachsenden Verkehrsanforderungen bestimmt, sondern ging auf das Repräsentationsbedürfnis der Fürsten zurück, die durch die prachtvollen, breiten Avenuen und Boulevards ihre Schlösser in den Blick- und Mittelpunkt der Städte stellen wollten. Besonders klar zeigte sich dieser Wandel in den Stadtplanungen von Mannheim, Karlsruhe und Versailles. Später gesellte sich auch Paris hinzu nach den rigorosen Straßendurchbrüchen, die dort Georges Haussmann während der Ära Napoleons III. durchführte [317/318,321].

Aber die meisten alten Städte blieben in den in Jahrhunderten gewordenen Formen und Ausdehnungen bestehen. Als sie um die Mitte des 19. Jahrhunderts nicht mehr in der Lage waren, der ständig zunehmenden Industrialisierung und dem anhaltenden Zustrom von Menschen Raum innerhalb ihrer Mauern zur Verfügung zu stellen, siedelten sich die neuen Produktionsstätten vor den Toren an und schufen mit den Wohnbezirken für ihre Arbeitskräfte die Vorstädte. Diese Ausweitung erfolgte jedoch meist ohne System. Während für die Neuanlage der Friedrichsstadt vor Berlin um 1720 noch ein durch Straßen gut gegliederter Stadterweiterungsplan vorlag [320, 335], genügte in der »Gründerzeit« nach 1872 ein sich irgendwo am Stadtrand anbietender, billiger Baugrund und niedrige Grundsteuern, um die Stadt sich unkontrolliert nach dieser Seite hin ausweiten zu lassen. Mit der räumlichen Ausdehnung entstanden neue Verkehrsanforderungen und alte wie neue Straßen mußten in ihrer Bauart den Verkehrsverhältnissen angepaßt werden.

Pflasterungen

Bisher hatte das Pflaster, mit dem in größeren Städten im Lauf des 18. Jahrhunderts die wichtigsten Straßen ausgestattet worden waren, in den meisten Fällen aus gewöhnlichen, wenig sortierten Feldsteinen bestanden, die einfach in eine Sandschüttung gesetzt wurden. Dies war ein recht »teures Pflaster«, denn einige Steine drückten sich immer tiefer ein und bei der Ausbesserung der so entstehenden Löcher kam es meist zu einem Buckel, hinter dem wiederum die Wagenräder rasch eine in neue Vertiefung stießen. Anfang des 19.

337 »Kopfsteinpflaster«, Kupferstich von 1774.

Jahrhunderts ging man daher dazu über, unter die Pflastersteine eine Grundbefestigung aus Schotter oder Ziegelscherben mit grobkörnigem Sand einzubringen. Ein weiterer Fortschritt bestand darin, daß man würfelförmig behauene Steine verwendete[61]. Doch auch solche Pflastersteine zeigten Mängel. Durch die Eisen der beschlagenen Pferdehufe wurden Kanten und Ecken der verhältnismäßig großen Pflastersteine abgesplittert, die Oberflächen der Steine rundeten sich und die Wagenräder mußten einen immer höheren Anschlag zum nächsten Stein überwinden, so daß die Fahrbahnen mit den größer werdenden Fugen bald dem früheren »Katzenkopfpflaster« aus Feldsteinen ähnelten. Um das Pflaster zu schonen, durften in Leipzig nach einer Verordnung von 1775 für die Beförderung von Korn und Mehl in der Stadt nur Esel, anstatt der schweren Müllerwagen verwendet werden [313]. In den Großstädten führten die gepflasterten Straßen durch »die immer zunehmende Liebhaberei des schnellen Fahrens«[62] zu einem enormen Lärm. »Außer dem Staub und Kot bringt das Pflaster in den Städten ein anderes Übel, welches den inwendigen Menschen fast mehr als den äußeren schädigt, das ist das Rasseln und Getöse des schweren Wagenverkehrs und das damit oft ständig verbunden Zittern und Beben ... Nervenschwache Personen, besonders zart organisierte Damen, ... leiden aber empfindlich dadurch und können in ihrer Gesundheit gänzlich zerrüttet werden«[63].

Bei der Suche nach einem Straßenbelag, der weniger Lärm verursachte, kam man auf Holzpflasterung. Schon 1831 hatte der hessische Baurat Fink Holzklötze von 16 Zentimeter Höhe als Steinersatz vorgeschlagen. 1839 pflasterte man einige stark befahrene Durchfahrten vor dem Versailler Schloß mit Holz. Auch in London und St. Petersburg wurden um diese Zeit zum erstenmal einige Straßenabschnitte versuchsweise mit sechseckigen, teergetränkten Holzklötzen versehen [339].

In größerem Umfang begann man aber erst in den achtziger Jahren in London, Paris und Berlin mit Holzpflasterungen[63a]. Der Erfolg in der Lärmdämpfung war überzeugend. Doch die Anlage und Unterhaltung von Holzpflasterung war noch teurer als Steinpflasterung.

338 Bis in das 19. Jahrhundert war die Straßensäuberung Arbeit für Häftlinge und Verbrecher. Der Berliner Journalist und Verleger Wilhelm Nicolai schreibt 1784 von einer Reise nach Wien: »Ich kann es nicht für zweckmäßig halten, daß das Gassenkehren eine Strafe für Verbrecher sein soll. Es müßte billig nicht für entehrend gehalten werden, eine Arbeit zu verrichten, deren Gemeinnützigkeit jeder Zuschauer so sehr empfindet.«

339 St. Petersburg pflasterte 1885 einige seiner Straßen mit geteerten, sechseckigen Holzklötzen. Als Grundbefestigung wurden Holzbohlen verlegt.

Traf man bei den Holzwürfeln nicht eine sehr gewissenhafte Auswahl, fuhren sich die Straßen ungleichmäßig ab. Löcher, Pfützen und Fäulnis waren die Folge. Nur bei der Verwendung von reinem Kernholz betrug der Abschliff im Jahr etwa ein Zentimeter. Das bedeutete aber, daß die 15 Zentimeter hohen Blöcke im allgemeinen nach acht Jahren erneuert werden mußten. Trotzdem wurden in den Großstädten, vor allem in London, bedeutende Straßenstrecken holzgepflastert. Auf die Dauer jedoch konnte sich das Holzpflaster bei den Stadtstraßen nicht durchsetzen. Es wurde hinsichtlich Brauchbarkeit und Bewährung von verschiedenen Baustoffen überholt, so durch das 1885 von dem Straßenbaumeister von Gravenhorst erfundene »nahezu unbegrenzt haltbare Kleinpflaster« aus Granit. Weitere erfolgreichere Konkurrenten des Holzpflasters waren die MacAdam-Schotterbauweise und der Asphalt.

Schotterstraßen

Als MacAdam auf Grund seiner Erfolge in der Verbesserung der englischen Landstraßen zum »Surveyor« für den Londoner Bezirk ernannt wurde, ließ er auch in der Hauptstadt bald Straßen nach »seiner Bauart« chaussieren. 1825 riß man sogar mehrere Pflasterstraßen auf, um die Steine zu dem benötigten Schotter zu zerschlagen. Da MacAdams Straßenbelag billiger als jedes bisher bekannte Pflaster war, wurde er sehr schnell in allen Städten Europas, ganz besonders in den neuen Stadtrandsiedlungen, in großem Umfang angewendet[64]. Es war ganz offensichtlich, daß die Schotterstraßen eine gleichmäßige, glatte Fahrbahn brachten und daß der Verkehrslärm auf ihnen geringer war als auf Steinpflasterstraßen. Der Pferdefuß kam erst durch den immer lebhafter werdenden Verkehr zutage: Staub und Schmutz wurden in den Städten zu einer unerträglichen Plage. »Der Kot bei Regen ist noch die bessere Seite des Übels, denn wenn durch trockenes Wetter die ganze weiche Masse in Staub verwandelt, von den rollenden Wagen aufgewirbelt oder gar vom Winde gejagt wird, dann macht sie die Luft unathembar, dringt in die zarten empfindlichen Hohlräume

340 Wiener Sprengwagen. Der Berliner Schriftsteller Friedrich Nicolai berichtet 1784 darüber: »... Schon 1781 wurden bei trockenem Wetter die großen Plätze in der Stadt täglich aufgesprützt. Es fährt nämlich über solche Plätze ein mit zwey Pferden bespannter Wagen, worauf eine große Tonne voll Wasser liegt. An derselben ist hinten ein etwa drey Ellen langer schmaler Schlauch, an dessen Ende ein trichterförmiges Blatt voll ganz feiner Löcher befestigt ist. Ein Mann, den man den Schwanzschleuderer nennt, schlenkert diesen Schlauch hin und her und bespritzt also die Gassen, um den dürren Staub zu löschen«.

der Lungen, erstickt die Blumen und sogar die grünen Blätter der Vorgärten, verwehrt das Öffnen der Fenster, verfolgt die sorgsame Hausfrau oder Wirtschafterin in Küche, Speisekammer und Keller zur Verunreinigung der Speisen ...,« so klagte L. von Meyn 1872 in seinem Buch, mit dem er für ein neues Straßenbaumittel, den Asphalt, eintrat, »... daß alle diese Umstände durch die Einführung des Asphaltes beseitigt werden ...«[65].

Asphalt

Asphalt quillt zähflüssig an vielen Orten der Erde aus dem Boden. Er hat eine außerordentliche Klebekraft, erhärtet an der Luft und ist absolut wasserundurchlässig. Die Assyrer und Babylonier haben den Naturasphalt schon als Bodenbelag, als Mörtel für Ziegelsteinbauten und zum Abdichten von Wasserbehältern und Schiffen verwendet[66]. Im Mittelalter geriet der Asphalt in Vergessenheit.

1712 entdeckte der Arzt Eirinis im Juragebirge im Val de Travers Asphaltgestein. Hier hatte sich ein vor Jahrtausenden aufsteigendes Erdöl mit dem Kalkgestein verbunden. Nach leichter Erwärmung und durch Zusatz von etwas flüssigem Baumteer ließ sich aus dem »Gestein« ein wasserabstoßender, sehr klebriger Asphaltmastix herstellen. Eirinis versuchte, diesen Asphalt im Baugewerbe einzuführen. Das gelang ihm nicht, selbst nicht durch die vielbewunderte Abdichtung eines Wasserbassins im Garten des Königs von Frankreich im Jahre 1725.

1802 wurden dann große Asphaltvorkommen in Seyssel südlich von Genf entdeckt. Auch ihr Abbau brachte vorerst keinen Erfolg, bis 1832 der Graf von Sasseney die Anlagen in Seyssel und später auch die alten Gruben im Val de Travers aufkaufte. Ihm gelang es endlich, den Asphalt als Straßenbaumaterial einzuführen. Er ließ das mit etwas Erdpech versetzte Asphaltgestein auf 150–170° erhitzen und gab dann bis zu 60% gesiebten und getrockneten Flußsand bei. Mit dem glänzend gelungenen Estrich auf der Place de la Concorde in Paris und der Terrasse des Kaiserlichen Palastes in Petersburg erlangte der Asphalt von Seyssel Weltruf. In

341 Während die Hauptstraßen in Wien Anfang des vorigen Jahrhunderts gepflastert wurden, begnügte man sich in den Vorstädten mit der billigeren Makadam-Schotterung. Da man dazu Kalksteinbruch nahm, gab es sehr schnell einen unerträglichen Staub.

342 Negerarbeiter einer amerikanischen Firma beim Asphaltieren einer Straße in Berlin 1882.

vielen Städten wurden nunmehr Trottoirs und Plätze mit dem durch den Sandzusatz verbilligten Asphalt belegt.

Auf die Möglichkeit, noch einfacher Asphalt-Straßendecken herzustellen, wurde man durch Beobachtungen bei den Gruben im Val de Travers aufmerksam. Dort waren immer beim Transport Asphaltgesteinsbrocken von den Wagen heruntergefallen. Diese zerfielen in der Sommerhitze zu Staub und wurden von den Rädern der Transportkarren zu einer festen Straßendecke zusammengedrückt, die sich als außerordentlich haltbar und praktisch erwies. Sie war sauber, und die Pferde konnten auf dieser ebenen Fahrbahn die schwersten Lasten ohne besondere Mühe ziehen.

Dem Ingenieur Merian aus Basel gelang es um 1850, diesen zufällig entstandenen Asphaltbelag für die Praxis auszuwerten. Nach seiner Methode wurde das Asphaltgestein, so wie es aus den Gruben kam, an den Straßenbaustellen durch Erhitzen in Kesseln zum Zerfall gebracht. Schwere Walzen und Stampfer »comprimierten« dann das heiße Pulver zu einem wasserdichten, glatten Belag. Nach zwei Stunden Abkühlung war die Asphaltdecke befahrbar. Die so behandelte Rue Bergère in Paris wurde ein ganz großer Erfolg. Sie war eben, staubfrei, leicht sauberzuhalten und hielt dem starken Verkehr stand, ohne sich zu verändern[67]. Die Stärke der Asphaltschicht betrug im allgemeinen etwa fünf Zentimeter. Als Grundlage dienten die alten Makadam- und Pflasterdecken oder – besonders bei den Bürgersteigen – eine Zementbetonschicht von 10–15 Zentimeter.

1854 gab es in Paris schon 800 Meter heißgepreßte Asphaltstraßen, 1856 waren es acht Kilometer und 1869 280 Kilometer. London bevorzugte noch lange Zeit Schotterstraßen und Holzpflaster. Erst 1869 wurde dort die erste Asphaltstraße gebaut. In Berlin [342] asphaltierte man von 1877 an jährlich 30000 Quadratmeter Straßenfläche[68]. 1886 gab es dort 375000 Quadratmeter Asphaltstraßen gegenüber 48700 Quadratmeter Straßenfläche mit Holzpflaster.

343 Spottbild auf »die neueste Asphaltpflasterung« in Wien um 1846. Dabei verwendete man – wie überall – aus Ersparnisgründen manchmal einen künstlich hergestellten Asphalt aus Steinkohlenteer, der nicht so schnell hart wurde, wie der teure Naturasphalt.

In Amerika wurden 1871 die ersten Versuche unternommen, Straßen mit Asphalt zu befestigen. Man importierte dazu Asphalt aus Seyssel, obwohl es in Amerika eine ganze Anzahl Asphaltquellen gab. Für die Stadtverwaltungen war Asphalt allerdings ein teurer Baustoff, da er von weither angeliefert werden mußte. Man hat deshalb auch immer wieder versucht, künstlichen Asphalt aus einheimischem Steinkohlenteer, Kreide, Kalk und Sand herzustellen. Aber diese Nachahmungen wurden nach kurzer Zeit spröde und waren im Sommer klebrig [343].

Das Belegen von Straßen mit Naturasphalt war ein enormer Fortschritt. Aber schon bald wurde klar, daß die natürlichen Asphaltvorkommen nie in der Lage sein würden, den Bedarf zu decken, den der ständig zunehmende Straßenverkehr in Zukunft erfordern würde. Es mußte ein ebenso gutes Material gefunden werden, das in ausreichenden Mengen geliefert werden konnte. Amerika brachte die Lösung des Problems. Dort wurde man Ende des vorigen Jahrhunderts bei der Destillation von Erdöl auf das bei der Verarbeitung zurückbleibende Bitumen aufmerksam. Dieses Bitumen ist chemisch fast das Gleiche wie Naturasphalt. Es hat eine ebenso große Klebekraft und ist absolut wasserundurchlässig. In heißem Zustand wird es flüssig. Versuchsweise begann man 1898 zum ersten Male in Los Angeles, die Oberfläche von Schotterstraßen zu tränken, um durch Verkittung der Mineralteile den lästigen Staub abzuschaffen. Der Erfolg ermutigte zur weiteren Anwendung und daraus entwickelte sich die heute noch vielfach angewandte »Oberflächenteerung«, bei der heißes Bitumen auf die Straßendecke gespritzt und ausgestreuter Basaltsplit eingewalzt wird. Doch hatte auch diese Methode lange einen großen Mangel aufzuweisen. Das Bitumen ging mit dem zu Staub zermalenen Straßenschotter keine vollständige Verbindung ein. Man riß daher die Schotterdecke etwas auf und goß Bitumen ein. Aber auch bei diesen ersten »Teermakadamstraßen« wurden nicht alle Gesteinsteile getränkt. Die Straßen waren nicht absolut wasserdicht. Im Winter trieb der Frost den Straßengrund hoch [344]. Es kam zu den bekannten Frostaufbrüchen. Schließlich gelang es aber doch, feste und frostsichere »bituminöse Straßendecken«

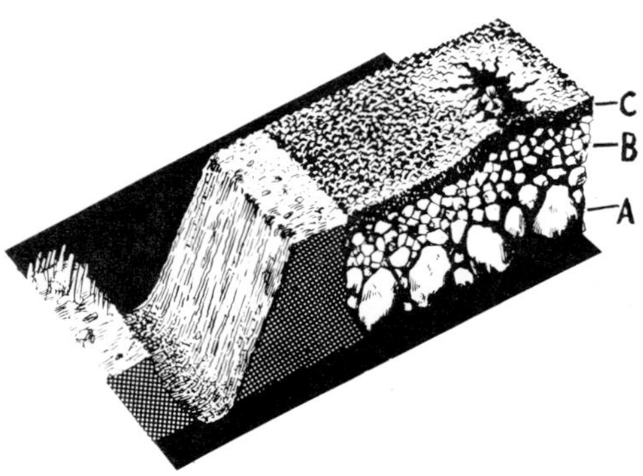

344 Frostaufbruch einer mit »Oberflächenbehandlung« asphaltierten Straße. Die Packlage (A) ist infolge der Verkehrsbelastung im Lauf der Zeit in den Untergrund eingesunken und hat Erde hochgetrieben. Diese und der Makadam-Schotter (B) saugen Wasser aus der Tiefe an, das bei längerem Frost gefriert, sich ausdehnt und die Asphaltbeton-Fahrbahndecke (C) hochtreibt. Bei Tauwetter sinkt das Ganze dann ein.

herzustellen, indem man das Gesteinsmaterial und Sand in Mischmaschinen trocknete, erhitzte und mit Bitumen umgab. Dieses Mischgut, heute »Asphaltbeton« genannt, wurde dann heiß auf die Straße aufgebracht und in mehreren Schichten verschiedener Korngröße gewalzt und verdichtet. Solche Straßendecken hat man in Amerika auch bald außerhalb der Städte auf Überlandstraßen angewandt, bis ihnen ein Konkurrent entstand, der für einige Zeit zu dem am meisten gebrauchten Straßenbaustoff werden sollte. Auch er wurde zuerst in den Städten verwendet.

Zementbeton

Als Geburtsjahr der Betonstraße gilt das Jahr 1888. Damals wurde die erste »Zementmakadamstraße« in Breslau angelegt. Ihr waren einige kleinere Ausführungen und Versuche in Edinburgh (1872) und Grenoble (1876) vorausgegangen. In Amerika wurde 1892 eine Betonstraße in dem kleinen Städtchen Bellefontaine im Staat Ohio angelegt [345]. Sie ließ der Tierfreund George W. Bartholomew bauen, der damit den bedauernswerten Zugpferden das Leben erleichtern wollte! Er brauchte zwei Jahre, um die Stadtältesten zu diesem Versuch zu überreden, mußte eine Garantie auf fünf Jahre übernehmen und hatte dafür fünftausend Dollar zu hinterlegen. Noch heute wird – »still going strong« – diese Straße, die aus betonierten Einzelplatten von 1,5×1,5 Meter besteht, befahren. 1894 kam eine Delegation aus Philadelphia, das seinem Bürger Benjamin Franklin die Anlage der ersten Pflasterstraße in den USA verdankte, nach Bellefontaine, und auf ihr Gutachten hin wurde dann in Philadelphia beschlossen, dem Beispiel des kleinen Städtchens in Ohio zu folgen und Betonstraßen anzulegen. Bald entschieden sich auch viele andere amerikanische Großstädte zu dieser neuen Methode des Straßenbaus. In Europa ging die Entwicklung nicht so stürmisch voran. Bis in die zwanziger Jahre dieses Jahrhunderts genügten noch die vorhandenen gepflasterten, asphaltierten und teermakadamisierten Straßen. Nur in den größeren Städten wie Berlin, Leipzig, Dresden, Stettin, Hamburg, Kiel und verschiedenen anderen wurden bis zum Ersten Weltkrieg einige Straßen betoniert. Sonst verwendete man den neuen Werkstoff vorerst hauptsächlich für den Brückenbau und als Grundlage für die Geleise der elektrischen Straßenbahn, die mit ihren Erschütterungen die Haltbarkeit der Straßendecken aller Art stark beeinflußte. Heute wird Zementbeton in den Städten vor allem als Grundlage für die »bituminösen« oder »Teerbeton«-Fahrbahndecken benutzt. Nach den bisherigen Erfahrungen ergibt diese Verbindung zweier Baustoffe Straßen, die der hohen Dauerbeanspruchung durch die modernen Verkehrsmittel gewachsen sind und den gestellten Anforderungen bezüglich Sicherheit, leichtem Unterhalt, Pflege und Wartung genügen.

345 Am 25. August 1962 feierte das kleine Städtchen Bellefontaine im Staat Ohio (USA) den 70. Geburtstag seiner Court Avenue, der ersten Betonstraße in Amerika. Eine »Miß Betonstraße« wurde gewählt und es gab Bohrkerne aus der Betonstraße als Souvenirs und als Briefbeschwerer für Daddy's Schreibtisch!

346 Die Gotthardpost 1873, Gemälde von R. Koller. ▷

347 Englische Mail-Post im Schneesturm, Gemälde von J. Pollard 1837.

348 Post-Office in London, Aquatinta nach einem Gemälde von C. Henderson, London 1846.

349 Schneller Pferdewechsel an einer Station der »Poste Royale« in Frankreich um 1840, Stich von Georges Busson.

350 Alte Postkutsche im Engadin, Schweiz.

351

352

353

Original Abbildung des Schinder
Hanes Anführ er einer Räuber
bande von 250 Mann
Form
der Sicherheitskarte die er Armen u
Reisenden ertheilt.
7.1801.

351 Englischer Postwagen durchquert im Regen einen Fluß (um 1840).

352 (Linke Seite links unten) Ständige Paß- und Zollkontrollen an den Grenzen jedes noch so kleinen Staates waren eine der vielen Plagen, die das Reisen mit der Post beschwerlich und langsam machten. (Farbige Lithographie von 1826.)

353 »Sicherheitspässe« – gewissermaßen gegen sich selber und seine Räuberbande – verkaufte 1802 der Räuberhauptmann Johann Bückler, genannt der »Schinderhannes«.

354 Chodowiecki auf der Oderfähre während der Reise nach Danzig 1773. ▷

355 Postkutsche auf einer Flußfähre im Sturm, Lithographie von Delaunois (1834) nach einer Zeichnung von A. Casati.

356 ◁ Felleisen, Hut und Posthorn eines Königlich Bayerischen Postillions.

*»Und hörte aus weiter Ferne
Ein Posthorn im stillen Land.
Das Herz mir im Leibe entbrennte,
Da hab ich mir heimlich gedacht:
Ach, wer da mitreisen könnte
In der prächtigen Sommernacht!«*

So dichtete Joseph von Eichendorff (1788–1857). Was Reisesehnsucht und Poeten den Fahrten mit der Post zugedichtet haben, stimmte nicht immer mit der Wirklichkeit überein. Eine Postreise war ein großes Erlebnis, aber sie war oft auch ein ungewisses Unternehmen. Trotz aller Fahrpläne und Eilwägen wußte man doch nie gewiß, wann man am Ziel ankommen würde. – Als Albert Lortzing im August 1833 nach Leipzig übersiedelte, schrieb er von Pyrmont: »Liebe Eltern! Zu Donnerstag, den 15. habe ich also den Wagen bestellt, der meine Familie von hier weg und nach Braunschweig führt, wo sie am 16. zu Mittag anlangt. Sonnabend, den 17. reisen sie von da ab und werden, wie ich hoffe, Montag, den 19. bei guter Zeit in Leipzig eintreffen. Im Falle Vater abgehalten werden sollte, die Meinigen am Tore zu erwarten, so wäre es vielleicht gut, wenn er einen Zettel dort abgäbe, wo sie anfahren sollen... Gott gebe nur, daß alle wohlbehalten und ohne Unfall dort anlangen... Der liebe Gott möge die Meinigen schützen und schirmen, damit ich sie wohl wiederfinde. Euer Albert«.

357–359 Kurhessischer Postillion von 1840; Bayerischer Postillion von 1840; Uniformstücke für den Postillion der Fischerschen Post in Bern um 1825.

360 Rückentragtasche eines Postboten, der um 1780 einmal wöchentlich im Kanton Neuenburg (Schweiz) die Post austrug.

361 Waffen der Postillione.

362 (unten links) Herrenmantel, sog. Garrik, 1823.

363 Reisetoilette (oben), Reisetasche und Kleidungsstücke (unten).

364 Der Tragsesselstandplatz vor der Michaeler Kirche in Wien um 1780. Im 18. Jahrhundert wurde die Sänfte, der »Tragsessel«, zu einem wichtigen Verkehrsmittel in den Städten.

◁ 365 Satyrisches Bild aus dem österreichischen Courier, Wien, um 1850 mit der Unterschrift: Sesselträger: »No kann der Herr nit aufschauen?« Herr: »Lieber Freund, wir leben in einer Zeit, wo Jeder genug auf sich selbst zu schauen hat, und nicht auf andere noch sehen kann!« Schusterjunge schreit: »Da schaut's, da hab'n zwa Rothmäntler an Democrat'n niedergemacht!«

366 Herrschaftliche Sänfte, Anfang 18. Jahrhundert.

Fahrzeuge

367 Die »Cotschis«, die Kutschen, brachten im 16. Jahrhundert die erste Wagenfederung durch Ledergurte, in denen der Wagenkasten hing.

368 Im 17. Jahrhundert wurden die Reisewagen der vornehmeren Herren durch biegsame Holzträger gefedert.

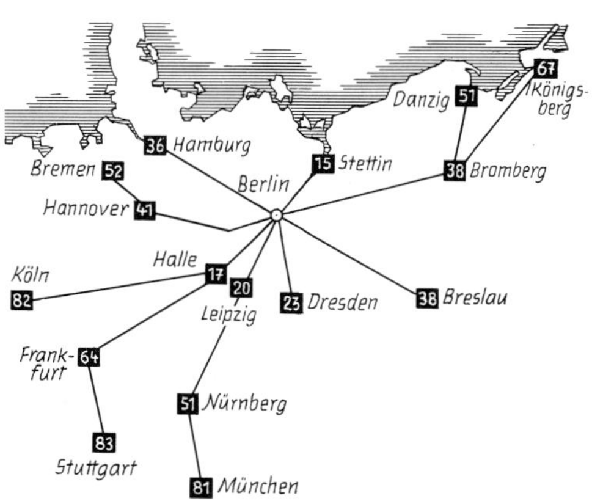

369 Fahrzeiten der preußischen Schnellpost um 1835 (in Stunden von Berlin).

Im Mittelalter war man bekanntlich zu Pferde gereist. Nur der schwere Warentransport erfolgte mit Wagen und Karren. Das änderte sich im 16. Jahrhundert. Aus Ungarn kam die gedeckte Kutsche, der »Cotschi-Wagen, den man so nennt nach einem Dorf bey zehn Meylen dishalb von Ofen«, so berichtet 1518 der Freiherr von Herbenstein in seinem *Commentario de Rebus Moscoviticis.* Der Wagenkasten der Cotschi war an vier Lederriemen aufgehängt, um die Stöße auf holprigen Wegen etwas abzufangen [367]. Zuerst wurden die gedeckten Kutschen nur von den vornehmen Frauen benutzt, während es die Männer für unanständig hielten zu fahren[69], und noch Papst Pius IV. ermahnte 1564 die Kardinäle, die Wagen den Frauen zu überlassen und lieber zu Pferde zu steigen.

Außer den Kutschen waren Sänften ein viel benutztes Beförderungsmittel der Vornehmen. London und Paris besaßen um 1710 sogar schon öffentliche Sänftenanstalten, die jedermann bedienten. In den Städten hat sich die Benutzung von Sänften noch bis weit in das 19. Jahrhundert hinein erhalten [364–366].

Im 17. und 18. Jahrhundert begann dann das Fahren im gedeckten Wagen allgemein gebräuchlich zu werden. Die ungarische Kutsche erfuhr vielfache Abänderungen. Vor allem wurde die Federung verbessert und zwar zuerst um 1680 in Frankreich durch schwach gebogenes Holz [368] und um 1780 durch Stahlfedern.

1625 gab es in London die ersten zwanzig Mietkutschen und 1641 stellte der Pariser Fuhrhalter Nicolaus Sauvage Mietwagen vor seinem mit einem Bildnis des heiligen Fiacrius geschmückten Haus in der Rue St. Martin auf. Diese scherzhaft »Fiacres« genannten Wagen wurden beim Publikum bald sehr beliebt[70]. Sie folgten den bereits 1662 als erste städtische Massenverkehrsmittel durch das Institut des »Carosses à cinq sous« in Betrieb genommenen achtsitzigen Wagen, die auf bestimmten Linien durch Paris fuhren.

Als erstes Massenverkehrsmittel überhaupt kann jedoch der Postwagen angesehen werden. Bereits um 1690 hatte die Kaiserlich Thurn- und Taxissche Brief- und Paketpost die Beförderung von Personen aufgenommen. Acht Personen saßen eingeschachtelt zwischen Gepäckstücken in anfangs noch ungefederten Kastenwagen [370]. Erst zu Beginn des 19. Jahrhunderts kamen dann in Frankreich anstatt der plumpen, von sechs Pferden gezogenen zweistöckigen Postkutschen (»Diligencen«) die raschen und bequemen, gut gefederten »Malle-Posten« auf. Sie wurden bald so beliebt, daß eine Vorbestellung von Plätzen nötig war, um mit Sicherheit mitgenommen zu werden. Als erstes Land in Europa stellte Preußen um 1830 eine Eilpost für Personenverkehr in Dienst. Mit ihr erreichte man von Berlin aus Hamburg in 36, München in 81 und Frankfurt in 64 Stunden, was eine ganz erhebliche Verkürzung der bisherigen Reisezeit bedeutete [369]. Eine kuriose Reaktion daraufhin war, daß Kurmainz der preußischen Post die Durchfahrt mit der Begründung verbot, sie fahre viel zu schnell und als Folge davon würden Gasthäuser, Bäcker, Sattler, Schmiede, Bierbrauer und Weinschenken zu wenig verdienen!

Die »Post« wurde die Verkehrseinrichtung, die bis zum Aufkommen der Eisenbahnen den gesamten Überlandverkehr in Europa mit ständig wachsender Fahrplanpünktlichkeit durchgeführt hat [371–377]. Bereits gegen Ende des 17. Jahrhunderts gab es z. B. eine direkte Verbindung zwischen Leipzig und Holland. Von der Messestadt Frankfurt bis zur Hansestadt

370 Ungefederte Kurbrandenburgische Postkutsche von 1680. Daß es noch bis in das 19. Jahrhundert ungefederte Postwagen gegeben hat, zeigt der Reisebericht von Adolf v. Schaden »Berlins Licht- und Schattenseiten« von 1824: »Wer nicht eine Brust hat von Erz, Kaldaunen von Kupfer und einen Allerwertesten von Platina, dem raten wir wohlmeinend, dort keine Reise mit der sogenannten ordinären Postkutsche zu unternehmen... Der alte Kasten ruht unmittelbar auf der Achse, und die Sitze erinnern an die Härte englischen Stahls. Kunststraßen findet man nur in der Umgebung der Hauptstadt (Berlin) und befährt man die übrigen erbärmlichen Wege des Landes, so riskiert man geradezu etliche Rippen zu brechen.«

Hamburg benötigte man nicht ganz sechs Tage, wobei an 20 Poststellen die Pferde gewechselt und Rast gemacht wurde [349/377]. Brandenburg hatte im Geheimen Rat die Stelle eines Oberpostdirektors geschaffen, der später den Titel eines Generalpostmeisters erhielt. Jegliche Einmischung anderer staatlicher, ja militärischer Stellen in den Postbetrieb war ausdrücklich untersagt. Zur Unterrichtung der Reisenden wurden kursbuchähnliche Schriften und Landkarten herausgegeben, die Aufschluß über die Reiseroute, die anzulaufenden Poststellen u. ä. erteilten [271]. Alles in allem gesehen, war der Postbetrieb in den verschiedenen europäischen Ländern eine sehr beachtliche Demonstration der organisatorischen und zivilisatorischen Fähigkeit barocker Staatskunst; denn durch den so in Gang gekommenen lebhaften Personen- und Sachverkehr erfuhr auch das geistige Leben über Landes- und Ländergrenzen hinweg immer neue Anregungen. Als dann die Kaiserlich Thurn- und Taxissche Post im Jahre 1806 mit dem Ende des Deutschen Reiches aufgehoben wurde, traten an ihre Stelle vermehrt und erst recht die Landesposten ... soweit sie nicht schon längst von einzelnen Fürsten als gute Einnahmequelle eingerichtet worden waren[71].

Wenn auch jetzt zahlreiche Straßen gut ausgebaut wurden, so blieben noch genug holprige und steile Wege, auf denen die Post ein immer dichteres Verkehrsnetz unterhielt. Es kam nicht selten vor, daß die Reisenden längere Strecken zu Fuß gehen oder die Postkutsche schieben mußten. Oft gab es innerhalb weniger Stunden umständliche Gepäckrevisionen und auch Überfälle durch Räuberbanden waren nicht selten [352–353]. Neben der Zunahme der Personenbeförderung durch die Post begann im 18. Jahrhundert auch eine ganz bedeutende Steigerung des Güterverkehrs mit schweren und großen Wagen, der selbst die neuen »Chausseen« oft nicht gewachsen waren. Die Straßenbauingenieure wiesen Vorwürfe, die man gegen die Bauart ihrer Straßen erhob, energisch zurück. Nach ihrer Ansicht erfolgte die Zerstörung der Straßendecken nur durch die unterschiedlichen Spurweiten, durch die zu schmalen Felgen und durch die zu hohe Belastung der Fahrzeuge. »Es sind zwischen Magdeburg und Berlin wöchentlich Wagen gefahren, die bei 3–3½ Zoll (8,7–9,1 Zentimeter) breiten Felgen 180–200 Zentner geladen hatten ... Nimmt man hinzu die Verstärkung des Stoßes durch die schwungartige Bewegung des hoch und breit beladenen Wagens, so ist

BILLET

Für einen Platz nach

auf dem Königl. Württ. Post-Wagen

hat

bezahlt 56 x

~~Stuttgart~~, den 15. Juli

Tübingen

Königl. Württembergische fahrende
Oberpostamts-Expedition
dahier.

371

372

EILWAGEN

Einschreib-Nummer

Reise-Schein

für

von NÜRNBERG nach

Abfahrt den 183 um Uhr

Führt an Reisegepäck bei sich:		Hat bezahlt:	Fl.	Xr.
Stücke	Gewicht	für den Platz		
		für Pfd. Uebergewicht		
An Gepäcke sind ℔ frei.				

NÜRNBERG den 183

Königl. Bayerische Haupt-Expedition fahrender Posten.

Unterzeichnet:

ZUR NACHRICHT.

1) Der Reisende hat, außer der vorstehend bescheinigten Bezahlung, nichts zu entrichten. Den Conducteurs, Packern, Postillons etc. ist verboten, irgend eine Anforderung an den Reisenden zu machen; begehrt aber der Reisende, daß sein Gepäck aus der Wohnung oder dem Gasthofe zur Post oder von der Post dorthin durch den Packer geliefert werde, so gebühren demselben 12 Xr., ohne Rücksicht auf die Zahl der dem Reisenden gehörigen Stücke.

373

374 (oben rechts) *1807–1812. »Depart pour la grande armée« in einer Chaise de Poste, deren Coupé mit Ledergurten an Stahlfedern hängt.*

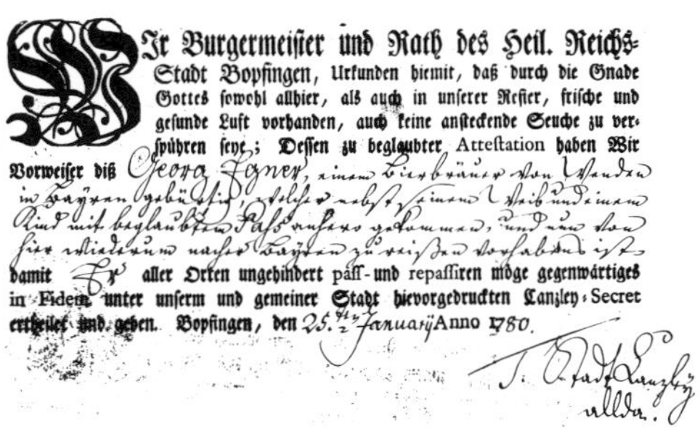

Wir Burgermeister und Rath des Heil. Reichs-Stadt Bopfingen, Urkunden hiemit, daß durch die Gnade Gottes sowohl allhier, als auch in unserer Refier, frische und gesunde Luft vorhanden, auch keine ansteckende Seuche zu verspühren seye; Dessen zu beglaubter Attestation haben Wir Vorweiser diß [illegible] damit [illegible] aller Orten ungehindert paß- und repassiren möge gegenwärtiges in Fidem unter unserm und gemeiner Stadt hievorgedruckten Canzley-Secret ertheilet und geben. Bopfingen, den 25. ten January Anno 1780.

[illegible]

375

376

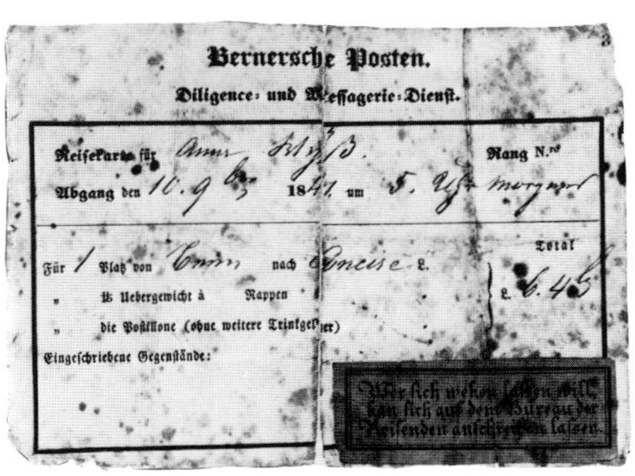

Bernersche Posten.
Diligence- und Messagerie-Dienst.

Reisekarte für [illegible] Rang N.ro
Abgang den 10. 9 [illegible] 1841 um 5. Uhr morgens

Für 1 Platz von [illegible] nach [illegible] L.
" tt Uebergewicht à Rappen
" die Postillone (ohne weitere Trinkgelder)
Total L. 6.45
Eingeschriebene Gegenstände:

377 (rechts) *Geschäftiger Verkehr 1849 im »Bahnhof« der Thurn und Taxisschen Personenpost in Frankfurt a. M.*

wohl nicht mit Unrecht ein solches Fuhrwerk mit dem Namen Zerstörungs-Maschine belegt ...«[72]. Anstatt nun das Übel von der Wurzel, vom Straßenbau her, zu kurieren, begann man staatlicherseits zu reglementieren. Mit der Maßgabe, die Straßen schützen und die steigenden Unterhaltskosten senken zu müssen, erließen die Regierungen und Straßenbaudirektionen im 18. und 19. Jahrhundert Verordnungen über Verordnungen, durch die das Ladegewicht der Fahrzeuge beschränkt und die Felgen- und Spurbreite einheitlich geregelt werden sollten. In Österreich durften 1768 nur 60 Zentner geladen werden, wenn die Felgen unter sechs Zoll (15,6 Zentimeter) breit waren. In einigen Ländern errechneten sich die Wegegebühren anhand komplizierter Tabellen nach dem Gewicht der Ladung, der Felgenbreite und der Anzahl der Pferde. England räumte 1763 Wagen mit breiten Felgen Steuervergünstigungen ein [383]. Man empfahl Wagen mit 15 Zoll (39 Zentimeter) breiten Felgen und

einem geringen Unterschied der Spurweiten von Vorder- und Hinterrädern. Mit ihnen glaubte man die Straßen glatt walzen lassen zu können. Der dänische Straßenbaumeister Steenstrup veröffentlichte 1843 achtundzwanzig Tabellen als Richtlinien für das günstigste Verhältnis der Felgenbreite zum Gewicht der verschiedenen Wagentypen »unter Berücksichtigung der Geschwindigkeiten der einzelnen Pferderassen in Carriere, Galopp, im Trabe, im Schritt, beim Tragen, beim Ziehen in horizontaler Lage und am Berg«[73]. In Frankreich ließ Napoleon Versuche anstellen, deren Ergebnisse die Grundlage für ein »Kaiserliches Decret über Felgenbreite, Spurweite und Belastung« bildeten.

Aufgrund dieser unzähligen Verordnungen und Beschränkungen kam es zu wütenden Protesten der Fuhrleute, Reisenden und Handelsunternehmen. Auch das Wagnerhandwerk war nicht gewillt, die Felgen- und Spurbreiten zu ändern. Jeder arbeitete nach alter Tradition weiterhin so, wie es sich in seiner Gegend als brauchbar erwiesen hatte. Die Spurweite der Hinterräder war z. B. grundsätzlich größer als die der Vorderräder, damit sie die von diesen gefahrenen Geleisrinnen wieder zudrückten! Im Mittelalter stellte die Konstruktion als solche für die Wagenbauer kein besonderes Problem dar. Es galt vor allem, die Güterfuhrwerke möglichst stabil zu bauen. Blieben diese unterwegs stecken, so wurden sie mit Vorspann weitergezogen. Die Kosten dafür trug der Fahrzeughalter, nicht der Wagenbauer. Jetzt aber, im 18. und 19. Jahrhundert, belastete die Ausbesserung von Gelejsrinnen und Zerstörungen, die bei Kunststraßen durch schwere Wagen entstanden, den Straßenkostenetat der Staatsregierungen, die für den Straßenbau und die Straßenunterhaltung verantwortlich geworden waren. Trotzdem war es schon damals falsch, die Schuld an zuschanden gefahrenen Straßen allein den Fahrzeugen, also dem Verkehr, anzulasten. Nur langsam, zu langsam, begann sich im Lauf der Zeit eine andere Einstellung durchzusetzen. MacAdam wagte als einer der ersten die Forderung, daß nicht die Fahrzeuge für die Straße umgebaut werden müßten, sondern daß man die Straßen den Fahrzeugen anpassen solle. 1822 traf der Straßenbauingenieur Pechmann sogar die Feststellung, daß eine einheitliche Spur- und Felgenbreite eine unsinnige Forderung wäre. Er schrieb: »Will man denn aber niemals besser für die Wege sorgen? Nicht in der Form der Wagen muß die Erleichterung des Fortkommens ... sondern in der Verbesserung der Wege muß sie gesucht werden ... Es können nicht alle Fahrzeugarten die gleiche Spurweite haben ... Man überlasse daher die Geleisweite ganz der Willkür der Wagenbauer und Fuhrleute, damit diese sie immer so wählen, wie sie es für die Verbesserung der Wagen für zweckmäßig halten. Für die Straßen selbst kann die dadurch entstehende Verschiedenheit nicht anders als vorteilhaft sein ...[74]«

Diese Forderungen und auch die zahllosen Beschränkungen und Verordnungen der Behörden wären wirkungslos geblieben, hätten es die Straßenbautechniker nicht vermocht, bis zum Ende des 19. Jahrhunderts wirklich feste Kunststraßen zu bauen, die den Belastungen durch schwere und schnelle Fahrzeuge gewachsen waren. Besonders in den Städten waren solche Straßen nötig geworden, weil dort durch die Entwicklung von Massenverkehrsmitteln zusätzlich erhöhte Belastungen entstanden.

1828 hatte der Fuhrunternehmer Baudiy in Paris die Erlaubnis erhalten, mit 100 Wagen auf zehn festen Routen einen Personenverkehr in Betrieb zu nehmen. Diese Wagen hatten senkrechte Wände und ein flaches Dach, auf dem außer den 15 Personen im Wagen noch sechs bis acht Passagiere sitzen konnten. Da die Endstation einer versuchsweise 1826 in Nantes eingerichteten Linie vor dem Geschäft eines Herrn Omnes lag, nannte man die Fahrzeuge bald »Omnes«[75] bzw. später »Omnibus«, das heißt »für alle«.

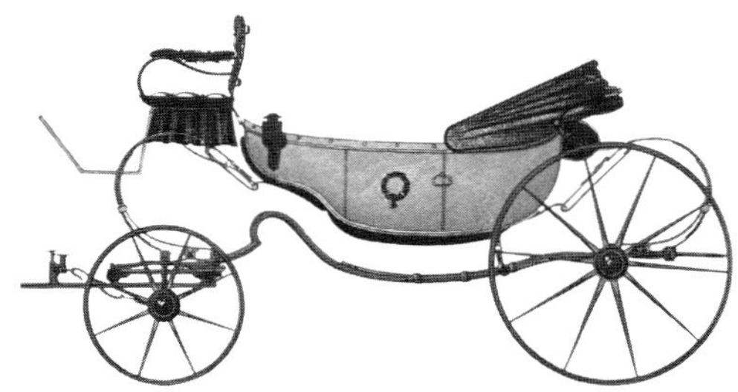

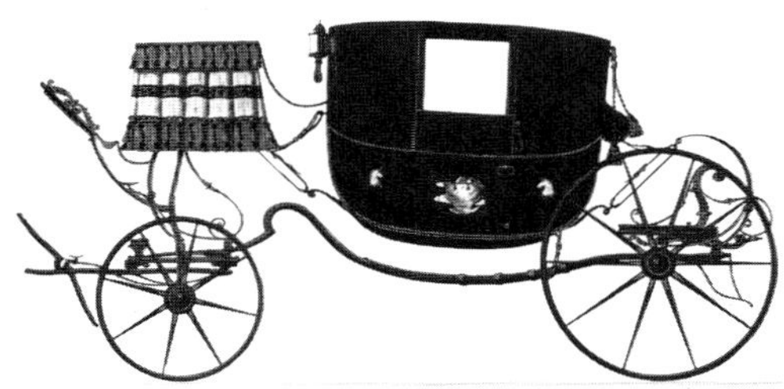

Von oben nach unten:
378 »Kalesche« um 1810.

379 »Kalesche« des französischen Wagenbauers Duchesnes, 1808.

380 »Leichte Berline«, Paris 1810.

381 Die »Berline« des Königs von Spanien für weite Fahrten, Mitte des 18. Jahrhunderts.

382 Ausleger an einem schweizerischen Gasthaus.

383 »Die Paketpost von Ludlow«, Gemälde von Jacques-Laurent Agasse, 1801. – Die neuen »Chausseen« im 19. Jahrhundert sollten möglichst lange ohne Ausbesserungen eine glatte Fahrbahn behalten. Weil die eleganten Fahrzeuge mit sehr schmalen Felgen durch ihre hohen Geschwindigkeiten die Schotterauflagen besonders strapazierten, führte man für sie in England zeitweise erhöhte Wegebenutzungsgebühren ein. Bei schweren Transportfahrzeugen verlangte man breite Felgen, um die Straße zu schonen. Für sie ermäßigte man sogar die Wegegebühren. Man glaubte, mit ihnen die Straßen billig glattwalzen zu können.

In London begann man 1829 mit dem Omnibusverkehr, der 1850 schon von 1300 Wagen mit je 40 Sitzen betrieben wurde. Die sehr breiten Fahrzeuge behinderten den Straßenverkehr aber so sehr, daß man sie schmaler in der bis heute üblichen zweistöckigen Form umbaute.

1855 galt der Londoner Bus als der fortschrittlichste in Europa. Er beförderte mit vier Pferden bei durchschnittlich zehn Kilometer Stundengeschwindigkeit 28 Personen.

Um 1830 kamen außerdem in England die ersten Dampfomnibusse auf [387/388]. Sie hatten acht Plätze im Innern und auf dem Dach konnten weitere sechs Personen sitzen. Ein bald eingeführter Anhänger bot zwölf Sitze und zehn Stehplätze. Die Beförderung von 38 Personen bei einer Durchschnittsgeschwindigkeit von zwölf Kilometern in der Stunde war eine Sensation. Im übrigen Europa allerdings fanden diese Dampfzüge wenig Nachahmung und auch in England haben sie sich im Straßenverkehr nicht besonders bewährt. Sie ruinierten die Straßen und führten zu noch größeren Verkehrsstauungen als die Pferdeomnibusse. Die beste Lösung der Massenbeförderung in den Städten wurde dann die Pferdebahn auf Schienen.

384 In England wurden Anfang des 19. Jahrhunderts Dampfomnibusse als Massenverkehrsmittel eingeführt. 1833 brachte William Church einen zweistöckigen Dampfbus heraus.

Straßenbahnen

1767 ließ der Herzog von Norfolk in die Straßen zwischen seinen bei Sheffield gelegenen Kohlengruben muldenförmige, gußeiserne Platten einbauen, um die Beförderung der Transportwagen zu erleichtern und zu beschleunigen. 1822 übernahm eine ursprünglich nur für den Hüttenverkehr angelegte Pferdebahn auf eisernen Schienen die Beförderung von Personen zwischen Stockton und Darlington. 1831 wurde die erste städtische Straßenbahn von New York nach Haarlem gebaut, und 1856 verband eine Pferdebahn Berlin mit Charlottenburg.

Die erste elektrische Straßenbahn der Welt konstruierte Werner von Siemens in Berlin [407]. Sie verkehrte von 1881 an zwischen dem Bahnhof Lichterfelde und der Hauptkadettenanstalt. In den Vereinigten Staaten setzte sich die elektrische Straßenbahn sehr schnell durch.

385 Projekt einer rollenden Straße in New York. Eine Fließbandstraße aus Blech bewegt sich mit 20 km Stundengeschwindigkeit an einem vorbei und trägt unbeweglich stehende Menschen mit sich, bis sie an irgendeiner Querstraße auf eine seitliche Plattform wieder »aussteigen«. An Schlechtwettertagen finden sie in ebenfalls mitreisenden Schutzhäuschen Zuflucht.

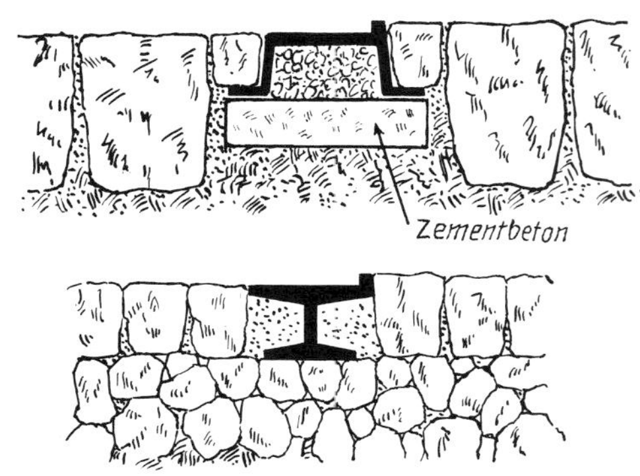

386 1884 wurden in Stade und 1895 in Gardelegen (Sachsen) die ersten eisernen Stegschienen für Pferdebahnen verlegt. Sie führten sich schnell ein, weil sie eine erhebliche Senkung der Betriebskosten durch Schonung der Fahrzeuge und Zugtiere brachten.

387 Der 1828 von G. Gurney, London, gebaute Dampfpostwagen. Er war sechs Meter lang und beförderte mit etwa 13 Stundenkilometern 18 Passagiere.

1890 waren dort bereits 285 in Betrieb. In Deutschland gab es um diese Zeit noch in 64 Städten nur Pferdebahnen. Bis 1903 waren dann allerdings schon 5500 Kilometer elektrische Bahnen angelegt worden[76].

Mit Hilfe der elektrischen Straßenbahnen und der Omnibusse ist es gelungen, bis in die zwanziger Jahre unseres Jahrhunderts das Massentransportproblem in den meisten Städten

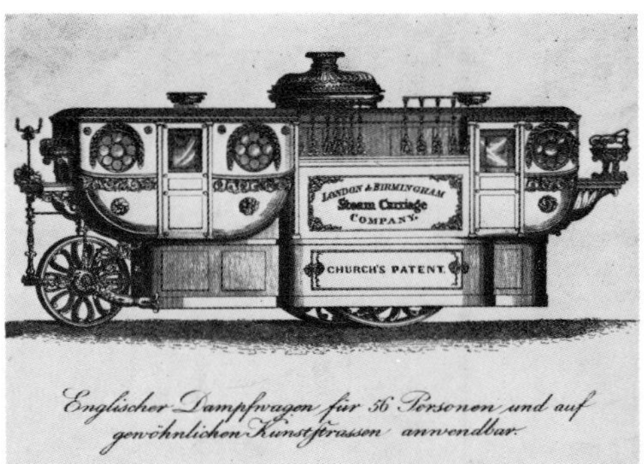

388 1830, Churchs Dampfwagen für 56 Personen!

389 Am 21. Juli 1832 wurde die Schienen-Pferdebahn Linz–Budweis durch einen Hofzug mit Kaiser Franz Joseph und Gemahlin samt Gefolge eröffnet.

390 *Schon 1862 war der Straßenverkehr in der Londoner City so groß, daß der Ingenieur Dunn für die Konstruktion einer Fußgängerbrücke ein Patent erhalten konnte.*

einigermaßen zu bewältigen. Nur in den Hauptstädten reichten diese Verkehrsmittel schon sehr früh nicht mehr aus und man sah sich gezwungen, dort mit der Personenbeförderung in die »zweite Ebene« gehen.

London, das als damals größte Stadt die Verkehrsschwierigkeiten am deutlichsten spürte, eröffnete daher 1863 das erste Teilstück einer Untergrund-Eisenbahn, die bis 1884 zu einem geschlossenen Ring ausgebaut [391] und bereits 1890 auf elektrischen Betrieb umgestellt wurde. 1875 legte New York eine Hochbahn an, und 1904 folgte eine Untergrundbahn, welche die Manhattan-Insel bis in die nördliche Vorstadt Bronx durchfuhr.

Paris eröffnete 1900 zur Weltausstellung die erste Teilstrecke seiner Metro und Berlin begann 1900 mit der Anlage einer kombinierten Hoch- und U-Bahn.

In den Städten, die aus finanziellen Gründen nie an den Bau einer Untergrundbahn denken konnten, sind die Verkehrsschwierigkeiten trotz Omnibus und Straßenbahn ständig gestiegen und schließlich zum fast unlösbaren Problem geworden, als auch noch das Kraftfahrzeug als höchst individuelles Beförderungs- und Transportmittel immer mehr Bewegungsraum auf den Straßen beanspruchte.

391 *London war die erste Stadt, die es 1863 unternahm, mit dem Bau der Metropolitan Railway-Untergrundeisenbahn das Verkehrschaos auf ihren Straßen zu beheben.*

392 1880 legte die Firma Siemens & Halske die ersten Pläne für die Anlage einer Hochbahn in Berlin vor, um den Personenverkehr in der sich immer weiter ausdehnenden Hauptstadt zu bewältigen.

393 »Voiture Omnibus de Paris« mit Linienanzeiger auf dem Dach. – Schon damals sind die Wände von Fahrzeugen zu Werbezwecken benutzt worden (Lithographie von Victor Adam, 1801–1866).

399 Mit Dampf betriebene Fahrzeuge schienen den Engländern um 1830 die große Zukunft für den Personenverkehr zu sein. Welch ungeheuerlichen Aufschwung des Straßenverkehrs man dadurch erwartete, zeigt die zeitgenössische Karikatur von 1828. ▷

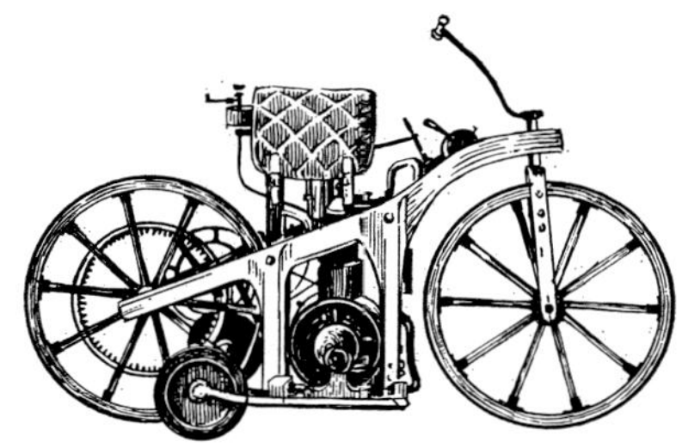

394 Karl Friedrich Christian Ludwig Freiherr Drais von Sauerbronn, Großherzoglich-Badischer Forstmeister a. D. und Professor der Mechanik, Erfinder der Schnellaufmaschine, 1817. △

396 »The Hobby Horse«, Laufrad-Fahrer in England um 1820 (unten links). ▽

397 Aus dem Bicycle entwickelte sich sehr schnell das Massenverkehrsmittel – das Fahrrad. – Bereits Ende des Jahrhunderts mußten die Straßenbauer in den Städten besondere Fahrradwege anlegen. – Der Kavalier von 1865 lud seine Freundin schon zu einer Landpartie auf dem neuesten Michauline-Fahrrad ein. ▽

395 Das erste Motorrad Gottlieb Daimlers von 1885 besaß noch hölzerne Speichenräder mit kräftigen Eisenreifen. △

398 Ausfahrt am Sonntag in der Dampfkalesche auf der Charlottenburger Chaussee in Berlin um 1880. ▽

400 1869 wurde in England das erste Fahrrad mit Drahthängespeichen gebaut. Es hatte noch Holzfelgen mit Vollgummiauflage.

401 Das Fahren mit dem Hochrad, dem »Bicycle«, war ein Sport der jungen Herren der vornehmen Gesellschaft ▽

402a Straßburger »Berline« von Tirer, 1799.

402b St.-Gotthard-Postkutsche. Sie war zwischen 1849 und 1882 im Verkehr.

402c Wiener »Box Cob«, 1852.

402d Leibkutschierwagen des Kaisers Franz I. um 1815.

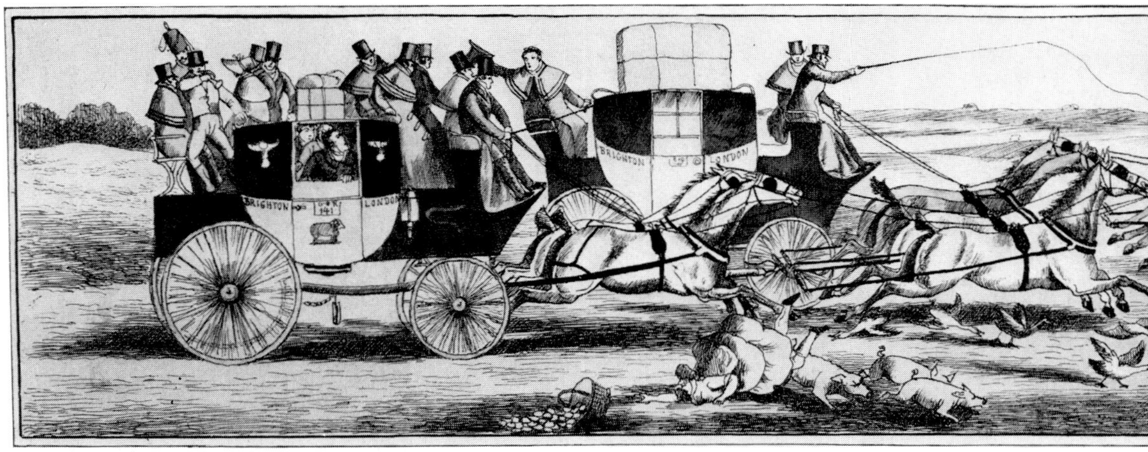

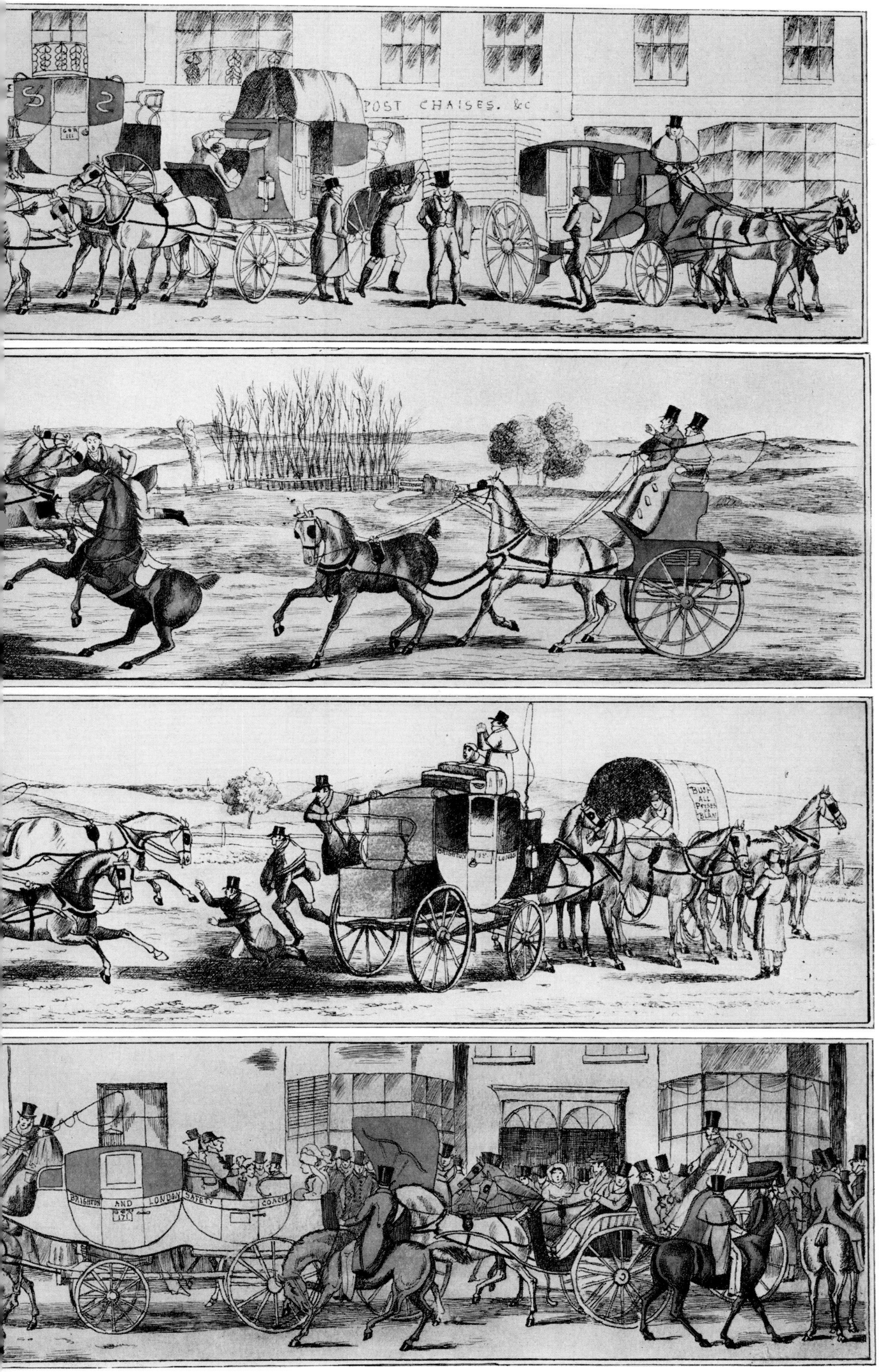

◁ *403 »Ein Ausflug nach Brighton«, London 1824.*

402e Tandem-Dogcart, 1889.

402f Leibschlitten der Fürstin Margarete von Thurn und Taxis, 1895/96.

402g Kalesche, vermutl. Leibwagen des Erbprinzen Maximilian Anton von Thurn und Taxis, 1858.

404 1886. Gottlieb Daimler in seiner »Benzinkutsche«.

405 Das erste echte Kraftfahrzeug, der »Benz-Motorwagen« von 1885. Die Erfindung dieses Fahrzeuges hat wie kein anderes Ereignis in der vieltausendjährigen Verkehrsgeschichte die Entwicklung des Straßenbaues beeinflußt. ▷

406 1813 baute Hedley in England die erste brauchbare Dampflokomotive, den »Puffing Billy«. 1825 wurde die erste Eisenbahnlinie eröffnet. Die Geschichte der Straße schien zu Ende zu sein. Aber die düstere Prognose der Eisenbahn-Begeisterten vom »Todesstoß«, den die Straße durch die Eisenbahn erhalten würde, trat nicht ein. Im Gegenteil. Der Verkehr auf der Straße als Zubringer zu den Bahnstationen nahm zu. ▽

407 Der 1882 von der Firma Siemens konstruierte elektrische Fahrdraht-Omnibus – ohne Schienen – auf dem späteren Kurfürstendamm zwischen dem Berliner Westen und Halensee.

408 1922. Blick vom Funkturm in Berlin auf die 9,8 km lange »Avus«. Diese Strecke wurde nicht nur für Rennveranstaltungen gebaut, sondern sie war die erste kreuzungsfreie Nur-Auto-Straße der Welt mit getrennten Fahrbahnen, die von Anfang an Tag und Nacht von jedem Autofahrer benutzt werden konnte.

409 1920 wurde in Berlin dieser »Verkehrsregler« aufgestellt.

412 Auf den Schotterstraßen wirbelten die Automobile Staubwolken auf, die jedem nachfolgenden Fahrzeug die Sicht nahmen.
◁

mangel (Inflation) in einem katastrophalen Zustand. Millionenwerte gingen der Volkswirtschaft durch unnützen Benzinverbrauch, Verschleiß von Reifen und Fahrzeugen verloren. Hier mußte dringend Abhilfe geschaffen werden. Aber die Kosten, das gesamte Straßennetz zu erneuern, waren so riesengroß, daß man erst einmal an den Ausbau eines beschränkten autogemäßen Fernstraßennetzes dachte. Wie falsch diese Einstellung war, hat sich erst sehr viel später erwiesen. Man muß es den Verantwortlichen jener Zeit zugute halten, daß niemand es sich vorstellen konnte, daß in einigen Jahrzehnten auch der Nahverkehr gänzlich vom Kraftfahrzeug beherrscht sein würde.

1924 stellte der aus privater Initiative entstandene Deutsche Straßenbau-Verband einen Plan für ein 30000 Kilometer umfassendes Fernstraßennetz auf[79].

1925 entwarf die »Stufa« (Studiengesellschaft für Automobil-Straßenbau)[80] einen aufgrund von umfangreichen Verkehrszählungen und statistischen Erhebungen sorgfältig ausgearbeiteten Plan eines autogeeigneten Fernstraßennetzes von 15355 Kilometern.

1930 trat das Reichsverkehrsministerium mit einer unter Zugrundelegung des Stufa-Planes geschaffenen Reichsfernstraßenkarte vor die Öffentlichkeit. Um eine Einheitlichkeit der Anlage in den einzelnen Ländern zu erreichen, gab man gleichzeitig Richtlinien für Breite, Querneigung, Gefälle, Kurvenradius, Baumbepflanzung, Über- und Unterführungen, Ortsdurchfahrten und Bahnkreuzungen heraus. Diese Reichsfernstraßenkarte und die Richtlinien bedeuteten jedoch für die einzelnen Länder keinerlei Verpflichtung. Der Plan wurde begrüßt, aber überall verzögerte Geldmangel die Inangriffnahme der Arbeiten.

Nunmehr versuchte es abermals eine Privatgesellschaft, mit einem Vorschlag zur Lösung des Problems beizutragen. Die »Stufistra« (Studiengesellschaft für die Finanzierung des deutschen Straßenbaues), zu der sich Banken, Wirtschaftsorganisationen und Industrieunternehmen zusammengefunden hatten, zeigte, eben zu der Zeit als die Reichsfernstraßenkarte herauskam, in einer Denkschrift auf, daß man für den Ausbau des Fernstraßennetzes an Hand von Mitteln aus den laufenden Jahreshaushalten der Länder mindestens 12–13 Jahre brauchen würde. Die Gesellschaft schlug daher die Aufnahme einer Anleihe von 4½ Milliarden Mark vor, um den Straßenausbau kurzfristig durchführen zu können. Diese Anleihe könne innerhalb von acht bis zehn Jahren durch die Kraftfahrzeugsteuer, eine Treibstoffsteuer und eine Sondersteuer für Autoreifen abgetragen werden. Sämtliche Wegebau- und Unterhaltspflichtigen sollten eine gemeinsame Stelle bilden, die für die Verteilung des Geldes und deren zweckgebundene Verwendung zu sorgen hätte. Dies könnte etwa in der Form einer »Deutschen Straßen-Kredit-Aktiengesellschaft« verwirklicht werden[81]. Der Plan war einleuchtend, weil die Anleihetilgung durch die wahrscheinliche Steigerung des Geldaufkommens durch die Kfz-Steuer gesichert erschien. Er scheiterte jedoch, da die Verwaltungen zögerten, ihre soeben mühsam in den Haushalt eingefügten Straßenbaumittel in einen gemeinsamen Topf zu werfen. Auch rechneten sie damit, daß die wachsende Kfz-Steuer ihnen die Finanzierung anderer kommunaler Vorhaben ermöglichen würde. Zudem glaubte man, daß die Notwendigkeit von Straßenausbauten von den einzelnen Länderregierungen richtiger beurteilt werden könnte als von einer zentralen Kreditgesellschaft. Hinzu kommt, daß sich die Stufa und der Deutsche Straßenbau-Verband nicht darüber einigen konnten, in welchem Umfang ausgebaut werden sollte.

Also ging man in den einzelnen Ländern daran, mit den in den Etats eingesetzten Mitteln die Straßen auszubauen. Wie wenig das zentrale Problem damit einer echten Lösung näher gebracht wurde, erlebt jeder Autofahrer tagaus, tagein. Die Vermutung liegt nahe, daß die

413 Die sportliche Dame am Steuer, um 1900.

414 (nächste Seite) Straße oder Schiene? Wer wird siegen? Noch heute ist der erbitterte Konkurrenzkampf zwischen der Straße und dem Schienen»weg« nicht entschieden.

heutige Situation auf den Landstraßen vielleicht nicht so kritisch wäre, wenn 1930 der Plan einer Zusammenfassung der Finanzierungsmittel für den kurzfristigen Ausbau eines großen, autogerechten Straßennetzes Erfolg gehabt hätte. Statt dessen beschränkte man sich fast überall auf das »Allheilmittel«, die Hauptstraßen nach und nach mit einer Teerbetonauflage zu versehen. Darunter liegt jedoch überall altes Pflaster oder die gewölbte, frostgefährdete Makadamchaussee! Man nahm Verbreiterungen, Begradigungen und Kurvenerweiterungen vor und es kam auch zum Bau einiger Stadtumgehungsstraßen. Aber all das geschah äußerst sparsam, entsprechend den jährlich im Haushaltsetat zur Verfügung stehenden Mitteln. Diese ließen sich nur mit größter Mühe erhöhen und auch nur dann, wenn durch den steigenden Automobilverkehr größere Straßenbauten unumgänglich wurden. Im Grunde aber war alles Flickarbeit und bestenfalls Teilstreckenplanung. Seit 1925 hätte neben dem Ausbau der Landstraßen unbedingt auch der Ausbau eines Autobahnnetzes erfolgen müssen. Nur zwei Organisationen setzten sich damals für die Schaffung von Nur-Autostraßen ein. Sie haben nicht nur Vorschläge, Eingaben und Proteste veröffentlicht, sondern sind zukunftsweisend tätig gewesen: die Avus-Gesellschaft und der Hafraba-Verein.

Die Avus

Im Jahre 1909 wurde in einem kleinen Büro in Berlin von Autosportlern und Finanzleuten die Automobil-Verkehrs- und Übungsstraße GmbH gegründet. Im Vorstand waren auch mehrere Vertreter des kaiserlichen Hofes, der in der Person des autosportlichen Kronprinzen am Bau einer Autorennstrecke interessiert war[82].

Man plante eine Rennstrecke, wie sie schon damals in England bei Brookland und in den USA bei Indianapolis und Los Angeles bestanden. Die Strecke von Indianapolis hatte allein bei einem einzigen Rennen 400000 Dollar durch Eintrittsgelder erbracht! Bei den Beratungen des Avus-Komitees trat aber mehr und mehr der Gedanke in den Vordergrund, anstatt einer reinen Rennstrecke eine kreuzungsfreie Fahrstraße für Automobile mit zwei getrennten Fahrbahnen zu bauen. Die Schwierigkeiten der Finanzierung zu überwinden, und die Suche nach einem geeigneten Gelände nahmen drei Jahre in Anspruch. Endlich konnte, nachdem genügend Privatmittel aufgebracht worden waren und die Stadt Berlin und die preußische Eisenbahnverwaltung kostenlos das Gelände neben der Eisenbahnlinie Berlin–Wannsee zur Verfügung gestellt hatten, 1912 der Bau beginnen. Die für den Herbst 1914 vorgesehene Eröffnung vereitelte der Ausbruch des Ersten Weltkrieges. Im Frühjahr 1921 brachte dann der Industrielle Hugo Stinnes das von Gras und Unkraut überwucherte Streckengelände in seinen Besitz und ließ die Straße in Tag- und Nachtschicht bis zur Eröffnung der Großen Automobil-Ausstellung im gleichen Jahr fertigstellen. Danach wurde die Avus für den allgemeinen Kraftfahrzeugverkehr freigegeben. Es war die erste Autobahn der Welt, die jedem Kraftfahrer, wenn auch gegen Entrichtung einer Benutzungsgebühr, zur Verfügung stand [408].

Amerika, daß im Ausbau eines autobrauchbaren Straßennetzes zu dieser Zeit Europa weit voraus war, baute erst 1930 die erste 40 Kilometer lange, kreuzungsfreie Nur-Autostrecke, den »Mount Vernon Washington Memorial Highway«.

Die Avus in Berlin wurde zum Prüffeld für Haltbarkeit und Bewährung von Straßendecken im Kraftfahrzeugverkehr. Die ersten Versuche befaßten sich hauptsächlich mit der Herstellung von »Deckenfertigern« für den Teerstraßenbau, wobei es vor allem auf die Verdichtung des aufgebrachten Asphaltbetons ankam. 1929 gelang dann die Konstruktion des ersten Stampfbohlen-Freifallfertigers, der in aller Welt Beachtung fand. Schon 1928 hatten die Versuche mit einer Zementbetonstrecke begonnen. Das Ergebnis war so positiv, daß 90% aller bis 1955 hergestellten Autobahnen mit Zementbetondecken versehen wurden.

Die Kosten für die Versuche auf der Avus, die 1,4 Millionen Mark betrugen, wurden ganz aus den eigenen Mitteln der Gesellschaft aufgebracht durch Verpachtung der Anlage zu Rennen, durch Eintrittsgelder und die Benutzungsgebühren.

Viele Hunderte von Straßenbaufachleuten aus aller Welt haben im Lauf der Zeit die Avus besichtigt, die zahllosen Versuche und Materialerprobungen beobachtet und daraus Nutzanwendungen gezogen. Was hier mit beschränkten, privatwirtschaftlichen Mitteln an Pionierarbeit geleistet wurde, war die wichtige Grundlage für den späteren Bau von Autobahnen in großem Umfang, wobei allerdings dann fast unbegrenzte Mittel zur Weiterentwicklung zur Verfügung standen.

Auch die schnelle Inangriffnahme der Autobahnbauten 1933 in Deutschland beruhte auf den sorgfältigen Vorarbeiten einer privaten Gesellschaft, der Hafraba.

Hafraba

415 Die Titelseite des Hafraba-Mitgliedsbuches von 1929. Zweierlei ist daran für uns heute interessant: Erstens zeigt sie eine schnurgerade Autobahn. Heute vermeidet man solche Streckenführung, um den Autofahrer nicht zu ermüden. Zweitens wurde ein Mann mit Spaten als Symbol gewählt. Alle Erdarbeiten der ersten Autobahnen wurden in Handarbeit ausgeführt. 1933 brauchte man für 150 cbm Erdbewegung etwa 150 Mann. Heute kann die gleiche Arbeitsleistung mit Baggern und Schiebern von vier Mann erreicht werden.

Dieser am 6. November 1926 in Frankfurt a. M. gegründete Verein hatte satzungsgemäß den Zweck, im Rahmen einer Vorbereitungsgesellschaft alle Arbeiten zu leisten, welche in technischer, wirtschaftlicher, verkehrspolitischer und propagandistischer Hinsicht zur Prüfung der Durchführbarkeit und zur Vorbereitung der Ausführung der Autostraße Hamburg (nach dem alsbaldigen Hinzutreten der Städte Bremen und Lübeck = Hansastädte) – Frankfurt – Basel geeignet und erforderlich waren[83].

Im April 1927 legte der Vorsitzende des Vereins, Geheimrat Professor Otzen, den Entwurf der Strecke vor. Es war dies die sorgfältige Arbeit verschiedener Fachausschüsse, die hier die gesamten Grundlagen für den Bau eines neuartigen, umwälzenden Straßenprojektes von 880 Kilometer Länge geschaffen hatten. In seinen wesentlichen Zügen bildete der Plan das Rückgrat des späteren deutschen Reichsautobahnnetzes. Man muß bedenken, daß diese Vorarbeiten damals von der öffentlichen Meinung als »Utopie« beurteilt wurden, und es erscheint heute geradezu als grotesk, daß große Firmen und auch die Reichsregierung dem Projekt eines großzügigen Autobahnnetzes zuerst völlig ablehnend gegenüberstanden. Der Geheime Regierungsrat Pflug im Reichsverkehrsministerium vertrat z. B. in einer Rede die Ansicht, daß der Bau von Autobahnen »nur ausnahmsweise, unter ganz besonderen Umständen« in Frage kommen dürfe, weil »ein unmittelbares Bedürfnis nicht vorliege«.

Auch die Klubs der Automobilisten und die Organisationen der Kraftverkehrswirtschaft sperrten sich lange gegen eine Teilnahme an den Bestrebungen der Hafraba. Geheimrat Wilhelm von Opel meinte anfangs: »Autobahnen bauen? Daß unsere Motoren verrecken?« Aber alle besannen sich bald eines Besseren, und die Mitgliederzahl des Vereins wuchs Jahr um Jahr[84].

Hauptsächlich den zähen Bemühungen der Hafraba ist es zu verdanken, daß sich das Verständnis für die Notwendigkeit von Nur-Autostraßen bis zum Ende der zwanziger Jahre in steigendem Maß, und zwar nicht nur in Deutschland, durchsetzte. An vielen Stellen begann man nunmehr gleichzeitig mit der Planung und zum Teil auch mit dem Bau von Autobahnteilstrecken, so z. B. zwischen Köln–Bonn, Halle–Leipzig und Mannheim–Heidelberg.

Kurt Kaftan hat in seinem Buch »Kampf um die Autobahnen« in ausführlicher Form und mit vielen, heute schon vergessenen Einzelheiten die Bemühungen jener Zeit geschildert, die die Umstellung des Straßenwesens auf den Kraftfahrzeugverkehr bildeten.

1933 begann dann der zentral gesteuerte Bau der Reichsautobahnen in Deutschland. In Italien hatte man bereits 1924 eine Autobahn von Mailand zu den oberitalienischen Seen eröffnet, die auf privatwirtschaftlicher Basis durch die Initiative des Straßenbaufirmeninhabers Dr. Puricelli entstanden war.

Für die Schaffung der deutschen Autobahnen wurde durch Gesetz vom 27. Juni 1933 bestimmt:

§ 1 Die deutsche Reichsbahngesellschaft wird ermächtigt, zum Bau und Betrieb eines leistungsfähigen Netzes von Kraftfahrzeugbahnen ein Zweigunternehmen zu gründen, welches den Namen »Reichsautobahnen« trägt.

§ 2 Die Kraftfahrbahnen sind öffentliche Wege und ausschließlich für den allgemeinen Verkehr mit Kraftfahrzeugen bestimmt.

§ 7 Das Unternehmen »Reichsautobahnen« hat das Recht, Benutzungsgebühren zu erheben.

§ 11 Gegen Bauvorhaben, durch die der Ausbau und die Entwicklung des Unternehmens »Reichsautobahnen« beeinträchtigt wird, steht dem Generalinspektor für das deutsche Straßenwesen das Recht des Einspruches zu. Der Einspruch hat die Wirkung, daß die von dem Landstraßenunterhaltungspflichtigen geplanten Arbeiten unterbleiben müssen.

Durch dieses Gesetz standen dem Bau von Nur-Autostraßen unbeschränkte, staatliche Unterstützung und Geldmittel zur Verfügung. Mit ihm schloß sich der Kreis des Straßenbaus der Neuzeit, der mit den unbeschränkten Machtbefugnissen der französischen Könige im 17. und 18. Jahrhundert begonnen hatte. Die Vollendung der Straßenpläne war durch das Aufkommen der Eisenbahn unterbrochen worden. Die Gegenwart – d. h. der Bau autogerechter Straßen – wurde vorbereitet auf Grund privater Initiative. Als der Staat die geleisteten Vorarbeiten übernahm, beging er den gleichen Fehler wie beim Aufkommen der Eisenbahnen: Sein Hauptinteresse und die größten finanziellen Zuwendungen galten dem Bau eines Reichsautobahnnetzes. Erst heute beginnt man, diesen Fehler zu korrigieren. Professor Otzen, der Vorsitzende der Hafraba, hat 1926 bereits ausgesprochen, was heute zum Nutzen des Kraftfahrzeuges Wirklichkeit zu werden scheint:

»Der Kassandraruf: ›Wir brauchen gute Landstraßen, keine Spezialstraßen!‹ ist verkehrt. Es muß heißen: ›Wir wollen ein harmonisches Straßensystem!‹ Das Bestehen eines autoreifen allgemeinen Straßennetzes ist die notwendige Voraussetzung für die wirtschaftliche Gestaltung reiner Autostraßen.«

416 Die autogerechte Straße und der Luft»weg« sind zu bedeutenden Verkehrsträgern unserer Zeit geworden (freigegeben unter Nr. 511/70 Rg. Präs. Darmstadt).

▷

417/418 Ein typisches Beispiel für den Vorrang, den man im vorigen Jahrhundert der Eisenbahn einräumte, ist die Überquerung des Firth of Forth in Großbritannien. Man baute 1890 eine gewaltige Eisenbahnbrücke, während die Straßenfahrzeuge sich weiterhin mit einer Fähre begnügen mußten (im unteren Bild rechts). – Seit 1964 rollt nun der Straßenverkehr über eine 1000 m lange Hängebrücke.

419 Die Golden Gate Bridge von San Francisco war lange Zeit mit 1300 m Spannweite die größte Hängebrücke der Welt. Heute trägt diesen Titel die Verrazano Narrows Bridge an der Einfahrt nach New York mit 1450 m Spannweite.

420 (nächste Seite) *Schnurgerade Straßen – bis zu 15 km Länge – gliedern Manhattan–New York.*

421/422 Nachdem man zuerst die Autobahnen über lange Strecken in schnurgerader Richtung führte, legt man heute bewußt langgezogene Kurven ein. Dadurch wird einer Übermüdung der Kraftfahrer durch Eintönigkeit vorgebeugt. Außerdem fügt sich eine solche Straße harmonischer in das Landschaftsbild ein.

423 Kreuzungen und Ortsdurchfahrten bedeuten im Kraftfahrzeugverkehr Zeitverlust, erhöhte Betriebskosten und Lebensgefahr. Diese untragbare Situation wird immer mehr durch den Bau von Hochstraßen vermieden. ▷

424 Megalopolis, Los Angeles – Straßen für 2765000 Einwohner und 3220000 Kraftfahrzeuge (1966).

Anhang

Dank

Die Anregung zu diesem Buch bildeten verschiedene Bildberichte über das Thema Straße in der »ADAC motorwelt«. Bei der Zusammenstellung des Buches wurde mir von vielen Seiten geholfen. Meinen besonderen Dank sage ich neben all den Bildarchiven und Fotografen Herrn Direktor HR Dr. Rudolf Kinauer von der Kartensammlung der Österreichischen Nationalbibliothek in Wien, Herrn Dr. Roland Klemig vom Bildarchiv der Staatsbibliothek Preußischer Kulturbesitz in Berlin, Herrn Dr. Wulf Schadendorf vom Germanischen Nationalmuseum in Nürnberg und Herrn Wyss, dem Leiter des PTT-Museums in Bern.

Für die Beschaffung des umfangreichen Schrifttums danke ich herzlich Fräulein Hildegard von Loefen, Fräulein Gerda Lobe, Frau Rosemarie Schultheis und Fräulein Eva-Maria Thole von der Hessischen Landesbibliothek in Fulda, die stets mit unermüdlichem Eifer meine Wünsche erfüllten.

Mein ganz besonderer Dank gilt aber dem Lektor des Verlages Callwey, Herrn Günther Mehling und den Herstellern, Herrn Christian Pfeiffer-Belli und Fräulein Christa Degel, die mich mit ihrem großen Wissen, ihrem Können und mit einer bewundernswerten, geduldigen Hilfsbereitschaft unterstützt haben.

Das Buch kann nur Ausschnitte aus der gesamten Geschichte der Straße bringen, denn das Thema »Straße« ist so vielschichtig und so umfangreich, daß eine zusammenfassende, ausführliche Darstellung bisher nur einmal 1934 von Herrn Alfred Birk unternommen wurde. Welchen Umfang das Phänomen »Straße« hat, zeigt die Zusammenstellung der Literatur auf den Seiten 318–325.

Ried über Fulda, Sommer 1971 — Hans Hitzer

Literaturverzeichnis

Die Straßen im Altertum

Straßen in Assyrien, Babylon, im Perserreich, in Griechenland und in Ägypten

Aubin, Hermann Die Rheinbrücken im Altertum und Mittelalter, Rheinische Vierteljahreshefte, Heft 7, Bonn 1937

Birk, Alfred Die Straße – Ihre verkehrs- und bautechnische Entwicklung im Rahmen der Menschheitsgeschichte, Karlsbad 1934

Böhm, Ehrtfried Die Straße – Unser Schicksal, Hannover 1964

Bonacker, Wilhelm Straßenbau bis zum Jahre 1830, Köln 1962

Bulle, Heinrich Geleisestraßen im Altertum, Sitzungsbericht der Bayer. Akademie der Wissenschaften, Jg. 47/2, München 1948

Burckhard, Helene Vom Reisen – Zeugnisse aus allen Zeiten, Basel 1944

Curtius, Ernst Zur Geschichte des Wegebaues bei den Griechen, Berlin 1855

Egli, Ernst Geschichte des Städtebaues, Bd. 1, Zürich 1959

Fabre, Maurice Geschichte der Verkehrsmittel zu Lande, Zürich 1963

Feldhaus Technik der Vorzeit, Leipzig 1914

Forbes, R. J. Aus der ältesten Geschichte des Bitumens, Zeitschrift »Bitumen« Heft 1, 2, u. 3, Berlin 1934

– Neues zur ältesten Geschichte des Bitumens, Zeitschrift »Bitumen« Heft 6 und 7, Berlin 1938

– Untersuchungen über die ältesten Anwendungen von Bitumen in Mesopotamien, Zeitschrift »Bitumen« Heft 1, 2, u. 3, Berlin 1935

Gerkan, Armin Griechische Städteanlagen, Berlin 1924

Götz, W. Die vorderasiatische Reichspoststraße der persischen Großkönige, Jahresbericht der Geographischen Gesellschaft, Heft 10, München 1886

Grant, Michael (Herausgeber) Die Welt der Antike – Kulturgeschichte Griechenlands und Roms, München 1964

Hering, Ernst Wege und Straßen der Welt – Von der Wildfährte zum Weltraumschiff, Berlin 1938

Herrmann, Paul Sieben vorbei und acht verweht, Hamburg 1952

Heyden, A. A. M. van der Bildatlas der klassischen Welt, Gütersloh 1960

Kaier, Eugen Grundzüge der Geschichte – Von der Urgeschichte bis zum Ende der Völkerwanderungszeit, Bd. 1, Frankfurt a. Main 1966

Kastl, Johannes Entwicklung der Straßenbautechnik vom Saumpfad bis zur Autobahn, Berlin 1953

Kiepert, Hermann Die persische Königsstraße durch Vorderasien nach Herodotos, Monatsberichte der Königlich Preußischen Akademie der Wissenschaften, Berlin 1857

Knoll, Alexander Geschichte der Straße und ihrer Arbeiter, Leipzig 1925

Koldewey, Robert Die Pflastersteine von Aibur-Schabu in Babylon, Leipzig 1901

– Die Tempel von Babylon und Borsippa, Leipzig 1911

– Das wiedererstehende Babylon, Leipzig 1913

– Das Ischtar-Tor in Babylon, Leipzig 1918

– Die Königsburgen von Babylon, Leipzig 1931/32

Kunin, Konst. Iljitsch Hinter drei Meeren – Eine historische Reisebeschreibung, Berlin 1951

Laufenberg, Walter Welt hinter dem Horizont – Reisen in 4 Jahrtausenden, Düsseldorf 1969

Löwenberger, Willi Die kartographische Darstellung der Wege, Straßen und Eisenbahnen. Ihre geschichtliche Entwicklung und kritische Würdigung, Diss., Königsberg 1914

Malteso, Themistokles Das alte Kreta, Kaiserslautern 1956

Marschalleck, Karl Vor- und frühgeschichtliche Straßenforschung, Deutsche Akademie der Wissenschaften Sektor Vor- und Frühgeschichte, Berlin 1964, Bd. 16

Müller, Artur, und *Ammon, Rolf* Die sieben Weltwunder, München 1966

Neuburger, Albert Reisen im Wandel der Zeit, Reutlingen 1922

Rauers, Friedrich Vom Wilden zum Weltraumfahrer – Die Geschichte des Verkehrs von den Anfängen bis zur Gegenwart, Bad Godesberg 1962

Real-Geldern, J. Die Transportmittel der alten Zeit bis zum Aufkommen der ersten Eisenbahnen, Veröffentl. d. hist. Vereins f. Geldern und Umgebung, Nr. 20, Geldern 1908

Rebske, Ernst Lampen, Laternen, Leuchten, Stuttgart 1962

Reuther, Oskar Die Innenstadt von Babylon, Leipzig 1926

Rose, Albert Chatellier Public Roads of the Past, 2 Bde., Washington (USA) 1949–1952

Schede, Martin Die Ruinen von Priene, Berlin 1934

Schönwälder, Günther Erdöl in der Geschichte, Mainz 1958

Schrader, Hans siehe *Wiegand, Theodor*

Schreiber, Hermann Sinfonie der Straße, Düsseldorf 1959

– Vom Einbaum zum Düsenklipper, Würzburg 1962

Singer, J. Kulturleben der Straße vom Anfang bis zur großen Revolution, Berlin o. J.

Speck, Artur Der Kunststraßenbau – Eine technisch-geschichtliche Studie von der Urzeit bis heute, Berlin 1950

Stephan, Heinrich Das Verkehrsleben im Altertum, in: Raumers Hist. Taschenbuch, Leipzig 1868, Folge 4, Jg. 9. Neuauflage: Das Verkehrsleben im Altertum und Mittelalter, Goslar 1964

Traubenberg, Paul Hauptverkehrswege Persiens, Halle a. d. Saale 1890

Treue, Wilhelm Achse, Rad und Wagen, München 1965

Ulrichs, H. Reisen und Forschungen in Griechenland, Bremen 1840

Volkmann Itinerarium Alexandri 1871

Weise, Alfred Vom Wildpfad zur Motorstraße – Streifzüge durch die Geschichte des Verkehrs, Berlin 1929

Westermanns Großer Atlas zur Weltgeschichte, Braunschweig 1956

Wiegand, Theodor und *Schrader, Hans* Priene – Ergebnis der Ausgrabung und Untersuchungen in den Jahren 1895–1898, Berlin 1904

Wyss Aus der Geschichte des Gotthardpasses bis zum Bahnbau, PTT-Museum, Bern 1960

Zucker, Paul Die Brücke – Typologie und Geschichte ihrer künstlerischen Gestaltung, Berlin 1921

Zumsteins Landkartenhaus, Kniebes (Hrsg.) Von der Tontafel zur Autokarte, München 1959

Die Staatstraßen der Römer

Seidenstraßen

Alföldy, Géza Zwei neue Meilensteine aus Niedergermanien, in: Epigraphische Studien 4, 1967, 33–43 (mit Liste der in Niedergermanien gefundenen Meilensteine)

Arbau (Zeitschrift), Braunschweig 1963/2

Aubin, Hermann Die Rheinbrücken im Altertum und Mittelalter, Rheinische Vierteljahreshefte, Heft 7, Bonn 1937
Ballif, Philipp Römische Straßen in Bosnien und der Herzegovina, Wien 1893
Bavier, S. Die Straßen der Schweiz, Zürich 1878
Berger, F. Über die Heerstraßen des römischen Reiches, Berlin 1882/83
Bergier, Nicolas Histoire des grands chemins de l'Empire Romain, ohne Ort 1728
Birk, Alfred Die Straße – ihre verkehrs- und bautechnische Entwicklung im Rahmen der Menschheitsgeschichte, Karlsbad 1934
Blume, Friedrich Die Schriften der römischen Feldmesser, Bd. 1 und 2, Berlin 1848–1852
Böhm, Ehrtfried Die Straße – unser Schicksal, Hannover 1964
Bonacker, Wilhelm Straßenbau bis zum Jahre 1830, Köln 1962
Boulnois, Luce Die Straßen der Seide, Wien/Berlin 1964
Bulle, Heinrich Geleisestraßen im Altertum, Sitzungsbericht der Bayer. Akademie der Wissenschaften, Jg. 47/2, München 1948
Bundi, M. Zur Geschichte des Splügenpaßgebietes, in: »Terra Grischuna/Bündnerland«, Jg. 28 Nr. 25, Chur 1969
Burckhard, Helene Vom Reisen – Zeugnisse aus allen Zeiten, Basel 1944
Carcopino, J. So lebten die Römer während der Kaiserzeit, Stuttgart 1959
Cartellieri, Walther Die römischen Alpenstraßen über den Brenner, Reschen-Scheideck und Plöckenpaß, Philologus Suppl. Bd. 18/1, Leipzig 1926
Cavaillès, Henri La route française. Son histoire, sa fonction – Étude de géographie humaine, Paris 1946
Charlesworth, Martin P. Trade routes and commerce of the Roman Empire, Repr. Hildesheim 1961
Cohausen, August Cäsars Rheinbrücken, philologisch, militärisch und technisch untersucht, Leipzig 1867
Dallhammer, Hermann Von Straßen und Wegen, München 1959
Duhn, F. Die Benutzung der Alpenpässe im Altertum, Neue Heidelberger Jahrbücher, Bd. 2, Heidelberg 1892
Duval, Paul-Maria Les voies Gallo-romaines, in: Colloques Cahiers de Civilisation, Les routes de France depuis les origines jusqu'à nos jours, Paris 1959
Eberl, B. Die Römerstraße Augsburg–Füssen. Via Claudia Augusta, Zeitschrift: Das Schwäbische Museum f. Kultur, Kunst und Geschichte Schwabens, Jg. 1931, Heft 1/2, S. 1 ff.
Egli, Ernst Geschichte des Städtebaues, Bd. 1, Zürich 1959
Elsners Taschenbuch für den Straßenbau, Darmstadt 1959–1971
Fabre, Maurice, Geschichte der Verkehrsmittel zu Lande, Zürich 1963
Forbes, Robert James Notes on the history of ancient roads and their construction, Leipzig 1934
Friedländer, Ludwig Sittengeschichte Roms, Köln 1957
Germain, J. La route en France à travers les âges, Paris 1936
Grant, Michael (Hrsg.) Die Welt der Antike – Kulturgeschichte Griechenlands und Roms, München 1964
Grenier, Albert Manuel d'archéologie gallo – romaine – 1 Les routes, Paris 1934
Grimal, Pierre Römische Kulturgeschichte, München–Zürich 1961
Gütertransport und Spedition im Wandel der Jahrhunderte – Herausgegeben anläßlich des VII. Weltkongresses der Fiata, Wien 1961
Haegermann, Gustav Vom Caementum zum Spannbeton, Bd. 1, Wiesbaden 1964
Hagen, Josef Römerstraßen der Rheinprovinz, Publ. d. Ges. f. rhein. Geschichtskunde, 12, Bonn 1931
Hartner-Seberich, Richard Die Römerstraße in der Berner Klause, Schlern, 30. Jg., Innsbruck 1956
Hennig, Richard Wege des Verkehrs, Leipzig 1939
Hering, Ernst Wege und Straßen der Welt – von der Wildfährte zum Weltraumschiff, Berlin 1938
Herrmann, Albert Die alten Seidenstraßen zwischen China und Syrien, Berlin 1910
– Die Seidenstraßen von China nach dem römischen Reich, Mitt. d. geogr. Ges. in Wien 1915
– Die Verkehrswege zwischen China, Indien und Rom um 100 n. Chr., Veröffentl. d. Forschungsinstitutes f. vergleichende Religionsgesch. an der Universität Leipzig, 1922
Herrmann, Paul Sieben vorbei und acht verweht, Hamburg 1952
Herzig, Heinz Le réseau routier des régions VI et VIII d'Italie, Bologna 1970
Heyden, A. A. M. van der Bildatlas der Klassischen Welt, Gütersloh 1960
Hirschfeld, Otto Die römischen Meilensteine, Sitzungsber. d. Kgl. Preuß. Akad. d. Wissensch., I., Berlin 1907
Holmberg, Erik Zur Geschichte des Cursus Publicus, Uppsala 1933
Jandaureck, Herbert Oberösterreichische Altstraßen, (1) Die Straßen der Römer, Wels 1951
Jullian, Camille Histoire de la Gaule romaine, Bd. V, Paris 1920
Kahrstedt, Ulrich Kulturgeschichte der römischen Kaiserzeit, München 1958²
Kaier, Eugen Grundzüge der Geschichte. Von der Urgeschichte bis zum Ende der Völkerwanderungszeit, Bd. 1, Frankfurt 1966
Kastl, Johannes Entwicklung der Straßenbautechnik vom Saumpfad bis zur Autobahn, Berlin 1953
Knoll, Alexander Geschichte der Straße und ihrer Arbeiter, Leipzig 1925
König, Ingemar Die Meilensteine der Gallia Narbonensis, Bern 1970
Kretschmer, Fritz Bilddokumente römischer Technik, Düsseldorf 1958
Krüger, Karl Die Straßen der Welt, Berlin 1937
Kubitschek, Wilhelm Eine römische Straßenkarte, Jahreshefte d. österr. Archäologischen Institutes, Bd. 5, Wien 1902
Kühl, E. Römische Straßen und Straßenstationen in der Umgebung von Jerusalem, Jahrb. d. dtsch. Evang. Inst. f. Altertums-Wissenschaft d. Hl. Landes, Bd. 24, Berlin 1928
Kunin, Konst. Iljitsch, Hinter drei Meeren – Eine historische Reisebeschreibung, Berlin 1951
Laufenberg, Walter Welt hinter dem Horizont, Reisen in 4 Jahrtausenden, Düsseldorf 1969
Lehmann, Die Erschließung der Alpen im Altertum, Berlin 1905
Löwenberger, Willi Die kartographische Darstellung der Wege, Straßen und Eisenbahnen, ihre geschichtliche Entwicklung und kritische Würdigung, Diss., Königsberg 1914
Margary, Ivan Donald Roman Roads in Britain, 2 Bände, London 1955/1957
Marschalleck, Karl Vor- und Frühgeschichtliche Straßenforschung, Deutsche Akademie der Wissenschaften, Berlin: Sektor Vor- und Frühgeschichte, Bd. 16, Berlin 1964
Menge, R. Zur Konstruktion von Cäsars Rheinbrücke, in: »Philologus«, Zeitschr. f. d. klass. Altertum, Bd. 44, Leipzig 1855
Mengeringhausen, J. Die Trajanstraße an der unteren Donau, VDI Technik-Geschichte, Bd. 22, Berlin 1933
Meyer, Ernst Hannibals Alpenübergang, in: »Museum Helveticum«, Basel, 15, 1958 und 21, 1964
Meyer, H. Die römischen Alpenstraßen in der Schweiz, Mitt. d. Antiqu. Ges. XIII, Zürich 1861
Miller, Konrad Itineraria Romana, Römische Reisewege a. d. Hand d. Tabula Peutingeriana dargestellt, Stuttgart 1916
– Die Peutingersche Tafel, Stuttgart 1962
Naeher, J. Die römischen Militärstraßen in der Schweiz und Südwestdeutschland, Straßburg 1888

Neuburger, Albert Reisen im Wandel der Zeit, Reutlingen 1922
Nissen, H. Der Verkehr zwischen China und dem römischen Reiche, in: Jahrb. d. Vereins von Altertumsfreunden im Rheinland, Heft XCV, Bonn 1894
Nitsche, Roland Uralte Wege, ewige Fahrt – Handel entdeckt die Welt, München 1953
Oetker, August Straßen des Handels gestern und heute, Bielefeld 1964
Paoli, U. E. Das Leben im alten Rom, Bern 1961[2]
Partey, G. u. Pinder, M. Itinerarium Antonini, Augusti et Hierosolymitanum Acced. 11 tab., Berlin 1848
Paulus, Eduard Erklärung der Peutinger Tafel, Stuttgart 1866
Pidal, Gonzalo Los Caminos en la Historia de España, Madrid 1951
Poellnitz, P. Die römische Rheinbrücke bei Mainz. Ihr Ursprung und ihre Konstruktion, Mainz 1884
Polaschek, Erich Die Tabula Peutingeriana und das Itinerarium Antonini als geograph. Quellen für Niederösterreich, Jahrbuch f. Landesk. von Niederösterreich, 21 Jg. S. 6ff., Wien 1928
Putzger, F. Historischer Schul-Atlas, Leipzig 1925
Quetsch, Franz Geschichte des Verkehrswesens am Mittelrhein von den ältesten Zeiten bis zum Ausgang des XVIII. Jahrhunderts, Freiburg 1891
Rauers, Friedrich Vom Wilden zum Weltraumfahrer – Geschichte des Verkehrs von den Anfängen bis zur Gegenwart, Bad Godesberg 1962
Rebske, Ernst Lampen, Laternen, Leuchten, Stuttgart 1962
Rein, Anton, Hermann, Die römischen Stationsorte und Straßen zwischen Colonia Agrippina und Burginatium und ihre noch nicht veröffentlichten Altertümer, Crefeld 1857
Renner, E. Österreichs Länder unter den Römern, Wien 1820
Richthofen, Ferdinand von China, Berlin 1877
Ritterling, E. Ein Amtszeichen der beneficiarii consulares im Museum zu Wiesbaden, Bonner Jahrbuch Heft 125, Bonn 1919
Rodlow, Oskar Die Brennerstraße im Altertum und Mittelalter, Prag 1900
Rostovtzeff, Michail Ein speculator auf der Reise, Mitt. d. Kais. dtsch. archäol. Inst., Röm. Abt., Bd. 26, Rom 1911
– Geschichte der alten Welt, Bd. 2 Rom, Wiesbaden 1942
Saavedra, Eduardo Descripcion de la via romana entre Uxama y Augustobriga, Madrid 1963
Schaefer, Gustav Ursprung und Entwicklung der Verkehrsmittel, Dresden 1890
Scheffel, Paul Hugo Verkehrsgeschichte der Alpen, Bd. 1, Bis zum Ende des Ostgotenreiches Theoderichs des Großen, Berlin 1908
– Die Brennerstraße zur Römerzeit, Berlin 1912
Schleiermacher, W. Der römische Limes in Deutschland, Berlin 1967[3]
Schmidt, F. W. Schmidt's hinterlassene Forschungen über noch vorhandene Reste von Militärstraßen ... der Römer in den Rheinlanden, Jahrb. d. Ver. f. Altertumsfreunde im Rheinlande, Bonner Jahrb. XXXI, Bonn 1861
Schöpfling Alsatia illustrata, Bd. 1, Kolmar 1751
Schreiber, Hermann Sinfonie der Straße, Düsseldorf 1959
– Vom Einbaum zum Düsenklipper, Würzburg 1962
Schwering, Max Kölner Brücken in alter Zeit, Köln 1963
Semjonow, Juri Die Güter der Erde, Berlin 1950
Singer, J. Kulturleben der Straße vom Anfang bis zur großen Revolution, Berlin o. J.
Speck, Artur Der Kunststraßenbau. Eine technisch-geschichtliche Studie von der Urzeit bis heute, Berlin 1950
Stark, Werner Die Straße – Eine soziologische und sozialhistorische Untersuchung des Straßenbaues und der Straßenbauer, Köln 1940
Stephan, Heinrich Das Verkehrsleben im Altertum, in: Raumers Histor. Taschenbuch, 4. Folge, 9. Jahrg., Leipzig 1868, Neubarb. Das Verkehrsleben im Altertum und Mittelalter, Goslar 1967
Technik – Geschichte (Zeitschr. VDI), Nr. 23, Berlin 1924
Treue, Wilhelm Achse, Rad und Wagen, München 1965
Walser, Gerold Die römischen Durchgangsstraßen in der Schweiz, Schweizerisches Archiv für Verkehrswissenschaft und Verkehrspolitik, 19. Jahrg. Nr. 2, Zürich 1964
– Die römischen Straßen in der Schweiz, Teil I, Die Meilensteine, Bern 1967
Wanka, Oskar Die Brennerstraße im Altertum und Mittelalter, Prag 1900
Weise, Alfred Vom Wildpfad zur Motorstraße – Streifzüge durch die Geschichte des Verkehrs, Berlin 1929
Westermanns Großer Atlas zur Weltgeschichte, Braunschweig 1956
Wittmann, I. Die altertümlichen Reste der ehemaligen steinernen Brücke im Rhein bei Mainz, in: Zeitschrift des Vereins zur Erforschung der Rheinischen Geschichte und Altertümer, 64, Mainz 1859
Würz, Lothar, Die Geschichtliche Entwicklung des Straßennetzes in Baden-Württemberg, Bonn 1970
Zucker, Paul Die Brücke – Typologie und Geschichte ihrer künstlerischen Gestaltung, Berlin 1921
Zumsteins Landkartenhaus, Kniebes (Hrsg.) Von der Tontafel zur Autokarte, München 1959

Die Straßen im Mittelalter

Annales Suisses d'économies des Transports, 19, Nr. 2, Bern 1964
Arbau (Zeitschrift), 2, Braunschweig 1963
Archiv für deutsche Postgeschichte, Bonn 1953 bis 1971
Archiv für Post und Telegraphie, Berlin 1876 bis 1971
Archiv für Post und Telegraphie (ohne Verfasser), Wie man im 16. Jahrhundert nach Jerusalem reiste – Poste per diverse parte del mondo, Roma, Berlin 1885
Archiv für Postgeschichte in Bayern, München 1925–1942, 1948–1971
Aubin, H. Die Rheinbrücken im Mittelalter und Altertum, in: Rheinische Vierteljahreshefte, Nr. 7, Bonn 1937
Bavier, S. Die Straßen der Schweiz, Zürich 1878
Bechtel, Heinrich Wirtschaftsgeschichte Deutschlands, 3 Bde., München 1951, 1952 und 1956, in einem Band 1967
Beck, Carl Deutsches Reisen im Wandel der Jahrhunderte, Berlin 1936
Birk, Alfred Die Straße – ihre verkehrs- und bautechnische Entwicklung im Rahmen der Menschheitsgeschichte, Karlsbad 1934
Böhm, Ehrtfried Die Straße unser Schicksal, Hannover 1964
Bonacker, Wilhelm Das Urbild der modernen Straßenkarte und seine Quellen – Archiv für Postgeschichte in Bayern, Nr. 1, München 1931
– Leben und Werk der Rothenburger Karthographen Jung, Mainfränkisches Jahrbuch für Geschichte und Kunst, Heft 9, Würzburg 1957
– Straßenbau bis zum Jahre 1830, Köln 1962
Bonfons, Nicolas Nouvelle guide des chemins pour aller et venir, par tous les pays ..., Paris 1583
Bonnerot, Jean La guide des Chemins de France de 1553 par Charles Estienne, Bibliothèque de l'Ecole des Hautes Etudes, Nr. 165 und 167, Paris 1936
Bossert, Gustav Gefangenschaft des Hieronymus Baumgärtner, in: Vierteljahreshefte für Württembergische Landesgeschichte 1888, S. 207ff.
Brunner, J. Der Bau von Brücken aus Holz in der Schweiz, in: Zeitschrift der E.M.P.A., Nr. 5, Zürich 1925
Bruns, Friedrich Hansische Handelsstraßen, Atlas bearb. v. Hugo Weczerka, Köln 1962 (Quellen

und Darstellungen zur hansischen Geschichte N. F. 13, 1)
Burkhardt, Helene Vom Reisen – Zeugnisse aus allen Zeiten, Basel 1944
Cavaillès, Henri La route française. Son histoire, sa fonction – Étude de géographie humaine, Paris 1946
Colloques Cahiers de Civilisation, Les routes de France depuis les origines jusqu'à nos jours, Paris 1959
Crole's, B. E. Illustrierte Geschichte der deutschen Post von ihren Anfängen bis zum Ableben Kaiser Wilhelms I., Leipzig 1900
Czeik, Felix Drei Jahrhunderte Straßenverkehr in Wien – Zur Sonderausstellung des Historischen Museums, Wien 1961/62
Dallhammer, Hermann Von Straßen und Wegen, München 1959
Dangl, Rudolf Freie Reichsstädte anno dazumal, Stuttgart 1965
Deutsches Postarchiv, Berlin 1873–1875
Droege, Georg Die kurkölnischen Rheinzölle im Mittelalter. Annalen d. hist. Ver. f. d. Niederrhein, Heft 168/169, Düsseldorf 1967, S. 21–47
Egli, Ernst Geschichte des Städtebaues, Bd. 2, Zürich 1962
Ehrhard, Heinrich Aus der Geschichte der Städtereinigung, Stuttgart 1954
Elsners Taschenbuch für den Straßenbau, Darmstadt 1959–1971
Fabre, Maurice Geschichte der Verkehrsmittel zu Lande, Zürich 1963
Fauser, Alois, und *Seifert, Th.* Itinerarium orbis christiani – Der älteste Reiseatlas der Welt, München 1959
Freysold, August Der Rennsteig des Thüringer Waldes – Eine Heerstraße und Verkehrsstraße im Mittelalter, in: Schriften des Vereins für Sachsen-Meiningische Geschichte und Landeskunde, 1901
Gachot, H. Louffende Botten – Die geschworenen Läuferboten und ihre Silberbüchsen mit besonderer Berücksichtigung der Straßburger Botenordnungen, in: Archiv für Deutsche Postgeschichte, Heft 2, Bonn 1964
Gallois, Lucien Les géographes allemands de la Renaissance, Paris 1890
Ganshof, François Le Moyen Âge, Paris 1953
Gasner, Ernst Zum deutschen Straßenwesen von der ältesten Zeit bis zur Mitte des XVII. Jahrhunderts, Leipzig 1889
Giesebrecht, Wilhelm Geschichte der deutschen Kaiserzeit, 1880
Gruber, Karl Die Gestalt der deutschen Stadt, München 1952
Güterbock, Ferdinand Die Lukmanierstraße und die Paßpolitik der Staufer. 2. Sonderdruck aus Quellen und Forschungen aus italienischen Archiven und Bibliotheken, Rom 1908
Gütertransport und Spedition im Wandel der Jahrhunderte – herausgegeben anläßlich des VII. Weltkongresses der Fiata, Wien 1961
Hampe, Theodor Deutsche Pilgerfahrten nach Santiago de Compostela und das Reisetagebuch des Sebald Oertel 1521–1922, in: Anzeiger des Germanischen National-Museums, Nürnberg 1896
Haendke, B. Die deutschen Kunst- und Handelsstraßen im Mittelalter, Repert. für Kunstwissenschaft, Bd. 34, Berlin 1911
Hagen, Victor von Heerstraßen des Sonnengottes, Wien 1957
Hassler, Cunradus Dietericus Fratis Felicis Fabri Evagatorium in Terrae Sanctae, Arabiae et Egypti Peregrinationem, Stuttgart 1849
Hausbuch der Mendelschen Zwölfbrüderstiftung zu Nürnberg, 2 Bd., München 1966
Haver, Ursula Am Straßenkreuz Europas, Frankfurt 1957
Hayen, Hajo Vorgeschichtliche Moorwege, Oldenburg 1938
– Zur Bautechnik und Typologie der vorgeschichtlichen, frühgeschichtlichen und mittelalterlichen hölzernen Moorwege und Moorstraßen, Oldenburg 1945
Heil, B. Die deutschen Städte, Leipzig 1906
Heldenbuch, Kleines 1560
Hennig, Richard Wege des Verkehrs, Leipzig 1939
– Zur Verkehrsgeschichte Ost- und Nordeuropas im 8. bis 12. Jahrhundert, in: Historische Zeitschrift Bd. 115, München/Berlin 1916
Herbst, Albert Die alten Heer- und Handelsstraßen Südhannovers, Göttingen 1926
Hering, Ernst, Wege und Straßen der Welt – von der Wildfährte zum Weltraumschiff, Berlin 1938
Hermann, A. Die ältesten Karten Deutschlands bis Gerhard Mercator, Leipzig 1940
Herrmann, Paul Sieben vorbei und acht verweht, Hamburg 1952
Hertwig Straßen, VDI Technik und Geschichte, Bd. 23, Berlin 1934
Hoffmann, Arthur Die typischen Straßennamen, München 1950
Homeyer, Carl Gustav Hrsg. Der Sachsenspiegel, I. Teil, oder das sächsische Landrecht. Nach der Berliner Handschrift vom Jahre 1369, 3., umgearb. Auflage, Berlin 1861
Hubert, Jean Les grandes voies de circulation à l'intérieur de la Gaule mérovingienne d'après l'archéologie, dans Actes du VIe Congrès international d'études byzantines, Paris 1951
Jacob, Georg Der nordisch-baltische Handel der Araber im Mittelalter, Leipzig 1887
Jezeller, Chr. Beschreibung der Brücke von Hans Ulrich Grubenmann über den Rhein bei Reichenau, Winterthur 1778
Junghanns, Kurt Die deutsche Stadt im Frühfeudalismus, Berlin 1959
Kaier, Eugen Grundzüge der Geschichte, Bd. 2, Frankfurt a. M. 1966
Karaisl, Franz Deutsche Straßenfibel, Leipzig 1937
Kastl, Johannes Entwicklung der Straßenbautechnik vom Saumpfad bis zur Autobahn, Berlin 1953
Karsten, Rafael Das altperuanische Inkareich, Leipzig 1949
Kilian, Eugen Itinerar Kaiser Heinrichs IV., Karlsruhe 1886
Knoll, Alexander Geschichte der Straße und ihrer Arbeiter, Leipzig 1925
Kordt, Veniamin Material zur Geschichte russischer Kartographie, Ser. 2, Ausg. 1, Kiew 1906
Krüger, Herbert Hessische Altstraßen des 16. und 17. Jahrhunderts, Kassel 1963
– Des Nürnberger Meisters Ehrhard Etzlaubs erste Straßenkarten von Deutschland, in: Jahrbuch für Fränkische Landesforschung, Nr. 18, Kallmünz/Opf.
Krüger, Karl Die Straßen der Welt, Berlin 1937
Landau, Georg Beiträge zur Geschichte der alten Heer- und Handelsstraßen in Deutschland, Kassel 1958
Laufenberg, Walter Welt hinter dem Horizont – Reisen in 4 Jahrtausenden, Düsseldorf 1969
Lembke, Hans Marco Polo, Hamburg 1908
Löper, C., Das älteste französische Kursbuch, Archiv für Post und Telegraphie, Jg. 1881 S. 522ff., Frankfurt 1881
Loewe, F. Die geschichtliche Entwicklung der Landstraßen (Festrede), München 1898
Löwenberger, Willi Die karthographische Darstellung der Wege, Straßen und Eisenbahnen und ihre geschichtliche Entwicklung, Diss., Königsberg 1914
Ludwig, Friedrich Untersuchungen über die Reise- und Marschgeschwindigkeit im XII. und XIII. Jahrhundert, Berlin 1897
Marschalleck Vor- und frühgeschichtliche Straßenforschung, Deutsche Akademie der Wissenschaften, Berlin, Sektor Vor- und Frühgeschichte, Bd. 16, Berlin 1964
Meurer, Franz Der mittelalterliche Stadtgrundriß, Berlin 1912
Mitteilungen des Vereins für Geschichte von Ost- und Westpreußen, Jg. 17, Reisebericht des samländischen Bischofs Dietrich von Cuba von Rom nach Frankfurt, Bad Wiessee 1942
Mitzschek, Paul Christian Junckers Beschreibung des Rennsteiges (1703) in: Schriften des Vereins für Sachsen-Meiningische Geschichte und Landeskunde, 10. Heft, Hildburghausen 1911
Mrusek, Hans Zur städtebaulichen Entwicklung Magdeburgs im hohen Mittelalter, in: Wissen-

schaftliche Zeitschrift der Martin-Luther-Universität, Jg. 5, Halle/Wittenberg 1955/1956
Müller, Ernst Das Itinerar Kaiser Heinrichs III. 1039–1056, Berlin 1901
Müller, Johannes Das Geleitwesen auf der Handelsstraße Nürnberg–Frankfurt, in: Aschaffenburger Geschichtsblätter, 2. Jg. Nr. 4, S. 121 ff., Aschaffenburg 1908
Mundt, H. Die Heer- und Handelsstraßen der Mark Brandenburg vom Zeitalter der deutschen Ostkolonisation bis zum Ende des 18. Jahrhunderts, Berlin 1932
Neuburger, Albert Reisen im Wandel der Zeit, Reutlingen 1922
Nitsche, Roland Uralte Wege, ewige Fahrt – Handel entdeckt die Welt, München 1953
Oehlmann, E. Die Alpenpässe im Mittelalter, in: Jahrbuch f. schweizerische Geschichte Bd. 3 u. 4, Zürich 1878/79
Oetker, August Straßen des Handels gestern und heute, Bielefeld 1964
Ohm, Peter Meßkunst ordnet die Welt, Heidelberg 1963
Ohmann, Fritz Die Anfänge des Postwesens und die Taxis, Diss., Leipzig 1909
Oppert, Jules L'ambre jaune chez les Assyriens, Paris 1880
Orthbandt, Eberhard Bildbuch deutscher Geschichte, Laupheim 1955
Pidal, Gonzalo Los Caminos en la Historia de España, Madrid 1951
Piger, H. Der westfälische Hellweg, Diss., Münster 1928
Pistorius, W. F. Lebensbeschreibung Götzens von Berlichingen, Nürnberg 1731
Precht, Georg Güterbestätter und Frachtführer, Bonn 1962
Quellen z. Gesch. d. Kölner Handels und Verkehrs im Mittelalter, Bd. 1–4, Bonn 1917, 1923, 1923, 1934
Quetsch, Franz Geschichte des Verkehrswesens am Mittelrhein, Freiburg 1891
Rauers, Friedrich Zur Geschichte der alten Handelsstraßen in Deutschland, Gotha 1907
– – Vom Wilden zum Weltraumfahrer – Die Geschichte des Verkehrs von den Anfängen bis zur Gegenwart, Bad Godesberg 1962
Real-Geldern, J. Die Transportmittel der alten Zeit bis zum Aufkommen der ersten Eisenbahn, Veröffentl. d. Hist. Vereins f. Geldern und Umgebung, Nr. 20, Geldern 1908
Rebske, Ernst Lampen, Laternen, Leuchten, Stuttgart 1962
Renouard, Yves Les voies de communication entre pays de la Méditerranée et pays de l'Atlantique au Moyen Âge, dans: Mélanges Halphen, Paris 1951
Röhricht, R. Beitrag zur Geschichte der Kreuzzüge, 2 Bde., Berlin 1874 und 1878
– u. *Meissner, H.* Die Pilgerreisen des letzten Grafen von Katzenellenbogen 1433/34, in: Zeitschrift deutsch. Altert. u. deutsch. Literatur, XXVI. Bd. S. 348 ff., Leipzig 1882
– – Deutsche Pilgerreisen in das Heilige Land, Berlin 1888
– – Bibliotheca geographica Palaestinae, Berlin 1890
– – Die Jerusalemfahrten des Grafen Philipp, Ludwig (1484) und Reinhard von Hanau (1550), in: Zeitschr. d. Vereins f. hessische Geschichte und Landeskunde, Bd. XXVI, Kassel 1891
– – Karten und Pläne zur Palästinakunde aus dem 7.–16. Jahrhundert, in: Zeitschrift d. deutschen Palästina-Vereins, Leipzig 1891/92
Rodlow, Oskar Die Brennerstraße im Altertum und Mittelalter, Prag 1900
Rohwer, B. Geschichte des friesischen Handels im frühen Mittelalter, Diss., Kiel 1937
Ropp, G, v. d. Frhr. Kaufmannsleben zur Zeit der Hanse, Leipzig 1907
Rübsam, Joh. Zur Geschichte des Postwesens, Hist. Jahrbuch 13, 15, 21, 22, 46, 57, Köln 1895
Salusbury, G. Street Life in the Medieval England, London 1948
Sautter, K. Das Verkehrsleben im Mittelalter, Berlin 1869
Schadendorf, Wulf Zu Pferde, im Wagen, zu Fuß. Tausend Jahre Reisen. München 1959
Schaefer, Gustav Ursprung und Entwicklung der Verkehrsmittel, Dresden 1890
Scheffel, Paul Hugo Verkehrsgeschichte der Alpen – Das Mittelalter, Bd. 2, Berlin 1914
Schlözer, August Ludwig Nestor: Russische Annalen, Göttingen 1802–1809
Schneider Die alten Heer- und Handelswege der Germanen – Nach örtlichen Untersuchungen dargestellt, Düsseldorf 1888 und 1890
Schramm, K. Chr. Historischer Schauplatz, in welchem die merkwürdigen Brücken besonders die Dresdner Elbbrücke beschrieben, Leipzig 1735
Schreiber, Hermann Sinfonie der Straße, Düsseldorf 1965
– – Vom Einbaum zum Düsenklipper, Würzburg 1962
Schrod, Konrad Reichsstraßen und Reichsverwaltung im Königreich Italien (754–1197), in: Vierteljahresbericht für Sozial- und Wirtschaftsgeschichte, Heft 25, Stuttgart 1931
Schuhmacher, Bruno Reisebericht des samländischen Bischofs Dietrich von Cuba von Rom nach Frankfurt, in: Mitteilungen d. Vereins für Geschichte von Ost- und Westpreußen, Jg. 17, Bad Wiessee 1942
Schulte, Alois Entstehung des Deutschen Postwesens, Beilage zur Allgemeinen Zeitung Nr. 85, München 1900
Schulte, Alois Geschichte des mittelalterlichen Handels und Verkehrs zwischen Westdeutschland und Italien mit Ausschluß von Venedig, Bd. 1 u. 2, Leipzig 1900
Schurhammer, Hermann Straße und Landschaft – ein Beitrag zur praktischen Landschaftspflege, Bielefeld 1955
Schwering, Max Leo Kölner Brücken in alter Zeit, in: Festschrift der Grün & Bilfinger AG, Köln 1963
Sebastian, Fritz Thurn und Taxis, 350 Jahre Post, Hannover 1948
Semjonow, Juri Die Güter der Erde, Berlin 1950
Simmons, Jack Transport, London 1962
Singer, J. Kulturleben der Straße vom Anfang bis zur großen Revolution, Berlin o. J.
Sommerlad, Theo Die Rheinzölle im Mittelalter, Halle 1893
Speck, Artur Eine technisch-geschichtliche Studie von der Urzeit bis heute. Der Kunststraßenbau, Berlin 1950
Squier, Ephraim George Peru – Incindents of travel and exploration in the Land of the Incas, London 1877. Deutsche Ausgabe: Peru – Reise- und Forschungserlebnisse im Land der Incas, Leipzig 1883
Stark, Werner Die Straße – Eine soziologische und sozialhistorische Untersuchung des Straßenbaues und der Straßenbauer, Köln 1940
Steinhausen, Georg Der Kaufmann in der deutschen Vergangenheit, Leipzig 1899
Stephan, Heinrich Das Verkehrsleben im Mittelalter, in: Raumers Hist. Taschenbuch, Folge 4 Jg. 10, Leipzig 1868
– – Neubearb., Das Verkehrsleben im Altertum und Mittelalter, Goslar 1967
Toché, F. La route, Paris 1960
Treue, Wilhelm Achse, Rad und Wagen, München 1965
Ubbelohde-Doehring, Heinrich Auf den Königsstraßen der Inka, Berlin 1941
Vonderau, Joseph Denkmäler, Durchgangsstraßen und Verbindungswege aus vor- und frühgesch. Zeit im Fuldaer Land, 21. Veröffentl. d. Fuldaer Geschichtsvereins, Fulda 1931
Waas, Adolf Geschichte der Kreuzzüge, 2 Bde., Freiburg 1956
Wackernagel, Wilhelm Schwabenspiegel, Zürich 1840
Wanka, Oskar Die Brennerstraße im Altertum und Mittelalter, Prag 1900
Weise, Alfred Vom Wildpfad zur Motorstraße – Streifzüge durch die Geschichte des Verkehrs, Berlin 1929
Weizsäcker, Julius Der rheinische Bund 1254, Tübingen 1879

Westberg, Fr. Abhandlungen der Petersburger Akademie der Wissenschaften, 8. Serie S. 32, Petersburg 1898
Westermanns Großer Atlas zur Weltgeschichte, Braunschweig 1956
Wieser, K. Die Carta Itineraria Europae von M. Waltzeemüller, München 1893
Wilken, Friedrich Geschichte der Kreuzzüge, 7 Bände, Leipzig 1807–1832
Woronin, N. N. Geschichte der Kultur der alten Rus', Leningrad 1951, Bd. I, Berlin 1959
Würtz, Lothar Die geschichtliche Entwicklung des Straßennetzes in Baden-Württemberg, Bad Godesberg 1970
Wyss Aus der Geschichte des Gotthardpasses – bis zum Bahnbau, Bern P.T.T.-Museum 1960
Zucker, Paul Die Brücke – Typologie und Geschichte ihrer künstlerischen Gestaltung, Berlin 1921
Zumsteins Landkartenhaus, Kniebes (Hrsg.) Von der Tontafel zur Autokarte, München 1959

Die Straßen der Neuzeit

Archiv für Deutsche Postgeschichte, Bonn 1953 bis 1971
Archiv für Postgeschichte in Bayern, München 6/1925–1942 / 1948–1971
Archiv für Post und Telegraphie, Berlin 1876 bis 1971
Aus Erfahrungen gesammelter theoretisch-praktischer Unterricht in dem Straßen- und Brückenbau, ohne Verfasserangabe, erschienen bei Gebr. Hase, Zweibrücken 1786
Barthoult-Ducreux, Alexandre Des grandes routes et des chemins vicinaux, Paris 1829
Baumgartner, Joseph Die neuesten und vorzüglichsten Kunststraßen über die Alpen, Wien 1834
– – Darstellung einer Maschine zur schnellen und wohlfeilen Einräumung der aufgeschobenen Fahrgeleise, Wien 1826
Bavier, S. Die Straßen der Schweiz, Zürich 1878
Bechtel, Heinrich Wirtschaftsgeschichte Deutschlands. 3 Bde., München 1951, 1952 u. 1956, in 1 Bd. 1967
Beck, Carl Deutsches Reisen im Wandel der Jahrhunderte, Berlin 1936
Birk, Alfred Die Straße – Ihre verkehrs- und bautechnische Entwicklung im Rahmen der Menschheitsgeschichte, Karlsbad 1934
– – MacAdam – Die neuzeitlichen Straßenbauweisen. Ein Beitrag zur Geschichte des Straßenbaues, in: Ingenieur-Zeitschrift, Jg. 10, S. 66ff., Teplitz-Schönau 1930
– – Straßenbau in Österreich im 18. Jahrhundert, in: Zeitschrift des Österr. Ingenieur- und Architekten-Vereins, Jg. 76, S. 171ff., Wien 1924
– – Die Entwicklung des englischen Straßenbaues von 1760 bis 1830, in: Wasser- und Wegebau-Zeitschrift, Nr. 9, 10 u. 11, Hannover 1927
Blanchard, M. Les Routes des Alpes occidentales à l'époque napoléonienne (1796–1815), Grenoble 1920
Böhm, Ehrtfried Die Straße unser Schicksal, Hannover 1964
Bonacker, Wilhelm Das Urbild der modernen Straßenkarte und seine Quellen – Archiv für Postgeschichte in Bayern, Nr. 1, München 1931
Bundi, M. Zur Geschichte des Splügenpaßgebietes, in: Grischuna/Bündnerland, 28. Jg., Nr. 2, S. 98ff., Chur 1969
Burkhard, Helene Vom Reisen, Zeugnisse aus allen Zeiten, Basel 1944
Cavaillès, H. La route française. Son histoire, sa fonction – Étude de géographie humaine, Paris 1946
Colloques Cahiers de Civilisation Les routes de France depuis les origines jusqu'à nos jours, Paris 1959
Cordier, Josèph Ponts et chaussées. Essays sur la construction des routes, des ponts suspendus, Lille 1823–1828
Courtin, o. N. N. Travaux des ponts et chaussées depuis 1800 ou tableau des constructions neuves, Paris 1812
Crole's, Bruno Illustrierte Geschichte der deutschen Post von ihren Anfängen bis zum Ableben Kaiser Wilhelms I., Leipzig 1900
Czeik, Felix Drei Jahrhunderte Straßenverkehr in Wien. Zur Sonderausstellung des Histor. Museums, Wien 1961/1962
Dallhammer, Hermann Von Straßen und Wegen, München 1959
Davies, E. C. Roads and their Traffic, London 1906
Deutsches Postarchiv, Berlin 1873–1875
Devereux, Roy John London MacAdam, London 1936
Dupin, Carl Großbritanniens Handelsmacht, I. Teil, Stuttgart 1825
Egerer, Ernst Entwicklung der städtischen Personenverkehrsmittel, Deutsche Geographische Blätter Bd. 29, Bremen 1906
Ehrhard, Heinrich Aus der Geschichte der Städtereinigung, Stuttgart 1954
Elsners Taschen-Jahrbuch für den Straßenbau, Darmstadt 1959–1971
Enderes, Bruno Die Geschichte der Alpenstraßen und Alpenbahnen, VDI Technik-Geschichte Bd. 22, Berlin 1933
Fabre, Maurice Geschichte der Verkehrsmittel zu Lande, Zürich 1963
Fer, Nicolas de Postes de France et d'Italie, Paris 1761³
Fickert, Richard Das Landstraßenwesen im Königreich Sachsen, Archiv für Post und Telegraphie Heft 13 u. 14, Berlin 1913
Forbes, R. J. Das Bitumen in den 15 Jahrhunderten vor Drake, in: Bitumen, Jahrg. 38, Berlin 1938
Gasner, A. Die neuzeitlichen Straßenbauweisen, Ing.-Zeitschrift Jg. 10, Teplitz-Schönau 1930
Gautier, Hubert Traité de la construction des chemins, 1. Aufl. Toulouse 1693, 2. Aufl. Paris 1715 – Deutsche Ausgabe: Des Herrn Gautier, . . . , Tractat von der Anlegung und dem Bau der Wege und Stadtstraßen, Leipzig 1759
Gottheiner Die Verwendung von Holz zu Pflasterungen. Nach einem Originalbericht von Laurent, Ing. des Ponts et Chaussées über Holzpflasterung in Paris, Zeitschrift für Bauwesen, Berlin 1891
Gregory, J. The Story of the Road, London 1931
Gütertransport und Spedition im Wandel der Jahrhunderte, herausgegeben anläßlich d. VII. Weltkongresses der Fiata, Wien 1961
Guttenberger, Heinrich Die Begründung des Niederösterreichischen Straßenwesens unter Karl VI. Festschrift z. 70. Geburtstag Osw. Redlichs, herausgegeb. v. Verein f. Landes R. u. Heimatschutz von Niederösterreich und Wien 1928, S. 231ff.
Hartmann, C. The Story of Roads, London 1927
Haller, Karl Übersicht über den Stand des amerikanischen Straßenbauwesens, Berlin 1926
Haver, Ursula Am Straßenkreuz Europas, Frankfurt a. M. 1957
Hennig, Richard Wege des Verkehrs, Leipzig 1939
Hering, Ernst Wege und Straßen der Welt – Von der Wildfährte zum Weltraumschiff, Berlin 1938
Huberti, Günter Die erneuerte Bauweise, in: »Vom Caementum zum Spannbeton«, Bd. I, Teil B, Wiesbaden 1964
Jacob, Gustav Mannheim einst und jetzt, Mannheim 1959
Jeckel, F. Galiziens Straßen- und Brückenbau nach dem Système Groß, Wien 1809
Kaftan, Kurt Der Kampf um die Autobahnen. Geschichte und Entwicklung des Autobahngedankens in Deutschland von 1907–1935 unter Berücksichtigung ähnlicher Pläne und Bestrebungen im übrigen Europa, Berlin 1955
– – Europa braucht Autobahnen, Berlin 1934
Kaier, Eugen Grundzüge der Geschichte. Vom Westfälischen Frieden bis zum Jahre 1890, Bd. 3, Frankfurt a. M. 1966
Karaisl, Franz Deutsche Straßenfibel, Leipzig 1937

Kastl, Johannes Entwicklung der Straßenbautechnik vom Saumpfad bis zur Autobahn, Berlin 1953
Knoll, Alexander Geschichte der Straße und ihrer Arbeiter, Leipzig 1925
Krüger, Karl Die Straßen der Welt, Berlin 1937
Kuntzemüller, Robert Gerwig und die Gotthardbahn, Archiv für Eisenbahnwesen, Freiburg Jg. 1924
Laufenberg, Walter Welt hinter dem Horizont – Reisen in 4 Jahrtausenden, Düsseldorf 1969
Laur-Bellart, Rudolf Studien zur Eröffnungsgeschichte des Gotthardpasses, mit einer Untersuchung über Stiebende Brücke u. Teufelsbrücke, Zürich 1924
Literarisches Wochenblatt Über den englischen Straßenbau mittels zerschlagener Steine, Literarisches Wochenblatt Nr. 2, Halle 1825
Loewe, Ferdinand Die geschichtliche Entwicklung der Landstraßen, Jahresbericht der Technischen Hochschule München 1898/1899
– – Straßenbaukunde, Land- und Stadtstraßen, Wiesbaden 1906
– – Die Bekämpfung des Straßenstaubes, Wiesbaden 1910
– – Der Kraftwagen und seine Beziehung zur Straße vom Standpunkt des Straßeningenieurs, Wiesbaden 1913
Löwenberger, Willi Die kartographische Darstellung der Wege, Straßen und Eisenbahnen. Ihre geschichtliche Entwicklung und kritische Würdigung; Diss., Königsberg 1914
Lüder, Christian Vollständiger Inbegriff aller bei dem Straßenbau vorkommenden Fällen samt einer vorausgesetzten Weeg-Geschichte und einem Verzeichnis der unentbehrlichen Weeg-Gesetze, Frankfurt 1779
Lukas, Félix Études historiques et statistiques sur les voies de communication de la France d'après les documents officiels, Paris 1873
MacAdam, John A practical essay on the scientific repair and preservation of public roads, London 1819
– – Remarkes on the present state of Road Making, London 1820
Matthaey, C. Der Stein- oder Dammsetzer, oder Unterricht in der zweckmäßigen Construction und Pflasterung der Straßen in den Städten, Neuer Schauplatz der Künste, Ilmenau 1827, Bd. 26
Merckel, Curt Die geschichtliche Entwicklung des Verkehrswesens auf den Landstraßen, Buch der Erfindungen, Gewerbe und Industrien, 9. Bd. 1. Teil, Leipzig 1901
Meyn, L. Der Asphalt und seine Bedeutung für den Straßenbau großer Städte, Halle 1872
Mundt, H. Die Heer- und Handelsstraßen der Mark Brandenburg vom Zeitalter der deutschen Ostkolonisation bis zum Ende des 18. Jahrhunderts, Berlin 1932
Neuburger, Albert Reisen im Wandel der Zeit, Reutlingen 1922
Nicolai, Friedrich Beschreibung einer Reise durch Deutschland und die Schweiz im Jahre 1781, Berlin 1784
Nitsche, Roland Uralte Wege, ewige Fahrt – Handel entdeckt die Welt, München 1953
Oberhummer-Wieser, Wolfgang Karten der österr. Lande u. d. Königreichs Ungarn, Innsbruck 1906
Oetker, August Straßen des Handels gestern und heute, Bielefeld 1964
Ortbandt, Eberhard Bildbuch Deutscher Geschichte, Laupheim 1955
Otzen, Robert Die Autostraße Hansestädte–Frankfurt–Basel – Erläuterungsbericht zum Entwurf und zum generellen Problem der Nur-Auto-Straßen (Autobahnen), Schriftenreihe der HAFRABA, Hannover 1926/1927, Heft 4
Paulucci, Hamilcar Der Chausséebau in England, Wien 1838
Pechmann, Heinrich Anleitung zum Bau und zur Erhaltung der Haupt- und Vicinal-Straßen, München 1835
Pfeil, E. Preußens Kunststraßenbau, Berlin 1845
Pidal, Gonzalo Los Caminos en la Historia de España, Madrid 1951
Post- und Telegraphen-Museum 1889–1959, Jubiläumsführer, Wien 1959
Precht, Georg Güterbestätter und Frachtführer, Bonn 1962
Puricelli, Piero Automobilstraßen, in: Die Straße, Berlin 1927
Putzger, F. Historischer Schul-Atlas, Leipzig 1925
Quetsch, Franz Geschichte des Verkehrswesens am Mittelrhein, Freiburg 1891
Rauers, Friedrich Vom Wilden zum Weltraumfahrer – Die Geschichte des Verkehrs von den Anfängen bis zur Gegenwart, Bad Godesberg 1962
Rausch, Wilhelm Die Hofreisen Kaiser Karls VI., Diss., Wien 1949
Real-Geldern, J. Die Transportmittel der alten Zeit bis zum Aufkommen der ersten Eisenbahn, Veröffentl. d. hist. Vereins f. Geldern und Umgebung, Nr. 20, Geldern 1908
Rebske, Ernst Lampen, Laternen, Leuchten, Stuttgart 1962
Roche, M. L'homme et la route, Paris 1961
Rotenhan, Hermann Die Entwicklung der Landstraßen und die Anforderungen der Gegenwart an dieselben mit besonderer Berücksichtigung Bayerns, München 1897
Scarbina Deutsche Straßenbaufibel, Leipzig 1927
Schadendorf, Wulf Zu Pferde, im Wagen, zu Fuß, München 1959
Schäfer, Gustav Ursprung und Entwicklung der Verkehrsmittel, Dresden 1890
Schemerl, Joseph Ausführliche Anweisung zur Entwerfung, Erbauung und Erhaltung dauerhafter und bequemer Straßen, 3 Bände, Wien 1807
Schmies, L. MacAdam – Makadam, in: Straße und Autobahn, S. 207, Bielefeld 1956
Schönwälder, Günther Erdöl in der Geschichte, Mainz 1958
Schramm, C. Chr. Historischer Schauplatz, in welchem die merkwürdigen Brücken besonders die Dresdner Elbbrücke beschrieben, Leipzig 1735
Schreiber, Hermann Sinfonie der Straße, Düsseldorf 1959
– – Vom Einbaum zum Düsenklipper, Würzburg 1962
Schurhammer, Herrmann Straße und Landschaft – Ein Beitrag zur praktischen Landschaftspflege, Bielefeld 1955
Semjonow, Juri Die Güter der Erde, Berlin 1950
Simmons, Jack Transport, London 1962
Singer, J. Kulturleben der Straße vom Anfang bis zur großen Revolution, Berlin o. J.
Smiles, Samuel Lives of Engineers, with an account of their principal Works. Vol. 1–3, London 1861/1862, Neue Ausg.: Bd. 1–5, London 1874
Speck, Artur Der Kunststraßenbau. Eine technisch-geschichtliche Studie von der Urzeit bis heute, Berlin 1950
– – Der vorläufige Entwurf einer Karte der Hauptdurchgangsstraßen Deutschlands, Zeitschr. Verkehr/Technik Heft 5, 1925
Steenstrup, I. C., Vogelius Leitfaden zur Anlage und Unterhaltung der Landstraßen, sowie zur Beurteilung der Kosten, Vehikeln und Frequenz dieser Kommunikationen, Kopenhagen 1843
Stark, Werner Die Straße – Eine soziologische und sozialhistorische Untersuchung des Straßenbaues und der Straßenbauer, Köln 1940
Straße, Die, Zeitschrift, Jg. 1–3, Berlin 1934–1936
Straße und Autobahn (Zeitschrift), Bielefeld 1949 bis 1971
Straße und Autobahn (Zeitschrift), Heft 6 »MacAdam«, Bielefeld 1956
Szeik, Felix Drei Jahrhunderte Straßenverkehr in Wien. Zur Sonderausstellung des Historischen Museums, Wien 1961/1962
Tagebuch des Oberbaudirektors von Böhmen, Strohbach, in: Jahrb. des Vereins deutscher Ingenieure, 4. Bd., Berlin 1912
Thimme, Paul Straßenbau und Straßenpolitik in Deutschland zur Zeit der Gründung des Zollvereins 1825–1835, Stuttgart 1931

Thomas, J. Thomas Telford, in: Roads and Road Construction, London 1957
Trautvetter, Karl Das deutsche Verkehrswesen – Ein Rückblick auf die geschichtliche Entwicklung des Verkehrs auf den Land- und Wasserstraßen, Archiv für Eisenbahnwesen S. 1137 ff., Berlin 1920
Trénard, Louis De la route royale à l'âge d'or des diligences, in: Colloques Cahiers de Civilisation, Les routes de France depuis les origines jusqu'à nos jours, Paris 1959
Treue, Wilhelm Achse, Rad und Wagen, München 1965
Über Land und Meer, Zeitschr., Stuttgart Jg. 1860, 1865, 1875
Vassas, R. Le droit et la route, Carcassonne 1961
Warnstedt, P. Über das Makadamisieren, oder gesammelte Andeutungen über den Steinschlag-Straßenbau, mit besonderer Rücksicht auf Holstein, o. Ortsang. 1824
Weise, Alfred Vom Wildpfad zur Motorstraße – Streifzüge durch die Geschichte des Verkehrs, Berlin 1929
Wesermann, H. Der Kunststraßenbau zur Beherzigung für Regierung und Volk, Hamm 1821
Westermanns Großer Atlas zur Weltgeschichte, Braunschweig 1956
Wiebeking, Karl Theoretisch-praktische Straßenbaukunde, Sulzbach 1808
Willebrand, Johann Grundriß einer schönen Stadt, Hamburg 1775
Willebrand, Johann Die Postkurse zur Zeit des Biedermeier, in: Zeitschr. d. Martin-Luther-Univers., Jg. V, H. 3, S. 345 ff., Halle/Wittenberg 1955/1956
Wolff, Hellmuth Die Postkurse zur Zeit des Biedermeier, in: Zeitschr. d. Martin-Luther-Univers., Jg. V, H. 3, S. 345 ff., Halle/Wittenberg 1955/1956
Würtz, Lothar Die geschichtliche Entwicklung des Straßennetzes in Baden-Württemberg, Bad Godesberg 1970
Zucker, Paul Die Brücke – Typologie und Geschichte ihrer künstlerischen Gestaltung, Berlin 1921
Zumsteins Landkartenhaus, Kniebes (Herausg.) Von der Tontafel zur Autokarte, München 1959

Anmerkungen

Altertum

1 Xenophon erzählt in der Anabasis, daß die Perser vor dem aus Syrien heranrückenden Cyrus die Schiffe, die gewöhnlich zur Überfahrt bei Tapsakus dienten, verbrannt hätten. Die Griechen konnten den Fluß aber durchwaten, wobei keinem das Wasser bis zur Brust reichte. Alexander d. Gr. ließ dann an der seichten Stelle zwei Brükken errichten. Zit. nach Birk, Alfred, Die Straße. Ihre verkehrs- und bautechnische Entwicklung im Rahmen der Menschheitsgeschichte, Karlsbad 1934, S. 50.

2 Die Entfernung zwischen den 111 Herbergen und den ebenso vielen Rasten der Königsstraße betrug je nach den Schwierigkeiten des Geländes zwischen 21 und 30 Kilometer. Birk a. a. O., S. 59–62

3 Kiepert, Hermann, Die persische Königsstraße durch Vorderasien nach Herodotos, Monatsberichte der Königl. Preuß. Akademie d. Wissenschaften, Berlin 1857 und Götz, Wilhelm, Die vorderasiatische Reichspoststraße der persischen Großkönige, Jahresbericht der geographischen Gesellschaft in München, München 1886, Heft 10.

4 »... Nichts ist so schnell, wie die persischen Meldereiter ... und hält weder Schnee noch Regen, noch Hitze, noch Nacht die Königsboten ab, die einem jedem vorgeschriebene Wegstrecke so schnell wie möglich zu vollenden. Der erste Bote übergibt seine Aufträge dem Zweiten, dieser dem Dritten ... Diesen Lauf der Pferde nennen die Perser Angareion...« (Herodot, VIII. Buch, Kap. 98). Zit. nach Götz, W., a. a. O., S. 95

5 Herodot hat uns eine eindrucksvolle Schilderung der Heeresmacht des Xerxes hinterlassen. Sie lautet – nach der Übersetzung von Friedrich Langes – mit Auslassung einiger hier unwichtiger Stellen: »... Nun zogen voran tausend Reiter, die waren aus allen Persern auserlesen; hinter diesen tausend Lanzenträger, auch auserlesene Leute; sodann die zehn heiligen Pferde, auf das schönste geschmückt ... Hinter diesen Pferden kam der heilige Wagen des Zeus von acht Schimmeln gezogen. Hinter diesen kam Xerxes selber auf einem Wagen, den nisuische Pferde zogen, ... oft aber, nach Umständen vertauschte er seinen Wagen mit einem bedeckten Reisewagen. Hinter ihm kamen Lanzenträger, die besten und edelsten Perser, tausend Mann... Nach diesen kamen wieder tausend auserlesene persische Reiter und nach ihnen zehntausend Mann, die waren auserlesen von den übrigen Persern, diese waren zu Fuß... Auf diese Zehntausend folgten zehntausend persische Reiter. Hinter der Reiterei war wieder ein Zwischenraum von zwei Stadien gelassen, und dann kam der übrige Haufen bunt durcheinander. Sie führten auch Wagen bei sich und darauf ihre Kebsweiber und eine zahlreiche und schön geschmückte Dienerschaft. Es wurden ihnen auch, abgesondert von den übrigen Kriegern, durch Kamele und Lastvieh Lebensmittel nachgeführt... Die Inder kamen zu Pferd und zu Wagen... Auch die Libyer fuhren alle zu Wagen... Die Araber ritten alle auf Kamelen, die an Schnelligkeit den Pferden nicht nachstehen... Die Araber standen ganz hinten. Nämlich da die Pferde die Kamele nicht ausstehen können, mußten sie die letzten sein, damit die Pferde nicht scheu würden.« (Herodot II, 40 u. 41, ferner 83, 84, 86 u. 87, zit. nach: Birk a. a. O., S. 69/70.)

6 Darius hatte vor seinem Feldzug gegen Griechenland (492 v. Chr.) Thrakien und Makedonien in seine Gewalt gebracht. Die persische Besatzungsmacht hatte dort sofort damit begonnen, für die zu erwartenden großen persischen Heere Straßen anzulegen. Herodot erzählt (VIII, 115), daß die Thraker die Straßen, auf denen das Heer des Xerxes gezogen war, aus Ehrfurcht nicht mehr gepflügt haben. Wahrscheinlich wird der Grund weniger die Ehrfurcht gewesen sein, als vielmehr die Unmöglichkeit, mit einem Holzpflug die Erde aufzureißen, die von dem persischen Heer felshart gewalzt worden war. Birk, a. a. O.

7 Lykurgs Gesetz verbot den Frauen der attischen Bürger, die sonst einen Wagen benutzen durften, am Prozessionstag nach Eleusis zu fahren. – Attische Beamte hielten es selbst außerhalb Attikas nicht unter ihrer Würde, die Dienstreisen zu Fuß zu machen. Nur die Priesterinnen mußten fahren.

8 Einen Steindamm am rechten Ufer des Kephisos beschreibt Ulrichs in »Reisen und Forschungen in Griechenland« I. S. 194, Bremen 1840. Siehe auch Curtius, Ernst, Zur Geschichte des Wegebaues bei den Griechen, Berlin 1855, S. 7/8.

9 Nach einem Bericht von Aristoteles verband noch eine Straße quer durch Mittelgriechenland die Küsten des Pontos und des Adriatischen Meeres, mit einem Markt in der Mitte. Dorthin kamen von Osten Weinkrüge der ägäischen Inseln Lesbos, Chios und Thasas, während die Waren aus Westen von Kerkyra (Korfu) kamen. Über den genauen Verlauf dieser Straße ist nichts bekannt, Curtius, a. a. O., S. 35.

10 Nach Herodot VIII. 176 haben die Griechen den Pfad durch die Thermopylen aus taktischen Gründen nie zu einer größeren Fahrstraße ausgebaut.

11 Plutarch, Theseus 5; Plutarch, Alkibiades 34; Pausanias I 2,4

12 Bei Arachowa, wo sich das Tal von Delphi den ankommenden Pilgern öffnete, begann mit dem »Spähfelsen« eine Reihe von Gedenkstationen, an denen sich einst die Kämpfe des Gottes mit dem Drachen am Parnaß, dem Python, abgespielt hatten. Diesen Streit und die Bekränzung des siegreichen Gottes stellten die Tempelknaben von Delphi an der Heiligen Straße für die Pilger dar. Curtius, E., a. a. O., S. 28.

13 Der heimkehrende Agamemnon lehnte diese Ausschmückung ab, da solche Ehre einem Sterblichen nicht zukomme (Äschylos, Agamemnon 875), zit. nach Curtius, E., a. a. O., S. 75.

14 Zur Durchquerung eines der kleineren Kopaischen Seen wurde nach einem erhaltenen Dekret von 421 v. Chr. ein breiter Steindamm für die sichere Fahrt der Priesterinnen angelegt, Curtius, E., a. a. O., S. 7/8.

15 Geleisestraßen aus frühgeschichtlicher Zeit sind, abgesehen von der Prozessionsstraße in Assur, bisher nur auf Malta gefunden worden. Dort allerdings in großem Umfang. Nach Ansicht des Malteser Historikers Zammit wurden sie vor etwa 3000 Jahren angelegt, um mit Karren Wasser und abgespülte Erde auf die Felder des Hochplateaus der Insel zu schaffen. – Zammit, Prehistoric car-tracks in Malta. Dazu Bulle, Heinr. »Geleisestraßen im Altertum« in: Sitzungsber. d. Bayer. Akad. d. W. Jg. 47/2 München 1948; Schreiber, Hermann, Sinfonie der Straße, Düsseldorf 1965, S. 133–140.

16 Nachzuweisen sind Ausweichgeleise besonders deutlich heute noch auf der Strecke von Sparta nach Helos. Siehe auch in Plut. Pelop. II, 289 und Aristophanes, Frösche, Vers 109 und 112, wo Dionysos sich bei Herakles nach dem er-

kundigt, was vor einer Reise zum Hades wissenswert sei. – Ulrichs (Reisen und Forschungen in Griechenland, Bremen 1840) entdeckte Spuren von Ausweichgeleisen neben dem Saumweg von Cirrha nach Delphi und am Korydalos-Paß auf dem Heiligen Weg von Athen nach Theben. Siehe auch Curtius, a. a. O., S. 15.

17 1702 verfaßte der Jesuit Paul Aler im Hinblick auf diese Stiege sein Wörterbuch »Gradus ad Parnassum«, als Treppe zum Gipfel der Dichtkunst. Auch im Zuge der Straße von Eleusis nach Korinth gab es eine Treppenstraße. Erst der römische Kaiser Hadrian (117–138 n. Chr.) soll statt der »Schlimmen Treppe« eine Fahrstraße angelegt haben. Daremberg und Saglio, »Dictionnaire des antiquités grecques et romaines«, Paris, 1912 unter »Via«. Plutarch, Thes. 5; Plutarch, Alkibiades 34; Pausanias I. 2,4.

18 Meineke, A., Fragmenta comicorum graecorum, Collegit et disposuit A. Meineke, Berolini, Reimer, 4. Band 1839–57 (5 Bände)

19 Herodot II 63; Beschreibung des Aresfestes in Pamprenis.

20 Äschylos Oed. Col 191; Platos Beschreibung von der Knossischen Straße zur Zeushöhle im Anfang der »Gesetze«; Pausanias X 12,6 »Die Herme des Herophile«.

21 »Wanderer, kommst Du nach Sparta, verkündige dorten: Du habest uns hier liegen sehen, wie das Gesetz es befahl.« (Nach der Übertragung der Denkmalsinschrift an den Thermopylen von Friedrich von Schiller.)

22 Seitdem die Städte mit den Burgen wetteifern konnten und mehr als diese den Staat repräsentierten, übertrug sich auf sie der Begriff Polis (Burg), während die Burg die speziellere Bezeichnung Akropolis erhielt. (Thukydides II, 15; Plutarch, Pelopidas 78.)

23 Hippokrates, über den Einfluß der Umwelt auf die Gesundheit – über Luft, Wasser, Örtlichkeit (De aëre, aquis, locis), Gerkan, Arnim, Griechische Städteanlagen, Berlin 1924, S. 64. Plutarch berichtet, daß seine Vaterstadt einst durch Chairon von der Westseite zum Segen der Bürger nach der Morgenseite verlegt worden sei. Damit Eos jeden zum Tage erwecke und ihre Strahlen das Haus mit heiligem Licht durchleuchten, wie das Haus des homerischen Zeus.

24 Denkschriften der Königlich Bayerischen Akademie der Wissenschaften, Bd. VII, Abt. II, S. 421, München 1809–25, Bd. 1–9.

25 Die Hauptstraße über die Marktmitte in Priene war 5,55–5,60 m breit, die Steilstraßen 3,10–3,90 m (Schrader, Hans, Priene – Ergebnisse der Ausgrabungen und Untersuchungen in den Jahren 1895–98, Berlin 1904.)

Die Staatsstraßen der Römer
Seidenstraßen

1 Tacitus, Ann. II, 6.

2 Birk, Alfred, Die Straße. Ihre verkehrs- und bautechnische Entwicklung im Rahmen der Menschheitsgeschichte, Karlsbad 1934, S. 113.

3 Birk, Alfred, a. a. O. S. 148.

4 Holmberg, Erik, Zur Geschichte des Cursus publicus, Uppsala 1933.

5 Stephan, Heinrich, Das Verkehrsleben im Altertum, Raumers Historisches Taschenbuch 4. Folge, 9. Jahrg., Leipzig 1868. Neubearbeitung: Das Verkehrsleben im Altertum und Mittelalter, Goslar 1967.

6 Cibanius von Antiochia, der zur Zeit des Kaisers Julian Apostata lebte, schrieb: »Die Gemeinden waren durch den cursus publicus so belastet, daß sie nicht mehr frei atmen konnten, denn der eine wurde fortgeschickt, dem anderen stand es bevor, und dem, welcher noch nicht im Dienst war, machte die Erwartung des Befehls schon eine gleiche Pein... Denn da die Maultiere des cursus publicus teils durch die unausgesetzte Anstrengung, teils durch die von den Stallmeistern wegen ihrer eigenen Schwelgereien verschuldete Futterentziehung aufgerieben waren, verursachte diese schwere Plage...« (zit. nach: Stephan, H., a. a. O.).

7 Um 120 v. Chr. entstanden die Abzweigungen von Dertona nach Turin und von Piacenza nach Mailand.

8 Pompejus rühmte sich, die Genèvre-Straße für Rom geöffnet zu haben (Sallust Historien II 98,4, S. 47f.).
Hannibal hat die Westalpen nicht auf der Genèvre-Straße überschritten. Dazu Meyer, Ernst, in: Neue Zürcher Zeitung, Fernausgabe, Zürich 10. Febr. 1971, S. 56: »... Für die Geschichte der römischen Straßenverbindungen über die Westalpen ist doch recht wichtig, daß die römischen Annalisten der 1. Hälfte des 1. Jahrhunderts v. Chr. die Verbindung vom Durancetal (Genèvre-Straße) über den Col de Cabre ins Drômetal offenbar als eine der damaligen Hauptstraßen kannten, da sie in ihrer erdichteten Version Hannibal auf dieser Straße ziehen lassen, Livius 21,31,9. und Cäsars Notiz im Bellum Gallicum, 1,10,3 ff.« Meyer schreibt weiter: »...ist auch Hannibal mit Sicherheit nicht auf dieser Straße oder einem Teil von ihr gezogen, da diese unsterblich scheinende Frage seit Jahrzehnten wirklich mit Sicherheit gelöst ist. Hannibals Marsch ging durch die Maurienne über den Col du Clapier (im weiteren Sinne dieser Bezeichnung), wofür auf meine beiden Aufsätze im »Museum Helveticum«, Basel 1958/15 und 1964/21 verwiesen sei, in denen alles Nötige dazu steht...« Siehe auch Duhn, F., Die Benutzung der Alpenpässe im Altertum, Neue Heidelberger Jahrbücher, Heidelberg 1892, Bd. 2.

9 Das Baujahr konnte 1949 durch die Inschrift eines bei Narbonne gefundenen Meilensteines bestimmt werden.

10 Noch 1738 standen an dieser Straße Meilenstein an Meilenstein aus der Römerzeit, und auch das alte Pflaster war überall mehr oder weniger gut erhalten (Miller, Konrad, Die Peutingersche Tafel, Stuttgart 1962, S. 7).

11 Über die günstige Lage Lyons schrieb der griechische Geograph Strabo: »Lugdunum liegt in der Mitte Galliens, wie die Akropolis im Zentrum einer Stadt. Hier fließen die Flüsse zusammen, und in der Nähe beginnen die verschiedenen Regionen. Darum hat Agrippa diese Stelle auch zum Ausgangspunkt der großen Straßen gemacht, welche die Landesteile erschließen.« (Duval, Paul, Les routes de France, Paris 1959)

12 Die letzten mit Jahreszahlen nachweisbaren Straßenbauten stammen aus dem Jahre 350 und 435 n. Chr. in der Provinz Narbonensis (Duval, P., a. a. O.).

13 Zur Besichtigung des Festungswalles mit seinen 17 Kastellen (im Abstand von nur 7,5 km) weilte Kaiser Hadrian 122 n. Chr. selbst in Britannien.

14 Photos von Joseph, St. in: Margary, Ivan Donald, Roman Roads in Britain (2 Bände), London 1955/57.

15 Vielleicht führte diese Straße zeitweise bis Castra Regina (Regensburg) und Augusta Vindelicorum (Augsburg). Naeher, J., Die römischen Militärstraßen und Handelswege in der Schweiz und S.-W.-Deutschland, Straßburg 1888.

16 Walser, Gerold, Die römischen Durchgangsstraßen in der Schweiz, Schweizerisches Archiv für Verkehrswissenschaft und Verkehrspolitik, Zürich 1964, 19. Jahrg., Nr. 2.

17 Cäsar, De bello Gallico, Buch 3. Siehe auch: Meyer, H., Die römischen Alpenstraßen in der Schweiz, Mitt. d. Antiqu. Ges., Zürich 1861, XIII.

18 Der Tempel soll nach Augustinus (354 bis 430 n. Chr.) von Kaiser Theodosius d. Gr. (379 bis 395 n. Chr.) zerstört worden sein.

19 Duhn, F., Die Benützung der Alpenpässe im Altertum, Neue Heidelberger Jahrbücher, Bd. 2, Heidelberg 1892; u. Bundi, M., Zur Geschichte des Splügenpaßgebietes, Zeitschr. Terra Grischuna/Bündnerland, 28. Jg. Nr. 2, S. 98ff., Chur 1969

20 Scheffel, P., Verkehrsgeschichte der Alpen, Berlin 1908; Baumgartner, Joseph, Die neuesten und vorzüglichsten Kunststraßen über die Alpen,

Wien 1834, S. 236; Bavier, S., Die Straßen der Schweiz, Zürich 1878, S. 12f.

21 Der zeitgenössische Dichter Pedo berichtete, daß der Isarcus (Eisack) vom Blut der Krieger rotes Wasser zu Tal führte (nach Scheffel, Paul Hugo, Die Brennerstraße zur Römerzeit, Berlin 1912).

22 Miller, K., a. a. O. S. 9 und Tafel VI. Außerdem Duhn, F., a. a. O.

23 Livius (XLI, 32) berichtete, daß die Legionäre durch die reiche Beute und die Annehmlichkeiten in den griechischen Städten Kleinasiens verweichlicht waren, und daß der Rückmarsch durch Tracien und Makedonien als Züchtigung angesehen wurde. (Nach Stephan, H., a. a. O.)

24 Teile dieser Strecke benutzte noch das Heer des ersten Kreuzzuges unter Gottfried von Bouillon (1096–1099) [52 u. 250].

25 Bergier, Nicolas, Histoire des grands chemins de l'Empire Romain, ohne Ort 1728.

26 Vegetius, Das römische Kriegswesen, III. 6. Schmidt, F., Forschungen über noch vorhandene Reste von Militärstraßen in den Rheinlanden, Jahrb. d. Vereins für Altertumsfreunde im Rheinland, Bonner Jahrb. XXVI., Bonn 1961.

27 Die Karte war ursprünglich eine Pergamentrolle von 6,82 m Länge und 34 cm Höhe. Sie wurde 1507 von dem Wiener Humanisten Konrad Celtis, der sie auf einer Reise »in irgendeiner Bibliothek gefunden« hatte, dem Augsburger Ratsschreiber Konrad Peutinger zur Aufbewahrung übergeben. 1508 starb Celtis und vermachte die Karte Peutinger mit der Auflage, sie zu veröffentlichen. Auf Wunsch von Marcus Welser in Augsburg wurde die Tabula Peutingeriana von Johannes Moller kopiert und die Kopie an den Kupferstecher Ortelius in Antwerpen geschickt. Dort erschien Ende 1598 die erste vollständige Ausgabe. Alle folgenden Ausgaben bis zu dem Faksimile von Scheyb anno 1753 sind teils Abdrücke, teils Kopien jener ersten Ausgabe (nach Miller, Konrad, Itineraria Romana, Stuttgart 1916). Das Original der Tabula war dann lange Zeit verschollen, bis es 1715 in der »Leipziger Postzeitung« zum Verkauf angeboten wurde. Prinz Eugen erwarb das einzigartige Dokument. Nach seinem Tod ging es in den Besitz der Wiener Hofbibliothek über. Heute verwahrt es die Nationalbibliothek in Wien. – Da beim Aufrollen der Karte immer Farbteile abbröckelten, hat man die Rolle 1863 in ihre 11 Segmente geteilt und flach verwahrt.

28 Jandaureck, H., vermutet sogar, daß die Tabula Peutingeriana schon um 90 n. Chr. hergestellt wurde. Dann wäre allerdings kaum zu erklären, wieso die Karte für Gallien und Germanien das Leugenmaß benutzt, das in diesen Ländern erst 202 n. Chr. von Kaiser Septimius Severus erlaubt wurde. (Jandaureck, Herbert, Oberösterreichische Altstraßen, [1.] Die Straßen der Römer, Wels 1951.)

29 Besonders kritisch hat W. Kubitschek die Tabulana Peutingeriana und das Itinerarium Antonini untersucht. Er kommt zu einem vernichtendem Urteil über die Zuverlässigkeit beider Dokumente. (Kubitschek, Wilhelm, Eine römische Straßenkarte, Jahrb. d. Österr. Archäolog. Institutes, Bd. 5, Wien 1902.)

30 Eine römische Meile = 1,48 Kilometer. Die keltische (gallische) Leuge = 2,2 Kilometer. – Zur Feststellung, wieviele Meilensteine in der Schweiz vorhanden gewesen sein können, schreibt I. König vom Seminar für alte Geschichte und Epigraphik an der Universität Bern 1971: »... Die prozentuale Angabe (5%) ist an Hand eines Beispieles leicht zu erläutern: Die Strasse des Gr. St. Bernhard nach Genf beträgt nach Angabe der antiken Itinerare 109 Meilen. Gefunden wurden bisher 33 Meilensteine, die die Namen und Titel der Kaiser ... Dies sind 16 Namen bzw. 16 Regierungszeiten, während deren die ganze Strasse oder zumindest weite Teile derselben immer wieder erneuert wurden. Dies bedeutet weiterhin, dass jeder Kaiser bei der Reparatur eigene Meilensteine neben bereits vorhandene frühere Steine stellen liess, falls die Gemeinden es aus Sparsamkeitsgründen nicht vorzogen, den Namen des Kaisers neben, unter oder auf den Namen eines früheren Kaisers zu setzen (doppelbeschriftete Meilensteine gibt es vermehrt – nicht ausschliesslich – seit Ende des 3. Jahrh.). In der Annahme, dass unter den 16 Regierungszeiten jeweils nur eine einmalige Strassenreparatur erfolgte und nur 1/4 der Gesamtstrecke betraf, so ist bei einer Strassenlänge von 109 Meilen mit mindestens 436 vormals aufgestellten Meilensteinen zu rechnen«.

31 Friedländer, Ludwig, Sittengeschichte Roms, Köln 1957.

32 Die Sorgfalt, mit der die römischen Straßenbauer die Grundbefestigung des Straßenkörpers vornahmen, bezeugen die Verse des Dichters Statius über die »Via Domitiana« in »silvae« 4/3, 40–46 (Ausgabe von Klotz, Alfred, Leipzig 1911):

»hic primus labor inchoare sulcos
et rescindere limites et alto
egestu penitus cavare terras;
mox haustas aliter replere fossas
et summo gremium parare dorso,
ne nutent sola, nemaligna sedes
et pressis dubium cubile saxis;«

zu deutsch möglichst wörtlich übersetzt:
»Das war die erste Arbeit, die Furche zu beginnen und die Trasse zu ziehen und durch tiefes Herausgraben bis auf den Grund die Erde auszuhöhlen; dann die aufgerissenen Gräben anderweitig wieder zu füllen und dem hohen Rücken einen Schoß zu bereiten (bildlich etwa für: dem hohen Fahrdamm einen Grund schaffen), damit der Boden nicht schwanke (eigentlich: nicht boshaft sei) und ein unsicheres Lager für die belasteten Steine.«

33 Für Oberösterreich, wo ja meist reichlich Felsgestein zur Verfügung stand, gibt H. Jandaureck (a. a. O.) folgende Bautypen von Römerstraßen an:

1. Schotterstraßen. Auf einem Untergrund von gestampftem Lehm eine 15–30 cm starke Pakkung aus sorgfältig nebeneinander geschichteten Bruchsteinen, die mit Mörtel verbunden waren. Darauf eine durchschnittlich 10 cm starke Schotterschicht als Fahrbahn.
2. Betonstraßen. Eine mindestens 30 cm starke Schicht aus sehr hartem mit Sand und Schotter vermengtem Mörtel.
3. Pflasterstraßen. Davon berichtet die Inschrift eines Meilensteines des Kaisers Maximinus, der bei Wels gefunden wurde.

Bei einer in der Nähe von Trier gefundenen römischen Nebenstraße ist nur die Mittelschicht in Mörtel gebettet. (Speck, Artur, Der Kunststraßenbau, Berlin 1950.)

34 Haegermann, Gustav, Vom Caementum zum Spannbeton, Bd. I, S. 3–26, Wiesbaden 1964.

35 Vitruvius: De architectura, Bd. 2, Kap. 6:
»Indem nun drei auf ganz ähnliche Art durch die Stärke des Feuers gebildete Dinge [nämlich Kalk, Pozzulanerde und Tuff] zu einer Mischung gelangen, haften sie, nachdem sie plötzlich Flüssiges aufgenommen haben, fest aneinander und werden, durch die Feuchtigkeit gehärtet, schnell innig untereinander verbunden und weder der Wogendrang noch die Gewalt des Wassers vermögen sie mehr voneinander zu lösen.«
In Bd. 8, Kap. 6 empfiehlt Vitruv als Mischung für guten Beton: Zwei Teile reinen Kalk auf fünf Teile Pozzulanerde, der zerschlagene kieselsäurehaltige Bruchsteine, von denen kein Stück schwerer als ein Pfund sein darf, in einer solchen Menge zugemischt werden, daß die Masse nach dem Einbringen in eine Stein- bzw. Holzschalung durch Stampfen mit eisenbeschlagenen Holzstampfern gut verdichtet werden kann.
(Haegermann, G., a. a. O. S. 20/21)

36 Aubin, Hermann, Die Rheinbrücken im Altertum und Mittelalter, Rheinische Vierteljahreshefte, Bonn 1937.

37 Poellnitz, P., Die römische Rheinbrücke bei Mainz. Ihr Ursprung und ihre Konstruktion, Mainz 1884.

38 Ammianus Marcellinus 17/I, 2, zit. von

Bidez, Joseph, in »Julian der Abtrünnige«, München 1940.

39 Darstellung auf der Trajanssäule in Rom [Abb. 88].

40 Professor Walser stellte fest: »Die Trassierung durch das ›Große Moor‹ bei Biel in der Schweiz im Verlauf der Straße Großer St. Bernhard–Basel gehört zu den Meisterleistungen römischer Straßenbaukunst. Der Damm, auf dem die Straße verlief, ist noch heute zum größten Teil erhalten... Zum Schutz vor Überflutungen wurden die Wasserläufe des Moores in den Bieler See abgeleitet.« (Walser, G., a. a. O.)

41 Was Tschang-tien zu melden wußte, steht in dem Bericht, den der chinesische Hofhistoriograph Sse-ma-tsien 85 v. Chr. zusammenstellte.

42 Heute ist das Tarimbecken das Atom-Forschungs- und Versuchsgelände Chinas.

43 Marco Polo hat die Mühen und Gefahren dieser fürchterlichen Strecke ausführlich beschrieben:

»... Man gelangt in eine große Wüste, wo der Sand ein ungeheures Gebiet bedeckt und in ständiger Bewegung begriffen ist. Die Dünen häufen sich auf und zerstreuen sich je nach der Laune des Windes. Die Reisenden finden von Menschen keine Spur, und oft kommt es vor, daß sie sich verirren... Aus diesem Grunde haben die Reisenden Knochen von Tieren aufgehäuft, um den Weg kenntlich zu machen. Man findet dort weder Wasser noch Gras, und es treten zuweilen wütende Stürme auf. Wenn diese Winde sich erheben, fallen Menschen und Tiere krank und betäubt zu Boden. Manchmal hört man singende und pfeifende Töne, sowie schmerzliche Rufe; aber wenn man sich umsieht und hinhorcht, ist man vollständig verwirrt und unfähig, sich zu orientieren. (zit. von Marco Polo aus einem Bericht des Chinesen Huan-tsang um 600 n. Chr.) Schreiber, H., Sinfonie der Straße, S. 86f., Düsseldorf 1959

»...Für Proviant muß man wenigstens für einen Monat sorgen, weil man soviel Zeit braucht, um die Wüste auf dem kürzesten Weg zu durchziehen... Während dieser 30 Tage trifft man keine vierfüßigen Tiere und keinen Vogel, weil es kein Futter für sie zu finden ist.«

Auch der russische Forscher Prshewalski erlebte mehrfach solche Stürme und beschrieb einen 1877 in seinem Expeditionstagebuch (zit. n. Schreiber, H., S. 87 a. a. O.).

44 »Damit binden wir diesen Stamm an uns und unterwerfen ihn unserer Macht. Das heißt, den Hunnen den rechten Arm abschlagen. Wenn wir uns mit dem Stamme Wu-sun vereinen, sind unsere Marschwege nach Baktrim sicher...« (Zit. n. Schreiber, H., S. 62, a. a. O.)

Die Straßen vom Mittelalter bis zum Absolutismus – Die Straßen der Inkas

1 Dahn, Felix, Prokopius von Caesarea, Berlin 1865

2 Bernsteinhandel zwischen dem Zweistromland und der Ostsee hat es schon im Assyrischen Reich gegeben. Eine Inschrift aus Babylon von 920 v. Chr. besagt: »... in den Meeren, wo der Nordstern im Zenith steht, fischten ihre Kaufleute das gelbe Ambra [den Bernstein] ...« Oppert, Jules, L'ambre jaune chez les Assyriens, Paris 1880

3 In Bulgar (oder: Bolgar) begannen auch Marco Polos Vater und Oheim 1255 ihre Reise nach China. (Hennig, Richard, Zur Verkehrsgeschichte Ost- und Nordeuropas im 8. bis 12. Jahrhundert, Historische Zeitschrift, München/Berlin 1916, Bd. 115)

4 Reinaud, M., Albutfedas Geographie, Paris 1848

5 Karten der Handelswege vom 9. bis 11. und 11. bis 13. Jahrhundert. Zusammengestellt von B. A. Rybakow in: Woronin, N.N., Geschichte der Kultur der alten Rus', Berlin 1959, Bd. I, S. 292/93 und S. 320/21

Herrmann, Paul, Sieben vorbei und acht verweht, Hamburg 1952, S. 394ff.

Woronin, a. a. O., S. 261ff., Verkehrsmittel und Verkehrswege; S. 289ff., Der Handel und die Handelsstraßen

6 Schlözer, August Ludwig, Nestor: Russische Annalen, Göttingen 1802–1809

7 »... von dieser Stadt [gemeint ist Jumne in Dänemark] weiterfahrend, gelangt man am 14. Tag nach Ostrogard [zur Hansezeit Naugard, dann Nowgorod] im Russenlande, dessen Hauptstadt Chiew ist.« Schneider, B., Hamburg 1917, und Steinberg in: Hamburgische Kirchengeschichte, Gesta Hammaburgensis ecclesiae pontificum, Hamburg 1926. Siehe auch: Westberg, Fr., in: Abhandlungen der Petersburger Akademie der Wissenschaften, Petersburg 1898, 8. Serie S. 32

8 In Schweden ist z. B. nur eine geringe Anzahl orientalischer Teppiche gefunden worden. Die beiden Meßgewänder aus dem frühen Mittelalter mit arabischen Inschriften in der Marienkirche zu Danzig sind Ausnahmen. Nach: Karabazek, Jos., Die liturgischen Meßgewänder mit arabischen Inschriften aus der Marienkirche zu Danzig, Wien 1870

9 Georg Jacob schätzt, daß die Menge der in jener Zeit in den Ostseeraum gekommenen Goldmünzen in die Millionen geht. Siehe: Jacob, Georg, Der nordisch-baltische Handel der Araber im Mittelalter, Leipzig 1887

10 Hohmeier, Mon. Boica XXVIII, S. 203, in: Archiv für Geographie und Historie, Staats- und Kriegskunst, Wien 1820, S. 623

11 Westberg, Fr., Schriften des Ja'qûb, Petersburg 1898

12 Erst als der Hafen von Brügge Ende des 15. Jahrhunderts versandete, verlor die Stadt ihre Vormachtstellung an Antwerpen.

13 Erst 1728–1737 wurde die Zaberner Steige umgebaut und erhielt eine geringere Steigung (siehe auch S. 228 und Abb. 52 u. 154).

14 Chlodwig wählte 508 Paris zum ständigen Königssitz.

15 Hayen, Hajo, Vorgeschichtliche Moorwege, Oldenburg 1938. – Hayen, Hajo, Zur Bautechnik und Typologie der vorgeschichtlichen, frühgeschichtlichen und mittelalterlichen hölzernen Moorwege und Moorstraßen, Oldenburg 1945

16 Cäsar führt in »De bello Gallico« 6/26 zwar keine bestimmten Strecken auf, aber seine Feststellung, daß die Germanen keine Wegevermessung kennen, läßt doch auf das Vorhandensein von Wegen schließen.

17 1198 zerstörte Heinrich der Löwe den reichen Handelsort Bardowick, um die Konkurrenz für die von ihm gegründete Stadt Lübeck auszuschalten.

18 Auch die Nibelungen sind im 5. Jahrhundert diese Route gezogen. Sie kamen von Worms über Miltenberg nach Würzburg (heute »Nibelungenstraße«). Pöchlarn lag an der Donau etwas westlich vom heutigen Melk. Etzels Burg lag an der oberen Theiss in Ungarn [154].

19 Noch 940 n. Chr. zerstörten die Sarazenen das Kloster St. Maurice unterhalb des Großen St. Bernhard und dehnten ihre Raubzüge bis in das Bistum Chur und an die Grenzen von St. Gallen aus. Scheffel, Paul Hugo, Verkehrsgeschichte der Alpen, Bd. 2. Das Mittelalter, Berlin 1914

20 Unwichtig wurden die römischen Paßstraßen: die Via Augusta entlang der Riviera, die Straße am Mont Genèvre und am Kleinen St. Bernhard.

21 Scheffel, P., a. a. O. S. 174

22 Noch Napoleon hat das Fort Bard nach dem geglückten Paßübergang über den Großen St. Bernhard Schwierigkeiten gemacht [196].

23 Meyer, Gerold, St. Gallen 1877, Ekkehard IV., Casus sancti Galli (entnommen: Scheffel, P., a. a. O. S. 184).

24 Karl der Große hat den Großen St. Bernhard wahrscheinlich achtmal überschritten: 774, 776 re, 780, 781 re, 786, 787 re, 800 und 801 re. Sicher durch Urkunden belegt sind allerdings nur zwei Übergänge: 776 re und 801 re.

Ihm folgten an Herrschern: Kaiser Lothar 833 ?, 839 ?, 840 – Karl der Kahle 875, 875 re und 877. – Von den 14 (!) Alpenübergängen Karls III. er-

folgten wahrscheinlich drei über den Großen St. Bernhard: 879, 880 re ?; – Arnulf 894 re – Heinrich V. 1110 und 1118 re – Friedrich I. 1162 re; – Heinrich VI. 1196; – Sigmund 1414 re.
Groß ist die Zahl der geistlichen Herren, die über den Großen St. Bernhard zogen: Papst Stephan III. 753 – Bischof Sigerich von Canterbury 990 re – Bischof Bernward von Hildesheim 1001 – Bischof Bruno von Toul (von 1048 an Papst Leo IX.) 1026, 1027 re, 1049 und 1050 re – Abt Albert von Stade 1236.
Von den Pilgern aus Island: König Knut d. Gr. 1027 – Bischof Jonas 1106 – Abt Nikolaus von Thingör 1152 und 1154 re – Abt Nikolaus 1156.
(Nach: Oehlmann, Ernst, Die Alpenpässe im Mittelalter, Jahrb. f. Schweizer Gesch., Zürich 1878/79, Bd. 3 und 4)
25 Es ist das Tal, dessen Schrecken in Schillers »Wilhelm Tell«, V. Akt, geschildert werden.
26 Ihren Namen erhielten Berg und Paß nach dem heiligen St. Godehard, Bischof von Hildesheim (960–1038), der hier während einer Reise nach Rom 1001 ein Wunder gewirkt haben soll. Ihm weihte am 24. August 1230 der Erzbischof von Mailand die »ecclesia sancti gocardi«, der wahrscheinlich bald der Bau des Hospizes gefolgt ist, das allerdings erst 1331 urkundlich erwähnt wird.
27 Schuhmacher, Bruno, Reisebericht des samländischen Bischofs Dietrich von Cuba von Rom nach Frankfurt, in: Mitteilungen des Vereins für Geschichte von Ost- und Westpreußen, Jahrgang 17, Bad Wiessee 1942
27a Baumgartner, Joseph, schreibt in seinem Buch »Die neuesten und vorzüglichsten Kunststraßen über die Alpen«, Wien 1834, über den Splügenpaß: »Bis zum Ende des 15. Jahrhunderts wagte sich Niemand, in dieser schauerlichen Felsenschlucht eine Bahn zu eröffnen, ... daher der Weg ... an dem höheren Abhange dieses Gebirges durch den Dürrenwald in das Schamserthal, und hier oberhalb den Dörfern Lohn, Mathon und Bergenstein nach Sufers und Splügen im Rheinwaldthale geführt wurde.« Siehe auch: Bundi, M., Zur Geschichte des Splügenpaßgebietes, in: Zeitschr. Grischuna/Bündnerland, Chur 1969, 28. Jahrg. Nr. 2 S. 98ff.
28 Die Verpflichtungsurkunde vom 3. März 1387 befindet sich im Bischöflichen Archiv in Chur. Zur Geschichte der Septimer-Straße siehe auch: Berger, Friedrich, Die Septimer-Straße. Kritische Untersuchung über die »Reste alter Römerstraßen« in: Jahrbuch f. schw. Gesch., 15. Bd. Zürich 1890 S. 1ff.
29 Kohl, Otto, Thaten Friedrichs, Leipzig 1883
30 Otto II. 967 – Konrad II. 1027 – Heinrich III. 1055 – Heinrich IV. (zweimal) 1080 – Friedrich I. 1154 und 1155 – Otto IV. 1209 – Friedrich II. 1235 und 1237 – Heinrich VII. 1226
31 Der »Fondaco dei Tedeschi« wird erstmals in einer Urkunde vom 5. Dezember 1228 erwähnt.
32 Dr. Seberich, Bozen, hält es aufgrund seiner Geländeforschungen – entgegen der allgemein üblichen Ansicht – für erwiesen, daß die Römer bereits eine Fahrstraße im Eisacktal zwischen Bozen und Klausen angelegt haben.
Frater Felix Fabri aus Ulm (1441–1502), der bei seinen zwei Pilgerfahrten nach Jerusalem den Kuntersweg benutzt hat, berichtet in seinem Evagatorium 27 B (I p. 71):
»20. April 1483. Nachdem wir Brixen hinter uns gelassen hatten, kamen wir ›ad VIAM CONTERI‹, über den wir leicht aufsteigen konnten, da der Herzog [Siegismund] von Österreich ihn so geebnet hatte, daß man nun mit einem Wagen hinauf- und hinabfahren kann, und alle anderen Wege [über den Ritten] aufgegeben hat. Es sind noch keine zwei Jahre vergangen, daß jener Weg so schlecht und gefährlich war, daß ihn nur mit Schwierigkeiten ein einzelner begehen konnte, indem er sein Pferd hinter sich her zog. Unter welchen Schwierigkeiten ich bei meiner ersten Pilgerfahrt jenen Weg begangen habe, ist mir noch gut in Erinnerung...... Aber jetzt hat, wie gesagt, der Herzog künstlich mit Feuer und Schießpulver die Felsen durchbrechen, Felsnasen abtragen und große Steinblöcke entfernen lassen.«
Bibliothek des Literarischen Vereins in Stuttgart, IV, Stuttgart 1849 – Fratris Felicis Fabri Evagatorium in terrae sanctae, Arabiae et Egypti peregrinationem – edit. Cunradus Dietericus Hassler Gymnasii Regii Ulmani professor, Volumen tertium, Stuttgartiae 1848 (siehe auch Seite 200)
33 Wanka, Oskar, Die Brennerstraße im Altertum und Mittelalter, Prag 1900
34 Seit 1094 ist die Abtei Gloggnitz in der Nähe des Semmeringüberganges nachweisbar. Oehlmann, E., a. a. O., Bd. 2, S. 276
35 Oehlmann, E., a. a. O., S. 276
36 Eidgen. Abschiede 1575 IV Ab. II Nr. 53 S. 1422ff., Codex diplom. Saxoniae VIII; zit. nach Gasner, Ernst, Zum deutschen Straßenwesen von der ältesten Zeit bis zur Mitte des XVII. Jahrh. Leipzig 1889, S. 117 Anm. 401
37 Zeitschrift f. d. Kulturgeschichte. Bilder aus dem Leben des deutschen Volkes, I. Jahrg., Nürnberg 1856, S. 491. Zit. nach Gasner, E., a. a. O. S. 116.
38 Grimm, Jacob, Weistümer, Bd. 3, S. 627. Göttingen 1842. Zit. nach Gasner, E., a. a. O., S. 107.
39 Sachsenspiegel;
2. Buch, Art. 59 § 3: Straßenrecht
(aus der Heidelberger Handschrift Palm. germ. 164)

fol. 9v Des kvniges straze sal sin also breit, daz
ein wagen dem andern gerumen mvge.
der lere wagen sal rumen dem geladenen,
vnde der minre geladene deme swerern.
di ritenen wichen dem wagene, vnde di
genden den ritenden. sin si aber in eime
10r engen wege ader vf / einer brucken, vnde
iaget man einen ritenden ader czv vuze,
so ste der wagen stille, biz si mvgen vorkvmen.
welch wagen er vf die brucke
kvmt, der sal er vber gen, he si lere ader
geladen.

39a Originaltext aus dem Exemplar des Sachsenspiegels im Germanischen Nationalmuseum, Nürnberg [169]:

dey zal so bret sin dac en Wagen deme
anderen rumen moege. dey yo ... wage
zal kennen deme geladenen und dey ...
gel ?ladene dem gladene mest. dey ridende
deme ... gene. dey gaende deme rydende.
zünt zey okm eno engen Wege off op
ener brugghen off jaget men ene ridende
off end to vooct zozal dey Wag ... stille
staen bet zey kon.kame. .Wage. erstu
kommt op dey brugge sal erste owergaen
hey zy ydol off gelade

40 Freiberg, Histor. Schriften, IV, 281, zit. nach: Gasner, E., a. a. O., S. 123.
41 Die Hausener Fähre bestand bis zum Januar 1967.
42 Waitz, Dt. Verfass. Gesch. IV 8. Bd. S. 235, Kiel 1844–75; Roth, Gesch. d. Beneficialwesens, Erlangen 1850, S. 412.
43 Codex Laureshamensis, Urkunde Nr. 8, Reg. Nr. 1330, Dt. Übers. K. J. Minst, Bd. I, S. 63. Lorsch 1966. Zit. nach: Quetsch, Franz H., Geschichte des Verkehrswesens am Mittelrhein, Freiburg 1891, S. 30.
44 Einhard in: Einhardi Vita Karoli imperatoris, Hrsg. G. H. Pertz, in: Monumenta Germaniae Historica, Scriptores tom. II, 1829, cap. 17. S. 452.
45 Caroli Magni gestorum libri 2 ... scripti a monacho S. Galli, Hrsg. H. Canisius, in: Lectio antiqua 1, 1601, S. 360–428; Notkeri Balbuli Gesta Karoli Magni imperatoris [Notker der Stammler, Taten Karls des Großen]. Hrsg. H. F. Haefele (Monumenta Germaniae Historica, Scriptores rerum Germanicarum nova series tom. XII, 1959) lib. I cap. 30, S. 40f. Siehe auch: Quetsch, Fr. H., a. a. O., S. 30ff.
46 Eine Urkunde des Klosters St. Mang besagt, daß 1138 das dritte Jahr nach Beginn des Brückenbaues sei: »qui est tertius inchoati pontis super Danubium«. Oefele, Andreas Felix, Rerum Boicarum Scriptores, Augsburg 1763, Bd. 1 S. 190
47 Die Kunstdenkmäler der Oberpfalz XXII

Stadt Regensburg III, Profanierte Sakralbauten und Profangebäude, München 1933

48 Erst, als eineinhalb Jahrhunderte später die Bergwerke Freiberg in Sachsen die Mittel für den Weiterbau der Dresdner Elbbrücke zur Verfügung stellten, konnte die Brücke im Jahre 1260 vollendet werden. 1343 wurde sie durch Hochwasser zerstört und erst 1727–1731 unter August II. von dem Baumeister Pöpelmann wieder hergestellt und jetzt »Augustus-Brücke« benannt.

49 Die Brücke wurde im 13. Jahrhundert durch Hochwasser zerstört und 1358 von Karl IV. durch die heute noch bestehende »Karlsbrücke« ersetzt.

50 Die Moselbrücke bei Koblenz wurde gebaut und unterhalten durch Einnahmen aus Ablässen von Erzbischof Baldewin 1343, Papst Clemens VI. 1344, Erzbischof Boëmund II. 1356 und Erzbischof Wernher 1390. Zit. nach Quetsch, a. a. O. S. 32

51 Friedrich I.: »Regalia sunt hec: ... vie publice« ... « Monumenta Germaniae historica. Legum sectio IV. Constitutiones.
T. 1 Ed. Ludewicus Weiland. Hannoverae 1893. Nr. 175. Früherer Druck: MG. Leges [Folio].
T. 2. Ed. Georgius Heinricus Pertz. 1837.
Pagina 111f.

52 Curia Moguntina [vom Jahre 1235], Constitutio pacis cap. 6, Hrsg. G. H. Pertz, in: Monumenta Germaniae Historica, Leges tom. II, 1837, S. 315.
Friderici II. Constitutiones nr. 196 (Constitutio pacis [1235 Aug. 15]) cap. 7, Hrsg. L. Weiland, in: Monumenta Germaniae Historica, Leges sectio IV, tom. II: Constitutiones et acta publica imperatorum et regum, 1896, S. 243. Siehe auch: Gasner, E., S. 44ff.

53 Dem Kurfürsten von Mainz oblag die Führung aller Reichsgeschäfte. Selbst der Kaiser sollte und wollte dem Reichskanzler »keinen Eintrag tun noch sonst in dem Kurmainzischen Erzkanzleriat und Reichsdirektorium Ziel und Maß geben.« (Wahlcapitulation Karls VI. von 1711 Art 13) Zeumer, Karl, Quellensammlung zum Staats-, Verwaltungs- und Völkerrecht, Bd. 2 nr. 205 (Entwurf einer beständigen Wahlcapitulation, 1711, Juli 8) Artikel XIII, 2. Aufl. 1913. S. 483f.

54 Einzelaufstellung mit urkundlichen Angaben in Quetsch, Fr. H., a. a. O. S. 399ff.

55 Diese Bestimmung wurde noch einmal im Bayerischen Landfrieden von 1256 im Art. 8 ausdrücklich wiederholt.

56 Im Jahre 1340 gab Kaiser Ludwig der Bayer den Rothenburgern (o. d. T.) die Erlaubnis, die Fernstraße Frankfurt–Würzburg–Augsburg–Italien durch ihre Stadt zu führen, um dadurch das von ihm verliehene Marktrecht zu fördern. (Original der Urkunde im Hauptstaatsarchiv, München)

57 Der Stapelbezirk reichte also aufgrund des Privilegs bis über Erfurt, Magdeburg, Pirna und schloß sowohl das Mansfelder Bergbaugebiet wie das Erzgebirge ein. Für die Privilegien ist bei der Kaiserlichen Kanzlei bezahlt worden. Siehe: Hasse, Ernst, Geschichte der Leipziger Messen, Leipzig 1936, S. 16ff.

58 Karl V., Maximilian II. und Joseph II. (letztes Messeprivileg 1770)

59 »Der Sachsenspiegel« edit. Hirsch, H., Berlin-Leipzig 1936, S. 193

60 Müller, Joh., Das Geleitwesen auf der Handelsstraße Nürnberg–Frankfurt, Aschaffenburger Geschichtsblätter 2. Jg. Nr. 4, S. 121ff., 1908

61 Krönungsdiarium des Kaisers Franz I. von 1746, S. 3 u. S. 159

62 Pistorius, W. F., Lebensbeschreibung Götzens von Berlichingen, Nürnberg 1731

63 »Walpode stammte aus dem alten adlichen Mainzer Patriziergeschlechte der Löwenhäupter, welche das Walpodenamt (Gewaltsboten- oder erstes Polizeiamt) erblich inne hatten...«, zit. nach: Quetsch, F., a. a. O. S. 287 Anm. 1

64 Weizsäcker, Julius, Der Rheinische Bund 1254, Tübingen 1879

65 »Zerbrochen sind der Schlechten Siegesfahnen
In Brandstättasch, in Trümmergluth,
Hinabgeknirscht die Frevlerbrut,
...
Gesichert frei,
Sind Land und Wasserbahnen,
...
Zerstreut hat Gottes Schreckenswetter
Die Räuberhorden all',
Verstummt sind Mord und Zeter
Mit ihrer Burgen Fall,
Die freie Land- und Wasserfähre
Bedürfen jetzt kein Schutzgeleit.
...
Arnold Walpoden hat dieses Werk vollbracht,
...«
Boerckel, Alfred, Frauenlob, sein Leben und Dichten, S. 17. Erste Meistersingerschule, verm. Aufl. Mainz 1881. Siehe Quetsch, F., a. a. O. S. 285ff.

66 Sudendorf, H., Registrum oder merkwürdige Urkunden für die deutsche Geschichte, Berlin 1851 Urk. VIII Nr. 2071

67 Gregor v. Tours, Historia Francorum. Dt. Übers. Giesebrecht, W., Geschichtsschreiber der dt. Vorzeit, 2. Aus., Band 9, S. 9, Leipzig 1887.

68 Guérard, Charles Benjamin Edme, Polyptyque de l'Abbé Irminon Bd. 1, Paris 1844, § 428

69 Thaboetius in Paradoxis Regum, p. 112, Lugduni (= Lyon) 1560 entnommen: Quetsch, a. a. O., S. 96ff.

70 Gachod, H., Loffende Botten. Die geschworenen Läuferboten und ihre Silberbüchsen mit besonderer Berücksichtigung der Straßburger Botenordnungen, Archiv für Deutsche Postgeschichte, Bonn 1964/2

71 Wortlaut des Boteneides der Stadt Münster im Elsaß, Gachot, H., a. a. O., S. 9

72 Wie das Botenschild zu der irreführenden Bezeichnung »Botenbüchse« gekommen ist, hat sich bis heute nicht klären lassen.

73 »..., Ein Kerl, der nicht viel zu verlieren hat / der kans auff dem weg frisch hinein wagen / wie die Botten«, »... Trotz der Bewaffnung die, wie unsere Abbildungen zeigen, stets einen ›Bottenspieß‹ und oft auch noch aus einem Säbel bestand, sind mehrere Boten ermordet worden...«, zit. nach: Gachot, H., a. a. O. S. 10/11

74 Rübsam, Josef, Johann Baptista von Taxis, Historisches Jahrbuch 21 u. 26 nach Figini, I Tassi ed i feudi die Rachel.
Rübsam, Josef, Johann Baptista von Taxis, Zur Geschichte des Internationalen Postwesens in Historisches Jahrbuch 1892, 13, 15–79

75 Lünig, Johann Christian, Reichsarchiv, I, 444–446, Leipzig 1713

76 Wortlaut des Patentes in Archiv für Post und Telegraphie, Berlin 1888, XVI. Jahrg., S. 169

77 »Gough-Bodleian-Karte«, benannt nach ihrem Urheber Gough und dem derzeitigen Lageort, der Bodleian-Library in Oxford

78 Beide Karten in farbiger Wiedergabe in: Dangl, Rud., Freie Reichsstädte anno dazumal, Stuttgart 1965

79 Röhricht, R., Karten und Pläne zur Palästinakunde aus dem 7. bis 16. Jahrhundert, in: Zeitschrift des deutschen Palästina Vereins, Berlin 1891/92

80 Von der »Landstraßenkarte« existieren heute nur noch zwei Exemplare. Das erste ist im Privatbesitz von H. P. Kraus, New York; das zweite – stark beschädigt – in der Stadtbibliothek von Löbau/Sachsen.

81 Krüger, Herbert, Des Nürnberger Meisters Erhard Etzlaubs älteste Straßenkarten von Deutschland, Jahrbuch für Fränkische Landesforschung, Kallmünz OPF. 1959 Nr. 18

82 Von der »Romweg-Karte« existieren heute noch zwölf Exemplare: Geogr. Institut Göttingen; Brit. Museum, London; Staatsbibliothek, München; Germ. Nat.-Mus., Nürnberg; Bibl. Nat., Paris (2); Studienbibl., Linz; Nat. Gallery, London (2); Privatbesitz: Rosenthal, Berkley/Kalifornien; H. P. Kraus, New York; Ehrmann-Beaulieu, Hands/Großbritannien

83 1511 erschien in Straßburg noch eine Euro-

pa-Straßenkarte von Waltzeemüller. Sie kümmerte sich ebenso wie Etzlaubs Karten nicht um Einzelheiten und zeigte die Straßen in sehr »generalisierenden« Linien [216]. Die »Carta Itineraria Europae von Martinus Waltzeemüller (Hylacomylus)« wurde wiederaufgefunden und beschrieben von Dr. Franz R. v. Wieser, München 1893 (Gelegenheitsschrift, nicht im Handel). Das einzige noch existierende Exemplar der Karte befindet sich heute im Besitz des Tiroler Landesmuseums Ferdinandeum in Innsbruck

84 Fauser, Alois und Seyfert, Th., Itinerarium orbis christiani – Der älteste Reiseatlas der Welt, München 1959

85 Bonacker, Wilhelm, Leben und Werk der Rothenburger Kartographen Jung, Fränkisches Jahrbuch für Geschichte und Kunst, Würzburg 1957, Heft 9

86 Ambrosius, Bischof von Mailand 340–397 n. Chr., schrieb in einem Brief an Faustinus: »Als Du von Bologna abgereist warst, hattest Du diese Stadt, sodann Modena und Reggio hinter Dir, Parma zur rechten und Piacenza, einst eine herrliche Stadt, ... Du sahst die traurigen Überbleibsel von Orten, die einst die blühendsten waren. Alle diese Städte, alle diese Landschaften sind gleichsam nur noch vermodernde Gerippe, auf immer ruiniert, auf immer ist ihr Wohlstand verschwunden...«; »... Die gleiche Zerstörung in Spanien, in Afrika und am Rhein von Nimwegen bis Basel. Straßburg wurde 451 zerstört und im 6. und 7. Jahrhundert war es noch eine mit Gestrüpp bedeckte Steinwüste...« zit. nach: Stephan, Heinrich, Das Verkehrsleben im Altertum und Mittelalter, Raumers Historisches Taschenbuch, Leipzig 1868 4. Folge 9. Jahrg.

87 Mitt. d. Hist. Vereins d. Pfalz, Speyer 1954, Jg. 52, S. 133–200

88 Zit. n. Junghanns, Kurt, Die deutsche Stadt im Frühfeudalismus, Berlin 1959

89 In Worms wurde 1272 ein Ungeld von der Brotfrucht »ad parandas vias« erhoben; 1273 mit Genehmigung des Bischofs auch vom Wein. – Zeitschrift f. d. Gesch. d. Oberrheines VI/20, Karlsruhe 1855. Siehe auch Gasner, E., a. a. O. S. 127ff. In Straßburg verwendete man die Gelder von der Erlaubnis des Brettspieles – Zeitschr. f. Gesch. d. Oberrheines XIX/133; In Lübeck erfolgte die Straßenpflasterung durch die Anlieger – Zeitschr. d. V. f. Lüb. Gesch. Bd. V, S. 233. – Braunschweiger Ordnung von 1573: »Ein jeder soll seinen Steinweg machen und wenn er zerbrochen ist, bessern lassen.« Urkundenbuch d. Stadt Braunschweig 1873, I, S. 430 – Pflasterung in Augsburg siehe Chroniken der Schwäbischen Städte, Leipzig 1865, II, 146ff. Siehe auch: Gasner, E., a. a. O., S. 127ff.

90 Notiz in der Limburger Chronik über den Fürsten- und Städtetag in Frankfurt a. M. 1397. Gedruckt in den Deutschen Reichstagsakten 2/273. Weizsäcker, Julius, Reichstagsakten, Gotha 1882

91 Diarium sexenale des Regensburger Geschichtsschreibers Andreas von Regensburg. Ed. Leidinger, G., Andreas von Regensburg II, S. 133, München 1903

92 Ehrhard, Heinrich, Aus der Geschichte der Städtereinigung, Stuttgart 1954

93 Bonnin, Th., Odo von Rouen, Journal des visites pastorales d'Eudes Rigaud, Rouen 1852

94 »Im Jahre 1095 versammelten sich viele hohe Geistliche und Tausende von Rittern in Clermond (Frankreich) zu einem Konzil (lat. concilium = Zusammenkunft, Versammlung). Papst Urban II. rief mit flammenden Worten zu einem Kreuzzug auf: »Wehe uns, daß wir stillesitzen und ruhig zuschauen den Missetaten und der Schmach in der Stadt Gottes. Darum auf, waffnet euch! Zum Kampf gegen die Ungläubigen ... Im Namen des barmherzigen Gottes ... verkündigen wir allen, welche die Waffen gegen die Ungläubigen ergreifen, vollkommenen Erlaß ihrer Sündenstrafen...« Die Zuhörer sanken in die Knie, zerschnitten rotes Tuch zu Kreuzen, hefteten sich diese an den rechten Oberarm und riefen begeistert: »Gott will es!« Zit. nach: Kaier, Eugen, Grundzüge der Geschichte. Vom Frankenreich bis zum Westfälischen Frieden, Frankfurt a. M. 1966, S. 60

95 Hampe, Th., Deutsche Pilgerfahrten nach Santiago de Compostela und das Reisetagebuch des Sebald Örtel 1521–22, Anzeiger des Germanischen Nationalmuseums, Nürnberg 1896, und Laufenberg, Walter, Welt hinter dem Horizont. Reisen in 4 Jahrtausenden. Düsseldorf/Wien 1969, S. 278ff.

96 Bonnerot, Jean, La guide des chemins de France de 1553 par Charles Estienne, Bibliothèque de l'École des Hautes Études Nr. 165–67, Paris 1936

97 Herausgegeben im isländischen Urtext und in lateinischer Übersetzung von Werlauff, Kopenhagen 1821. »Symbola ad. geogr. medii aeri ex monum. Islandicis«, S. 15ff.

98 Krüger, Herbert, Das Stader Itinerar des Abtes Albert aus der Zeit um 1250, I. Teil in Stader Jahrbuch. Stader Geschichts- und Heimatverein, Stade 1956, S. 71–124. II. Teil ebenda 1957, S. 87–136 – siehe auch Oehlmann, a. a. O. Bd. 3, S. 287ff. Oehlmann bringt hier interessante Bemerkungen des Abtes aus den Annalen, z. B.: S. 291 Anm. 1 »Hier ist mitten im Orte Poulie (La Rouillée) neben der Straße ein Stein aufgestellt, welcher das römische Reich vom Königreich der Franzosen trennt« – S. 296 Anm. 2 »Wenn du den Finger Johannes des Täufers sehen willst, mußt du von Hermillion in die Stadt Maurienne (St. Jean de Maurienne) gehen.«

99 Zingerle, J., Reiserechnungen des Bischofs von Passau (1191–1264), Wolfger von Ellenbrechtskirchen, Heilbronn 1877, S. 101ff.

100 Röhricht, R., Die Jerusalemfahrten des Grafen Philipp Ludwig (1484) und Reinhard von Hanau (1550), Zeitschrift des Vereins für hessische Geschichte und Landeskunde Bd. XXVI, Kassel 1891.
Sieben Quadragenen gaben soviel Erlaß zeitlicher Sündenstrafen, wie eine Buße von 40 Tagen.

101 Erst Karl V. (Kaiser von 1519–1556) machte der Seeräuberei der Mauren an den spanischen Küsten und vor Nordafrika ein Ende. Ihm verdankten viele Pilger damals ihre Befreiung aus der Sklaverei.

102 Röhricht, R., Beitrag zur Geschichte der Kreuzzüge (2 Bände), Berlin 1874/78 – Röhricht, R., und Meissner, H., Die Pilgerreisen des letzten Grafen von Katzenellenbogen 1433/34 in Zeitschrift Deutsches Altertum und deutsche Literatur, Berlin 1822, XXVI. Band, S. 348ff. – Röhricht, R., und Meissner, H., Deutsche Pilgerreisen in das heilige Land, Berlin 1888 – Wilken, Friedrich, Geschichte der Kreuzzüge (7 Bände), Leipzig 1807–32

103 Bei Branitza zweigte schon zur Römerzeit die Balkanstraße über Sofia nach Konstantinopel von der großen Donauuferstraße ab.

104 Odo von Deuil erwähnt dies besonders: »hoc tamen nostro contulit quod ille precessit, quia cum terra ... multi fluvii sint, super ipsos sine proprio labore et sumptu novos pontes invenit«, zit. n. Ludwig, Friedrich, Untersuchungen über die Reise- und Marschgeschwindigkeit im XII. und XIII. Jahrhundert, S. 34, Berlin 1897

105 »Bei dieser Stelle und bei diesem grausigen Bericht versagt unser Griffel und verstummt unsere Rede. Gott tat nach seinem unerforschlichem Ratschluß, sicherlich gerecht, aber nicht barmherzig.« Kölner Königschronik, MG. SS. XVII, S. 356

106 Über die Marschgeschwindigkeit vieler Italienzüge sind wir durch Berichte, Itinerare und vor allem durch die Daten und Orte, an denen die Kaiser unterwegs Urkunden ausgestellt haben, gut unterrichtet. Siehe: Kilian, Eugen, Itinerar Kaiser Heinrichs VI., Karlsruhe 1886; – Ludwig, Friedrich, a. a. O.; – Müller, Ernst, Das Itinerar Kaiser Heinrichs III. 1029–1056, Berlin 1901; – Schrod, Konrad, Reichsstraßen und Reichsverwaltung im Königreich Italien (754 bis 1197), Stuttgart 1931

107 Simonsfeld, H., Venetianischer Reisebe-

richt ... aus dem Jahre 1492, Zeitschrift für deutsche Kulturgeschichte (2 Bände), Nürnberg 1895, S. 241ff.
»Viel guot herbergenn« zählt die »Reiseinstruction des Bernhard von Breitenbach, 1483« auf. Röhricht, R., Dt. Pilgerreisen in das heilig. Land, Berlin 1888. – Siehe auch: »Wie man im 16. Jahrhundert nach Jerusalem reiste«, in: Archiv f. Post u. Telegraphie, Berlin, Jg. 1881, S. 252ff.
108 Vollständiger Text bei Schultz, A., Deutsches Leben im 14. und 15. Jahrhundert, Wien 1892, S. 46ff.
109 Über schlechte Herbergen im 15. Jahrhundert berichtet auch Felix Fabri, siehe Anm. 32.
110 Schumacher, Bruno, Reisebericht des samländischen Bischofs Dietrich von Cuba von Rom nach Frankfurt, Mitteilungen des Vereins für Geschichte von Ost- und Westpreußen, Bad Wiessee 1942, Jg. 17
111 Schulte, Alois, Geschichte des mittelalterlichen Handels und Verkehrs zwischen Westdeutschland und Italien mit Ausschluß von Venedig, 2 Bände, Leipzig 1900
112 In Deutschland hat es im Mittelalter einen ähnlichen Zwang für Wagenmaße gegeben. Die Höchstbreite der Frachtwagen, die von Frankfurt nach Erfurt/Leipzig oder umgekehrt fuhren, bestimmte der Abstand zweier Häuser an der Durchfahrtsstraße in Gelnhausen (Hessen). Noch heute sind die Schrunden an den alten Prellsteinen der Häuser zu sehen, die von den »Giganten« der mittelalterlichen Handelsstraßen gerissen worden sind.
113 Das Tagebuch des Pedro Cieza de Léon war für die Expedition von Wolfgang von Hagen eine wertvolle Hilfe bei der Auffindung des Straßennetzes der Inkas. Siehe: Hagen, Victor, Heerstraßen des Sonnengottes, Wien 1957
114 Squier, Ephraim George, Peru-Incidents of travel and exploration in the Land of the Incas, London 1877. – Deutsche Ausgabe: Peru, Reise- und Forschungserlebnisse im Land der Incas, Leipzig 1883
115 Die Seile der Apurimac-Brücke bestanden aus Fasern des Ischu-Grases. Die Brücke wurde auch nach der Eroberung Perus jeden Winter abgenommen und die Seile erneuert.
116 Ubbelohde-Doering, Heinrich, Auf den Königsstraßen der Inka, Berlin 1941
Hagen, Victor, Heerstraßen des Sonnengottes, Wien 1957

Die Straßen der Neuzeit

1 Der Straßenbaumeister C. Wiebeking schreibt in der Einleitung zu seinem Buch »Theoretisch-praktische Straßenbaukunde« (Sulzbach 1808) über die Forderungen, die an eine Chausséé gestellt werden müssen: »Dieselbe muß bey feuchter Witterung für das Fuhrwerk und Zugvieh ebenso gut seyn, als bey trockenem Wetter. Wäre aber eine Straße nicht so beschaffen, sondern bey dürrer Witterung gut, und bey nasser schlecht: so hätte sie vor den Feldwegen wenig voraus. Diejenige Straße, welche dieser Bedingung nicht entspricht, ... sollte man nie mit der Benennung Chaussée beehren«.
2 Nach Beschluß des Convents waren sie in drei Gruppen eingeteilt:
1. Von Paris an die Grenzen (28 Straßen mit rund 15000 km).
2. Von Grenze zu Grenze, ohne Paris zu berühren (87 Straßen mit rund 17000 km).
3. Straßen von Stadt zu Stadt (rund 20000 km).
Siehe auch: Trénard, Louis, De la route royale a l'âge d'or des diligences, in: Colloques Cahiers de Civilisation, Les routes de France depuis les origines jusqu' à nos jours, Paris 1959, S. 101ff.
3 Zitat nach: Birk, A., Die Straße – Ihre verkehrs- und bautechnische Entwicklung im Rahmen der Menschheitsgeschichte, Karlsbad 1934, S. 343.
4 Viele Militärstraßen Napoleons waren dreigeteilt. In der Mitte eine sehr feste, zum Teil gepflasterte Fahrbahn für die Artillerie. Daneben auf der einen Seite eine beschotterte Bahn für die marschierende Truppe und auf der anderen Seite ein Kiesdamm oder Erdweg für die Kavallerie. In Frankreich war diese Dreiteilung der Straßen meist ohne besondere Verbreiterung der vorhandenen Straßen möglich, nachdem die französischen Könige die Hauptstraßen oft bis zu 20 m Breite angelegt hatten.
5 Zit. n. Birk, A., Straßenbau in Österreich im 18. Jahrhundert, Zeitschrift des Österreichischen Ingenieur- und Architekten-Vereins, Wien 1924, Jg. 76, S. 172
6 Lüder, Christian, Vollständiger Inbegriff aller bei dem Straßenbau vorkommenden Fälle, samt einer vorausgesetzten Weeg-Geschichte und einem Verzeichnis der unentbehrlichen Weeg-Gesetze, Frankfurt a. M. 1779, S. 463ff.
7 Lüder, a. a. O. S. 187
8 Lüder, a. a. O. S. 105–155
9 Lüder, a. a. O. S. 134 und S. 143
10 Lüder, a. a. O. S. 117
11 Wesermann, H., Der Kunststraßenbau. Zur Beherzigung für Regierungen und Volk, Hamm 1821, S. 25
12 Verfasser ungenannt, Aus Erfahrungen gesammelter theoretisch-praktischer Unterricht in dem Straßen- und Brückenbau, Zweibrücken 1786, S. 10
12a Thimme, Paul, Straßenbau und Straßenpolitik in Deutschland zur Zeit der Gründung des Zollvereins 1825–1835, Stuttgart 1931
13 Baumgartner, J., Die neuesten und vorzüglichsten Kunst-Straßen über die Alpen, Wien 1834, S. 175ff.
14 Baumgartner, a. a. O., S. 72
15 Pfeil, E., Preußens Kunststraßenbau, Berlin 1845, S. 333
16 »Des Herrn Gautier, ehemaligen königlich-französischen Ingenieurs und Aufsehers über die Brücken, Dämme, Land- und Stadtstraßen, Tractat von der Anlegung und dem Bau der Wege und Stadtstraßen.« Aus dem Französischen übersetzt und mit Anmerkungen erläutert von einem herzogl. braunschweig. und lüneburg. Officier und Ingenieur, Leipzig 1759
17 Die École des ponts et chaussées entstand aus der 1671 unter Ludwig XIV. von seinem Finanzminister Colbert gegründeten Bauakademie.
18 Die erste Hochschule in Deutschland, die sich die wissenschaftliche Ausbildung auf dem Gebiet der Naturwissenschaft und Technik zum Ziel setzte, war das 1745 in Braunschweig gegründete »Collegium Carolinum«, aus dem sich die heutige Technische Universität Carolo-Wilhelmina zu Braunschweig entwickelt hat. (Geschichte der Technischen Hochschule Carolo-Wilhelmina zu Braunschweig, Hochschulführer 1966/67)
19 Heide, Vorname ungenannt, Les voies terrestres, Paris 1927, S. 29
20 Trésaguet verglich seine Methode mit der Flickkunst der Frauen: »Eine Hausfrau weiß zur rechten Zeit einen Stich zu tun, damit ein Riß im Kleid sich nicht vergrößert«. Zit. n. Birk, Alfred, a. a. O.
21 Knoll, A., Geschichte der Straße und ihrer Arbeiter, Leipzig 1925, S. 34
22 In einem Bericht des Landzöllners von Linden an den Erzbischof zu Köln heißt es 1710, daß »die auf die Stadt Köln führenden Wege ... dergestalt verdorben und ausgefahren seyen, daß nicht allein Leuth und Viehe in großer Lebensgefahr, auch verschiedene Pferdt bereits darinne stecken und krepieren mußten ...«
23 Marperger, P. J., Beschreibung der Messen und Märkte, Leipzig 1710, S. 56
24 Lüder, a. a. O. S. 385f.
25 Lüder, a. a. O. S. 281
26 »Man wird nur Meister in einem Beruf, wenn man das praktische Auge und die Erfahrungen hat über die Art und die Eigenschaften von Steinen, Kalk, Mörtel, Eisen, Holz und der Erden, wie auch von der Wirkung scharfsinnig erdachter Anwendung und Zusammenfügung aller dieser Stoffe.« (Telford, zit. nach Birk, A., a. a. O., S. 331)
27 Warnstedt, F., Über das Makadamisieren;

oder gesammelte Andeutungen über Steinschlagstraßenbau, ohne Ort, 1824, S. 20 – Die einzelnen Schottersteine sollten nach MacAdams Vorschrift 5 cm Durchmesser und 170 g Gewicht haben. Zit. n. Speck, A., Der Kunststraßenbau, Berlin 1950, S. 23

28 1825 erschien eine deutsche Übersetzung: Bemerkungen über das gegenwärtige System des Chausséebaues nebst Vorschlägen und Verbesserungen. Von dem großherzoglich-hessischen Premierlieutenant Friedrich von Vogel, Leipzig 1825

29 Speck, A., a. a. O., S. 23

30 Pfeil, a. a. O. S. 271

31 Pfeil, a. a. O. S. 268f.

32 Pfeil, a. a. O. S. 66

33 Pfeil, a. a. O. S. 131ff.

34 Projet d'un rouleau de fonte pour comprimer les chaussées d'empierrement. Présenté à l'assamblée des ponts et chaussées le 5. février 1787: Annales des ponts et chaussées Mém., Paris 1844, 1. Sem., pag. 134

35 Als Kraftfahrer genießen wir heute diese breit angelegten französischen Straßen sehr, aber im 18. Jahrhundert war ihre Breite völlig unberechtigt.

36 Durch Erlaß wurden die Frontage bei bestimmten Straßenanlagen nach der Entfernung von der Baustelle besonders festgelegt. Doch auch diese Sonderregelung wurde wenig beachtet.

37 Wortlaut und Begründung des Gesetzes in: Isambert, François-A., Traité de la voirie rurale et urbaine, ou des chemins et des rues communaux, d'après la Loi du 28. Juillet 1824 ::: par M. Isambert, H., Paris 1825–29 (3 Bände)

38 1810 erließ Napoleon noch ein Gesetz, das den Ungerechtigkeiten und der Willkür bei der Enteignung von Grund und Boden für den Straßenbau ein Ende machte.

39 Nach Berichten des Grafen Montpellier, Innenminister Napoleons, wurde (in Millionen Francs) ausgegeben: 62 für kaiserliche Paläste und Krongebäude, 102 für Bauten in Paris, 189 für öffentliche Gebäude in den Departements, 144 für Festungswerke, 117 für Meerhäfen, 31 für Brükken, 123 für Kanäle, Schiffsbauten, Entsumpfungen und *277 für Straßen*. Zit. nach: Birk, A., Die Straße, a. a. O. S. 343

40 »Der Zustand der Vicinalstraßen ist erbärmlich (»déplorable«), die Unterhaltung ist Personen anvertraut, die vom Straßenwesen nichts verstehen, die Straßen sind schmal, unter 5 m, es fehlt an Gräben und Straßenwärtern. Die Fahrbahnen haben keine Querneigung.« Barthoult-Ducreux, A., Des grandes routes et chemins vicinaux, Paris 1829, zit. nach Birk, A., a. a. O., S. 366

41 Rotenhan, H., Die Entwicklung der Landstraßen und die Anforderung der Gegenwart an dieselben mit besonderer Berücksichtigung Bayerns, München 1897, S. 40: Das französische Straßennetz umfaßte 1883 dann 37500 km Haupt-, 38000 km Departementsstraßen; 105000 km Vicinalstraßen für großen und 82000 km für kleinen Verkehr; dazu noch 660500 km Gemeindeverbindungen.

42–45 "The Life, Diary and Correspondance of Sir William Dugdale", ed. by W. Hamper, London 1827.

Der Geistliche des Trinidad-Collegiums in Cambridge schilderte 1675 dem König in einem Gedicht die Schrecken der Wege, die Unordnung im Verkehr, die Streitigkeiten und Totschlägereien zwischen den Fuhrleuten als Folge der unhaltbaren Straßenverhältnisse.

Der englische Schriftsteller Smiles hat einen Teil des Gedichtes abgedruckt: Smiles, Samuel, Life of the Ingenieurs, Bd. 3, S. 15f., London 1862.

Anschaulich schildert auch Th. B. Macaulay in "The history of England", Leipzig, Tauschnitz, Vol. I, 1849, S. 366, den Zustand der Straßen in England im 17. Jahrhundert. Zit. nach Loewe, Ferdinand, Straßenbaukunde – Land- und Stadtstraßen, Wiesbaden 1906, S. 9, Anm. 4

46 Der »General-turnpike-act« wurde in den Jahren 1819, 1820 und 1823 einer Revision unterzogen. Das letzte Gesetz umfaßte 153 Artikel.

47 Paulucci, H., Der Chausséebau in England, Wien 1838

48 Dupin, C., Großbritanniens Handelsmacht, Stuttgart 1825, I. Teil, S. 93

49 Dupin, a. a. O. S. 109

50 Dupin, a. a. O. S. 19 und S. 111f.

51 Wesermann, H., a. a. O. S. 2

52 In Preußen wurde zuerst der Bau und die Unterhaltung von Chausseen an Gesellschaften (entrepreneurs) gegen Verpfändung des Wegegeldes vergeben.

53 Wesermann, a. a. O. S. 33/34

54 Wesermann, a. a. O. S. 35

55 Pfeil, a. a. O. S. 49

56 Lüder, a. a. O. S. 505

57 Pfeil, a. a. O. S. 29

58 Pfeil, a. a. O. S. 78

59 Wesermann, a. a. O. S. 24

60 Freiherr vom Stein (1757–1831) ließ in Preußen Chausseen für den Wirtschaftsverkehr anlegen und war stolz darauf, daß sie nicht wie bisher im unbezahlten Frondienst, sondern in bezahlter Lohnarbeit abgegolten wurden.

61 Willebrand, Johann Peter, Grundriß einer schönen Stadt, Hamburg 1775

62 Pfeil, a. a. O. S. 213

63 Meyn, L., Der Asphalt und seine Bedeutung für den Straßenbau großer Städte, Halle 1872, S. 78

63a Gottheiner, Die Verwendung von Holz zu Pflasterungen. Nach einem Originalbericht von Laurent, Ing. des ponts et chaussées, über Holzpflasterung in Paris, Zeitschrift für Bauwesen, Berlin 1891, S. 292

64 London besaß 1884 bei einem Gesamtstraßennetz von 2800 km noch 917 km makadamisierte Straßen. In Wien wurden erst ab 1889 keine Schotterstraßen mehr gebaut.

65 Meyn, a. a. O. S. 78

66 Das Becken eines Bades in Mohenjo Daro im Industal aus der Zeit um 3200 v. Chr. zeigt die älteste und bekannte Anwendung von Asphalt als Dichtungsmittel im Wasserbau. Nach: Schönwälder, Günther, Erdöl in der Geschichte, Mainz 1958, S. 42

67 Die rue Bergère zeigte nach 17 Jahren nur 5% Verschleiß. Erst 1869 mußte sie erneuert werden.

68 Der Asphalt für Berlin kam aus der Schweiz, Italien, Dalmatien und auch aus Deutschland, wo man im Hilsgebirge, südlich von Hannover bei dem Dorf Limmer, Asphaltvorkommen entdeckt hatte.

69 Beckmann, Beiträge zur Geschichte der Erfindungen, Leipzig 1782

70 Egerer, E., Entwicklung der städtischen Verkehrsmittel, in: Deutsche Geographische Blätter, Bremen 1906, S. 154f. – Nach Egerer wurden in Berlin 1739 die ersten Mietwagen eingeführt. Man nannte sie dort Droschken, wegen ihrer Ähnlichkeit mit den in Rußland verwendeten »Drosken«.

71 26 kleinere Staaten übertrugen 1806 das Postregal an Taxis. Bayern und Baden zahlten eine Entschädigung.

72 Pfeil, a. a. O. S. 113.

73 Steenstrup, I. Vogelius, Leitfaden zur Anlage und Unterhaltung der Landstraßen, Kopenhagen 1843, S. 383ff.

74 Pechmann, H., Anleitung zum Bau und zur Erhaltung der Haupt- und Vicinal-Straßen, München 1835, S. 174f.

75 Treue, Wilhelm, Achse, Rad und Wagen, München 1965, S. 273

76 In amerikanischen Staaten mit großen Straßensteigungen wurden viele Seilbahnen angelegt. Die von 1873 an in San Francisco gebauten Seil-Straßenbahnen besaßen 1893 bereits ein Streckennetz von 160 km. Eine der Bahnen ist noch heute in Betrieb. Egerer, a. a. O. Bd. 29, S. 150

77 Die Baumbepflanzung war schon 1712 von Gautier abgelehnt worden. Siehe Seite 243

78 1914 55000 PKW, 20000 Krafträder, 9000 LKW; 1926 351000 PKW, 263345 Krafträder, 90000 LKW.

Adamek, Robert, Die Straßenkosten und ihre Finanzierung, Forschungsarbeiten aus dem Straßenwesen, Bielefeld 1952, Heft 8, S. 17f.

79 Die Gesamtlänge der Staats- bzw. Provinzialstraßen in Deutschland betrug 1925 49500 km. Adamek, Robert, a. a. O., Heft 8, S. 28f.

80 Aus der Stufa entwickelte sich die heute noch bestehende »Forschungsgesellschaft für das Straßenwesen E. V. Köln«.

81 Kaftan, Kurt, Der Kampf um die Autobahnen, Berlin 1955, S. 23

82 In den 1952 erschienenen Memoiren der ehemaligen Kronprinzessin Cäcilie (»Der Kaiser meiner Seele«) wurde zur Urheberschaft hinsichtlich der Avus von der Verfasserin noch folgendes gesagt: »Meines Mannes (des ehemaligen Kronprinzen) Interesse für die Technik konzentrierte sich wohl am meisten auf das Auto ... Auch der Bau von eigens für den Autoverkehr geeigneten Straßen hat seine Gedanken von jeher beschäftigt. So erinnere ich mich noch gut, daß es nach dem Autorennen in Hamburg im Jahre 1904, bei dem sich der mächtige Staub auf den Straßen als sehr hinderlich erwiesen hatte, zu einer Aussprache zwischen dem Kaiser und dem Kronprinzen kam, deren Thema die Abstellung jenes Mangels bildete. Es tauchte hierbei der Gedanke auf, zementierte und für den Parallelverkehr geeignete Straßen anzulegen. Der Kronprinz hat diesen Gedanken immer wieder aufgegriffen und – so oft er Gelegenheit hatte – mit Technikern durchgesprochen.« Zit. n. Kaftan, K., a. a. O., S. 25

83 Kaftan, K., a. a. O., S. 46

84 Die Hafraba hatte am 31. Dezember 1927 83 Mitglieder. Am 31. Dezember 1928 waren es 114 (davon zwei aus dem Ausland). Ein genaues Verzeichnis über die Einzelpersonen, Firmen, öffentlichen Stellen etc. gibt Kaftan, K., a. a. O., S. 80f.

Alpenstraßen, Alpenbahnen, Alpenpässe

(Reihenfolge von W nach O)

Paß	*m ü. M.*	*verbindet*	*Geschichte*
Colle di Tenda	1873	Nizza und Ventimiglia mit Cuneo und Turin	Fahrstraße 1782 erbaut, Straßentunnel 1882 fertiggestellt, 3,2 km lang, 1316 m ü. M.; Bahn (Tunnel 8,1 km, 1037 m ü. M.).
Col de Larche (auch Col de l'Argentière od. Colle di Maddalena)	1996	Marseille und Barcelonnette mit Cuneo und Turin	War schon im 16. Jahrhundert für Kartaunen befahrbar.
Mont Genèvre	1854	Briançon mit Susa	Übergang der Gallier 388 v. Chr., früheste Römerstraße über die Alpen (»Mons Matronae«), durch Pompejus 77 v. Chr. angelegt, unter Augustus ausgebaut, trat seit fränkischer Zeit hinter dem Mont Cenis zurück; von Napoleon 1807 zur Fahrstraße erweitert.
Mont Cenis	2083	Grenoble und Modane mit Susa und Turin	Im 6. Jahrhundert eröffnet, von den deutschen Kaisern 13mal benutzt, Hospiz nahe der Paßhöhe, Fahrstraße durch Napoleon 1810, Bahn 1871 erbaut (Tunnel 25 km südwestlich des Passes unter dem Col de Fréjus, 12,2 km lang, 1294 m ü. M.; Autoverladung).
Kleiner St. Bernhard	2157	Albertville und Moûtiers mit Aosta	Von den Kelten benutzt, unter Augustus ausgebaut (»Alpis Graia«), von den deutschen Kaisern viermal benutzt, seither mit einem Hospiz versehen, dann verödet, heute Autostraße.
Montblanc-Straßentunnel	1392	Genf und Chamonix mit Aosta und Mailand oder Turin	Bauzeit 1958–1964, 11,6 km lang, längster Straßentunnel der Erde (1966), 1300 m ü. M., kürzeste Verbindung zwischen Rom und Paris.
Großer St. Bernhard	2472	Martigny mit Aosta	Seit der Bronzezeit benutzt, unter Augustus ausgebaut (»Alpis Poenina«), bevorzugter Paß der Karolinger (im MA. »Mons Jovis«), von den deutschen Kaisern 20mal benutzt, Hospiz auf der Paßhöhe, größte Überquerung durch Napoleon 1800 mit 30000 Mann auf dem Wege zur Schlacht von Marengo. Neue Straße 1905. Straßentunnel (5,9 km lang, 1900 m ü. M.), 1958–1964 erbaut, mit 15 km langen gedeckten Zufahrtsstraßen. Erdölleitung mit Straßentunnel.
Simplon	2010	Brig mit Domodossola	Zur römischen Kaiserzeit als Saumpfad benutzt; Fahrstraße durch Napoleon 1807, Bahn 1906 erbaut (Tunnel 19,8 km lang, 705 m ü. M.; Autoverladung).
Lötschberg	1242	Kandersteg mit Brig	Bahn 1913 erbaut (Tunnel 14,6 km; Autoverladung).
Grimsel	2165	Aare-(Hasli-)Tal mit Rhone-(Goms-)Tal	Straße 1894 erbaut (Anschluß an die Furkastraße).
Brünigpaß	1007	Aaretal mit Luzern	Autostraße und Schmalspurbahn.
Sustenpaß	2262	Reußtal mit Aaretal	Autostraße (46 km) 1945 erbaut.
Klausenpaß	1952	Altdorf mit Glarus	Straße 1899 erbaut.
Furka	2436	Goms (oberes Rhonetal) mit Urseren (oberes Reußtal)	Fahrstraße 1866, Bahn 1921 erbaut.
St. Gotthard	2114	Zürich und Altdorf mit Bellinzona und Mailand	Anfang 13. Jahrhundert eröffnet, seither Hospiz auf der Paßhöhe, für den Wagenverkehr 1830 ausgebaut. Bahn 1882 erbaut (Tunnel 15 km lang, 1154 m ü. M.; Autoverladung). Straßentunnel geplant.
Oberalp	2048	Urseren (oberes Reußtal) mit Vorderrheintal	Fahrstraße und Schmalspurbahn.
Lukmanier	1917	Disentis mit Biasca	Zur sächsischen Kaiserzeit angelegt, von den deutschen Kaisern zweimal benutzt, Hospiz im MA., Fahrstraße seit 1877.
San Bernardino	2063	Thusis mit Bellinzona	Zur sächsischen Kaiserzeit angelegt, Hospiz im MA., Fahrstraße seit 1823. Straßentunnel 6,5 km lang, 1650 m ü. M., im Bau (1966)
Splügen	2117	Chur mit Chiavenna	Zur römischen Kaiserzeit angelegt, Fahrstraße 1826.
Septimer	2311	Bivio mit Casaccia	Reste eines römischen Hospizes, in fränkischer Zeit Hauptübergang, von den deutschen Kaisern 17mal benutzt; erste feste Alpenpaßstraße für Wagenverkehr, 1387 von Jakob von Castelmur erbaut; seit Eröffnung des Maloja nur Saumpfad.

Julier	2287	Bivio mit Silvaplana	Zur römischen Kaiserzeit angelegt, Fahrstraße 1826 erstellt, zog dadurch den Verkehr über den Septimer an sich.
Maloja	1817	Oberengadin mit Bergell	Seit dem 16. Jahrhundert benutzt, Straße 1839 erbaut.
Albula	2312	Chur mit Oberengadin	Straße 1865, Bahn 1903 erbaut (Tunnel 5,9 km, 1823 m ü. M.).
Flüela	2388	Chur und Davos mit Unterengadin	Straße 1807 erbaut.
Arlberg	1793	Landeck im Inntal mit Bludenz im Illtal	Seit 1375 ausgebaut, Fahrstraße 1786, heutige Straße 1825, Bahn 1882 erbaut (Tunnel 10,3 km lang, 1310 m ü. M.).
Bernina	2330	Oberengadin mit Veltlin	Straße 1865, Berninabahn 1910 erbaut (ohne Tunnel).
Ofenpaß	2155	Zernez mit Münstertal	Straße 1872 erbaut.
Wormser Joch (Umbrail-Paß)	2502	St. Maria mit Bormio	Straße 1901 erbaut.
Stilfser Joch	2757	Spondinig mit Bormio	Fahrstraße 1825 erbaut.
Reschen	1510	Nauders mit Mals	Unter Claudius angelegt (»Via Claudia«), im frühen Mittelalter wichtiger Alpenübergang.
Fernpaß	1209	Imst mit Reutte	Unter Claudius angelegt (»Via Claudia«); seitdem stets benutzt.
Jaufen	2094	Sterzing mit Passeiertal	Im Mittelalter viel begangen, heutige Straße 1911 erbaut.
Brenner	1370	Innsbruck mit Sterzing und Bozen	Von den Etruskern und Kelten begangen, unter Septimius Severus ausgebaut, von den deutschen Kaisern 66mal benutzt; Wagenverkehr seit 1772. Bahn 1867 erbaut (ohne Tunnel).
Seefelder Paß	1185	Mittenwald mit Zirl	Zur römischen Kaiserzeit angelegt. Mittenwaldbahn 1912 erbaut.
Krimmler Tauern	2634	Bruneck mit Pinzgau	Mittelalterlicher Saumpfad an der italienischen Grenze.
Gerlos-Paß	1486	Zell am Ziller mit Krimml Gerlostal mit Salzachtal	Erst in jüngster Zeit (Fremdenverkehr) stärker benutzt, moderne Autostraße.
Felber Tauern	2545	Mittersill mit Matrei	Straßentunnel 5,6 km, 1680 m ü. M., im Bau (1966). Tunnel für Erdölleitung.
Großglockner	2505	Ferleiten mit Heiligenblut	Großglockner-Hochalpenstraße 1935 eröffnet.
Niederer und Hoher Tauern	2434 u. 2460	Böckstein mit Mallnitz	Mittelalterlicher Weg über den Hohen oder Korn-Tauern. Bahn 1908 erbaut (Tunnel 8,5 km, 1225 m ü. M.; Autoverladung).
Plöcken	1362	Mauthen mit Tolmezzo	Zur römischen Kaiserzeit erbaut; heute Autostraße.
Radstädter Tauern	1738	Radstadt mit St. Michael	Zur spätrömischen Kaiserzeit angelegt; im Mittelalter viel benutzt; heute Autostraße (Autobahn Salzburg–Triest/Venedig geplant).
Katschberg	1641	St. Michael mit Spittal/Drau	Seit der Eisenzeit begangen; spätrömische Straße; heute Autostraße (Tunnel der geplanten Autobahn Salzburg–Triest/Venedig).
Saifnitzer Sattel	804	Udine mit Villach	Zu Beginn der römischen Kaiserzeit angelegt, noch heute Hauptweg zwischen Wien und Italien; Straße und Bahn.
Predil	1156	Tarvis mit Bovec (Flitsch)	Übergang der Langobarden 568; Straße 1404 erbaut.
Pyhrn	945	Windischgarsten mit Liezen	Römerstraße; Bahn: 1906 (Tunnel 4,8 km lang, 727 m ü. M.).
Rottenmanner (oder Hohen) Tauern	1265	Liezen mit Judenburg	Frühgeschichtliche Salz- und Eisenstraße; in der römischen Kaiserzeit ausgebaut, Fahrstraße.
Schoberpaß	849	Ennstal mit Murtal	Hauptverkehrslinie zwischen nördlicher und südlicher Steiermark; Bahn und Autostraße.
Präbichl	1227	Hieflau mit Leoben	Seit der Frühgeschichte »Eisenstraße«; Bahn (Tunnel, 1204 m ü. M.), Autostraße
Neumarkter Sattel	888	Murtal mit Gurktal	Zur römischen Kaiserzeit angelegt; Bahn: Wien–Klagenfurt; Autostraße über den Perchauer Sattel, 1005 m ü. M.
Karawanken	637	Rosenbach mit Aßling (Jesenice)	Bahn: 1906 erbaut (Tunnel 8 km lang, 637 m ü. M.).
Loibl	1370	Klagenfurt mit Laibach	Straße 1717 erbaut, Autotunnel (seit 1965).
Semmering	986	Gloggnitz mit Mürzzuschlag	Im Mittelalter angelegt; 1728 alte, 1842 neue Straße, Bahn 1854 erbaut (Tunnel 1,4 km lang, 897 m ü. M.).

Diese Übersicht ist dem Band I, »Brockhaus Enzyklopädie«, mit Genehmigung des Verlages F. A. Brockhaus, Wiesbaden, entnommen.

Bildnachweis

Die Zahlen verweisen auf die Abbildungsnummern

Alinari, Florenz 228
Amerika-Haus, Heidelberg 424
Ammann, Jost, Allegorie auf den Handel 195
Ammon, Rolf, Stuttgart-Kaltental 17, 18, 34, 78
Amt für Archiv Stadt Karlsruhe 334
Arabian American Oil Company, New York, aus »Aramco World« July/August 1967 25, 35, 46
»Arbau berichtet«, 1963, Heft 2, Arbau OHG, Heidelberg 96
Archiv für Deutsche Postgeschichte, Frankfurt a. M., Heft 2, 1964 202
Archiv für Kunst und Geschichte, Berlin 204, 252, 285, 314, 407

Bagrow-Skelton, »Meister der Kartographie«, Safari-Verlag, Berlin 56
Bardola-Conrad, Lavin, Engadin, Schweiz 143, 144
BASF, Archiv 313
Baumgartner, Josef, »Die neuesten und vorzüglichsten Kunststraßen über die Alpen«, Wien 1834 294
Baur, Helmuth, München 259
Bavaria-Verlag, Gauting vor München 19, 43, 61, 82, 102, 102a, 103, 261, 332
Bayerische Staatsbibliothek, München 207, 221
Bayerische Staatsgemäldesammlungen, München 126, 128, 129, 130, 197 (Aschaffenburg, Schloß), 198
Bergische Achsenfabrik Fr. Kotz & Söhne, Wiehl 347, 348, 351, 393, 403
Bergier, Nicolaus, Histoire des chemins de l'empire romain 72, 74, 98
Bibliothèque Nationale, Paris 229, 235 (aus »Le Gouvernement des princes«, 15. Jh.), 297, 298, 299
Bibliothèque Nationale et Universitaire, Strasbourg 146
Bibliothèque Royale, Brüssel 179
British Features, Bonn 417
British Museum, London 22, 217, 263, 289
Bruckmann KG, Bildarchiv, München 105, 132 (Foto: Ernst Baumann)
Brugger, Albrecht, Stuttgart-Flughafen 122, 273, 421, 422
Bundespostmuseum, Frankfurt a. M. 190, 191, 194, 370
Burgerbibliothek, Bern 219

Callwey-Verlag, Bildarchiv, München 209, 251, 254, 325, 362
Canestrini, Giovanni, »L'Automobile«, Rom 39
City Art Gallery, Bristol 316
Colloques cahiers de civilisation, »Les routes de France, depuis les origines jusqu'à nos jours«, Association pour la diffusion de la Pensée Française, Paris 1959 265

Dallhammer, Hermann, Ansbach 353
Delvert, Ray, SPADEM, Genf 81
Deutsche Fotothek, Dresden 124, 320
Deutsches Archäologisches Institut, Rom 70
Deutsches Museum, München 50, 51, 240, 241, 284, 288, 309, 337, 384, 387, 394, 399, 406, 410

Egli, Ernst, »Geschichte des Städtebaues«. Eugen Rentsch Verlag, Erlenbach-Zürich, 1. Band: 16, 28; 2. Band: 226
Elsevier Nederland N.V., Amsterdam 44
ENIT Staatliches Italienisches Fremdenverkehrsamt, Frankfurt a. M. 57, 134, 196

Fabre, Maurice, »Geschichte der Verkehrsmittel zu Lande«, Editions Rencontre and Erik Nitsche, Genève, 1963 379, 380
Fichtel & Sachs AG, Schweinfurt 401
Fischer, Erich, Hamburg-Blankenese 65
Flughafen Frankfurt/Main Aktiengesellschaft, Frankfurt a. M. 416
Forschungsgesellschaft für das Straßenwesen E.V., Köln 309 (Gemälde von Joseph Vernet, 1775, Louvre, Paris)
Foto Marburg, Marburg/Lahn 123, 135, 161, 218, 243, 279

Garnier, Paris 100
Gerkan, Arnim v., »Griechische Städteanlagen«, Berlin 1924 12, 13
Germain, F., Grenoble 149
Germanisches Nationalmuseum, Nürnberg 167, 169, 172, 182, 183, 200, 208, 208a, 211, 212, 213, 245, 269, 358, 375
Graphische Sammlung Albertina, Wien 195, 201

Haegermann, Gustav, »Vom Caementum zum Spannbeton«, Bauverlag GmbH, Wiesbaden 1964 345
Hagen, Victor v., »Heerstraßen des Sonnengottes«, Wien 1957. Liechtenstein-Verlag, Vaduz 257, 258

Hayen, Hajo, Oldenburg 118
Hell, Hellmut, Reutlingen 116 (Kupferstich von Lucas van Leyden um 1508), 139, 210, 231
Hirmer Fotoarchiv, München 20, 21, 23, 24, 26, 29, 30, 31, 33, 36
Historia Photo Charlotte Fremke, Bad Sachsa (Südharz) 54, 72, 95, 110, 171 (aus »Maschinenbuch Veranzio« um 1600), 222 (Steyner, Augsburg, 1531), 223 (Jost Ammon, 1568), 242, 253, 271, 315, 324, 326, 328, 338, 388, 389, 390, 392, 398, 404, 405, 408, 409, 413
Historie von Pontus und Sidonia, Straßburg 155
Historisches Museum, Frankfurt a. M. 153, 186, 227, 230 (Gemälde von Christian Georg Schütz um 1720), 234, 246
Historisches Museum der Stadt Wien 136, 319, 336, 341, 364, 365, 402c
Hitzer, Hans, Ried über Fulda 3, 4, 5, 8, 9, 10, 11, 14, 15, 38, 40, 41, 48, 49, 52, 53, 55, 75, 76, 89, 90, 91, 92, 107, 109, 111, 112, 114, 115, 117, 154, 156, 157, 162, 163, 164, 165, 178, 205, 225, 248, 250, 256, 264, 267, 270, 290, 291, 305, 306, 307, 344, 367, 368, 369, 386, 395
Hochbauamt, Nürnberg 175, 236, 244

Illustration II, 18. April 1874, Paris 385
Institut Géographique National, Paris 85, 321

Joseph, J. K. S., Cambridge, in Margary, Ivan Donald, Roman Roads in Britain 2 Bände, London 1955/57 58, 59, 60
Junghanns, Kurt, »Die deutsche Stadt im Frühfeudalismus«, Henschel-Verlag, Berlin 1959. Mit freundlicher Genehmigung des Verfassers 220, 221

Kaftan, Kurt, »Der Kampf um die Autobahnen«, Wigankow-Verlag, Berlin 1955. Mit freundlicher Genehmigung des Verfassers 415
Keller, Josef, Verlag, Starnberg 166
Koch, Gustl, Stuttgart 158
Koldewey, Robert, »Die Pflastersteine von Aibur-Schabu in Babylon«, Leipzig 1901 2 – »Das Ischtar-Tor in Babylon«, Hinrichs'sche Buchhandlung, Leipzig 1918 6 – »Das wiedererstehende Babylon«, Leipzig 1913/14, 4. Aufl. Leipzig 1925 7
Koninglijke Bibliothek, Brüssel 184
Krafft, Hans, Würzburg 214
Kunsthaus, Zürich 346 (Gemälde von R. Koller)
Kunsthistorisches Museum, Wien 127, 366, 402d

Register

Die gerade stehenden Ziffern verweisen auf Seiten, kursive Ziffern auf Bildnummern. Ein Buchstabe vor einer Zahl verweist auf die Anmerkungen: A = Altertum R = Römer und Seidenstraßen M = Mittelalter N = Neuzeit — Verwendete Abkürzungen: Bf. = Bischof, Gf. = Graf, Kg. = König, Kg.in = Königin, K. = Kaiser